1

QUAND il quitta la route pour marcher sur l'herbe, il sentit un souffle frais lui monter le long des jambes, une légère haleine venant de la terre végétale. Cela lui fit du bien comme un signe de connivence venant du fond de son enfance. Devant lui s'étendait tel un glacis une grande prairie rase, en pente douce. Il l'attaqua en lignes brisées précautionneuses, sans bien connaître son point d'arrivée, à l'image d'une randonnée à skis dans la neige libre. Au milieu de la prairie surgit soudain, légèrement sur sa droite, le reste d'une barricade de bois qui sentait encore le goudron. Elle était un peu affaissée, épousant la ligne de pente suivant une oblique imprécise. Il s'arrêta, s'y appuya et la sentit rugueuse et friable sous sa main. Il regarda autour de lui. La lumière blanche et lavée donnait à son refuge l'air mélancolique d'une vieille barque ensablée. Le silence était total. Il reprit son chemin vers un bois de sapins en bas de la prairie. Plus loin, la forêt remontait vers de vastes passages déboisés, d'un gris sale, qui semblaient atteints de pelade. Il lui sembla voir, bien au-delà, une ligne plus nette et plus sombre.

Il entra dans la forêt et suivit pendant quelque

temps un sentier qui progressait vers la coupe, mais il l'abandonna bientôt pour marcher à couvert. Le sol était spongieux et son pas s'enfonçait parfois dans des plaques de mousse souffreteuse, avec un bruit de succion. Un sable très blanc fit son apparition alors que les arbres devenaient moins denses; et, à mesure que le sol s'éclaircissait, il lui semblait que le ciel s'obscurcissait d'autant. De gros nuages d'automne recouvrirent ainsi peu à peu le sous-bois d'un voile livide et oppressant. Deux ou trois fois, il s'arrêta, cherchant à travers les arbres une échappée. La marche devenait difficile. Il trouvait sur sa route, de plus en plus nombreux, de gros rochers en équilibre instable. « Heinrich m'avait parlé d'une vallée », se dit-il avec inquiétude.

Il se remit en marche vers une trouée en contrebas qui s'ouvrait sur un thalweg pâle où des rochers plus petits se bousculaient comme des degrés disjoints. Les arbres, au-delà, bouchaient toute perspective. Depuis peu, des bancs de brume envahissaient le sous-bois et des gouttes invisibles tombaient sur la mousse glissante. Il s'accroupit et sortit de sa poche une petite boussole qu'il observa soigneusement. Puis il reprit sa marche en travers, contourna l'éperon et se retrouva, d'après son calcul, face au nord. Il se laissa alors glisser vers les rochers et s'adossa au premier d'entre eux qui lui parut à peu près sec. Il vit avec satisfaction que le terrain remontait de nouveau à une centaine de mètres et qu'à flanc de coteau, bien plus près que ce qu'il avait prévu, serpentait une route. Il la distinguait parfaitement à quelque distance et il décida de la suivre à vue. Elle paraissait étrangement déserte et vulnérable. Parfois des éboulis s'y étaient répandus et une trouée grossière y était alors ménagée, maladroite comme une saignée d'urgence. Sans bien s'expliquer pourquoi il en eut le cœur serré. A ce moment l'orage qui avait rôdé tout l'après-midi éclata et, recroquevillé sous un arbre, il se confondit un long moment avec la tristesse noirâtre de la forêt.

Le silence humide fut soudain déchiré par un lourd grondement. Il fit quelques pas et se pencha, caché derrière un rocher. Deux camions étaient apparus à un kilomètre en contrebas et montaient lentement la pente. Ils lui permirent de découvrir les méandres de la route qu'il avait à peine distingués dans la brume qui envahissait tout. Les changements de régime du moteur et le grincement des vitesses résonnaient dans toute la vallée, alors qu'ils passaient à son niveau sans qu'il pût voir ce qu'ils contenaient sous les bâches. Puis la route tournait vers un plateau herbeux et ils disparurent de sa vue. « C'est par là. C'est sûrement par là », se dit-il et il se rendit compte qu'il marchait plus vite depuis quelques instants.

Il lui fallut néanmoins une grande heure pour parvenir à flanc de coteau sur l'arête de l'éperon. A partir de là le terrain s'incurvait et descendait en pente douce vers un petit bassin dégagé sur lequel il put avoir une vue générale. Il avait tellement attendu ce moment qu'il ne parvint qu'à s'accroupir, le cœur battant, n'osant se mettre debout, et il eut du mal à sortir une paire de jumelles portatives de sa poche latérale, tant il tremblait. Il regarda longtemps, quittant de temps en temps les jumelles pour en essuyer machinalement l'un des verres rayé par une goutte de pluie, puis il les reposa définitivement et hocha la tête d'un air soucieux et incrédule.

Il se releva avec précaution et commença à creuser un trou avec un morceau de bois. Il lui fallait éviter d'y mettre les mains, et cela lui prit dix longues minutes. Il y enfouit la boussole et les jumelles et les recouvrit de terre et de feuilles mortes. Puis, toujours à couvert, il retira en se contorsionnant le bourgeron vert maculé de boue qu'il portait et sortit du fourré habillé d'un costume bleu nuit un peu élimé et qui semblait d'une taille au-dessous de ce qui lui aurait convenu, d'une chemise blanche et d'une cravate noire. Il avait l'air, dans cette clairière désertée par la lumière, d'un bureaucrate besogneux qui aurait égaré son pique-nique. Il se coiffa soigneusement et cura ses ongles avec sa boucle de montre. Puis il retourna au plus profond du buisson cacher le bourgeron et revint à son poste d'observation d'où il rechercha l'itinéraire le moins salissant pour gagner la route. Celui qui offrait le plus de garanties à cet égard, parce qu'il était en terrain rocheux, avait le désavantage de le reporter plusieurs centaines de mètres en arrière. Il le choisit pourtant et, pendant qu'il descendait, perdit longtemps la route de vue. De temps en temps, le passage d'un camion le renseignait. Il s'immobilisait alors, le cœur battant, puis reprenait sa descente par à-coups, vacillant parfois, sans savoir si c'était l'angoisse ou la fatigue qui faisaient ainsi trembler ses jambes. Enfin, il vit à travers les arbres deux longues ornières remplies d'eau noire. Les passages de camions s'étaient espacés, et aucun ne s'annonçait. Il sauta sur la route. Sentir le sol pierreux sous ses semelles lui rendit un peu confiance. Il s'épousseta soigneusement, et regarda sa montre. Il était dix-sept heures trente. La nuit commençait à tomber.

Au loin, la ligne noire entrevue tout à l'heure

barrait le plateau. Elle était hérissée comme un fil de fer barbelé géant et l'on pouvait distinguer en deçà une longue série de miradors. Tapis derrière eux comme des dominos maussades, deux dizaines de bâtiments plats disposés parallèlement encadraient une étendue grise. Dans l'axe se trouvait une sorte de herse, qu'il avait entendu s'abattre avec un bruit flasque après le passage d'un camion. Pour tenter de retrouver son calme, il fit ricocher une pierre sur la route et il s'arrêta un instant, les mains aux hanches, pour suivre la trajectoire et entendre le petit bruit métallique. Puis il se mit à marcher d'un pas rapide.

Seul, à pied, vêtu de son costume étriqué, il se sentait aussi incongru sur cette chaussée déserte que ces mornes personnages surajoutés que l'on voit, dans les paysages classiques, tentant d'animer la froide indifférence des choses. Il essaya de prendre un pas désinvolte lorsque, à l'approche de la baraque d'entrée, il sentit sur lui, de plus en plus insistant à mesure qu'il approchait, le feu croisé des regards des sentinelles. La baraque était en bois, d'une couleur – bleu marine – qui l'étonna. Elle aussi sentait le goudron, comme si, par un subtil réseau d'odeurs marines, elle correspondait avec la barricade échouée de tout à l'heure. Il passa à côté d'une mitrailleuse cachée sous une toile épaisse tenue par des cordes et dont seul le canon pointait; il vit avec surprise qu'il était dirigé vers la herse et donc vers le camp lui-même. Mais il ressentit une autre surprise presque aussitôt, lorsque les sentinelles le laissèrent entrer et lui montrèrent même du doigt une étroite ouverture dans l'enceinte. Au même moment, un soldat se présenta sur le seuil, pâle, l'air souffreteux. Il était habillé en noir, sans aucun insigne. Une odeur de pommes de terre sortit de la pièce par la porte ouverte. « Ils ne dînent tout de même pas déjà », pensa-t-il. Il sortit son *Ausweis* de sa poche intérieure et monta rapidement les quatre marches à la rencontre du soldat qui s'effaça devant lui. Deux autres soldats se tenaient derrière une table sur laquelle était ouvert un vaste registre. L'un des deux tenait une gamelle; l'autre se leva lentement sans paraître autrement surpris de son irruption. Dans la pénombre, Serge distingua mal son visage. Il lui tendit le laissez-passer.

« Je voudrais parler à l'Obersturmführer Starkel, dit-il d'une voix sans timbre. C'est urgent. »

Le soldat s'approcha de lui et le fouilla rapidement. Il prit le laissez-passer d'un geste sec, en regarda longuement la photo, puis le dévisagea avant de vérifier à nouveau. Il avait, lui, une tête de mort brodée sur sa manche, qui faisait une tache pâle sur son uniforme. Il reposa le laissez-passer, resta immobile et garda le silence.

« Je me suis peut-être mal fait comprendre, dit Serge après un moment. C'est très urgent. »

L'odeur de la soupe de pommes de terre lui revint aux narines, effluve d'une vie tranquille venue d'autres temps. Il avait envie de s'asseoir sur un tabouret qui se trouvait là tellement il se sentait fourbu, mais il préféra finalement rester debout en s'appuyant au mur tout en manifestant ostensiblement son impatience. L'autre soldat finit par abandonner sa gamelle avec un soupir et s'approcha d'un téléphone de campagne dont il tourna longtemps la manivelle. Un grésillement interminable se fit entendre, suivi d'une brève sonnerie. Le soldat décrocha.

« Herr Obersturmführer Brönig. Il y a un civil

à la herse avec un laissez-passer. Il veut voir le *Lagerführer.* »

Il y eut quelques mots indistincts dans l'appareil. Le soldat prit l'autre écouteur et se pencha de nouveau sur l'*Ausweis.*

« Berlin – Oranienburg... Bien entendu, Herr Obersturmführer... Goëna. G-O-Ë-N-A. Avec un tréma sur l'E », dit-il en regardant Serge.

Il y eut encore quelques mots et il raccrocha.

« Suivez-moi », dit-il d'un ton bourru.

Ils prirent l'allée qui menait aux blocs. Elle était recouverte de grésil. Sous la lumière plombée, la cour lui parut plus grande encore que ce qu'il avait observé depuis la route. Elle était entourée de quatre miradors qui portaient d'énormes projecteurs concaves. Derrière, les murs aveugles des blocs étaient rythmés de meurtrières en saillie qui ressemblaient à des incisions malsaines. L'ensemble dégageait une impression obsédante de désolation et d'agressivité. Partout régnait un surprenant silence et il ne vit personne. Le soldat marchait vite et il avait du mal à le suivre. Il tourna sur sa gauche et découvrit à l'angle de l'un des blocs une vieille petite maison villageoise à pan coupé. Prolongée par une annexe en parpaings, étouffée par les murs aveugles des blocs, amputée de ses volets et du jardin qu'elle avait dû avoir autrefois, elle faisait penser à une vieille dame que l'on aurait dépouillée de ses atours et prise en otage. Au milieu de la façade quelques marches menaient à une porte fermée.

« Voulez-vous attendre quelques instants, dit le soldat. Le commandant du camp va vous recevoir. »

Il le planta là. Serge le regarda partir et, de nouveau, chercha des yeux un endroit où s'asseoir. Il se sentait calme. L'orage laissait après son passage un air limpide qui, avec le soir, s'emplissait de moucherons. Mais il n'eut pas le temps de méditer sur ce qui allait suivre. Il sentit soudain quelqu'un le regarder et releva vivement la tête. Une femme sans âge s'était placée devant lui, figée dans une sorte d'hébétude craintive. Habillée d'une vieille blouse déchirée, surmontée d'une touffe de cheveux noirs qui s'échappait en arrière de son crâne à demi rasé, comme chez les anciens mandarins, elle le fixait de façon hagarde et il y avait dans ses yeux, noyée dans un voile d'innocence tragique, une lueur d'effronterie qui le fit frissonner. Il lui adressa la parole en allemand, mais, au son de sa voix, elle partit en courant nerveusement se cacher derrière le coin du bloc avec un rire grêle suivi d'un murmure ténu et indistinct.

« C'est une de ces tsiganes, dit une voix méprisante derrière lui. On en est encombré. Beaucoup sont folles. »

Il se retourna et se leva. Une imposante silhouette noire se tenait en bas des marches.

« Obersturmführer Starkel ? Serge Goëna. Heil Hitler ! fit-il en saluant et en s'immobilisant à quelques pas.

– Heil Hitler ! » dit Starkel en répondant à son geste.

La porte s'ouvrait sur un petit couloir. L'officier le fit entrer dans son bureau qui se trouvait immédiatement sur la gauche. La petite pièce était à peine meublée. Il remarqua deux tables de bois recouvertes de dossiers et deux téléphones, dont l'un dans un sac de cuir suspendu à un piton. Dans une pièce à côté, on entendait un bruit de voix et une machine à écrire.

« A tout prendre, je préfère encore les patriotes

tchèques, reprit Starkel avec un petit rire. Au moins, elles sont parfois agréables à regarder. »

Ils s'assirent de part et d'autre de l'une des tables. Serge se sentit dévisagé pendant qu'il cherchait son *Ausweis.*

« L'Hauptsturmführer Rall me dit que vous vous êtes présenté à la grille pour me voir de façon urgente.

– Oui, Herr Obersturmführer. Vous jugerez vous-même de l'importance.

– On n'a pas beaucoup de visites en ce moment, dit Starkel d'un ton placide.

– Je dois dire que vous êtes isolés, dit Serge en souriant. Je sais ce que je dis, je suis venu à pied.

– A pied ? »

Starkel le regarda, surpris.

« Je suis tombé en panne, à Höchenschwand, au début de la route d'accès. »

Il lui tendit le laissez-passer. L'officier alluma la lampe de son bureau et observa le document. Serge le regarda à son tour. Il ressemblait à ce qu'il aurait probablement été en d'autres temps, un de ces marins hanséatiques aux yeux délavés et au teint couperosé comme il en avait tant vus dans le Sund sur leurs petits cargos pimpants. Peinte au mur, au-dessus de lui, il lut une inscription en lettres gothiques un peu passées que surmontait une croix gammée : « *Kraft durch Freude.* » Il s'aperçut que l'officier avait quitté l'*Ausweis* des yeux et le dévisageait d'un air circonspect.

« Vous ne faites pas partie de la Gestapo ? demanda Starkel. Je l'aurais pourtant juré.

– Pourquoi cela ? »

Il eut un geste vague.

« Je ne sais pas... un air de famille...

– Vous en voyez beaucoup, par ici, des civils ?

– Oh ! non... »

Il y avait dans sa voix une nuance de restriction, dont Serge se demanda si c'était du regret ou du soulagement.

« Comme vous le voyez, reprit Serge, je dépends des services économiques de la SS, le W.V.H.A., et non pas du Service de sécurité du Reich. »

Il lui tendit le document qu'il tenait crispé dans sa main gauche.

« Voici mon ordre de mission. »

L'officier décacheta lentement l'enveloppe scellée et commença à lire le message sans que son visage changeât d'expression. Puis il le posa et, toujours impénétrable, demeura quelques secondes à le regarder, sans le relire, soudain pensif, massif et immobile sur son siège. Enfin, il se rencogna en arrière et, à l'écart du cercle de la lampe, son visage disparut dans la pénombre. L'ordre de mission faisait une tache claire sur le bureau. Serge se pencha pour le reprendre.

« Laissez, je vous prie », dit la voix de Starkel.

Ce fut lui qui le reprit et Serge eut cette fois l'impression qu'il en pesait chaque mot.

TRÈS SECRET. ORIGINE WITSCHAFTSVERWALTUNGHAUPTAMT ORANIENBURG LE 28.10.42.

HERR GOËNA AUTORISÉ SE RENDRE CE JOUR AU CAMP D'OHNAU (WURTEMBERG) – IL PRENDRA CONTACT AVEC L'OBERSTURMFÜHRER STARKEL, COMMANDANT LE CAMP...

Il leva les yeux du texte et son regard se perdit dans le bleu écaillé du mur avant de glisser sur Serge et de revenir au texte.

POUR UNE MISSION DONT L'OBJECTIF SERA RENDU IMMÉDIATEMENT EXÉCUTOIRE – CELUI-CI FACILITERA DANS TOUS LES DOMAINES POSSIBLES L'ACCOMPLISSEMENT DE CETTE MISSION DONT LE CONTENU TS LUI SERA TRANSMIS ORALEMENT – POUR LE GÉNÉRAL POHL COMMANDANT LE WVHA, L'OBER-

GRUPPENFÜHRER CHEF DE LA SECTION RICHARD GLUCKS SIGNÉ GLUCKS.

Il plia la feuille de papier, la laissa à portée de sa main, et, de nouveau, considéra Serge en silence.

« Où est votre voiture ? » demanda-t-il brusquement.

Le jeune homme eut un geste d'agacement.

« On m'a indiqué un garage à Haüsern. La réparation durera deux jours... c'est très fâcheux, je ne vous le cache pas.

— Mais pourquoi n'avez-vous pas téléphoné du garage pour faire venir une voiture de la vallée ? J'aurais même pu vous en envoyer une d'ici... »

Serge allongea le doigt vers le document. Starkel crut de nouveau qu'il voulait le reprendre et son poing se crispa dessus.

« La réponse est sur l'ordre de mission, dit Serge. " Très secret. " Personne ne doit savoir que je suis ici. Personne, dit-il en le regardant. L'Obergruppenführer me l'a répété avant mon départ de la façon la plus formelle. Envoyer un coup de téléphone c'était courir un risque. J'ai préféré faire quelques kilomètres », ajouta-t-il en pinçant ses lèvres.

L'officier eut un geste d'incompréhension.

« Mais ce secret est en général dévolu à la Gestapo ! Et nous en sommes partie prenante que je sache ! grogna l'officier.

— Vous le serez puisque je vous mettrai au courant. Mais la Gestapo, elle, ne doit rien savoir de tout cela, dit-il d'une voix ferme en martelant les syllabes. C'est ce que nous devons avant tout éviter. De toute façon, depuis le mois d'avril les commandants de camp sont subordonnés au W.V.H.A. A lui seul. »

A une crispation de la bouche de son vis-à-vis,

Serge se rendit compte qu'il venait de passer un certain seuil de crédibilité et qu'il opérait désormais sans autre filet que ce papier froissé, blafard sous la lampe. Starkel loucha vers le téléphone. Serge prévint le geste.

« Je me permets de vous rappeler que l'Obergruppenführer...

– Je sais, coupa Starkel. Mais tout cela est bien mystérieux. Vous n'avez donc pas de bons rapports avec la Gestapo ? C'est du moins ce que je crois comprendre. »

Serge fit mine d'hésiter.

« Les gens de Prague disent que le général Pohl fait des cachotteries. En fait, ils ne supportent pas, au Service de sécurité du Reich, que l'on marche sur leurs plates-bandes. Et Kaltenbrunner est encore plus soupçonneux que n'était Heydrich », dit-il plus bas, sur un ton de confidence.

Starkel se rendit compte qu'après tout il ne savait rien de celui qui était en face de lui et qu'il s'était peut-être montré trop agressif.

« Le général Pohl a sans doute ses raisons », dit-il prudemment.

Serge eut un sourire énigmatique.

« Ces raisons proviennent de l'attitude de la Gestapo à notre égard. Si nous n'avons pas les meilleures relations avec elle, ... ce n'est pas notre faute, soyez-en sûr. »

La main de Starkel fit un geste d'apaisement, comme s'il voulait dire : je comprends.

« Mais comment voulez-vous que la Gestapo ne soit pas au courant de ce que vous allez me dire ? Je transmets *tout* à la Gestapo.

– Vous savez, d'habitude, nous collaborons. Après tout, nous sommes une autorité de tutelle de la Gestapo au même titre que le R.S.H.A. C'est seulement si nous estimons que l'intérêt supérieur du pays n'est pas défendu avec suffisamment de conviction que nous jouons notre propre... partition. Et jamais de gaieté de cœur. De toute façon, c'est pour nous une situation nouvelle », dit-il après un temps.

Starkel semblait perplexe.

« Si nous appelions les choses par leur nom... Faut-il parler de rivalité ? »

Serge hésita, une fois encore.

« Disons une légère... dissension. Légère et passagère.

— C'est une question de génération, probablement, soupira Starkel. L'ennui c'est que je suis de la vieille école et je m'entends mal avec le mystère.

— Non, dit Serge. Cela n'a rien à voir. En fait, tout cela est une question de personne. La situation actuelle est l'une des conséquences de l'assassinat d'Heydrich, cet été. De son temps rien de tout cela ne serait arrivé. Tout le monde le redoutait et le R.S.H.A., le Service de sécurité du Reich, était alors tout-puissant. Mais, en août, Kaltenbrunner lui succède. D'abord, il inquiétait moins. Ça compte, croyez-moi. Et puis — Serge s'était mis à parler bas — il est arrivé à l'époque où, à la suite de directives données par Himmler, on a commencé à se préoccuper de l'importance économique des camps. Auparavant, au W.V.H.A., que faisions-nous ? Nous nous contentions de les gérer, tant bien que mal. Maintenant, nous devons les *rentabiliser*. Il faut que ça rapporte. Ça fait une petite différence... »

Son regard dériva vers le gouffre noir, au-delà de la fenêtre. Deux ampoules nues, au loin, éclairaient le coin d'un mur gris. Starkel se taisait toujours, comme s'il redoutait d'apprendre ce qu'il allait avoir à faire. Il semblait malheureux et inquiet.

« Nous sommes arrivés à ce résultat, reprit Serge, que nous avons commencé à brasser pas mal d'argent et que le R.S.H.A. a voulu savoir ce que nous en faisions; et cela, je dois dire, sans beaucoup de discrétion. Il a bien fallu, pour nous faire respecter, nous rappelant que nous étions après tout au même titre qu'eux les tuteurs de la Gestapo, que nous nous préoccupions, nous, de police et de renseignement...

— ... tandis qu'eux faisaient la comptabilité, dit Starkel. Je vois. Mais alors, pourquoi cacher votre mission, quelle qu'elle puisse être, à la Gestapo ? Elle peut vous être fort utile dans les circonstances... »

Serge hocha la tête pensivement.

« Malheureusement, elle n'a pas voulu oublier ses liens spéciaux avec le R.S.H.A. dont elle fait partie. Il a donc bien fallu nous passer d'elle. Ça n'a pas été facile, croyez-moi, et ça ne l'est toujours pas. Vous comprendrez pourquoi nous en sommes venus, dans certains domaines, à devenir plus ou moins rivaux du Service de sécurité du Reich. Voici pourquoi vous ne devez pas prévenir la Gestapo de ce que je vais vous dire maintenant. Et, croyez-moi, vous y trouverez votre avantage », laissa-t-il tomber d'une voix douce.

Une réprobation muette se fit jour sur le visage de l'officier. Voilà ce que des petits jeunes gens comme lui, des petits intermédiaires étriqués surgis d'on ne sait où, avaient fait de la belle toile mystique de l'Ordre Noir : un tissu de manœuvres. Il eut un sursaut pour échapper à cette cascade de sous-entendus, à cette voix morne qui l'enserrait comme un filet.

« Si vous me disiez l'objet... », commença-t-il.

Serge l'interrompit d'un geste.

« L'erreur commise, à mon sens, reprit-il d'un ton assuré, c'est que Kaltenbrunner soit resté à Prague. Heydrich était protecteur de la Bohême-Moravie. Il tenait beaucoup à ce titre. Cela se comprenait qu'il demeurât à Prague. Mais Kaltenbrunner a voulu y rester. Cela ne se justifiait plus. La Gestapo est installée à Berlin. Et lorsqu'il convient d'agir rapidement, Prague devient, à cause de sa situation, un terrible élément ralentisseur. Tout est dédoublé. Ils veulent tout vérifier, tout revoir. Ajoutez-y la lenteur des communications, les contre-expertises... Kaltenbrunner a la manie des contre-expertises..., les dossiers qui disparaissent. Quelquefois ils court-circuitent purement et simplement les instructions et les enquêtes. En un mot...

— Si nous en venions au fait », répéta Starkel d'un ton plus pressant.

Il pensait à son dîner qui l'attendait, à son alcool de genièvre devant sa table de jacquet, et, peut-être inconsciemment, aux marécages dans lesquels il allait s'enliser.

« Depuis le changement à la tête, ils sont devenus lourds et lents. Oui, surtout lents », murmura Serge.

Il croisa et décroisa ses mains d'un geste nerveux et las.

« Et voilà, Herr Obersturmführer, où je voulais en venir : en ce moment nous sommes sur quelque chose pour lequel la lenteur ne pardonne pas », dit-il.

Le téléphone sonna. Starkel répondit, marmonna quelque chose et, couvrant l'écouteur, demanda à Serge :

« Quel est votre garage, m'avez-vous dit ?

– Pas de coups de téléphone, je vous prie, répondit-il fermement.

– Il ne s'agit pas de cela », dit Starkel d'un air agacé.

Serge décida de jeter un peu de lest.

« Staller, à Haüsern. »

Starkel réprima un sourire.

« Il n'y en a d'ailleurs pas d'autre », dit-il.

Serge prit le parti de s'agiter soudain. Ce demi-sourire ne lui disait rien qui vaille.

« Vous pouviez vérifier après le départ de la voiture, dit-il en haussant le ton. Je vous avais dit que je ne voulais pas de téléphone. J'exige le secret. Je vous en ai déjà trop dit pour vous faire comprendre la gravité de... »

Starkel le calma du geste et lui coupa la parole :

« Il ne s'agit pas de cela, répéta-t-il. Pouvez-vous simplement me donner la marque et le numéro de votre voiture ?

– Mais bien entendu, Herr Obersturmführer, dit Serge d'une voix redevenue sereine. DKW noire 6 CV, n° 2305 KV. »

Starkel nota le numéro et se leva. Il alla consulter un registre puis sortit du bureau. Serge préféra ne pas répéter son injonction. Quand il entendit les pas décroître dans le couloir, il se haussa sur son siège pour lire l'inscription qui était sur le registre. Il lut : N.S.K.K., *Etat des véhicules*. Il fit la moue et se renversa en arrière sur son siège. Il lui sembla entendre un conciliabule. Starkel était long à revenir. Enfin ses pas lourds retentirent à nouveau.

« Vous coucherez donc au camp, Herr Goëna, commença-t-il. J'ai donné les instructions. Considérez-vous comme mon invité. Mais auparavant je souhaiterais vivement que vous me parliez de votre affaire. Maintenant. »

D'un geste, Serge l'arrêta :

« Je vous remercie de votre hospitalité, mais ce n'est guère possible. L'Obergruppenführer veut que je sois à Munich demain matin, neuf heures. Impérativement. »

Il avait dit « impérativement » sur le même ton que l'autre avait dit « maintenant ».

« Je crains que cela ne soit pas possible non plus, répliqua Starkel. Il y a trois cent cinquante kilomètres, dont la moitié en route montagneuse. »

Serge secoua la tête.

« Il ne m'appartient pas de savoir *comment* je dois y être. Je dois y être, c'est tout. Le moindre retard serait catastrophique. Il ne m'est même pas possible d'attendre que la voiture soit réparée. »

Starkel s'était de nouveau plongé dans l'état des véhicules. Serge lui montra du doigt le registre. Il prit un ton de politesse glacée.

« Je suis donc dans l'obligation, à mon grand regret, de vous demander une voiture et un chauffeur pour me conduire cette nuit à Munich, dit-il. Le chauffeur vous la ramènera demain dans la journée et laissera au passage, à Haüsern, le convoyeur du W.V.H.A. qui rapportera ma propre voiture. Je ne vois que cette solution... »

L'officier eut soudain l'air contrarié et décontenancé.

« Je ne dispose pas d'un parc bien considérable... Peut-être serait-il préférable que vous fassiez venir une voiture cette nuit de votre Quartier général », dit-il sans trop y croire.

Serge écarta la suggestion.

« Il me resterait trop peu de temps. J'ai rendez-vous comme vous le savez à neuf heures du matin avec Richard Glucks, afin d'exploiter au plus vite le résultat de ma mission. »

Starkel soupira.

« Bien. Vous aurez votre voiture », dit-il à contrecœur.

Il y eut un silence attentif. Serge décida de tirer une dernière cartouche :

« Avez-vous entendu parler de l'affaire Hübener, Herr Obersturmführer ? »

L'officier s'agita sur son siège.

« Est-ce bien nécessaire...

— Je le pense, dit Serge. Cela éclairera tout naturellement ce que je dois vous demander. »

Le silence du soir fut soudain rompu par quelques interjections lointaines, comme le signe avant-coureur du retour des *Kommandos* au camp. Serge luttait pour garder son calme. Starkel détourna la tête vers la fenêtre, regarda sa montre, puis revint à Serge.

« C'était un jeune employé d'administration de la ville de Hambourg. Bien sous tous rapports, aimé de ses camarades, faisant partie des Jeunesses hitlériennes... un bon élément. Et puis on s'est aperçu peu à peu que, sous le couvert des Jeunesses hitlériennes, il écrivait et distribuait des tracts où il recopiait les nouvelles entendues à la radio anglaise. On s'en est aperçu, en fait, après plusieurs mois, quand il ne s'est plus contenté de recopier les nouvelles qu'il entendait, et qu'il s'est mis à composer ses tracts lui-même en les truffant d'attaques contre Hitler. Le plus fort c'est que, au cours de son procès, ce sont ses propres camarades des Jeunesses hitlériennes qui ont fait de lui le plus vif éloge. « Ce n'est pas possible. Il « militait avec tant d'enthousiasme, etc... »

– C'était la couverture rêvée, dit Starkel. Mais je ne vois pas où vous voulez en venir.

– C'est pourquoi il a été si difficile de le prendre sur le fait, dit Serge, en ignorant la dernière phrase.

– Il a été jugé ? »

Serge le regarda. Au-dessus de lui, l'inscription était maintenant cachée dans la pénombre. On devinait juste à cet endroit du mur quelques signes noirs acérés.

« Il a été exécuté avant-hier », dit-il d'un ton froid.

Starkel hocha la tête.

« Les ennemis de l'intérieur... Ce sont les pires, dit-il. Quand même ils ont eu la main lourde !

– Ce sont des individus dangereux, vous savez; devant eux, nous nous trouvons particulièrement désarmés. »

D'un geste brusque, l'officier repoussa *l'Etat des véhicules* qui était devant lui :

« La Gestapo semble pourtant avoir fait diligence, en ce cas précis, dit-il; et, de toute façon, de tels cas sont rares...

– Détrompez-vous, dit Serge avec gravité. Au contraire, il semble que des petits Hübener aient proliféré depuis quelque temps, dans ce pays. Cela nous inquiète beaucoup, d'autant plus que la Gestapo ne semble pas suffisamment s'en préoccuper. Elle fait du coup par coup. Nous sommes pourtant quasi certains que des embryons d'organisations terroristes se sont formés tout récemment à Hambourg et à Berlin afin de lancer une agitation bolchevique en milieu étudiant. Et vous savez quelle est leur cible ? demanda-t-il soudain avec animation.

– Non. »

Serge fit le geste de braquer une arme.

« Les *Gauleiter*. Ni plus ni moins. Vous voyez à quel point vous avez eu raison de parler d'ennemis de l'intérieur. Et vous me demandiez où je voulais en venir ? »

Il y eut dans son regard, tout à coup, un éclair de méchanceté froide.

« Dieu, ne pas retrouver ce type sur ma route ! » pensa Starkel.

« Je passe ma vie à lutter contre eux, reprit Serge. Mon but est de les exterminer. Il faut dire que si j'ai su me servir des circonstances, j'ai aussi été servi par elles. Comme vous avez pu le voir sur mes papiers d'identité, mon père est suédois, ma mère allemande et je bénéficie donc d'une double nationalité. Cela m'a beaucoup facilité les choses pour orienter mon action au sein du W.V.H.A. »

Pour la première fois, Serge vit passer une lueur d'intérêt dans les yeux de l'officier.

« J'ai pu ainsi m'introduire peu à peu, tant à Stockholm qu'à Hambourg, dans les filières qui entretiennent un trafic florissant de faux papiers depuis la Suède. Ce trafic est relié bien entendu aux cellules bolcheviques dont je viens de vous parler. Les faux, si vous voulez quelques détails, sont fabriqués à Stockholm dans des imprimeries clandestines, puis ils transitent par Malmö et Lübeck, la plupart du temps sur des bateaux de pêche. Le terminus est à Hambourg. Et je ne parle pas des passagers déguisés en membres d'équipage, dans les deux sens. Des agitateurs étrangers peuvent ainsi circuler dans le Reich avec de fausses cartes d'identité et s'en évader aisément. »

Starkel l'écoutait avec attention. A ce moment-là, pourtant, il leva les yeux au ciel.

« Je n'en crois rien, s'écria-t-il. La Gestapo aurait vite fait de...

— ... mettre bon ordre à ce petit trafic ? N'en croyez rien. Les indicateurs de la Gestapo dépendent d'une organisation si lourde et si contraignante qu'ils ne peuvent sortir des limites précises de leurs missions. Ils doivent perpétuellement se référer à un supérieur. Ils n'ont pas de vraie liberté d'action. Vous savez combien ils ont de sections ? Six. Eh bien, avec leurs six sections à Hambourg, ils se sont montrés aveugles. Vous m'entendez ? répéta-t-il d'un air dur. *Aveugles*. C'est pourquoi la situation est grave et pourquoi nous avons décidé d'agir vite. »

Au loin, une horloge sonna lentement huit coups grêles et tristes. Serge se rapprocha du visage massif de Starkel et le regarda dans les yeux en disant :

« Or vous avez à Ohnau, Herr Obersturmführer, une jeune femme qui a été arrêtée à Hambourg au début d'avril pour diffusion de tracts. Tout nous porte à croire, au W.V.H.A., que son instruction a été incomplète et que nos amis n'y ont vu, là encore, qu'une manifestation individuelle. Pourtant, nous le savons maintenant, c'était une prise importante. Elle l'est toujours, d'ailleurs. Cette femme connaît sûrement beaucoup de choses qu'elle n'a pas divulguées à l'époque. »

Starkel se leva et alla chercher sur une petite table un lourd cahier oblong.

« Je crois que je commence à comprendre, dit-il.

— Il fallait faire vite, dit Serge. C'est pourquoi nous avons décidé de remonter à la source et que je suis venu moi-même. »

Il y eut un silence. Serge aurait aimé que Starkel posât lui-même la question qu'il attendait. C'était pour lui, en quelque sorte, une façon de prendre parti. Il se tut et le silence retomba. Mais cela ne venait pas. Starkel avait ouvert le cahier sur des pages contenant des listes de noms qu'il parcourait du regard. Enfin, il quitta les pages blanches et se décida.

« Qui est-ce ? » demanda-t-il.

Serge crut sentir dans sa voix une légère réticence. Il se racla la gorge.

« Le n° 722. Ina Ehnmark », dit-il d'un ton calme.

L'officier sembla réfléchir, le poing sous le menton, le visage penché en avant et resta un moment silencieux.

« Je crois que je vois qui c'est. Une belle silhouette, d'ailleurs, autant que je puisse me rappeler, murmura-t-il comme pour lui-même. Evidemment, ça a dû changer. Elles ont tendance à se voûter un peu, ici. »

Il saisit le registre avec un petit ricanement et, humectant ses doigts, commença à le feuilleter.

« Elles ne sont que 1 800, dit-il en cherchant. Ce n'est pas Ravensbrück. Comme cela on se rappelle certaines arrivées. Ah ! 722. Oui... Condamnée le 11 avril à dix ans de travaux forcés. Distribution de tracts subversifs. Arrivée ici le 13 avril. »

Il lut rapidement le curriculum vitae en faisant claquer ses lèvres, puis leva les yeux.

« En effet, pour la Gestapo l'instruction est close », dit-il.

Serge secoua la tête d'un air incrédule. Starkel consulta sa montre, avant de fixer sur son vis-à-vis un regard pénétrant.

« Donc, si je comprends bien, vous aimeriez avoir un entretien avec elle.

– Vous appelez cela un entretien, dit Serge d'une voix sans timbre.

– Comprenons-nous, dit l'officier en haussant les épaules. De toute façon, elle va revenir de Kommando d'un moment à l'autre. Je vais vous la faire appeler et vous pourrez lui poser les questions que vous désirez. Après tout, je dépends depuis quelques mois de l'autorité de votre organisme, comme vous avez su me le rappeler. »

Serge, le visage fermé, n'avait pas bougé. Starkel, de nouveau le nez dans son registre, l'observa à la dérobée.

« Il est bien entendu que, si vous y tenez, je peux vous laisser seul », dit-il à contrecœur.

Le jeune homme restait sans réaction. Starkel s'agita sur son siège.

« Mais enfin que désirez-vous, exactement ? » demanda-t-il d'une voix que l'exaspération, pour la première fois, faisait vibrer.

Serge sentit qu'il fallait précipiter les choses.

« Croyez-vous, Herr Obersturmführer, commença-t-il brusquement en montrant le papier sur le bureau, que si mon but avait été de poser quelques questions à l'une de vos... pensionnaires, j'aurais pris tant de précautions ? Croyez-vous que dans ce cas, il aurait été nécessaire de remonter jusqu'à l'Obergruppenführer pour lui faire signer cet ordre de mission ? »

L'officier le regarda avec surprise.

« Cela ne me dit toujours pas ce que vous avez en tête, dit-il. Vous êtes là, en face de moi, depuis une heure dans ce bureau, et... »

Serge se pencha vers lui.

« C'est bien facile, dit-il d'une voix sourde. J'ai une mission à remplir. Vous en savez maintenant assez pour que je puisse vous en dire la teneur. Je vous rappelle qu'elle ne doit en aucun cas franchir les limites de cette pièce. Nous sommes d'accord ?

– Oui. »

Starkel s'était carré dans son fauteuil.

« Alors voici le texte : « La prisonnière n° 722,
« Ina Ehnmark, devra être extraite du camp
« d'Ohnau pendant quelques jours à l'instigation
« et sous l'accompagnement de Serge Goëna, ceci
« pour répondre aux questions qui lui seront
« posées à Munich au siège du W.V.H.A.,
« 14 B Neuhauserstrasse, à partir du 30 octobre,
« 9 heures. »

Il s'arrêta net. Starkel s'était penché vivement en arrière et son visage avait, une fois de plus, disparu dans la pénombre.

« Le 30 octobre, c'est-à-dire demain matin, précisa Serge d'un ton naturel. En fait, je vous demande de considérer cela, du point de vue pénal, comme un supplément d'instruction. Oui, ajouta-t-il sereinement, comme un simple supplément d'instruction. »

Le visage de Starkel réapparut en pleine lumière et il y lut ce qu'il redoutait, un mélange d'incrédulité et de stupéfaction qui se manifesta par un effrayant, un oppressant silence, qui se prolongea longtemps. Serge avait toujours su qu'un moment de cette journée passerait par ce silence-là.

La voix de Starkel lui parvint de nouveau, détimbrée comme si elle avait traversé une lande glacée balayée par le blizzard.

« Mais, c'est tout à fait impossible, Herr Goëna... ce que vous me demandez n'est simplement pas du domaine du possible...

– Ce que je vous demande, et cela seul, Herr

Obersturmführer, dit Serge d'un ton cassant, c'est de relire l'ordre de mission et de vous y conformer. Regardez, dit-il en tendant le doigt : « L'objectif sera rendu immédiatement exécutoire « [...] le commandant du camp facilitera dans « tous les domaines possibles... » et ainsi de suite. »

L'officier soupira, puis secoua la tête.

« Je ne suis pas couvert, dit-il. Jamais une telle procédure n'a été employée jusqu'ici.

– Et ce papier? Et cette signature? Et cet organisme? »

Nerveusement, le doigt de Serge balaya par trois fois le mot Wirtschaftsverwaltunghauptamt.

« Non. » Starkel avait soudain une voix butée qu'il ne lui avait pas encore entendue. « Je n'appelle pas cela un ordre. Je ne suis pas une marionnette et je ne déchiffre pas de rébus.

– C'est un ordre.

– Je suis navré, dit l'officier. Ce n'en est pas un.

– Bien », dit Serge d'un ton sec en se levant.

L'officier l'imita.

« Je vous prête ma voiture, dit-il, et vous repartez au garage. Si cela vous semble trop long d'attendre la réparation, vous pourrez même l'utiliser demain matin pour retourner à Munich. Vous demanderez alors à la Gestapo et au W.V.H.A. d'accorder leurs violons et de m'envoyer un message par la voie normale. Je suis prêt en ce cas à vous transmettre tout le camp si vous le désirez. Tsiganes en sus. »

Serge ne releva pas. Son visage était fermé quand, déjà rendu à la porte, il se retourna vers l'officier :

« Il vaut mieux que je vous prévienne, dit-il. Le général Pohl ne vous le pardonnera pas. Cette procédure qui vous semble étrange – et qui l'est, je vous l'accorde – nous est imposée par les circonstances dont je vous ai parlé. Votre refus rend notre contre-attaque aléatoire et inefficace. En tant qu'envoyé spécial de Pohl, je serai bien obligé de lui rendre compte de la façon dont j'ai été accueilli. »

Il lui sembla soudain voir une lueur d'inquiétude dans le regard de Starkel. Il se raccrocha à cela.

« D'où croyez-vous que vient le pouvoir du général Pohl ? poursuivit-il. De Himmler lui-même. Pohl et Himmler, ce sont deux doigts de la même main. Il y a entre eux une sombre histoire de bail de terrains sur lesquels des camps ont été construits... »

Il ouvrit la porte lentement.

« Enfin, je m'en vais. Merci pour la voiture. Je coucherai à Haüsern. Je vous prie d'avance de ne pas m'en vouloir des réactions possibles. Je ne ferai pour ma part que rapporter notre conversation. »

Il regarda par la fenêtre.

« C'était pourtant gentil, le Wurtemberg en automne », dit-il, comme si un rayonnant paysage s'offrait soudain à lui.

Starkel n'en croyait pas ses oreilles. Cet homme allait plus loin qu'il ne le croyait. Perplexe, il le regarda qui partait, petite silhouette raide et compassée. Il les détestait viscéralement, ces jeunes gens si imbus d'eux-mêmes et de la parcelle d'autorité qu'ils croyaient détenir. Il se rappela des rumeurs rapportées par des camarades mieux en cour que lui : il y en avait, disaient-ils, jusqu'au grand Quartier général, papillonnant au milieu des uniformes noirs, faisant et défaisant les réputations, espionnant, conseillant, laissant comprendre que... On ne savait jamais de qui ils étaient les envoyés, les espions ou les éminences grises. Celui-là, le dépit pouvait le rendre dangereux. La froideur de son regard rappela à Starkel d'autres froideurs. Il eut une vision, comme un éclair douloureux. Il se vit perdu dans les brumes de la Volga, pataugeant dans la boue glacée à la tête d'un régiment fantôme. Le bleu des murs du bureau lui parut soudain, par comparaison, chaleureux et tranquille. Les plaintes des filles se perdaient dans la forêt et il ne les entendait pas. « Ne pas trouver ce gars-là sur ma route. » Il se dit que c'était la deuxième fois en peu de temps qu'il pensait cela. Cela méritait réflexion.

« S'il vous plaît », dit-il, en lui faisant signe de rebrousser chemin.

Serge, qui allait franchir le seuil, se retourna.

« Asseyez-vous, dit Starkel avec un geste courtois. Ne croyez pas que je veuille me mettre en travers de vos intentions. Ne croyez pas cela. Surtout pas. »

Il s'interrompit, ne sachant que dire pour gagner du temps.

« De toute façon, les filles ne sont pas encore rentrées. On peut entendre les camions d'ici. Je vous préviendrai. Je pense tout de même que vous comprenez ma réticence », soupira-t-il après un silence.

Serge se décida à prendre un ton plus chaleureux et plus explicite.

« Parfaitement. Aussi pour vous encourager à la vaincre, ce qui serait faire la preuve de votre sagacité, et qui irait, permettez-moi de vous le rappeler, dans le sens de votre intérêt, je voudrais vous donner quelques détails de notre enquête. Normalement je n'ai pas le droit de le faire, dit-il en levant les yeux. En relisant la minute de l'interrogatoire et en vérifiant ses réponses, nous nous sommes aperçus que cette femme avait embarqué la Gestapo sur une fausse piste; et quand je dis embarqué, c'est le mot juste, car tout aboutissait à un réseau de pêcheurs du Sund dont le chef, un Suédois dont elle avait donné le nom, s'est révélé être mort six mois auparavant dans un accident. A l'époque, ils l'avaient interrogée à Hambourg au premier degré, et puis ils avaient laissé tomber. Je me suis occupé moi-même de la contre-enquête : tout est à l'avenant. »

Serge ne quittait pas Starkel du regard tout en parlant et son changement de physionomie l'étonna. L'officier l'écoutait désormais avec une sorte de jubilation. Comme s'il sentait pour la première fois que ce jeune homme en face de lui, qui l'avait tant inquiété, était en fait son allié et qu'il allait enfin pouvoir faire quelque chose d'utile pour sa propre carrière.

« Nous en sommes venus à penser qu'elle était la cheville ouvrière de toute une organisation dont les membres se sont séparés peu après son arrestation, continuait Serge. Elle semble avoir été le point commun qui les reliait tous. Il s'agissait du groupe " Vera ". On pense qu'il s'appelait ainsi en hommage à Vera Figner, l'illuminée qui avait manigancé en 1881 l'assassinat du tsar Alexandre II. Son but était de noyauter les universités les unes après les autres.

– Mais vous me parliez d'un danger imminent », dit Starkel.

Serge lui fit signe de la tête, et l'officier y vit une sorte de connivence.

« C'est que nous savons que ce groupe s'est reconstitué. Nous avons retrouvé en particulier des documents signés *V.V.H.* Or ce même groupe s'était réuni de janvier à mars dans une maison inhabitée du Valerbriskamp, à Hambourg. Vera – Valerbriskamp – Hambourg. Un indice entre cent. Or, tout nous porte à croire qu'ils vont tenter une action immédiate sur certains transports de fonds du W.V.H.A. Voilà pourquoi l'antenne de Munich est prête à convoyer immédiatement la prisonnière sur Hambourg afin que les renseignements qu'elle pourrait donner soient vérifiés et exploités à mesure qu'elle les donnera.

– Si elle les donne, dit Starkel.

– Elle les donnera », dit Serge, le visage fermé, tassé dans son fauteuil.

De nouveau, Starkel fut impressionné par ce qu'il sentait d'énergie rentrée chez son vis-à-vis, et en même temps vaguement inquiet de ce que cette énergie pouvait avoir de tortueux et d'implacable.

« Tout à l'heure, je vous le confesse, j'ai eu un doute, laissa-t-il tomber.

– Ah ! oui. Quand ça ?

– Vous savez, quand j'ai quitté le bureau. Je me suis soudain souvenu que nous avions un document signé par Glucks : le devis d'un projet d'agrandissement du camp. Et j'ai été comparer les deux signatures.

– Et alors, demanda Serge d'un ton pincé.

– C'était la même », répliqua Starkel d'un air entendu.

Un grondement lointain se fit entendre. Le commandant du camp regarda de nouveau sa montre et se leva. Ils quittèrent le bureau et retrouvèrent l'air humide et froid. Serge descendit les marches à sa suite et sentit le grésil sous ses pieds. Quelques ampoules falotes trouaient la nuit. Starkel marchait vite et bientôt la place d'appel s'étendit devant eux comme un gouffre d'ombre. Au-delà, Serge entendit un remue-ménage lointain, et bientôt le bruit d'un camion franchissant la herse, puis un autre. Les véhicules s'arrêtèrent et il vit dans l'axe de l'allée principale un faisceau de phares s'immobiliser.

« Les voilà, dit Starkel; nos vaillantes prisonnières. Les premiers camions attendent, car elles doivent arriver en groupe.

– C'est la règle ?

– Oui. Mais elles ne sont revenues en camion que parce qu'il y a un transport de billots », dit-il, comme pour le rassurer.

Serge ne dit rien. Le silence retomba. Il ne voulait pourtant pas laisser l'officier à ses pensées.

« Vous prévoyez un agrandissement, ai-je cru comprendre ? » demanda-t-il après quelques instants.

Starkel fit la moue.

« Je n'en suis pas partisan. Comme je vous le disais, c'est un petit camp. Ce genre de camp était justement une des bonnes idées de l'Inspection générale qui avait la haute main sur le système jusqu'en 1939.

– Je sais, dit Serge.

– Comme les prisonnières ne sont pas nombreuses, et que nous ne voulons pas les exterminer, les conditions sont réunies pour essayer de leur forger quelque chose comme une personnalité nouvelle. Mais si elles ne sont pas très nombreuses, elles n'en sont pas moins dangereuses, vous savez... Alors forcément, auparavant, il faut les mater, briser leurs organismes. Mais au moins on a l'impression d'œuvrer pour quelque chose. »

Serge dut s'appuyer à un lampadaire. Presque aussitôt les ronflements de moteurs reprirent et bientôt les faisceaux de phares se succédèrent dans l'axe de l'allée principale.

« Nous atteindrons la ville à l'aube, parvint-il à

dire. Voulez-vous que je fasse dormir votre chauffeur quand nous serons arrivés ?

– Ce n'est pas nécessaire, dit Starkel. Renvoyez la voiture dès que possible. Je peux en avoir besoin demain.

– Bien », dit Serge.

Les camions décrivaient maintenant un grand cercle sur la place d'appel. Starkel reprit son pas rapide pour s'avancer vers eux. Serge le suivit et s'appliqua à régler sa marche sur la sienne.

A l'extrémité de la place d'appel, délaissant les faisceaux convergents de deux projecteurs qui striaient la nuit avec brutalité, Starkel s'arrêta près d'un groupe électrogène qui permettait à deux ampoules accrochées à un mât de diffuser une lumière jaune et triste. Devant eux, les cinq camions des *Kommandos* venaient de s'arrêter en épi, et, d'un seul mouvement, les conducteurs sautèrent sur le sol et rabattirent les ridelles à l'arrière. Un lamentable défilé commença alors au milieu des hurlements des *Aufseherinnen.* Sous le froid faisceau des projecteurs il put voir des files de créatures maigres en bourgerons verdâtres ou en blouses grises qui descendaient lentement des camions. Une fois à terre, il y avait un bref moment où elles vacillaient, écrasées, titubantes, certaines cassées en deux par l'énorme masse qu'elles portaient toutes. Puis, lentement, elles se redressaient et se mettaient en rang au milieu des allées et venues et des glapissements des trois gardiennes qui continuaient à les houspiller et à les affoler comme des guêpes. Starkel avança.

« Hilda ! » appela-t-il.

Une femme sans âge, à l'allure hommasse, aux

cheveux gris tirés en arrière se retourna et vint vers lui. Elle aussi avait un registre à la main. Il se porta à sa rencontre, le laissant seul près du lampadaire.

Serge préféra sortir de la zone de lumière et fit quelques pas en arrière pour se poster dans l'ombre. A plus de cinquante mètres il ne pouvait certes rien distinguer dans les rangs des prisonnières. Mais parfois un visage se dégageait d'un groupe confus et regardait dans sa direction; il sentait alors son cœur battre à se rompre et ses jambes chanceler. Il faisait nerveusement les cent pas, les bras derrière le dos, puis s'arrêtait de nouveau pour observer. En avant des prisonnières, et en contre-jour par rapport à elles, comme deux ombres chinoises maléfiques, Starkel et la femme discutaient. Ils feuilletèrent l'un après l'autre le même cahier, et puis elle pointa le doigt sur une page et regarda Starkel qui parla de nouveau. Enfin elle se dirigea vers les camions. Serge vit sa silhouette épaisse s'éloigner de quelques mètres et entendit sa voix perçante hurler dans la nuit :

« 722!

– 722, reprit en écho l'une des trois surveillantes. Au rapport! »

Il y eut au loin un léger remue-ménage, suivi d'une vague d'inquiétude dans les rangs, perceptible de là où il était. Deux prisonnières se retournèrent, ce qui justifia un nouveau cri guttural de l'une des *Aufseherinnen.*

Et puis il la vit.

Elle se détachait lentement de la file du troisième camion qui était déjà en rang pour l'appel. Elle alla donner sa masse à une autre fille et chercha des yeux là où elle devait se diriger. Starkel, qui revenait déjà vers Serge, se retourna et, d'un geste bref, lui fit signe de venir. Puis il rejoignit Serge qui, tendu et pâle, s'était avancé.

Elle venait maintenant vers eux, la tête penchée en avant, longue silhouette frêle à la démarche hésitante et lasse. De là où il était, Serge ne pouvait voir que le méplat de ses hautes pommettes, sous ses cheveux coupés ras. Elle était habillée d'une blouse grise. Il essaya d'attirer l'officier vers une zone moins éclairée où il lui serait plus difficile d'observer la jeune fille. Mais Starkel avait rejoint le lampadaire et n'en bougeait plus. Serge avait également eu l'intention de parler le premier pour qu'elle-même entende sa voix avant de le voir, et, dans ce but, il s'était longtemps entraîné mentalement pour que l'apparition d'Ina, quel que fût son état, n'altérât pas sa voix à lui. Ses pauvres plans lui semblèrent tout à coup dérisoires quand elle arriva et qu'il sentit que l'officier ne les quittait pas des yeux. Elle était là, tout près de lui. Elle fixait le sol comme elle devait le faire souvent en de telles circonstances. Elle ne paraissait pas l'avoir vu. Il se raidit.

« 722 ? » demanda-t-il en la fixant.

Quand elle entendit le matricule elle leva lentement les yeux et il lui sembla que, l'ombre d'un instant, le regard qu'elle lança vers lui avait vibré d'une surprise insondable et pathétique, et que ses yeux s'étaient soudain agrandis de stupeur, mais ils étaient si cernés, si battus, qu'il fallait connaître le visage d'Ina comme il le connaissait pour s'en rendre compte. Et encore, cela ne dura qu'un éclair. Elle baissa aussitôt la tête. Elle paraissait épuisée.

« Oui, monsieur. »

Sa voix aussi, faible et voilée, il la reconnut à peine. Starkel ouvrit son registre et lut d'une voix sans intonation :

« 722. Ehnmark Ina, née le 4 novembre 1921 à Düsseldorf, de Helmut Ehnmark, avocat, et Hildegarde Reuss, sans profession. Capturée le 31 mars 1942 à Hambourg, interrogée les 8 et 9 avril, jugée le 11 et condamnée à dix ans de travaux forcés. Au camp depuis le 13 avril. Exact ?

– Oui, Herr Obersturmführer. »

Serge n'osait pas trop la regarder pendant que Starkel parlait. Il lui sembla pourtant un moment qu'elle vacillait. Il lui fallut de nouveau se raidir pour ne pas la soutenir. Mais non. Au contraire, ce fut elle qui le regarda, de façon certes brève et absente, mais elle le regarda, et leurs regards se croisèrent. Son sang-froid lui rendit tout son calme.

« Vous êtes transférée à Munich pour un supplément d'instruction, dit Serge d'un ton impersonnel. Allez préparer votre paquetage. Vite !

– Départ du bureau du commandant dans cinq minutes », dit Starkel.

Serge lui fut reconnaissant de cette précision. C'était pour lui la certitude qu'il n'avait rien remarqué de particulier et qu'il n'allait pas changer d'attitude au dernier moment. Ina s'était déjà retournée et repartait vers son bloc. Il remarqua qu'elle boitait légèrement. Au loin, un sourd bourdonnement haché de cris provenait des rangs. Les *Aufseherinnen* se placèrent devant la masse indistincte des malheureuses et commencèrent un interminable appel. Le froid de la nuit était tombé comme une chape sur les centaines de silhouettes illuminées par les projecteurs, voilées et grelottantes au milieu de la masse noire des camions. Les numéros d'appel se succédaient et chacun était un cri de haine. A un moment, il sembla y avoir un incident dans les rangs et il entendit un bruit de gifle suivi d'un gémissement.

Il eut peur que Starkel, qui était toujours à ses côtés, n'intervînt et que cela repousse l'heure du départ. Il se retourna sur lui.

« Je crois qu'il est temps, dit-il.

— Allons-y. »

Ils revinrent vers la vieille maison et croisèrent deux prisonnières qui portaient à grand-peine un récipient rempli de liquide. Starkel les suivit des yeux. L'entrain qu'il avait manifesté peu avant l'arrivée du convoi semblait l'avoir quitté. Il était pensif et lointain et ne disait plus un mot. Cela inquiéta Serge comme un pressentiment. En arrivant devant les marches il vit pourtant avec satisfaction que l'Auto-Union grise du *Lagerführer* les attendait. Au volant il y avait un petit gros aux cheveux blonds. Ils s'approchèrent lentement. De rares lumières donnaient à la vieille maison un aspect mystérieux et solitaire.

« Je crois que tout est au point, dit Serge. De toute façon, je vous laisse l'ordre de mission. »

Starkel s'arrêta, l'air préoccupé.

« Mais comment me prévenez-vous de son retour ?

— Dans trois ou quatre jours, elle reviendra sous escorte avec un de nos véhicules. Nous, nous serons déjà en action. »

Il la vit au même moment qui arrivait. Elle s'arrêta au bas des marches, près de la voiture.

« Elle risque d'être un peu secouée, dit Serge en fixant le sol.

— Il y a une infirmerie », murmura l'officier.

Ina s'était appuyée au mur et tenait dans sa main l'extrémité de la courroie d'un sac de toile à matelas posé par terre. D'un geste sec, Serge la fit asseoir à côté du conducteur.

« Herr Obersturmführer, dit-il à voix basse en se retournant vers l'officier, merci pour la coopération. Nous nous en souviendrons, je vous prie de le croire. Mais, j'insiste encore : le secret. La réussite est à ce prix. Heil Hitler!

– Tenez-moi au courant, dit sobrement Starkel.

– Bien sûr. Surtout si par extraordinaire il y avait un retard. Mais ce serait plutôt bon signe. »

Serge s'installa sur le siège arrière. Il s'aperçut que le conducteur avait un pistolet à la taille. « Allons-y! » lui dit-il. L'officier attendait au bas des marches et, comme la voiture démarrait, Serge se demanda s'il devait lui sourire. Il se décida pour un court geste de la main. Il se retourna pour voir si l'autre répondait. Il avait déjà quitté les marches et était rentré à l'intérieur.

La voiture passa devant le pavillon goudronné et il vit de dos les soldats de tout à l'heure qui s'affairaient autour de la herse. Celui qui avait téléphoné près de trois heures plus tôt au commandant du camp avait une torche électrique et il plongea un coup d'œil inquisiteur à l'intérieur de la voiture où Serge s'efforçait de garder un visage sans expression, les yeux fixés sur la nuque fragile d'Ina qui ne bougeait pas. Le chauffeur lui fit un signe amical, et Serge vit se lever lentement les rouleaux barbelés de la herse. Il pensa qu'elle avait la même vision, et il aurait aimé pouvoir croiser son regard à cet instant. Puis le chauffeur embraya et, à mesure qu'il accélérait, Serge entendit l'eau des ornières gicler le long de la carrosserie avec un bruit mou. La route traversait le plateau piqueté des pauvres lumières d'un petit hameau, puis, après quelques lacets, amorçait la longue descente qui menait dans la vallée. Le dos épais du chauffeur se penchait en avant à chaque fois qu'il changeait de vitesse, avant de revenir en arrière avec un léger soupir. A la lumière des phares, on pouvait voir la route loin en avant, sinueuse et crayeuse à travers les prairies. La nuit était très claire et Serge regarda défiler sur sa droite la masse noire de la forêt où il avait progressé si lentement le matin même. Lors d'une trouée, il essaya même de distinguer son premier refuge de la journée : la barricade échouée. La vallée s'élargissait vers un ciel sans limites qui, au loin, vers le sud, se confondait avec le bassin du fleuve lentement envahi de brumes jusqu'aux premiers contreforts du Hotzenwald.

Soudain la voiture ralentit et une longue théorie de silhouettes fantomatiques surgit à la queue leu leu sur le bord de la route. Elles avançaient d'un air hagard en traînant les pieds, courbées sous des masses qui lui parurent plus lourdes encore que celles de tout à l'heure. Serge remarqua que pas une n'avait un vêtement un peu chaud. Il lui sembla voir les épaules d'Ina se tasser vers le fond de la voiture quand ils les croisèrent.

« Le Kommando B qui remonte », commenta le petit gros.

La route descendait légèrement au milieu des troncs livides des bouleaux. Serge se retourna pour voir s'ils n'étaient pas suivis (la longue file des femmes s'était perdue dans la nuit), puis, sans presque remuer la tête, il fit un lent panoramique de gauche à droite pour mesurer le volume intérieur de la voiture et l'espace dont il disposait. Après avoir été rectiligne pendant quelques kilomètres, ce qui leur avait permis de prendre de la vitesse, la chaussée semblait maintenant surélevée par rapport au terrain environnant, comme si elle était construite sur une digue. Le chauffeur dut ralentir. Animé de brumes rasantes et de miroitements brefs, le sol avait dans l'ombre la consistance molle et inquiétante des tourbières. Serge se pencha à peine et défit silencieusement sa chaussure gauche. Au moment où il était ainsi légèrement penché en avant il vit le tas de cailloux sur le bord de la route. Il ne l'attendait pas si tôt. Il effleura les épaules d'Ina, prit un peu d'élan et frappa d'un coup sec la nuque du chauffeur avec le talon de sa chaussure. Le large dos s'effondra sur le volant et la voiture fit une embardée.

« Freine ! » cria-t-il.

Elle mit avec difficulté son pied gauche sur la pédale de frein, tandis qu'à demi courbé en avant Serge tentait de maintenir la trajectoire. L'Auto-Union fit un tête-à-queue et s'immobilisa au travers de la route, suspendue au-dessus des petits arbres du marais.

« Attention ! » cria Ina en essayant de retirer sa jambe.

Le chauffeur tentait de réagir et il porta convulsivement sa main à la crosse de son arme. Serge essaya de frapper à nouveau, mais, projeté en avant par l'arrêt brusque, il n'avait plus de point d'appui suffisant. La semelle dévia et atteignit le petit gros à la tempe alors qu'il se saisissait du revolver. Il tressauta sous le choc et, au moment même où il appuyait sur la détente, Ina se jeta vers son bras pour essayer de le lui tordre, alors même que retentissait la détonation. La balle passa au ras de Serge et alla étoiler la vitre arrière; mais il eut cette fois le temps de frapper sur le poignet armé. Le coup l'atteignit de biais avec force. Le revolver tomba sur la banquette et Ina put s'en saisir et le lui passer aussitôt. Serge bondit hors de la voiture et tira à son tour, à bout portant. Le chauffeur poussa un gémissement plaintif, si enfantin et invertébré qu'il eut l'impression d'avoir écartelé avec le poids de la carrosserie le corps fragile d'un nouveau-né. Un flot de sang jaillit de sa gorge. Puis d'un seul coup il boula au fond de la voiture, contre les pédales, et là, arrivé à bout de course, il eut une sorte de spasme nerveux, agrippant la jambe d'Ina qui ne s'attendait pas à ce contact et se mit à hurler.

Le silence revint, écrasant. Ina restait assise, hébétée, sur le siège avant, essayant machinalement de dégager sa jambe de cette main moribonde qu'elle sentait glisser lentement le long de son mollet. A l'extérieur, appuyé sur la voiture, le front contre l'acier froid de la carrosserie, Serge sentit venir une défaillance. Tout tournait et il dut s'appuyer à la voiture. Puis il regarda le visage d'Ina qui apparaissait à travers la portière. Ce visage était si pâle et si tragique qu'il reprit soudain conscience du danger imminent. Il se pencha sur elle et frappa sur le verre.

« Ina ! Ina ! »

Il haletait et crut qu'il allait vomir de la bile sur le pare-brise.

« Nous n'avons pas..., balbutia-t-il, nous n'avons pas une demi-heure d'avance.

– Quoi...

– J'en suis sûr. Il va téléphoner. Il ne va pas pouvoir s'en empêcher. J'en suis sûr. »

Elle sortait de sa torpeur, semblait réaliser, prendre conscience de la réalité. Elle le toucha à la joue.

« Mais c'est fou... Serge... C'est fou ce que tu as fait. Comment... Comment...

– Je t'expliquerai. Je l'ai soûlé. Soûlé de paroles. C'est un homme à qui personne ne doit jamais parler. »

Il l'aida à sortir. Elle titubait.

« Mais maintenant, tu peux être sûre... il est dégrisé. Il y a sûrement quelque chose qui cloche dans mon histoire. Je nous donne une demi-heure, pas plus... Ils sont peut-être déjà partis. »

L'odeur du sang fade autour de l'Auto-Union ne se mélangeait pas aux émanations âcres du marais. Il y avait deux odeurs bien distinctes. Il se pencha à l'intérieur de la voiture pour la mettre au point mort. Le cadavre y tenait une place énorme.

« Aide-moi, dit-il en repoussant doucement la portière. Il y a en dessous une sorte de mare, si je me souviens bien. »

Ils s'arc-boutèrent. La voiture bougea, glissa, et d'un seul coup dévala le remblai bien en ligne et pénétra dans l'eau vaseuse. Le corps rebondit comme un chargement mal arrimé. Puis il y eut un bruit mou et la carrosserie s'enfonça lentement. Seule bientôt l'aile arrière dépassa. On la voyait à peine. Mais Serge, se méfiant d'un reflet de lune, préféra descendre le remblai et couper quelques branches pour la camoufler. Ina s'était assise en haut et semblait sonnée. Il remonta.

« Je n'attendais pas le *Kommando* si tard sur la route », dit-il.

Elle restait assise par terre et regardait fixement ce qui restait de la voiture. Il n'y avait aucun bruit autour d'eux.

« Le petit type », dit-elle faiblement.

Il la prit par la main, l'obligea à se lever et l'entraîna.

« Tu as été formidable, dit-il. J'avais tellement peur du moment où tu me reconnaîtrais. »

Il eut du mal à trouver l'extrémité du sentier,

malgré la clarté de la nuit. Le terrain était spongieux et ils durent enjamber quelques fougères humides. Puis ce fut, le long d'un banc d'eau dormante, une mince langue de sable dans laquelle les pas s'enfonçaient.

« On devait chercher de la tourbe, autrefois, par ce sentier, murmura-t-il en se retournant vers elle pour l'encourager.

– Tu crois qu'on a l'ombre d'une chance? » demanda-t-elle dans un souffle.

Il ne répondit pas. Bien que leur progression fût très lente, il la sentait chanceler continuellement. Il s'aperçut qu'elle grelottait sous sa blouse et il lui donna sa veste. Il n'avait jamais imaginé, lorsqu'il pensait à tout ce qui ne manquerait pas d'arriver pour contrarier l'évasion, qu'elle pût être aussi faible. Ils glissaient à chaque pas et sentaient alors les branches de sapins les balafrer d'une caresse humide et glacée. Tout à coup, elle s'arrêta, sa main crispée sur un jeune tronc qui fléchissait sous la pression. « Viens, lui dit-il doucement en l'entraînant. Je t'emmène en croisière. » Elle eut un pauvre sourire, fit encore quelques pas et, d'un seul coup, tomba sur ses genoux. Il vit que ses yeux étaient pleins de larmes.

« Je n'en peux plus, Sergio. Je n'en peux plus. Je suis désolée. Pourtant je n'ai plus la masse. »

Ils n'avaient pas fait trois cents mètres en un quart d'heure. A ce rythme-là, il faudrait toute la nuit pour arriver au fleuve. Ils avaient pourtant peu à peu quitté le marais et ses arbres rabougris. La forêt était désormais plus fournie et le sol paraissait moins traître. Il n'y avait plus à chaque instant devant lui les taches sombres des fondrières barrant le chemin baigné de lune.

« Je vais te porter », dit-il.

Elle secoua la tête et répéta comme une plainte :

« Je n'ai plus la masse et pourtant je n'en peux plus. »

S'agenouillant, il la prit sur ses épaules. « Comme elle a maigri », pensa-t-il. Ils se remirent pesamment en marche. C'était à lui maintenant de vaciller et de s'arrêter fréquemment, mais ils allaient tout de même plus vite ainsi. Il sentait qu'il était en train d'ajouter une maille, un chaînon, à la longue histoire éternelle des amants traqués. « J'aurai connu cela, pensa-t-il. Je l'aurai revue. » Il se sentit heureux. Cela dura longtemps.

« Arrête, dit soudain Ina au-dessus de lui, dans un souffle. »

Il s'adossa à un tronc.

« Qu'est-ce qui se passe ?

– Les chiens. Il me semble avoir entendu les chiens. »

Ils s'immobilisèrent, le cœur battant. Le silence de la forêt les envahit. Pour un peu ils seraient restés là, engourdis, un arbre parmi les arbres.

« Non, dit-il. Je ne crois pas. Pas déjà. »

Il leva la tête vers le visage d'Ina, attentif comme une vigie. Elle se pencha et il sentit sa main dans ses cheveux.

« Il m'a bien semblé... »

Il soupira.

« De toute façon... On est sur l'eau dans pas longtemps. Je m'y retrouve vaguement. On a dû faire deux kilomètres.

– Tu sais, je peux marcher maintenant. Je me sens beaucoup mieux. Je t'assure. »

Il la reposa à terre. C'était une minuscule clairière. Ils se regardèrent. Il eut l'impression que c'était la première fois.

« Sergio... quand... j'ai entendu ta voix... quand je t'ai vu.

— Après... après... on continue. »

Le sentier était maintenant invisible par endroits, envahi par des hautes herbes. Ils entrèrent dans une légère zone de brouillard. Devant lui, Ina semblait flotter à la dérive, irréelle et vulnérable.

« Je vais te porter encore un peu. »

Elle fit non de la tête. Il lui prit la main. Essayant de mieux discerner son profil, il vit qu'elle paraissait moins fatiguée. Ils se sourirent gravement.

« L'eau », dit-il.

Ce fut d'abord un léger clapotis. Puis un reflet nacré en contrebas, sur leur droite. Le sentier suivait le fleuve à quelques mètres et on ne pouvait encore le voir. Il prit Ina par les épaules et il sentit sa joue froide contre la sienne.

La grosse pierre était en travers du sentier, bien visible, et pourtant il faillit la dépasser.

« Assieds-toi, surtout ne bouge pas », murmura-t-il.

Il se laissa glisser en contrebas du sentier et écarta les buissons du bord de l'eau. Devant lui le fleuve s'étendait dans une immensité laiteuse sous la brume étale. L'autre rive lui apparut comme une ligne à peine moins claire dans le banc de brouillard. Il chercha des yeux la barque. Des mouvements imperceptibles du courant faisaient gémir doucement la chaîne qui pendait dans la vase. Elle était là, camouflée sous une bâche, à peine visible sous les saules. Il commença méthodiquement à retirer la bâche et à la plier, puis il entra dans la barque et vérifia du geste si la paire d'avirons, le gouvernail, le sac de nourriture et les couvertures n'avaient pas bougé. Il remonta sur la berge et trouva Ina recroquevillée sous son arbre.

« Cette fois j'en suis sûre, dit-elle. Je les ai entendus... très loin... j'en suis sûre.

– Ecoute : ne te panique pas. Dans deux minutes... *Nous ne serons simplement plus là.* »

Il l'aida à descendre dans le bateau.

« Il y a des couvertures, dit-il.

– Oh ! tu as pensé à cela. » Il s'affairait, détachait la chaîne, mettait le gouvernail en place. Ina enroula une couverture autour d'elle à grands mouvements brusques. Son visage sortait à peine de l'étoffe, clair et satiné, ses contours estompés.

« Allonge-toi bien au fond », lui dit-il.

Il repoussa la rive avec l'aviron et décida de gagner tout de suite le banc de brouillard. Le bateau déhala lentement, glissa sous les branches pendantes des saules et Serge les toucha au passage en levant les bras, dans un geste d'exorcisme. Puis il se mit à ramer vigoureusement. Il hésita pourtant à quitter aussitôt l'ombre de la berge. Mais le courant les entraînait déjà, avec quelques remous, et il ne fut bientôt plus maître de sa décision. Dès qu'ils quittèrent les arbres, ce fut aussitôt la clarté diaphane de la lune. Les nappes de brouillard flottaient à ras de l'eau comme des cirrus dans le ciel et le bateau se dissolvait par moments dans une masse cotonneuse avant de réapparaître entre deux écharpes de brume, en pleine lumière irréelle.

« Bien au fond, Ina », murmura Serge qui l'avait vue relever la tête.

Ça glissait... oh ! bon Dieu, ça glissait ! Il rentra les rames et, avec le seul gouvernail et en se tenant le plus allongé possible, il réussit à placer la barque au milieu du fleuve malgré un léger tangage. Au milieu? Non, ce n'était pas le milieu. Loin, loin du compte.

Ina était une longue forme sous la couverture. « Tu as chaud maintenant », pensa-t-il. Il vit avec inquiétude qu'il avait du mal à infléchir sa trajectoire, tellement le courant était fort. L'eau était très noire. Il y eut quelques rapides et, dès qu'ils en furent sortis, il reprit les avirons. Il s'aperçut alors qu'Ina rampait le long de lui sous la couverture. Il sentit ses lèvres sur sa main. Dans son champ de vision il y avait au premier plan le visage d'Ina avec ses yeux très clairs au fond de leurs gouffres d'ombre, puis, juste au-dessus (mais en fait, en arrière), les taquets de bois du plat-bord; enfin, au-delà, cette brisure sombre, bien visible dans tout ce blanc, mais toujours aussi lointaine : la rive suisse. Tous deux à la dérive. Mais enfin, ça glissait.

Ça glissait. Comme un tapis volant sans fin. Vers la survie. Vers la vie. Vers la joie, Starkel! *Freude!* Il revit le bureau, les lettres gothiques.

« Je vais prendre le gouvernail pendant que tu rames, dit soudain Ina. On ne se rapproche pas beaucoup d'en face. »

Il lui sourit, sans qu'elle pût le voir. Il sentait qu'elle commençait à y croire, à la liberté, qu'elle s'y éveillait avant de s'y plonger tout à l'heure avec la même allégresse que cette coque de noix dans les eaux du RHIN. Cela allait de plus en plus vite, entre la brume et l'eau, et quels écarts!... Ils avaient l'impression de chevaucher un cheval emballé. De nouveau, il lui fit signe, d'une pression de la main, de bien s'allonger. Elle était crispée sur le manche du gouvernail. « Il ne faut pas que tu dépasses », dit-il à voix basse.

Elle fit oui de la tête. « J'aurai pour toi des

attentions de nourrice. Tu te referas, ma petite fille, je retrouverai la créature éclatante que je quittais il y a un an. C'est si loin et tu t'es tellement *creusée.* » Il vit avec joie que la rive allemande s'éloignait peu à peu. Et puis ce fut le début de l'extravagante cacophonie qui rapprocha d'eux cette rive maudite, avec une brutalité mortelle. Comme si la vue et l'ouïe les avaient alertés ensemble, la horde de chiens se mit à hurler frénétiquement sur leur passage – le brouillard ne nous protège donc *plus* –, puis il y eut un cri rauque suivi d'une courte rafale, le miaulement des balles et l'impact, l'impact sourd, la bâche soulevée en tourbillons comme si elle avait eu sa vie propre. Serge devine à trente centimètres le haut-bord déchiqueté ses éclats acérés en l'air entre la brume et lui le visage le visage qu'il aime lui est arraché des mains il le voit comme au ralenti avec une effrayante lucidité se tourner de côté en un mouvement lent et calme ce profil si pur si duveteux et à cet instant cet instant *même* il ressentit un coup de poignard dans le bras et la bouche grande ouverte il bascula dans l'eau froide.

2

IL lui sembla que la température de la nuit s'était radoucie. Il allait et venait le long du sentier, d'un pas traînant, sans pouvoir s'en arracher, dans un état second, sentant à peine les branches lui coller au visage, trébuchant contre les racines et les pierres qu'il n'avait pas vues. Il se rendait compte qu'il s'était passé quelque chose mais il ne parvenait pas à remonter le fil des événements de la nuit. De temps à autre il se palpait d'un geste instinctif, sans qu'aucune pensée ne surnageât en lui, si ce n'est celle-ci : je suis trempé, et pourtant je n'ai pas froid. Il ne sentait en fait qu'un vague engourdissement de tout son corps, comme s'il se déplaçait dans un espace enténébré et sans pesanteur. Il tenait avec difficulté son bras gauche replié contre lui, et il sentait toute cette partie de son corps endolorie de l'épaule à la hanche. Pas vraiment douloureuse. Endormie. Et puis – il lui suffit pour cela d'une percée sur le fleuve entrevue à travers un buisson – il prit conscience d'un seul coup de cette absence à son côté et tout se reconstitua avec une aveuglante évidence. Ce fut comme si un fer rouge le transperçait et le voile de son engourdissement fut en un instant déchiqueté et réduit en lambeaux. En un instant il ne fut plus que souffrance, en lui, sur lui – un bloc de souffrance indicible errant dans la nuit. Il se précipita vers l'eau, s'immobilisa devant la nappe tranquille et hurla : « Ina ! Ina ! »

Rien ne répondit. Le brouillard avait maintenant envahi le fleuve dans toute sa largeur. De temps à autre, le cri bref d'un râle d'eau ou un clapotis solitaire vibraient dans le silence. Il crut entendre pourtant des chiens qui s'éloignaient, sans savoir si c'était un effet de ricochet de sa mémoire ou la persistance d'un rêve éveillé. Sa montre s'était arrêtée à neuf heures trente, à l'heure même où ils avaient plongé dans l'eau tous les deux. A cette seule idée il poussa un gémissement, puis, pris d'un accès de fureur hagarde, il hurla de nouveau son nom d'une voix exaltée et suppliante. Puis il s'arrêta brusquement. A quoi bon, tout était si simple : le fleuve coulait devant lui comme au commencement des temps et, quelque part au sein de ses eaux glaciales, le corps qu'il avait aimé dérivait lentement vers la mer.

Après tout, il avait eu ce qu'il avait tant désiré : il l'avait revue une dernière fois et il l'avait tenue dans ses bras. A cette pensée il se sentit, au-delà de la nausée, presque pacifié. « Elle n'est plus fatiguée maintenant », se dit-il. Cela lui fit comme une rosée bienfaisante. Puis un éclair de douleur irradia de nouveau son bras et son épaule, de façon si violente qu'il faillit avoir un malaise. Il se laissa glisser à terre et se mit à pleurer silencieusement. Il fut tenté de rester là, de s'allonger dans son costume trempé et plein de boue, et de laisser venir la mort avec la même simplicité que celle avec laquelle son amie avait été engloutie. Ina ensevelie. Ina inanimée. Il sentit qu'il s'en allait doucement la rejoindre. Il n'y aurait pas d'après-Ina, et c'était bien comme cela.

La rafale retentit de nouveau dans son souvenir. Sans trêve il la réentendait, comme un glas funèbre et obsédant. Cela avait été une rafale courte. Ta-ta-ta-ta. Quatre balles. Pourtant on devait y voir comme en plein jour et ils auraient pu arroser leur objectif comme ils en avaient la coutume, sans ménager les munitions. Mais quatre balles. Cela ressemblait à une rafale à tout hasard, sans y croire, sur une ombre fugitive – cette ombre qui, l'espace d'une seconde, avait été *eux*. Il essaya de réfléchir, la tête dans ses mains. Deux balles avaient déchiqueté le franc-bord sous son nez, cela il l'avait vu. La troisième avait touché son bras, frôlé plutôt, autant qu'il pouvait s'en rendre compte. Restait la quatrième. Ina. Avait-elle été sur la trajectoire ? Aucun cri. Touchée ? Non. Engloutie. Ina. Bonne nageuse. Un jour, à Füssen, par un bel après-midi d'été, elle avait traversé les trois kilomètres du Hopfensee. Mais faible, si faible. Eau sourde, et noire, avais-tu...

Il s'accroupit pour tenter une fois de plus de vomir, sans succès. Puis il se releva et se mit à marcher. Je fais encore une fois la berge à sa recherche, pensa-t-il. Il se révolta. *Sa recherche*. Mais tu l'avais trouvée ! Tu l'avais arrachée de leurs griffes, tu les avais mystifiés. Jürgen, de sa voix patricienne : « Ce n'est simplement pas du domaine du possible, Serge. » Tu l'avais fait. Et là, alors que le plus difficile était passé, que c'était quasiment *réussi* et que tu avais sa main et son visage contre toi dans ce bateau et que tu regardais sa joue si pâle... une nouvelle onde de souffrance le submergea. Il la vit en pensée accrochée à un saule, exsangue, sans force pour se hisser sur la berge, et cette image devint si obsédante, si réelle, qu'il revint sur ses pas, et mètre par mètre, suivit de nouveau le sentier, le quittant à chaque bosquet pour scruter la rive indécise, les souches pourries dans la vase, les branches des aulnes, tout ce qui aurait pu arracher un bout d'étoffe à sa blouse, imprimer des traces dans la terre molle, ou éveiller une odeur dans l'air... Il crut à un moment donné avoir retrouvé l'emplacement de la pièce car le sol à cet endroit paraissait avoir été labouré superficiellement par des piquets, mais il n'y avait aux alentours, autant qu'il put s'en rendre compte, ni traces de pas, ni douilles, ni empreintes de chiens. Ce ne pouvait être cela.

Alors, il abandonna. Il quitta le sentier et s'engagea dans une percée qui s'ouvrait sur sa gauche en s'éloignant de la rive. La trace était sableuse et rectiligne et il progressa rapidement. D'un seul coup, il savait qu'il lui fallait fuir, quitter au plus vite cette forêt et sa présence oppressante, ce chemin où des chiens avaient hurlé au meurtre, ce fleuve ravisseur et insouciant. La douleur dans son bras lui arrachait parfois une plainte en marchant. Il avait l'impression de divaguer, et plusieurs fois il faillit percuter un arbre. A un moment, il crut dans une hallucination sentir un vague relent de la tuerie du début de la nuit. C'était un mélange confus d'odeurs où se mêlaient le sang, la vase, le caoutchouc brûlé, et qui s'évanouit quand il s'arrêta. « Peut-être m'attend-elle à la voiture, pensa-t-il soudain; est-ce que nous n'avions pas rendez-vous? » Puis le visage éclaté du petit type lui revint en mémoire et il eut encore une nausée. Enfin il se remit en marche et s'aperçut qu'il voyait désormais mieux les troncs d'arbres et les sous-bois. « Mais oui, se dit-il, c'est l'aube. Mais je n'ai pas marché toute la nuit... c'est certain, tout à l'heure j'ai dû dormir, j'ai dû m'évanouir. »

Avec la lumière lui vint une conscience plus nette de son épuisement. C'était une aube fragile, humide et nacrée, qui annonçait une belle journée d'automne. Par rapport au soleil levant, il put s'orienter et, presque inconsciemment, il se dirigea vers le nord, dans la direction du camp.

Si par miracle Ina avait pu s'arracher au fleuve et si elle avait été retrouvée par une patrouille, elle y serait certainement ramenée. Ils la laisseraient grelotter dans sa blouse glacée et trempée avec une énorme ampoule au-dessus d'elle, et puis elle aurait un *entretien* avec Starkel. Son corps fragile serait attaché, battu, écartelé. O mon Dieu ! C'était de sa faute. Uniquement de sa faute. Au moins, elle vivait, jusqu'à hier. De quelle manière, certes, mais elle vivait. Il essayait de réfléchir tout en marchant. Il lui fallait de nouveau se rapprocher du camp. C'était l'unique manière d'essayer de savoir. Savoir. La seule chose qui lui permettrait de vivre encore un peu.

Le terrain était en légère déclivité. Devant lui, le Hotzenwald disparaissait dans une brume dorée. Il buta presque sur une petite rivière qu'il n'avait pas vue derrière son rideau d'arbres. Elle avait la fraîcheur et l'éclat d'un torrent de montagne sans en avoir la vivacité. Il se baigna le visage, but un peu, et d'un coup faillit s'y laisser tomber de faiblesse. Il faisait grand jour maintenant et les berges, le soleil jouant sur l'eau, avaient pris une teinte heureuse qui lui fit du bien. Il suivit la rivière un petit moment. De temps à autre, d'une poche d'eau trouble entourée de renoncules tardives, des bulles remontaient à la surface. Puis la rivière tournait vers l'ouest et il dut retirer ses chaussures racornies d'humidité pour la traverser à gué. Il frissonna en sentant la boue froide sous ses pieds. Une ligne de forêt un peu bombée dominait l'autre rive et il découvrit avec surprise sur la droite du petit massif une sorte d'ermitage isolé, avec un minuscule clocher bulbeux d'un blanc sali. Il remit hâtivement ses chaussures, rentra sous bois et s'approcha. La chapelle était en planches et une croix écaillée ornait le mur du côté de son arrivée. Elle avait dû être autrefois un lieu de pèlerinage car on y trouvait encore tout autour, zigzaguant dans la clairière, les traces de sentiers concentriques. Il s'arrêta, saisi par la douceur du site. L'horreur de la nuit semblait provenir, à ce moment précis, d'un autre monde, étranger à celui qu'il avait devant les yeux. L'air était léger et clair. Il imagina des processions de petites filles aux cheveux d'or chantant derrière des bannières, dans une bonne odeur d'arrière-été. Il pensa à ces voyageurs égarés des récits de Tourgueniev, qui font toujours halte dans des auberges écartées et mystérieuses et qui se retrouvent, à l'aube, grisés d'histoires de veillée autant que d'alcool de genièvre. Pour l'instant c'était le royaume des moutons. Il y avait là tout un troupeau qui devait investir la chapelle chaque nuit si on en jugeait par l'épaisseur des déchets et des crottes aux alentours. Serge longea le petit bâtiment en s'appuyant de la main contre les planches disjointes. La porte était fermée mais il trouva sur le côté l'ouverture que devaient emprunter certains moutons pour gagner leur abri, chaque nuit. Il eut du mal à se glisser à l'intérieur car son bras blessé le tiraillait et semblait parfois se détacher de lui avec une pesanteur douloureuse.

Il s'allongea avec difficulté sur le côté, dans la

paille souillée. Il vit tout près de lui le regard exorbité d'une statue de saint le contempler dans la pénombre. L'odeur musquée des ovins se mêlait à une senteur boisée de vieux sarcophage. Il se sentait dans un état d'extrême faiblesse et chercha péniblement à se mettre sur le dos en maintenant son bras blessé contre lui; il sentit alors quelque chose le gêner au niveau des reins. Il y porta vivement la main : il l'avait oublié, c'était le revolver du petit type. Il devait être inutilisable après son séjour dans l'eau. Il le retira pourtant et agrippa le petit objet dur et noir comme on s'accroche à un écueil dans un océan de brume. Il le contempla longtemps, et puis (était-ce la laine des moutons, l'écume du Rhin, la ouate matinale dans les sous-bois) la brume envahit tout et noya le revolver. Pourtant, lutter, c'était cela, se raccrocher à cette arme dérisoire, se servir d'elle pour rechercher Ina là où elle était, oui, lutter – envahit envahit env – cette taïga balayée de vents glacés comment te retrouver dans tout cela dans tout ce vide ma petite fille perdue.

Le soleil descendait déjà quand il se réveilla brusquement. Un rai de lumière dorée pénétrait dans la chapelle en découvrant des myriades de poussières en suspension. Il sortit à quatre pattes en clignant des yeux et se trouva face à face avec deux moutons qu'il faillit heurter et qui détournèrent à peine la tête en le voyant, comme si depuis toujours des voyageurs égarés sortaient de ce trou. Il ne sentait plus son bras et savait que la nausée familière était toujours là, embusquée derrière chacune de ses inspirations. « Il faudrait peut-être que je mange, tout simplement », se dit-il en fendant le troupeau opaque et statique pour gagner la clairière. Puis il se retourna vers la chapelle, l'embrassa du regard comme on dit adieu à un refuge et pénétra de nouveau dans la forêt, en direction du nord.

Pendant plus d'une heure, il marcha lentement sous l'obscurité des sapins. Ses vêtements avaient à peine eu le temps de sécher en quelques heures et il grelottait; durci d'humidité, son nœud de cravate ne pouvait plus coulisser et lui serrait le cou comme un étau. Avec sa main droite il essayait machinalement, tout en marchant, de la dénouer pour se soulager, sans y parvenir. « J'aurais dû la retirer dans le bateau », pensait-il. C'était le genre de pensées qu'il avait : il avait gaspillé ses chances même dans les détails. Il marchait droit devant lui sans savoir ce qu'il devait faire, en espérant que quelque chose allait arriver, un indice miraculeux ou un signe du Ciel qui pourraient lui dicter son action. Bientôt se devina derrière un dernier rideau d'arbres la clarté d'une grande prairie rase. Il dut s'arrêter. Il s'assit sur une souche et là, adossé à la lisière, luttant toujours contre la douleur sourde de son bras, il observa d'un regard morne le vaste plateau incurvé qui se déroulait devant lui et au-delà duquel s'élançaient les contreforts boisés du Hotzenwald. Il ne pouvait être question de le traverser sans être aperçu des patrouilles qui devaient grenouiller partout – et il risquait aussi de s'égarer tout à fait. Pourtant, il n'envisagea pas réellement cette dernière éventualité car quelque chose dans ce paysage calme lui parut vaguement familier. Cette large ondulation devant lui, il l'avait déjà vue. Pour en être tout à fait sûr, il sortit avec précaution de la lisière afin de découvrir la partie du plateau qui lui était cachée. Tout près, il vit un hameau groupé autour du clocher mordoré de sa petite église. C'était cela. Ce clocher. La veille, alors qu'il progressait vers le camp, peu après le moment où il avait rejoint la route, il l'avait remarqué, se découpant sur le ciel blanc, adossé à une forêt à quelques centaines de mètres sur sa gauche. Comme il n'avait pas d'arbres en face de lui, cette forêt était sûrement celle-là même où il se trouvait. Dès lors, c'était un jeu d'enfants de savoir où était le camp : sur sa droite, séparé de sa vue par l'avancée boisée qu'il avait suivie depuis la chapelle.

En prenant cette direction, le long de la lisière, il vit en effet le début d'une route qui devait relier le village à Ohnau. Etnnant village. Pimpant et paisible; contrepoint, presque trop appuyé, à la sauvagerie qui régnait plus haut. Tant de sécurité. Ils ne savaient donc pas ?... Tant de silence.

Quelque chose, pourtant, lui semblait étrange. Tout en marchant le long de cette lisière et en observant les maisons, il avait conscience de quelque chose d'anormal sans parvenir à le déceler. Puis ce fut... oui, ce silence. Il se souvint soudain du délire d'aboiements qu'avait provoqué, l'avant-veille, son arrivée à Haüsern. Il y avait un molosse devant chaque porte. La cacophonie avait été à la hauteur de l'étonnement suscité. Mais là... Toujours à couvert il s'arrêta et prêta l'oreille. Il n'y avait pas un chien. A regarder mieux tout le hameau semblait d'ailleurs désert et même abandonné, comme si ses occupants l'avaient quitté en hâte pour un motif inconnu. Sa main se crispa sur son revolver inutile et une vague de découragement l'envahit. Si les maisons avaient été désertées il n'y trouverait pas de nourriture. C'était couru d'avance. Peut-être un jambon oublié dans une cave ou suspendu à une cheminée? Non, ce n'était pas possible, c'était devenu trop rare.

Et il fallait qu'il mange. Cela faisait plus de trente heures maintenant qu'il n'avait rien avalé. Des crampes lui tordaient l'estomac de plus en plus fréquemment. Il n'en continuait pas moins sa progression, pesamment, d'arbre en arbre, vers le camp qu'il pensait voir d'un moment à l'autre dans le lointain.

Le village finissait là, les dernières façades venant buter contre la lisière. Tout de suite après il y avait une sorte d'esplanade herbeuse, et puis, au-delà, cette fois-ci à quelque distance du bois, une ultime maison isolée. Après c'était de nouveau les prairies, avec au loin, fermant l'horizon, la menaçante ligne sombre qui l'avait tant impressionné la veille.

Serge vit tout de suite que cette maison n'était pas comme les autres. Il y avait d'abord sa situation, un peu à l'écart; et puis, c'était la plus pimpante de toutes avec ses volets ajourés, son auvent de couleur vive, son panache de fumée. Comme un jouet. Son cœur bondit. De la *fumée*.

Il observa les alentours. Il y avait non loin de la maison un petit appentis de bois qui pouvait en cas d'urgence offrir une position de repli. Sur la droite, la route du camp était déserte. Une crampe, plus violente que les autres, le fit grimacer. Ce n'était pas la peine d'attendre le prochain accès de fatigue ou de fringale. Il lui fallait utiliser ce qui lui restait de force, et tout de suite. Le cœur battant, il sortit de la forêt.

Quand il frappa à la porte, un chien se mit brusquement à aboyer derrière l'église. Il y en avait donc un! Il avait l'accent funèbre et désolé de ceux qui errent parmi les ruines après les grandes catastrophes. Serge s'aplatit contre l'auvent avec un effrayant sentiment d'insécurité. Il n'entendait aucun bruit dans la maison. Il frappa plus fort et attendit, tenant à la main le pistolet et s'efforçant de ne pas trembler. Le chien s'était arrêté. Il entendit enfin des pas furtifs. Une vieille dame en chaussons vint ouvrir, se trouva nez à nez avec l'arme et eut un mouvement de recul.

« Je suis blessé », dit-il en essayant de parler avec calme pour tempérer la menace.

Elle ne bougeait pas, semblait hésiter, subjuguée par le court canon noir braqué sur elle. Il la regarda d'un air suppliant.

« J'ai très mal », dit-il en agitant fiévreusement le revolver.

Elle fixa sur lui un regard transparent de vieille paysanne. Dans le silence, une pendule sonna la demie d'une heure. Avec un soupir, la vieille dame s'effaça le long de la porte et lui fit signe d'entrer. Le vestibule se prolongeait par un couloir de bois blond piqueté de petits cadres contenant des edelweiss séchés; le salon était la première porte sur la gauche. Elle le poussait légèrement dans le dos pour le guider. Il marqua un temps d'arrêt quand il entra dans la pièce et se demanda s'il ne rêvait pas. La lumière de la fin d'après-midi, filtrée par un rideau de cretonne fleurie, rayonnait sur tout un univers de napperons au crochet et de figurines en bois et en faïence, posées sur des petites tables ouvragées. Le soleil jouait ainsi sur des dizaines de Hansel et de Gretel et de chevreuils de la Hardt traités à la gouge et qui semblaient avoir leur place là de toute éternité. Elle lui montra un fauteuil cannelé recouvert d'un coussin brodé. Il hésita, puis s'assit lourdement, ferma les yeux et, malgré lui, s'abandonna un instant. Il avait gardé son pistolet qui pendait, inerte, au bout de son bras.

« Posez cela », dit-elle doucement en touchant l'arme.

Elle avait une voix de porcelaine, un peu flûtée. Il se réveilla à moitié, tenta de se redresser dans un réflexe et braqua de nouveau l'arme sur elle. Surprise, elle s'éclipsa en laissant la porte ouverte et en marmonnant quelque chose qu'il ne comprit pas. Il l'entendit faire chauffer de l'eau. Il luttait contre la torpeur et fit des yeux le tour de la pièce, cherchant à fixer son attention, mais toutes ces figurines lui donnaient le tournis. A ses pieds, près du fauteuil, se trouvait sur un petit métier une tapisserie en cours d'achèvement dans laquelle il crut reconnaître une scène de traîneau sur un lac glacé. Les écheveaux de laine pendaient jusqu'à terre et recouvraient le tapis d'une mousse duveteuse et claire. Au-dessus, il remarqua une petite étagère sans porcelaines, et qui paraissait toute dépouillée. Elle ne contenait que trois photos, une grande entourée de deux petites, et toutes encadrées d'un même filet de cuivre ciselé.

Il se leva un peu et les regarda. Les deux petites représentaient des adolescents, dont l'un, le regard fixe sous des orbites profondes, était en uniforme de *Hitlerjugend,* et la plus grande un homme d'âge mûr. Cette dernière avait été surexposée et le visage énergique semblait se dissoudre dans un léger brouillard. La vieille dame réapparut sans qu'il l'eût entendue revenir. Elle avait retiré sa blouse et portait un corsage brodé qui sentait le linge fraîchement repassé. Elle apportait sur un plateau de bois du café et une sorte de pâté. Serge grimaça un sourire. Elle avait sûrement surpris son regard sur des photos. Elle déposa le plateau près de lui, puis eut un rapide coup d'œil vers les fenêtres.

« Il ne faut pas que vous restiez ici », dit-elle sans hâte.

Il ne répondit pas et lui montra son bras. Elle soupira de nouveau et parut hésiter.

« Il ne faut pas, répéta-t-elle. Vous comprenez ? Enfin, mangez. Ce sera toujours ça. »

Il mangea un peu, d'abord timidement, et elle le regardait faire, pensive et attentive à la fois, observant de temps à autre la vitre à travers le rideau. Puis il s'enhardit, dévora le pâté, but le café, étonné du réconfort que lui apportaient ces gestes quotidiens, ces tintements de vaisselle, ces sensations d'*avant*.

Il se sentait gagné peu à peu par une douce torpeur. Comme si elle s'en rendait compte, la vieille dame paraissait à chaque minute plus inquiète et plus fébrile.

« S'il arrivait la moindre chose, dit-il tout à coup, dites surtout que je vous ai menacée. »

Il fit mine de braquer l'arme et elle eut un haut-le-corps.

« Il ne fonctionne plus, dit-il d'un ton rassurant. Il a fait un séjour dans l'eau. »

Elle l'observait à la dérobée, ne sachant que faire, regardant s'il avait fini tout le café, ne pouvant s'empêcher de jeter un regard dehors.

« Comme moi, d'ailleurs, ajouta Serge en montrant son pantalon boueux.

– Comme vous ?

– Moi aussi, j'ai été dans l'eau. »

Elle hocha la tête d'un air triste. Il sentit de nouveau sur lui son regard transparent et bleu. Pour couper court il montra les photos.

« Ce sont... c'est de votre famille ? demanda-t-il.

– Oui », dit-elle d'une petite voix.

Serge vit qu'il avait touché juste. Ses yeux s'étaient emplis de larmes.

« Je suis désolé, dit-il après un silence. Et puis, je sais que c'est dangereux pour vous que je sois ici. Je vais repartir. »

Il l'examinait à la dérobée. Il lui sembla qu'elle consultait les photos du regard.

« Donnez-moi votre bras, dit-elle brusquement. Mais tout de suite après vous partirez.

– Oui, dit Serge. Je vous le promets. »

Elle s'approcha, observa le tissu déchiré et palpa doucement son épaule. Il retint un gémissement.

« Il faudrait que vous vous déshabilliez », dit-elle avec une retenue pudique qui le fit sourire malgré lui.

Elle sortit et il l'entendit ouvrir des placards. Elle revint avec de l'eau chaude, du coton, de l'alcool et une sorte d'onguent dans un pot de grès qu'elle déposa à ses pieds, près des écheveaux de laine. Puis elle l'aida à retirer sa chemise. Elle dut s'y prendre avec douceur et savoir-faire, car la plaie avait déjà formé une croûte collée à l'étoffe. Il était crispé de douleur et avait peine à réprimer ses sursauts.

« Ce n'est pas profond, dit-elle. Ça n'a fait que frôler. »

Elle le dit avec un parfait naturel, sans aucune intonation qui pût lui faire croire que la plaie lui causait du trouble ou de la curiosité. Puis elle nettoya la plaie, la recouvrit d'onguent et d'une épaisse plaque de coton hydrophile qu'elle entoura d'une bande. Enfin, elle sortit et revint l'instant d'après avec un tas de vêtements qu'elle déposa devant lui, à même le sol. Il découvrit en vrac une chemise, un pantalon de velours côtelé, un gros pull-over et un caleçon long en laine qui devait dater de Sadowa.

« Ce sera plus chaud, dit-elle comme pour s'excuser.

– Merci, balbutia-t-il. Merci tellement. Ça va être bon d'être au sec. »

Elle restait là, sans mot dire. Il se demanda s'il devait retirer son pantalon.

« C'était à eux ? » demanda-t-il maladroitement en fixant les photos.

Il se le reprocha tout aussitôt. Elle avait baissé la tête.

« De toute façon, maintenant... » murmura-t-elle, et elle s'éclipsa.

Il ôta son vieux pantalon et son slip encore humide. Nu au milieu de la pièce, il hésita un instant à enfiler le caleçon long. « Ça va gratter, pensa-t-il. Oh ! et puis. » Il se rhabilla rapidement. Son épaule et son bras le gênaient beaucoup moins maintenant. Il mit le revolver dans sa nouvelle poche, fit un tas de ses vieux habits et les apporta à la cuisine. Elle l'accueillit comme si elle le découvrait, les yeux écarquillés de surprise. Il sentait qu'elle regardait en fait les vêtements d'un autre et il se sentit soudain mal à l'aise, comme s'il avait enfilé les défroques d'un personnage de théâtre inconnu de lui. Il voulut couper court à cette contemplation muette et fervente.

« Je vais vous aider à tout ramener », dit-il.

Elle eut l'air de sortir d'un rêve.

« Il faut que vous partiez maintenant, dit-elle fermement. Vous avez promis.

– Oui. »

Il passa dans le couloir. Elle l'avait déjà précédé et était rentrée au salon. Il s'arrêta un instant devant un petit miroir rond surmonté d'une inscription sculptée dans le bois : « *Mein Gott ist eine feste Burg.* » Mon Seigneur est une forteresse. Regarde la tête de ton seigneur, Ina. Il ne s'était pas vu depuis quelques jours et il eut un choc : il avait les traits creusés, mangés de barbe. « J'ai dû lui faire peur, vraiment... se dit-il en regardant le salon. Je devais avoir pourtant meilleure allure, hier à cette heure-ci, devant Starkel. » De toute façon, il ne se trouvait pas beau du tout avec ses sourcils rapprochés et son visage trop long. Il se demanda une fois de plus pourquoi Ina l'avait aimé, lui. Elle détaillait toujours avec complaisance les défauts de son propre visage qu'il trouvait admirable, se trouvant le nez trop long et trop fin, les pommettes trop hautes, ou se plaignant de telle ou telle dissymétrie qu'il ne parvenait jamais à déceler. Et pourtant des défauts de Serge elle ne voulait jamais entendre parler.

« Je ne sais pas si tu es beau ou pas, disait-elle. Je m'en fous. Tu me plais incroyablement. »

« Dire que je pense à toi comme si tu vivais encore », se dit-il. Du salon provenaient des bruits de porcelaine que l'on rassemblait sur un plateau, des tintements de petites cuillers et de flacons entrechoqués, et une vague odeur d'éther. Tout cela lui rappelait ses maladies d'enfant qui se terminaient toujours avec sa mère ou sa grand-mère par un dernier jour de fête dans le lit ensoleillé au milieu des rires, des recommandations et des découpages éparpillés sur les draps en désordre. Il entra dans le salon. Elle était de dos à contre-jour, penchée sur la boîte d'onguent qu'elle devait refermer. Elle se retourna quand il approcha. Il lui tendit la main gauchement.

« Je m'en vais, dit-il. Encore merci pour tout. Je me souviendrai. »

Elle était toute droite et menue et le regardait

franchir le seuil en silence. Les derniers rayons du soleil illuminaient les cadres de cuivre d'un éclat rouge et chaud. Au-dessus de la porte, il y avait un autre cadre qu'il n'avait pas vu, représentant le défilé des corporations de Nuremberg, au Moyen Age, toutes bannières déployées. Le soleil donnait dessus aussi. Il se retourna une dernière fois.

« Il y a eu une évasion cette nuit », dit-il en montrant la direction du camp.

Le visage de la vieille dame se figea brusquement.

« Vous le saviez? demanda-t-il encore.

– Vous devriez vraiment vous presser un peu plus », dit-elle en parlant plus bas, avec un accent de désarroi.

Elle le poussait vers la porte du vestibule. Il insista.

« Vous le saviez, n'est-ce pas, qu'il y avait eu une jeune morte. Vous le saviez. »

Elle dut deviner les silhouettes avant de les voir ou de les entendre, car il y eut soudain de la terreur dans ses yeux. Il se retourna lentement en sachant déjà que la dernière étape était arrivée.

La porte s'ouvrit avec violence. Le sous-officier SS qui fit irruption dans le vestibule, l'arme au poing, se précipita sur lui et le ceintura. Il essaya de protéger son bras blessé. Puis il se sentit fouillé et, comme on lui retirait son revolver, il entendit des hurlements et sentit un coup de botte dans ses côtes qui le mit à genoux, le nez dans les coussins. La petite pièce était maintenant remplie d'uniformes noirs. Il se releva, puis fut happé, projeté en avant, et il se retrouva dans le couloir au milieu d'une meute gesticulante, nez à nez avec la vieille dame que deux soldats maintenaient par les épaules.

« Elle n'y est pour rien, je l'ai menacée », dit-il au sous-officier.

Il reçut une nouvelle bourrade dans les côtes et une voix hurla à son oreille :

« Amenez-le au rassemblement, dehors ! »

Quelqu'un heurta son bras blessé et il cria. Dans la bousculade, son regard rencontra celui de la vieille dame. Elle semblait si bouleversée qu'il s'arc-bouta un instant pour résister à la poussée, afin de lui adresser un sourire. Echappant à ses gardes du corps elle eut un élan vers lui.

« Ce n'est pas moi, murmura-t-elle très vite, d'une voix tremblante. Je vous jure... Je ne les ai pas... »

Il n'entendit pas le reste. On les avait déjà séparés. « N'oubliez pas... je vous ai menacée », eut-il le temps de dire. Au moment où on l'emmenait, il chercha une dernière fois ses yeux clairs dans la mêlée, mais elle était maintenant entourée d'uniformes qui la cachaient complètement.

Il fut projeté au-dehors au milieu des cris et des injures. Le chien avait repris ses aboiements forcenés. Sous l'auvent il tenta de se dégager des bras qui l'étouffaient et chercha à s'adresser au sous-officier.

« Elle n'y est pour rien, c'est moi qui... »

Le SS le regarda de toute sa taille. Il était massif et méprisant, avec une peau grêlée et des oreilles rouges.

« Ce n'est pas beau de menacer des vieilles dames. Tout cela ça va se payer », hurla-t-il.

Serge leva la tête vers lui. L'espace d'un instant, d'un éclair de folie, il se sentit immortel.

« Quand on torture des jeunes filles à longueur

d'année, on a la pudeur de fermer sa gueule », dit-il calmement.

Il ne vit pas arriver le coup. Il se retrouva étendu contre le sol, les yeux ouverts, avec en gros plan son sang tombant goutte à goutte sur l'herbe. Il entendit, dans un brouillard, que l'on débattait du sort de la vieille femme et que plus loin quelqu'un parlait à une radio portative.

« Emmenez-la au camp pour un interrogatoire de routine », dit le sous-officier.

La voix flûtée lui parvint de l'autre côté de l'appentis. Elle avait un accent suppliant.

« Est-ce que je peux prendre mon vélo pour rentrer, demanda-t-elle. Je veux revenir vite, j'ai mes vaches à traire, j'ai rien fait, je...

– Oui, pourquoi pas, mémé », dit quelqu'un.

Il l'entendit qui allait chercher sa machine à l'appentis. Le pédalier n'avait pas dû être huilé depuis la guerre et grinçait. Elle partit, tenant sa machine à la main entre deux soldats, et cela faisait un petit bruit lancinant qui diminua, puis disparut.

« A nous maintenant », dit le sous-officier.

Quelqu'un le prenait avec brutalité par les épaules et le remettait sur pied.

« Attention à mon bras, dit Serge. Votre beau travail ! »

Il se sentait au-delà du malaise et de la fatigue, et fut même surpris de ressentir une légère euphorie, comme si l'événement qu'il appelait confusément s'était enfin produit. Il était repris. Il allait revenir à la source. Cela ne dura pas longtemps. A peine fut-il debout qu'un coup de poing l'atteignit au foie et qu'il se plia en deux, suffoquant, cherchant convulsivement sa respiration. Un peu de café lui revint dans la gorge et dans les narines, mêlé à un goût amer. Il entendit une voiture qui s'approchait. Il chancela, chercha à se mettre à genoux, courbé sur son bras valide, puis commença à geindre doucement.

« Assez », dit le sous-officier. Serge ne sut pas si cela s'adressait à lui ou au soldat qui l'avait frappé.

Il restait appuyé contre le sol. Il sortait de sa gorge un gémissement plaintif continu qui se changeait parfois en râle. De temps à autre, un tremblement nerveux le secouait. Son ventre était en feu. Tout à coup, il eut un rire suraigu et hystérique qui se termina par une violente quinte de toux.

Il sentit un léger flottement autour de lui. Il se remit à gémir tout en essayant de se relever, sans y parvenir. Quelqu'un, voyant ses efforts, l'envoya du plat du pied bouler sur le côté.

« Assez, dit encore la voix au-dessus de lui. L'Obersturmführer le veut. Il ne s'agit pas de... »

Le SS s'arrêta net. Du sol venait un bruit de gargouillis. Puis de nouveau le rire de Serge éclata. Ruisselant en cascade, rebondissant de hoquet en hoquet, aigu jusqu'à l'exaspération, il semblait inextinguible.

« Ça va pas, non ? » aboya un soldat.

Serge se tut enfin et essaya de nouveau, péniblement, de se remettre debout. La meute des uniformes le considérait en silence. Le sous-officier se retourna vers le soldat.

« Mettez-le devant, dit-il en ouvrant les portes de la voiture. Je veux pas d'ennuis, Hoffmeister. Compris ? »

C'était une Auto-Union comme celle de la veille. Il se retrouvait à la place d'Ina. Il se laissa tomber sur le siège comme un pantin et se retourna vers le soldat, d'un air soudain réjoui.

« En voiture, Simone », dit-il en français.

Le SS lui adressa un regard haineux. Il s'était installé juste derrière lui. Serge regarda le chauffeur. Il était le contraire de celui d'hier. Il avait un visage coupé à la serpe et un nez busqué. L'Auto-Union ne démarrait toujours pas.

« En voiture, Simone, j'ai dit », répéta-t-il d'un ton sans réplique.

Aussitôt il reçut un coup sur la nuque qui l'envoya heurter le pare-brise. Il cria de façon suraiguë et recommença à geindre.

« Tu vas la fermer, oui, tu vas la fermer ? dit Hoffmeister derrière lui.

— Allons-y », dit le sous-off.

La voiture démarra. S'ils suivaient la route qu'il avait observée, ils seraient au camp dans quelques minutes. Ils la prirent en effet. Devant eux les miradors se noyaient dans la nuit. Serge regarda de nouveau le conducteur pendant quelque temps, puis, comme l'autre s'agitait, il s'approcha de lui et lui susurra avec un air de connivence :

« Ma petite et moi, tu sais, on était les rois de la jungle. »

Le conducteur se tourna vers lui.

« Pardon ? »

Serge lui répondit par une grimace équivoque et répéta :

« Ma petite et moi on était les rois de la jungle.

— Il me pelote, dit le conducteur en se retournant vers le sous-officier.

— Fais-toi respecter, dit Hoffmeister derrière lui.

— Ça va mal se terminer », dit l'autre, d'une voix sifflante.

Serge haussa les épaules et reprit d'une voix basse et plaintive, comme une mélopée.

« Ma petite et moi on était les rois de la jungle. Ma petite et moi...

– Qu'est-ce que tu dis, sale con ?

– Je dis que ma petite et moi...

– Arrête ton cinéma !

– Parfaitement, on était les rois de la jungle. »

Il avait pris un ton lancinant, comme s'il berçait un enfant. Puis, dans un état de grande fébrilité, il se remit à geindre en se balançant d'avant en arrière et sa plainte était parfois interrompue par un éclat de rire hystérique qui n'en finissait plus. Au moment où ils atteignirent la route d'accès principale du camp, ils dépassèrent le petit groupe avec la vieille dame. Serge ne fit que les entrevoir. Mais, à sa surprise, le conducteur tourna à droite, dans la direction opposée au camp. La voiture reprenait l'itinéraire de la veille.

« Ma petite et moi on était les rois de la jungle, gémit Serge.

– Hoffmeister ! Tu supportes ça ? »

Il reçut un coup sur la nuque, provenant cette fois du chauffeur.

« Merci pour moi, dit l'autre.

– Arrête ! intervint le sous-officier. L'Obersturmführer doit l'interroger sur la digue. Pour l'instant, il faut qu'on l'amène en bon état.

– Mais vous voyez bien qu'il est tapé... Ça changera rien ! »

Le sous-officier haussa les épaules. Pour masquer – ou pour marquer – son énervement, le conducteur avait accéléré brutalement. Serge, les yeux mi-clos, dodelinant de la tête, reconnaissait les larges virages du plateau. Bientôt ce serait l'entrée dans la forêt. Il se remit à geindre sans répit, puis à rire très fort d'une façon surexcitée, et, de nouveau, il psalmodia : « Ma petite et moi on était les rois de la jungle ma petite et moi on était les rois de la jungle tu sais Hoffmeister ma petite et moi...

— Si tu la fermes pas je te bousille la gueule, aboya le soldat.

— Tu vas voir la jungle qu'on te prépare, dit le sous-officier. Ça, tu seras servi. »

L'ambiance dans la voiture devenait de plus en plus tendue. A l'insu du gradé, le conducteur trouva le moyen de gratifier Serge d'une nouvelle manchette sur les lèvres, avec le dos de la main. Il cria et se retourna, les yeux exorbités. Il ne sentait plus son visage. Du sang coulait sur son menton. Le sous-officier ne dit rien. Il sentait qu'ils voulaient le tuer, et qu'ils seraient parvenus à leurs fins s'il n'avait pas été attendu sur la digue. A la manchette il répondit par un rire dément qui, au-delà de la voiture, se répandit en cascade incohérente sous les premiers sapins. Les trois SS se mirent à hurler ensemble un torrent d'obscénités contre lui. Il se boucha ostensiblement les oreilles. La voiture arrivait au rendez-vous. Il vit au loin un rassemblement confus autour d'un camion-grue.

« Ma petite et moi, commença Serge.

— ASSEZ ! »

Le sous-officier descendit en voltige alors que la voiture n'avait même pas stoppé. Il se rua sur la portière. Il semblait au dernier degré de l'agitation et de la fureur. Serge geignait doucement. Il le tira brutalement de la voiture.

« Je vais te dire une chose, pauvre con... »

Il le tenait par les épaules et le secouait. Sa voix était sifflante et haineuse et son haleine empestait le mauvais tabac.

« ... je vais te dire une chose. Ta Bolchevique de pépée et toi... »

Serge voyait à quelques centimètres de lui ses lèvres minces grimacer un rictus.

« ... vous allez cesser tous les deux de nous emmerder et dans pas longtemps. »

Il fit le geste de porter la main à son cou et de serrer. Serge se tut brusquement, comme s'il était vexé. Les autres ne remarquèrent pas son changement d'expression. Il se détacha du groupe d'un geste brusque et alla se pencher sur l'eau noire. Il ne vit même pas la lourde silhouette de l'Obersturmführer qui marchait vers lui.

L'Auto-Union sortait lentement de la boue dans la lumière des phares, comme un dinosaure gluant qui aurait échoué là il y a un million d'années. Suspendue au camion-grue, elle remontait la pente du remblai par à-coups, et le grincement de la chaîne s'interrompait parfois comme si la voiture, trop lourde, allait retomber d'un seul coup dans la vase. Enfin le coffre arrière apparut en haut de la digue et la voiture resta un instant en équilibre sur l'arête avant de basculer lourdement dans un bruit flasque d'amortisseurs hors d'usage. Deux soldats déroulèrent un tuyau d'une citerne en remorque et commencèrent aussitôt à la laver. Sous la pression du jet, la boue se fronça avant de s'effacer par plaques molles tombant sur la route avec une odeur âcre et fétide. L'Auto-Union apparut bientôt, brillante et ruisselante, aussi éclatante de propreté que la veille au soir quand ils avaient quitté le camp. Un Hauptsturmführer, que Serge n'avait jamais vu, s'approcha et s'efforça d'ouvrir la portière avant qui résista puis finit par s'ouvrir d'un seul coup, libérant un flot d'eau boueuse. Le cadavre du chauffeur était toujours recroquevillé entre le siège et les pédales et ils se mirent à trois pour l'extraire de la voiture et l'étendre sur la route à quelques mètres de là. Serge vit passer devant lui, illuminé brutalement par la lumière des phares, une sorte de cortège funèbre luisant de cuir noirâtre et de reflets blafards qui sautillait parmi les palans, les treuils et les tuyaux.

« Tu l'as tué par-derrière, dit une voix au-dessus de lui. Ça va se payer. »

Serge connaissait cette voix, mais elle était animée d'un tel tremblement de fureur qu'il prit peur et ne dit rien. Starkel portait une sorte de canne et lui en assena un coup sur les épaules, puis un autre. Serge chercha à éviter les premiers coups en se protégeant le visage avec son bras valide, comme un écolier pris en faute, puis il tomba à genoux, ne vit plus venir les coups et ne chercha plus à les éviter. Un voile rouge devant les yeux, il tomba lourdement sur le côté. Il savait bien que c'était sa propre agonie qui commençait et qu'un cortège semblable à celui qu'il venait de voir l'emmènerait bientôt lui aussi, au milieu des tuyaux, dans la boue collante et froide.

« Et le bateau ? Où l'as-tu volé ? » hurla la voix au-dessus de lui.

Starkel n'attendit même pas la réponse. Pris d'une impulsion soudaine, il revint comme un furieux vers le petit type, l'examina sans se baisser, en le touchant du pied, puis dit quelques mots à l'Hauptsturmführer. On recouvrit alors le cadavre d'une couverture et on le laissa là. Serge entendit le crissement des bottes qui revenaient au niveau de son visage. Elles s'approchèrent et il les vit soudain, sortant de l'ombre, luisantes, énormes. Il eut un mouvement de panique et de recul.

« Alors, glapit la voix. Où l'as-tu volé ? Où ?

– A Dogern, murmura Serge. En amont d'ici. »

Il essaya de se remettre à genoux, se releva sur son bras droit qui tremblait. Il ne pouvait voir le visage de Starkel, loin au-dessus de lui.

« Et puis, qu'est-ce que ça peut vous foutre maintenant », dit-il avec désespoir.

Un ricanement lui répondit. D'un coup de semelle, il fut projeté à terre. Il sentit une botte le piétiner et, spasmodiquement, il se roula en boule comme un hérisson en criant et en se protégeant le visage. Il avait l'obsession de recevoir un coup dans les yeux. Il étouffait. Il avait la bouche pleine d'un mélange de terre et de sang qu'il essaya de cracher.

« Ma parole, il me dégueule dessus », dit quelqu'un.

Il se sentit poussé en dehors de la route par une botte et il se rendit compte qu'il glissait à plat ventre dans le remblai. Plus bas, il entendit confusément que les soldats qui faisaient des sondages méthodiques dans l'eau avec des perches en fer avaient dû s'arrêter pour le regarder. Il eut un sursaut d'horreur à l'idée de la boue visqueuse et noire qui l'attendait et il essaya désespérément de se raccrocher à quelque chose. Sous sa main droite, il trouva une racine qu'il serra convulsivement comme si tout son corps n'était plus que cette main valide. Il ferma les yeux. Il sentait la boue au bas de ses jambes. Lâcher cette racine, se laisser glisser. La terre s'ouvrirait, accueillante et molle. Ce serait paisible comme le soir sur le Rhin lorsqu'il avait été détacher le bateau qui dormait sous sa bâche couleur miel, le long de la petite jetée de Dogern. Déjà il savait qu'il ne parlerait plus désormais. Je ne peux même pas *ouvrir* la bouche pour avaler cette boue si douce tu t'enfonces petit tu t'enfonces tu rates ton dernier rendez-vous elle t'attendait sûrement quelque part avec son corps tranquille.

J'ai reçu un coup à la tête ils me lancent des pierres ne frappez plus à quoi ça sert de toute façon maintenant mais là-haut ils ne durent entendre qu'une sorte de hoquet ils se mirent à rire dire que j'avais fait tout ce cinéma dans la voiture pour savoir et pour agir en conséquence oh pourvu que je me sois trompé en écoutant le sous-off pourvu qu'elle soit morte ces brutes ce n'est pas possible ils s'amuseraient avec elle ils se vengeraient sur ce corps long et tendre je te rejoins moi sous terre sa main – sa main avait lâché la racine.

A travers les ténèbres et les lourdes nuées du néant, le puissant rayon du projeteur le traqua et l'encercla soudain. Maintenant, il se savait découvert et il sentait parfaitement qu'il ne pourrait plus lui échapper. Par réflexe ou par bravade, il garda encore quelques instants ses paupières fermées, mais une crispation du visage dut le trahir car tout aussitôt une voix mauvaise lui cria à l'oreille : « Ça suffit comme ça. » C'était une voix plus métallique que nature, légèrement détimbrée, comme s'il l'entendait à travers une chambre d'écho. Il bougea, essaya de rassembler ses esprits en secouant sa tête, et voulut changer la position de son bras gauche qui le faisait souffrir. Il n'y parvint pas. Il s'aperçut alors qu'il avait des menottes. Puis la lumière diminua d'intensité et il put ouvrir les yeux. Starkel se tenait devant lui, impénétrable, le visage buriné par les rayons latéraux du projecteur portatif qu'il venait de déplacer. Serge remua ses lèvres mais aucun son n'en sortit.

« Café, murmura-t-il enfin, dans une sorte de chuintement.

– Rien du tout, petit salaud, tu vas répondre d'abord. »

De nouveau, il essaya de parler. Il luttait véritablement pour dire quelque chose. Mais il se sentait vide et comme frappé de stupeur, sans l'ombre d'une pensée à laquelle se raccrocher. L'Obersturmführer avait replacé le projecteur dans l'axe de son visage; il eut un sursaut douloureux et tenta de le pousser de côté.

« Ce n'était pas vrai, murmura-t-il enfin.

– Quoi? Votre inscription au W.V.H.A.? » ricana l'autre.

Serge haussa les épaules.

« Non... ce que j'ai dit... sur elle. Eteignez cela! hurla-t-il soudain comme un dément.

– Vous parlerez? » demanda Starkel.

Cette lumière qui dévorait tout, et lui qui sortait d'une nuit opaque. Il avait l'impression d'être tombé dans un cratère en fusion.

« Son rôle dans les filières, tout cela... ce n'était pas vrai, dit-il en fermant les yeux.

– Vous parlerez? »

Il luttait pour ne pas s'évanouir à nouveau. Il regarda au-dessus de lui, comme pour chercher un appel d'air. Le projecteur faisait de grandes ombres dansantes au plafond. Il fit signe que oui. L'officier braqua une dernière fois le rayon sur son visage tuméfié puis éteignit. L'espace du bureau reprit ses dimensions familières.

« Il fallait bien trouver quelque chose, reprit Serge d'une voix sourde. Il fallait la sortir d'ici. Vous pouvez vérifier... Ne l'interrogez pas... ne la punissez pas. »

Starkel le regarda fixement.

« Parce que, d'après vous, elle est encore en vie, dit-il.

– Oui, s'écria Serge avec un élan qu'il regretta tout aussitôt. Cela je le sais.

– Puisque c'est vous qui le dites », laissa tomber l'officier.

L'ironie de Starkel lui fit l'effet d'une douche froide. Il baissa la tête.

« Dans la voiture, murmura-t-il, ils me l'avaient... pourtant... laissé entendre... vos... sbires.

– Dans la voiture? demanda l'autre avec surprise.

– Le sous-officier... Et s'il ne l'avait pas dit, je ne serais plus là pour vous en parler, vous savez. J'aurais bien trouvé quelque chose. Là-haut, sur la digue, je me serais sauvé à toutes jambes, j'aurais attendu la rafale... »

L'officier le regarda d'un air dur.

« Mais regarde-toi, pauvre minable, s'écria-t-il en haussant le ton. Tu te crois toujours maître du jeu. Mais regarde-toi, avec ton pantalon plein de boue, et plus rien dedans. Tu avais coulé à pic. On a dû aller te chercher. Il a fallu se salir, pour que ta dégoûtante vie de parasite se termine dans les formes. »

Il y eut un silence.

« Dans les formes », répéta Serge machinalement.

Il ne réagissait même plus. Il avait l'impression que seules le rattachaient encore à la vie quelques ultimes sensations de son état de veille, minuscules et présentes comme des pointillés après une longue phrase. Le bleu des murs, qui s'était fondu dans la nuit, et où les lettres gothiques n'apparaissaient plus. Une légère et tenace odeur de salpêtre qu'il avait déjà perçue la veille. L'impression de cul-de-sac que donnait la fenêtre donnant sur un mur aveugle. Serge s'était souvent demandé quel serait, parmi la longue kyrielle de visages qu'il avait, sa vie durant, côtoyés, interrogés, aimés ou craints, celui qu'il trouverait le dernier sur sa route, comme un ultime barrage ou un ultime miroir avant le vide. Maintenant il savait. Dramatisé par la nuit, l'épuisement, l'angoisse, ce serait le visage massif d'un Wotan au petit pied surgi de la profondeur des forêts et des barbelés avec sa présence maléfique pour l'accompagner jusqu'à la fin.

Il revint à la réalité. Starkel était en train de compter sur ses doigts, avec une sorte de complaisance, ses motifs de délit.

« Complicité d'évasion, tentative pour circonvenir le *Lagerführer*, assassinat, vol d'une embarcation, d'une voiture et d'une arme, dégradation de matériel appartenant aux services spéciaux du Reich, tentative de viol...

– Tentative de viol, l'interrompit Serge. Je ne vois pas.

– Sur la personne de la dénommée Helga Kraüptke, à Oberfurt.

– Elle a soixante-quinze ans, dit Serge.

– Elle a dit dans sa déposition, avant de quitter le camp, que vous l'aviez menacée. Et on a retrouvé tous vos vêtements en pile dans sa cuisine.

– C'est exact, je l'ai menacée pour qu'elle m'en donne des secs. Je dois dire qu'elle ne s'y est résolue que contrainte et forcée.

– C'est bien ce que je disais. Viol de son domicile et de sa vie privée.

– Si vous voulez tout savoir, dit Serge, elle a quitté la pièce quand je me suis changé. »

Starkel s'agita sur son siège.

« Et puis peu importe. L'important c'est que le compte y est et plus que cela, et que tu vas mourir, mon petit gars. Ça se passe demain à l'aube et le W.V.H.A. ne pourra rien pour toi. »

Il ricana silencieusement, comme s'il savourait sa vengeance. Puis il reprit d'une voix douce et menaçante à la fois.

« Et je voudrais qu'on se mette bien d'accord. Vous avez beaucoup de choses à me dire. Vous m'avez promis de parler. Mais selon ce que vous me direz, mon petit Barth, vos dernières heures seront paisibles, ou bien... »

Il s'arrêta net et Serge ne vit plus que ses lèvres minces qui s'étiraient en une moue explicite. La menace eut pourtant le don de le faire sortir tout à fait de sa torpeur, alors que son arrêt de mort l'avait laissé calme, presque indifférent.

« Barth, fit Serge. Vous savez cela.

– Ça et pas mal d'autres choses. La Gestapo n'est pas aussi inefficace que vous le disiez. »

Serge chercha à sourire ironiquement, mais ses lèvres tuméfiées ne répondaient plus.

« De toute façon, ce n'est pas la peine de me brusquer. Je vous ai dit que je rétablirais la vérité, il y a pourtant une chose qui m'aiderait.

– Oui », dit Starkel.

Il hésita.

« Je voudrais savoir ce qu'il en est, pour elle. Je le voudrais. »

Sa voix avait tremblé. Il ajouta :

« Pour vous aussi, d'ailleurs, cela peut être utile que je le sache. »

Starkel parut interloqué.

« Comment cela ?

– Si elle est vivante, je tiens à vous expliquer pourquoi elle est innocente de ce qui est arrivé depuis hier, dit-il avec aplomb. Elle ignorait que quelqu'un viendrait... Je vous le jure. Vous avez pu le constater, d'ailleurs, puisque vous étiez à côté de moi quand je l'ai emmenée. Elle n'a fait qu'obéir à votre ordre... Elle ne pouvait pas me voir, avec la nuit... Il ne faut pas qu'elle soit punie, qu'elle soit interrogée.

– Assez, l'interrompit sèchement l'officier. Et, de toute façon, ajouta-t-il, dans l'état où elle est maintenant ! »

Il s'arrêta net. Serge s'était levé à demi.

« Alors c'est qu'elle vit, n'est-ce pas, s'écria-t-il. C'est qu'elle vit, si vous dites cela. »

Le visage de Starkel apparut dans le cercle de lumière de la lampe. Il faisait la moue.

« Si on veut », dit-il.

Il resta silencieux un instant, puis reprit de façon sibylline.

« Des bains dans le Rhin ne sont pas précisément recommandés, en cette saison. »

Elle vivait.

Une joie immense submergea sa poitrine, et l'emporta bien au-delà du bureau, vers un ciel plus libre. Comment avait-il pu préférer sa mort, et presque la souhaiter. Les épreuves passeraient. Sa mort à lui n'était qu'une des épreuves qu'elle aurait à surmonter. Elle vivrait sans lui, c'était triste bien sûr, mais elle vivrait, elle vivrait.

« Vous la soignerez, s'écria-t-il maladroitement. Elle est si faible... Il faudra qu'elle aille au Revier. Elle y restera sans doute longtemps. »

Starkel eut une de ses moues qui lui étiraient les lèvres à l'horizontale.

« Il s'agit bien du Revier », dit-il.

Tout à sa joie, Serge faisait éclater en pensée toutes les cloisons qui l'enserraient. Elle n'était sûrement pas loin de lui. Peut-être entendait-elle des bribes de sa voix, en ce moment même. Il eut envie de crier son nom, comme devant le fleuve. Il eut une impulsion subite.

« J'aimerais tant la voir, dit-il en se penchant vers Starkel. Juste une petite minute. »

Il ajouta, avec l'espoir désespéré de le fléchir.

« Elle est tout ce qui... tout ce qui me reste.

– Mais vous allez la voir, dit Starkel. Demain matin. On vous emmène ensemble. »

Serge le regarda.

« Ensemble, répéta-t-il sans comprendre.

– Oui, dit Starkel. C'est ce que vous vouliez, non ? »

Les éructations du sous-officier lui revinrent à la mémoire.

« Ton amie et toi... »

Il réalisa soudain, se tassa sur son siège.

« Vous voulez dire...

– Oui », dit l'officier.

Il y eut un silence. Quelque part, au loin, on entendait un bruit de voix.

« Elle... elle le sait ?

– Oui.

– Et il n'y a rien à faire... je veux dire... pour elle ? Je veux dire... vous avez reçu des instructions formelles ?

– Elle s'est évadée. Elle n'a pas pu ne pas vous reconnaître.

– Il faisait nuit. Elle a obéi à votre ordre...

– Ça suffit, dit Starkel sèchement. Je ne donne jamais à personne l'ordre de s'évader. »

Serge hocha la tête d'un air las et regarda par terre. Le sol était gris-noir et il se sentit attiré par lui comme par un grand vide, un précipice sans fond.

« En fait, je le savais, dit-il d'une voix détachée.

– Ah ! oui, comment ça ?

— Ils me l'avaient dit aussi, dans la voiture. Ce qui est bien, dans votre camp, Herr Obersturmführer, c'est que tout le monde est renseigné. »

Il vit avec satisfaction que l'officier semblait contrarié et qu'il notait quelque chose sur un papier. Puis il pensa à cette lumière sale de l'aube qui descendait vers lui. Vers eux. Par bribes, une vieille mélodie lui remonta du fond du gouffre, du fond de la mémoire, grave et triste — une marche funèbre et triomphale accompagnant un lent cortège de silhouettes dansantes et libres qui entraînaient avec elles une Ina rayonnante aux longs cheveux dénoués. Il était écrit que je te reverrais. Ce qu'il ressentit alors, étrange et incongrue, ce fut une bouffée de... oui, d'allégresse.

Il releva la tête. Il ne restait plus beaucoup de cartes dans son jeu maintenant.

« Quand même, dit-il. Dans tout cela, j'aurai au moins eu une satisfaction, Herr Obersturmführer, une seule, mais profonde.

— Oui ? dit Starkel, méfiant.

— Celle de vous avoir eu jusqu'au trognon. »

L'autre le regarda, stupéfait, puis se leva, livide et menaçant, bégayant de fureur.

« Attention ! Ne redites pas une chose comme cela ! N'y revenez plus...

— Cela fera bien pour votre tableau d'avancement, persifla Serge. Nous avons pu quitter le camp. Dans votre voiture, encore. Normalement, nous sommes en Suisse. Ça se saura forcément. Tout le monde sait tant de choses... ici.

— Personne ne le sait ! Personne ne peut le deviner ! Vous avez été rattrapés tout de suite ! Normalement vous êtes en Suisse, ricana-t-il. Ah ! oui. Alors pourquoi est-ce que j'ai votre sale gueule devant moi depuis une heure... Vous ne saviez pas qui vous aviez en face de vous, plastronna-t-il.

— Et après... l'exécution ? » demanda Serge. Il eut du mal à prononcer le mot. « La double exécution. Vous y avez pensé ? Vous serez bien obligé d'expliquer ce qui s'est passé. Et ce qui s'est passé, vous en conviendrez, n'est pas à mettre à votre crédit, Herr Obersturmführer. »

Starkel bondit :

« Vous avez tué un homme ! Lâchement ! Tous les deux ! J'ai le droit de vie et de mort dans ce camp pour punir un tel forfait ! Et de toute façon vous ne pouviez pas m'échapper, ajouta-t-il soudain avec le ton appliqué d'un joueur de blitzkrieg. Vous avez oublié un détail. Il y a toujours un détail, vous savez.

— Il me semble que dans ce cas la herse ne se serait pas ouverte aussi facilement. »

L'officier hocha la tête d'un air pensif.

« Il faut pourtant dire que j'ai réagi vite », dit Starkel à voix presque basse. Et il répéta, comme s'il se décernait un satisfecit : « Non, vous ne saviez pas à qui vous aviez affaire. »

Serge hocha la tête. C'est ce qu'il avait craint. Quelque chose, quelque part, avait cloché. Il ne voulait pas demander quoi à l'officier, bien qu'il en mourût d'envie. Il ne lui donnerait pas cette satisfaction.

« Un peu plus de brouillard sur le fleuve, dit Serge d'une voix rêveuse, et nous passions. Détail ou pas. »

Il revoyait le Rhin rapide et blanc de l'autre nuit. Il regarda par la fenêtre.

« Et pour vous, n'est-ce pas, dans ce cas, c'était les douceurs de la Volga, dit-il ironiquement. Vous devriez m'être reconnaissant d'être là devant vous. »

« Nom, etc. Et pas de salade, hein ? »

Serge se pencha en arrière et soupira. Quelques heures. Quelques heures encore. Il se sentit soudain limité dans le temps. Il prit conscience de cette limite avec tant d'acuité que toute une énergie latente qu'il gardait peut-être à son insu pour d'autres occasions bouillonna en lui, jusqu'à le laisser un instant étourdi. Peut-être y avait-il encore quelque chose à faire.

« Serge Barth. Né à Strasbourg en 1919. J'y ai vécu jusqu'au début de 1938, date de la mort de mon père dans un accident de voiture. Il était français et il avait épousé une Suédoise. A la maison, on parlait les trois langues, mais surtout l'allemand, comme beaucoup de gens dans la ville. J'étais en deuxième année de droit quand mon père est mort. Ma mère a voulu alors retourner à Stockholm où elle était née et où elle avait vécu enfant. »

Il parlait avec difficulté. Passer en revue certains événements de sa vie à cette minute lui paraissait si pénible et si irréel qu'il ne parvenait même plus à en rassembler les éléments les plus simples et les plus évidents. Starkel prenait tout son temps et notait avec un soin extrême ce qui était dit. Serge regardait, comme hypnotisé, le registre officiel sur lequel tant de joies, d'élans et d'aventures allaient se désincarner jusqu'à devenir sous la plume de son bourreau les éléments d'un dossier dérisoire témoignant d'une lutte perdue.

« ... elle est donc repartie pour Stockholm, reprenait-il. C.K.H., oui. Je l'ai suivie. J'avais hésité. J'aurais pu rester en France. Mais je n'avais pas envie de quitter ma mère, et, de toute façon, la guerre s'annonçait et la der des der je ne voulais pas la faire. »

L'officier le dévisagea d'une façon ironique. Il fit semblant de ne pas s'en apercevoir.

« Comme j'avais la double nationalité j'ai pu suivre ma mère et vivre là-bas sans problème. Quand je vous parlais de double nationalité, c'était donc bien exact, ajouta-t-il.

— Vous m'aviez dit suédo-allemande, fit remarquer Starkel.

— C'était préférable, dit Serge.

— Continuez, dit-il sans relever. Vous arrivez donc à Stockholm. Nous sommes alors en...

— Février 1938.

— Vous la connaissiez déjà, à l'époque ? »

Serge s'arrêta net, interdit. Il ne pouvait se résoudre à parler d'Ina, de son amour pour Ina à Starkel. Cela lui paraissait incongru et déplacé. Il avait l'impression de souiller à jamais quelque chose de pur. L'autre attendait. Serge soupira.

« Je l'ai connue en juillet de cette année-là. J'étais revenu en Alsace pour essayer de vendre un terrain que nous avions en ville. Elle faisait partie d'un groupe de randonnée dans les Vosges. »

Thannenkirch. Les rochers du Taenschel. Cette belle journée d'été.

« Avait-elle déjà des activités politiques ?

— Vous le savez, non ? Vous avez lu son instruction, je suppose, depuis hier ?

— Soyez poli, dit Starkel d'un ton sec.

— Je veux du café », dit Serge brusquement.

L'officier fronça les sourcils, hésita, puis se résolut à appuyer sur un bouton près du téléphone. Un planton se présenta et se mit au garde-à-vous.

« Eisenbroch, une cafetière et une tasse. »

Le soldat sortit. Starkel le rappela presque aussitôt.

« Deux tasses.

– Bien, Herr Obersturmführer.

– A nous, reprit l'officier en se retournant. Je vous avais posé une question.

– Elle ne faisait pas partie de l'Association des jeunes filles allemandes, si c'est cela que vous voulez savoir. Elle admirait ceux qui étaient grimpés à la Barberina... En 1933, ils avaient inscrit sur la paroi, en lettres énormes...

– Je sais, coupa Starkel.

– ... " RAUS ! " Puis elle est repartie pour Düsseldorf, où elle était étudiante, et moi pour la Suède. On s'est écrit...

– En fait, vous étiez là-bas pour vous " planquer ". Non ? »

Il avait employé le mot français. Serge le regarda, surpris. L'officier ne semblait pas mécontent de son petit effet.

« Vous parlez français, demanda Serge du bout des lèvres.

– Très peu. Mais c'est un des mots les plus répandus de votre langue », répondit-il d'un ton suave.

Serge ne releva pas. La porte s'ouvrit. Le soldat revenait, précédé d'une bonne odeur de café. Il servit l'Obersturmführer avec componction puis, voyant les menottes de Serge, ne sut que faire et, après un regard vers l'officier, déposa la cafetière et la tasse à côté de lui. Serge se servit avec difficulté et but lentement.

« Continuez, dit Starkel.

– Après une année à l'université d'Uppsala, je suis revenu passer l'été de 1939 à Strasbourg. Pour la voir. Et contre l'avis de sa mère, vous pensez bien. Je l'ai trouvée... changée. Elle ne comprenait plus mon... mon pacifisme.

– Elle avait déjà des liens avec les socialistes ? »

Serge ne répondit pas tout de suite. De nouveau, le gouffre l'attirait, ouvert à ses pieds. Il se raccrochait à son siège.

« Elle disait qu'elle était comme moi, qu'elle détestait la violence... mais qu'il y a des moments dans l'existence où il faut savoir s'engager et payer... de sa personne, de... de son sang. »

La voix lui manqua. Elle était là, à côté d'eux, sans doute mourante. Promise, et déjà scellée à son destin. Elle avait payé, oui – et le prix fort.

« Laissez-moi la voir... implora-t-il.

– Continuez, dit Starkel, sèchement. Je vous demandais si elle avait des liens avec les socialistes, à l'époque. »

Serge secouait la tête de droite à gauche, avec l'air égaré de quelqu'un qui perd pied. Pour Starkel, Ina était un être abstrait, une fiche dans ses dossiers, qu'il convenait de cerner au mieux pour l'enquête, et puis d'éliminer rapidement. Il faisait son métier de bourreau, après tout. Mais lui, Serge, n'en pouvait plus.

« Je ne sais pas... je ne sais plus... je l'ai si peu vue... à ce moment-là... en quoi cela peut-il vous intéresser puisque tout est dans son instruction... ce que je voulais c'était la sortir de là... vous ne comprenez donc pas... dix ans... à pourrir dans ce cloaque... cette belle fille... pour quelques tracts... »

L'officier pointa son doigt vers lui. Il martelait ses mots.

« Et maintenant elle va mourir. A cause de vous. Il y aurait peut-être eu des remises de peine.

Mais ce n'est plus dix ans maintenant. Ni cinq. C'est l'éternité. C'est vous qui avez fait cela. »

Serge ne l'entendait même plus. La nausée et l'accablement le submergeaient de nouveau. Il pensait à la chair martyrisée de son amie, à sa bouche crispée dans une plainte sans voix. Il sentait derrière chacune des phrases la présence de ses grands yeux cernés qui allaient dans quelques heures se fermer sur ce monde qu'elle avait refusé.

« Eh bien, tant mieux, dit-il très bas. C'est ce qu'elle aurait choisi, si elle avait pu. Dix ans ! Même dix mois, elle ne les aurait pas supportés. Elle se serait éteinte comme une plante. Peut-être... est-elle heureuse, enfin ? Peut-être lui ai-je apporté cela ? En tout cas, je sais ce que je lui ai évité. »

Il eut un vague sourire de tristesse, puis il s'écroula, la tête en avant, sur le bureau. Cela fit le bruit d'une bûche qui tombe.

« Eisenbroch ! »

La porte s'ouvrit aussitôt.

« Herr Obersturmführer ! »

Starkel s'était levé. Sa badine tapotait le buste effondré de Serge et sa nuque qui sortait, fragile et juvénile, du gros tricot de Frau Kraüptke.

« Un seau d'eau. »

Le planton revint et, après un signe de l'officier, lança le liquide à toute volée sur le crâne de Serge. Ce dernier eut un sursaut et se redressa brutalement dans un gargouillis dérisoire, les yeux hors de la tête, la bouche ouverte comme celle d'un noyé.

« Et ne me forcez pas à remettre le projecteur en place ! hurla Starkel. Merci, Eisenbroch. »

Serge revenait à la réalité. Des petites rigoles d'eau coulaient partout sur son visage, de ses cheveux à son cou. Il voulut s'essuyer les yeux d'un mouvement brusque, mais les menottes l'en empêchaient et il ne fit qu'ébaucher le geste. L'officier s'était assis sur le bureau en tapotant nerveusement sa badine avec la paume de sa main. Il se pencha sur lui et commença à l'interroger d'une voix pressante, comme si le temps faisait déjà défaut.

« Les faux papiers ? D'où viennent-ils ? Par qui les avez-vous obtenus ?

– Je les ai achetés, répondit Serge, frissonnant et haletant. J'ai agi seul. »

Starkel frappa la table avec la badine d'un air menaçant.

« Vous n'avez pas agi seul. C'est impossible. Vous m'aviez dit que vous parleriez. Je veux les noms, les adresses. D'abord, à qui les avez-vous achetés ? et combien ? »

Serge répondait d'une voix terne et basse, comme un élève qu'on interroge.

« Je les avais commandés au début d'août à un certain Gunnar Platt. Et j'avais rendez-vous pour la livraison des papiers le 14 octobre.

– Vous sauriez le reconnaître ?

– Je ne l'ai jamais vu. J'ai simplement entendu sa voix au téléphone. »

Starkel s'impatientait.

« Vous allez me dire aussi que vous avez trouvé son nom dans l'annuaire !

– Laissez-moi vous expliquer. J'avais eu son nom par un étudiant que j'avais connu à Uppsala et qui s'appelait Julius Benedet. J'avais des liens d'amitié avec lui et il connaissait mon histoire avec Ina Ehnmark. Dès 1941, Julius m'avait offert ses services et je lui avais commandé une carte d'identité au nom de Serge Goëna et un visa pour mon premier voyage. Je ne connaissais pas à l'époque le nom de son faussaire. Il était très discret là-dessus... ce n'est pas à vous, Herr Obersturmführer, que je vais apprendre que ce genre de filières est formé de cloisons étanches. »

Etrangement, Serge se sentait mieux depuis le seau d'eau. Comme délivré. Starkel avait pris, lui aussi, depuis quelques instants un air moins hostile.

« Continuez, dit-il en reposant sa badine.

– Quand, à la fin juin, j'ai fait la liste des documents qui me seraient nécessaires pour réaliser mon plan, j'ai tout naturellement été de nouveau vers lui. Il m'a dit que ce serait possible, mais que ça prendrait plusieurs mois et que ça coûterait cher. Pourtant il a fallu une circonstance grave pour qu'il me donne le nom du faussaire et son téléphone. Il était atteint d'un cancer des os depuis le milieu de 1941. Il pouvait mourir d'un moment à l'autre. Mais ce n'est que quand il s'est vu perdu qu'il m'a donné l'adresse et le numéro de téléphone de Gunnar Platt...

– Vous en souvenez-vous ?

– Du numéro de téléphone, non. Il n'était d'ailleurs valable que ce soir-là. Mais de l'adresse, oui : 18, Borgvägen. Allez-y donc faire une petite enquête. Je ne serai plus là pour rigoler.

– Cessez d'être insolent! » rugit l'officier.

Il notait pourtant l'adresse.

« Qu'est-ce que j'y trouverai ? Un entrepôt désaffecté ?

– Ou une scierie. C'est fou le nombre de choses qui se passent dans les scieries de Stockholm.

– Et son nom, à votre avis, est un pseudonyme ?

– C'est plus que probable.

– Et comment avez-vous pris livraison des documents ?

– C'était, comme je vous le disais, le 14 octobre. Il n'y a pas deux semaines. Je devais aller sous un porche au 17, Norrlandsgatan, ouvrir la première boîte aux lettres sur la gauche, déposer la somme convenue, et attendre.

– Combien ?

– 6000 couronnes. C'était cher, mais les documents étaient complexes. Il y avait des frais de recherches, et je n'avais pas le choix. Et puis vous avez pu constater la qualité... »

Starkel hocha la tête en pinçant les lèvres, et de nouveau nota la somme et l'adresse.

« C'était des professionnels ? demanda-t-il d'un ton presque admiratif.

– Platt, oui, à mon avis. Un véritable artiste. Mais je ne sais pas s'il a été aidé.

– Bien. Et que s'est-il passé ensuite à Norrlandsgatan ?

– Un type déguisé en facteur m'a donné un petit paquet. Tout y était. Tout ce que vous avez vu.

– Vous le reconnaîtriez ?

– Non.

– Cela pourrait prolonger votre vie de quelques jours. Le temps de vous montrer des photos de types qui nous sont suspects.

– Il avait une casquette. Je ne pourrais vraiment pas. »

Starkel haussa les épaules. Son front dans les mains, il semblait réfléchir.

« Ce Platt, quand même... Comment a-t-il pu imiter la signature de Glucks, par exemple, le chef de la section D du W.V.H.A. ?

– Je ne sais pas. Je pense pourtant que les

corbeilles à papiers de l'ambassade doivent en être remplies...

– Les corbeilles à papiers ! Vous ne pensez qu'à ça, en France, depuis l'affaire Dreyfus. Quelle était l'adresse de ce Benedet ?

– 18, Floragatan. Il habitait Stockholm depuis mars 1941. C'est à cette adresse d'ailleurs qu'il est mort, le 14 septembre dernier. »

Starkel fit la moue.

« C'est un décès qui est arrivé à temps pour vous, n'est-ce pas ? Cela vous évite d'avoir à le trahir. »

Serge se pencha en avant.

« Vous êtes ignoble, dit-il en le regardant. Je ne vous aurais jamais donné son nom dans un autre cas. Et de toute façon je vois mal la Gestapo enquêter à Uppsala. »

Starkel se rencogna dans son siège et fit craquer ses doigts d'un air dégoûté.

« Il y a une autre chose que vous ne savez pas, dit Serge d'une voix douce. C'est par lui aussi que j'ai appris qu'Ina Ehnmark avait été arrêtée. Car depuis mon retour de Berlin, en septembre 1941, je n'avais plus de contact avec elle. »

Starkel sembla surpris de la confidence.

« Quand l'avez vous appris ? »

Serge regarda par la fenêtre. Le vent semblait étirer dans l'obscurité de grands nuages filandreux, à peine plus clairs.

« Le 11 juin, dit-il. A six heures du soir. »

Je suis dans Smarlandsgatan. Il fait beau de cet air vif et diaphane à dominante verte des villes marines du Nord. J'ai reçu le message codé de Heinrich transmis par Bjorn. Je titube comme un ivrogne en remontant la rue. Elle disait toujours, c'est ce qui pourrait m'arriver de pire. Et puis très vite je pense qu'il y a quelque chose à faire et que le coup est jouable. Bjorn pense que la douleur m'a rendu fou.

Starkel réfléchissait.

« Mais enfin, ce Julius, à supposer qu'il ait existé, quel était son intérêt à entretenir ainsi un réseau sur le territoire du Reich ? C'est toute une affaire de se procurer les listes d'arrestations ! Seules les *Kommandanturs...*

– Vous m'en demandez trop. Je n'étais sûrement pas son seul client. Tout ce que je sais c'est que les renseignements transitaient entre Lübeck et Göteborg par voie de mer. C'est à Lübeck, et plus encore à Hambourg, qu'il faudrait chercher les têtes de pont.

– C'est ce que vous disiez hier... que cela s'appelle Julius ou Vera, il s'agissait donc bien d'une filière organisée ? Non ? »

Serge prit une large inspiration.

« Il n'y a pas de groupe Vera, dit-il. Si je vous disais que j'ai inventé son existence entre la herse d'entrée et votre bureau pendant que je suivais votre planton, vous me croiriez ? C'est pourtant vrai. Je me suis rendu compte qu'il fallait que je charge au maximum Ina Ehnmark pour vous faire accepter l'idée d'un supplément d'instruction. Ce supplément d'instruction devait vous paraître indispensable pour qu'elle puisse quitter le camp. La réalité est qu'elle n'a jamais trempé dans quoi que ce soit de ce genre. Simplement les tracts. Quant à la filière Julius, si elle a existé, ce qui est probable, nous ne connaîtrons jamais son implantation. Il a emmené son secret avec lui.

– Vous voulez mon avis ? dit Starkel. Jamais la Gestapo n'aurait laissé se développer un trafic d'une telle envergure. C'est pourquoi je n'y crois pas trop. Ni à la filière, ni au réseau. »

Il avait soudain le visage tout épanoui d'amour-propre satisfait.

« C'est quelque chose, cet organisme, tout de même. Son efficacité. Son savoir-faire. Ils mettront la main sur ce Benedet, vous verrez.

– Je vous dis qu'il est mort, dit Serge, d'un ton neutre.

– Ah ! oui, c'est vrai », admit Starkel.

Leurs deux regards se croisèrent.

« Et ce que vous me disiez, hier, de la rivalité entre le W.V.H.A. et le Service de sécurité du Reich ?

– C'est exact, dit Serge. Vous devriez en parler autour de vous et vous verriez. Avec les précautions d'usage, bien entendu. »

Il fut heureux de voir que la satisfaction qui éclairait le visage de Starkel depuis quelques minutes s'effaçait aussitôt.

« J'avais entendu quelque chose de ce genre », dit-il. Et il ajouta : « C'est bien triste. »

La sarabande du vent avait repris autour de la maison. Il y avait un volet qui battait quelque part avec obstination. Serge tendit l'oreille. Peut-être, au loin, entendrait-il une plainte, une voix qu'il reconnaîtrait. Starkel repliait avec lenteur son registre et le regardait fixement, comme s'il voyait déjà derrière lui le bois noir du poteau. Serge laissa, lui, errer ses yeux pour la première fois sur les murs de la petite pièce où il avait joué leurs deux vies.

« Il y a encore une chose que je ne comprends pas, dit Starkel brusquement. Vous l'aimez, me laissez-vous entendre. J'ai cru comprendre aussi que vous n'étiez pas d'accord avec elle quand elle a commencé... ce genre d'activité. Alors, ajouta-t-il d'une voix doucereuse, pourquoi n'avoir pas cherché davantage... je ne sais pas, moi... je ne dis pas à la protéger, ce serait prendre son parti... mais à la mettre en garde ? »

Serge reçut la question en plein cœur. Si même Starkel pensait cela, c'est qu'il n'avait vraiment pas fait ce qu'il fallait. Mais ils ne connaissaient pas Ina, tous ceux qui lui disaient cela. Oh ! non. Sans cela...

« C'est vrai que j'avais tellement peur pour elle, dit-il d'une voix lasse. Elle me l'a assez reproché quand je suis allé la voir à Berlin. Mais moi... je savais bien ce qui allait arriver... »

Starkel s'était levé, comme si d'un seul coup sa réponse ne l'intéressait plus. Serge l'imita et le sol lui manqua. Il chancela et dut s'agripper au bureau.

« Vous savez, je la considère vraiment... comme une héroïne... Elle avait choisi son camp... au moment où c'était le plus méritoire et où je ne pouvais plus rien pour elle... mais comment voulez-vous qu'elle ne l'ait pas choisi ? »

Il se rapprocha de l'officier qui s'était arrêté brusquement, la main sur la poignée de porte, et qui le regardait.

« Moi... reprenait Serge, je n'étais qu'un type amoureux, c'était normal que je la soutienne, et puis que j'entreprenne quelque chose. Vous savez... dans une époque comme celle-ci, si troublée, avec des millions de combattants sur le terrain, ce n'est plus " malheur à l'homme seul ", c'est... l'imagination, la décision, la liberté pour l'homme seul... J'aurais pu réussir... »

Il s'interrompit et eut un geste vague vers les miradors dans la nuit venteuse.

« Mais vous, vous..., dit-il à l'officier, quand

vous avez vu comment ça tournait, tout ça, tout ça... »

Starkel ouvrit la porte brusquement et lui fit signe de le suivre. Il y eut un appel d'air froid.

Le planton était parti. Le couloir sentait l'humidité et le moisi. Ils firent une dizaine de mètres et Starkel ouvrit une porte. C'était une cellule minuscule éclairée par une ampoule trop forte et qui contenait juste une paillasse et un tabouret. Serge entra lentement et s'assit. Il avait l'air accablé. L'officier resta à la porte et le considéra quelques instants. Puis il parut se raviser. D'un geste brusque, il sortit une clef et lui retira ses menottes.

« Venez », dit-il.

Ils revinrent dans le couloir et l'officier s'arrêta devant une autre porte. Serge eut tout à coup un fol espoir et son cœur bondit. La pièce où ils entrèrent était considérablement plus grande que l'autre et entièrement déserte, en dehors de quelques châlits. Il vit que l'un d'eux était recouvert d'une couverture. Ils entrèrent et firent quelques pas dans l'allée centrale. Il n'y avait personne.

« Vous aurez plus d'air ici », dit Starkel.

L'officier s'éloignait déjà, le visage indifférent, sans se retourner. Le retenir, encore quelques instants. Sans cela la trappe allait se fermer à jamais.

« Est-ce que, commença Serge, est-ce que j'aurais pu... »

Et puis, à quoi bon.

« Qu'est-ce qui a cloché, demanda-t-il très vite. Pourquoi avez-vous réagi tout de suite ? »

Starkel était déjà à la porte. Il s'arrêta, et cette

fois se retourna lentement. Il semblait hésiter. Un mince sourire flottait sur ses lèvres.

« Ce n'est pas réglementaire », dit-il.

Serge s'était assis sur l'un des châlits, prostré, apparemment indifférent à ce qu'il pourrait lui répondre. Pourtant il tourna son visage vers lui.

« Vous savez, le règlement, au point où j'en suis...

– Il existe un registre des voitures officielles, dit Starkel en se décidant.

– Je sais, murmura Serge.

– J'ai donc vérifié le numéro de la voiture que vous m'aviez donné. La DKW appartenait bien au W.V.H.A. de Munich. Le numéro était exact. J'ai aussitôt fait demander si elle était partie en mission.

– Ah ! fit Serge.

– Il y a un gars qui a fait du zèle, dit Starkel. J'ai eu le renseignement presque immédiatement. »

Il ouvrit la porte avec une clef qu'il avait à la ceinture. Serge entendit le bruit de la serrure et les pas qui s'éloignaient.

3

Il se réveilla au milieu de la nuit. Il n'avait aucune notion du temps qui venait de se passer, mais il vit, par la fenêtre, que ce n'était pas encore l'aube. La clarté de la lune, même brouillée de nuages, permettait d'y voir quelque peu. Il se leva et fit quelques pas hésitants dans le couloir central. Il se sentait rompu et tuméfié et son bras recommençait à lui faire mal, mais la nausée qui le submergeait par vagues au moment de l'interrogatoire avait maintenant disparu. Au contraire, une impression ténue mais vivace était née en lui peu à peu pendant son sommeil. Il se dit que c'était peut-être cela qui l'avait réveillé. L'attitude de Starkel lui retirant ses menottes et se ravisant au dernier moment pour le faire changer de pièce en était la cause. Il essayait de revoir sa physionomie lorsqu'il avait changé d'avis. C'était difficile, car c'était un homme qui n'avait pas d'expression.

Il s'approcha de la porte qui donnait sur le couloir et silencieusement appuya sur la poignée. Fermée à clef. Qu'allais-tu imaginer, mon pauvre ami ? Il soupira, s'assit par terre et laissa son regard errer dans la pièce. Les ossatures métalliques des châlits luisaient faiblement dans la pénombre. Ils ressemblaient à des miradors couchés après une tempête et il les contemplait comme l'image même de son désastre. Certains étaient recouverts de loques informes qui avaient été des housses de paillasses et qui pendaient, grises et sales.

Grises et sales. Son regard va de l'une à l'autre. Taches grises à peine visibles dans le noir de la nuit. Il regarda l'une d'elles, soudain, avec attention. Déplacement minuscule de cette tache grise. Il est hypnotisé. Oui, il n'y a pas de doute : de nouveau un léger déplacement. Il se précipite, il la touche. Il ressent un courant d'air à peine perceptible — un souffle infime. Il se retourne et cherche d'où cela peut venir. En bas de la porte, il y a certes une rainure par laquelle il voit de la lumière. Au côté droit, la fenêtre est fermée derrière les inévitables barreaux : il va vérifier. Face à la porte, il suit des mains le mur lépreux, sans ouverture. Il heurte dans sa hâte la porte métallique de l'un des châlits. Cela fait un bruit clair et il s'immobilise aussitôt, pétrifié. Puis il repart. Vers le fond, dans un coin totalement obscur où la vague clarté lunaire ne parvient pas, il entend un imperceptible grincement. Il s'approche, ses doigts sont prêts à déceler le moindre changement de matériau. Il découvre une porte en bois qui a la couleur exacte du mur. Sa main en fait le tour puis tâtonne à la recherche de la serrure; il ne trouve qu'un trou minuscule qui doit correspondre de l'autre côté à un loquet. C'est par là que l'air passe, il sent le souffle au bout de son doigt, et de temps en temps le loquet se soulève brusquement dans son logement en faisant le petit bruit qu'il a entendu. Il faudrait pouvoir passer le doigt. Il faudrait.

Impossible. Fiévreusement, il saisit derrière lui un sommier et passe la main sur les tiges de fer tressées en forme de mailles qui doivent soutenir la paillasse. L'une de ces tiges se détache assez facilement; en fait elle est déjà à moitié sortie de son alvéole et il n'a qu'à tirer. Mais, malgré ses efforts, il ne peut défaire l'autre extrémité. Finalement, avec son unique bras, et en utilisant ce qui lui reste de force, il parvient à déplacer quelque peu le châlit vers la porte. Il pense au célèbre numéro de Grock quand il rapprochait le piano du tabouret. Le sol crisse comme une craie sur un tableau noir. Il s'arrête aussitôt, en sueur, puis reprend. Enfin le sommier est suffisamment près de la porte pour qu'il parvienne à introduire l'extrémité libérée de la tige dans le trou de serrure et à soulever le loquet de l'autre côté. Nouveau grincement du loquet, plus net que tout à l'heure. La porte s'entrouvre. Il repousse le châlit de quelques centimètres et se glisse hors de la pièce.

Il se retrouva dans une sorte de galerie qui devait servir de salle d'eau. Quelques robinets étaient en effet suspendus à des tuyaux au-dessus d'un évier tout en longueur qui courait le long du mur. Il le suivit à tâtons, les doigts glissant sur la faïence, et buta contre une autre porte qu'il poussa avec précaution. Elle donnait sur un couloir symétrique à celui de l'arrivée. Il attendit là quelques instants, plaqué contre le mur dans une immobilité et un silence totals. Peu à peu, comme pour répondre à son attente, un bruit de respiration rauque et irrégulier sembla naître de ce silence. Puis il entendit une quinte de toux, creuse, haletante, interminable. Cela venait de l'une des portes du couloir. Il la poussa et, à sa grande surprise, elle s'ouvrit sans bruit. C'était une cellule où il n'y avait qu'un seul lit, et sur ce lit une forme reposait, à peine visible sous une couverture grise. Il s'approcha fébrilement. La forme eut un mouvement de recul.

« Mais c'est moi », dit-il tout bas en se précipitant.

Il s'agenouilla près d'elle. Elle était étendue sur le côté. La lumière voilée de la lune passait par un soupirail et l'éclairait. Elle respirait difficilement et chacune de ses aspirations faisait un bruit de forge. Il embrassa longuement son visage puis s'en sépara doucement. Son front et ses tempes étaient brûlants.

« Ina... »

Il ne put dire un mot de plus. Il distinguait à peine son profil sur le gris clair de la paillasse. Elle restait immobile et sans réaction lorsque son corps fut soudain déchiré par une toux caverneuse d'une glaçante intensité qui la fit tressauter spasmodiquement et se dresser comme une noyée. La quinte finie elle se rejeta en arrière d'un air épuisé et ouvrit la bouche comme si elle avait voulu parler; mais elle n'y parvint pas et il vit qu'une longue traînée de larmes brillait sur sa joue. Il s'étendit contre elle.

« Ne parle pas », dit-il en mettant sa main sur son front.

Un trait de lumière laiteuse entra soudain dans la pièce comme si la lune sortait d'un nuage. Serge put la voir un peu mieux.

« Toi... toi, dit-elle en le regardant.

– La porte était ouverte, souffla-t-il. Tu imagines... »

Elle essaya de sourire. Il serra convulsivement sa main dans la sienne. Sa paume toute moite. Le bruit haletant et rauque de sa respiration, comme un soufflet de forge.

« Mais tu es en sueur. Tu as une congestion... je suis sûr que tu as une congestion. Ils ne t'ont rien fait ? Ils ne t'ont pas donné de cachet ?

– L'*Aufseherin*..., balbutia-t-elle en faisant un signe vers la porte. Potion... On ne pourrait pas aller plus loin que le couloir...

– Une potion », dit-il amèrement.

Depuis le bas des joues jusqu'à ses yeux agrandis par la fièvre et par la nuit, il remonta le sillon des larmes avec ses lèvres. Elle ferma les yeux. Il n'osait pas parler.

« Ina, demanda-t-il enfin, très bas, tu sais, pour demain ? »

Elle hocha la tête. Il avait l'air désespéré.

« C'est moi... c'est à cause de moi. Tu vivrais... sans moi tu vivrais encore... encore longtemps. »

Il avait les larmes aux yeux. Elle se tourna vers lui et, de l'index de sa main, suivit lentement tout son visage de profil, s'arrêtant un instant entre ses lèvres, rêveusement.

« Je n'aurais jamais dû quitter Stockholm, murmura-t-il. Jamais...

– Mon Sergio... mais non... ne regrette pas... ç'aurait pu... »

Sa voix était imperceptible. Une formidable quinte de toux l'arrêta et la projeta convulsivement en avant, assise, le visage dans ses mains.

« Ne parle pas, supplia Serge.

– Si... j'ai des choses... à dire... ç'aurait pu marcher... Serge... c'était si bien combiné... tu as inventé tout ça... Je pensais tellement que tu ne pourrais rien faire... mon chéri... c'était... c'était bien de... »

Elle suffoquait. Il lui mit l'index sur la bouche

et ramena la couverture sur elle. Elle s'assoupit un peu. Puis, après un long silence, elle souffla :

« Il y a des moments... où je grelotte... et puis d'autres... »

Il plia la couverture en deux pour lui donner plus d'épaisseur.

« J'avais si peur qu'ils t'interrogent, lui dit-il à l'oreille.

– Et moi... je ne savais rien, pour toi, si tu avais pu nager. J'avais peur d'être exécutée sans savoir, sans te voir... Personne ne me disait rien, tu penses. Aujourd'hui, ç'a été encore pire. »

Il s'efforça de prendre un ton gai :

« Et moi ! Si tu m'avais vu ! Si tu savais ce que j'ai dû jouer comme comédie pour qu'ils lâchent le morceau ! »

Elle ne répondit pas. Ils restèrent un long moment côte à côte. La respiration d'Ina faisait un bruit de ressac et semblait contrariée, déréglée par une force interne contre laquelle elle s'épuisait.

« J'ai nagé comme une folle, dit-elle soudain. Pour échapper au froid. La rive est arrivée très vite... après... je ne me rappelle de rien, même pas des chiens... je ne pensais qu'à toi... et puis... si mal là... »

Elle mit la main au bas de sa gorge, comme si elle étouffait. Il se pencha sur elle et la caressa, sous la blouse, à même le corps. Il sentait ses côtes une à une pointant sous sa peau comme des lames sous une étoffe fine.

« Quelle misère ! » dit-il très bas.

Elle se tourna vers lui. Un instant la lune s'accrocha au méplat de ses pommettes.

« Tu te rappelles... J'avais des seins autrefois... »

Il sourit tristement.

« Je t'ai appelée des heures, sur la rive. Après, je ne savais plus ce que je souhaitais, que tu sois reprise ou engloutie. J'étais comme fou. Quand je pense que j'ai pu... mais tu comprends ? J'avais si peur qu'ils t'interrogent, répéta-t-il une nouvelle fois.

– Ils ont dû craindre que je meure avant... avant l'heure... Ils m'ont laissée là. Et toi... Ils t'ont frappé... mais tu es blessé ! »

Elle eut une exclamation douloureuse et sa voix se brisa.

« Ne parle pas. Je t'en prie, lui dit-il à l'oreille. Ce n'est rien. »

Elle se tut. Il entendait le râle de sa respiration. Pendant quelque temps elle ne toussa pas. Puis il sentit à son agitation qu'elle avait encore quelque chose à dire.

« Quand même, quel bonheur... on ne sera plus... séparés... »

Il lui serra la main dans l'ombre et eut envie de lui chanter la mélodie de tout à l'heure.

« Tu me tiendras, n'est-ce pas, tu me tiendras comme cela, Sergio, au moment de... » Il sentit sa main se crisper dans la sienne. Elle reprit tout bas : « Les âmes se retrouvent, tu sais, si les corps ne se sont pas quittés. »

Serge tressaillit et ne répondit pas. Pour la première fois, peut-être parce qu'il n'y avait plus rien à entreprendre et que le sort en était jeté, il ressentit un sentiment de révolte mêlé à celui d'impuissance. A côté de lui, elle ne bougeait plus, ne suffoquait plus. Ils passèrent un long moment comme cela. Une vague lueur passa par le soupirail. « Mon Dieu », pensa-t-il. Puis il sentit qu'elle le touchait d'une main brûlante. Il se redressa et vit que son visage à demi dressé cherchait à exprimer quelque chose, mais sa voix n'était plus qu'un râle inaudible. Epuisée, agitée de tremblements, le front couvert de sueur, elle ne parvenait plus à retrouver son souffle. Serge s'affola d'un seul coup. Il se leva, retourna dans le couloir et tambourina sur la première porte qu'il trouva.

« Que se passe-t-il? dit une voix d'homme maussade et endormie.

– Elle est en train de mourir, hurla Serge. Venez vite! »

Il y eut un murmure confus derrière la porte, qui finit par s'ouvrir. Escortée par Eisenbroch qu'il reconnut alors qu'il passait devant lui en agrafant sa vareuse, la grosse *Aufseherin* aux cheveux tirés, qu'il avait vue l'avant-veille, traversa le couloir et fit irruption dans la pièce. Elle était accompagnée d'une femme plus jeune qu'il ne connaissait pas. Ina ne bougeait plus. Sortant de la couverture un bras maigre pendait à terre. La grosse femme s'en saisit, chercha le pouls.

« Prontosil, dit-elle en se tournant vers l'autre. Vite! »

La petite infirmière partit en courant et revint presque aussitôt avec une seringue. La grosse femme la lui prit des mains et fit une piqûre dans le bras d'Ina en se penchant sur elle pour observer son visage immobile creusé de grandes zones d'ombre. Pendant longtemps les traits d'Ina restèrent immobiles. Puis elle cilla et bientôt rouvrit les yeux. L'*Aufseherin* se releva.

« Ça devrait aller, dit-elle enfin d'un ton satisfait.

– Merci toujours! » lui lança Serge.

Elle lui adressa un regard sévère et sortit avec majesté, toujours suivie de l'infirmière et du planton. Ils entendirent les pas décroître, puis disparaître.

« J'ai eu si peur, dit Serge. Tu me filais entre les doigts. »

Elle fit un petit bruit avec la gorge. Sa respiration devenait plus régulière. Sa main, qu'il tenait serrée contre lui, était moins brûlante et il eut l'impression que la poussée de fièvre retombait.

« Je me sens mieux », murmura-t-elle avec une sorte d'incrédulité.

Serge, qui était assis sur le lit, se redressa un peu et regarda la fenêtre.

« Ce n'est qu'un petit rabiot, tu sais, dit-il d'un air las. On joue les prolongations, en ce moment. »

Elle secoua la tête avec l'air fataliste qu'il lui connaissait autrefois lorsqu'elle avait toujours l'air de penser : et puis après ?...

« En attendant, c'est vrai, avec leur drogue, je me sens mieux... »

Sa voix même était changée. Il s'allongea à côté d'elle. La nuit peu à peu devenait plus pâle.

« C'est très nazi cela, dit Serge. Ils vous assassinent, mais on n'a pas le droit de mourir avant l'heure. Starkel dirait : il faut les formes.

– C'est toujours ça de gagné, dit Ina d'un ton presque enjoué.

– Ils ne vont pas tarder », soupira-t-il.

Ils étaient étendus comme deux gisants, se touchant par le flanc. Serge regardait le plafond lépreux dont il commençait à voir les taches indistinctes, comme un ciel maléfique.

« On a eu si peu d'années ensemble, murmura-t-il. C'est ça qui est triste. C'est même la seule chose qui soit vraiment triste, dans tout ce que nous avons connu. »

Ina sourit tristement. Elle semblait longue et

diaphane – très longue, sous la couverture, et sereine. Elle ne toussait plus.

« Tout ça parce qu'un Français aimait une Allemande et que ce n'était pas l'époque. Tout de suite, tant d'obstacles, tant de séparations... On ne peut pas aller contre le monde entier... dit-il, l'air accablé, comme pour lui-même. On ne peut pas. »

Elle mit sa main dans la sienne et le regarda à son tour. Il était pâle, fatigué, et sa barbe de deux jours, les meurtrissures sous ses yeux, lui donnaient l'aspect égaré et sanglant d'un jeune martyr des premiers âges. Elle caressa doucement ses ecchymoses.

« On n'a pas eu beaucoup d'années ensemble, Sergio, mais au moins on a pu un peu donner notre mesure. Regarde les autres. Tous ceux qui disent : la vie finira bien un jour par commencer. Tu crois qu'on aurait aimé cela, le train-train d'une maison, les invitations à rendre, le jardin, les enfants à l'école... A longueur d'année... Tu crois vraiment ? »

Il resta silencieux. Il savait qu'il ne la persuaderait pas. Malgré lui il gardait les oreilles aux aguets. A chaque bruit du dehors, il tressaillait. Il fit effort pour lui répondre.

« Mais oui, je suis sûr que oui... A Stockholm, je rêvais de bonheur tranquille avec toi... Rappelle-toi Thannenkirch... Il y aurait eu beaucoup de Thannenkirch, Ina... »

Elle secoua la tête.

« Mais, Serge, tu oublies là où on nous emmenait... Ce n'était pas vers le bonheur tranquille, tu sais... Il le fallait bien, hurler, quand on s'en est aperçus... On était si peu à le faire... oui, hurler comme des animaux assoiffés d'espérance, Sergio... »

Elle ferma les yeux et son visage se crispa.

« Oh! je regrette... On n'aura pas eu notre récompense... »

Il s'inquiéta de nouveau.

« Tu te fatigues. »

Elle eut un joli sourire pour le rassurer.

« Au contraire, j'ai l'impression que la piqûre me transforme... Je me sens un peu... un peu exaltée, tu comprends... »

Il sourit à son tour et se rapprocha d'elle. Ses yeux. Il reprenait force dans ses yeux. Il la contemplait.

« Ma chérie, dit-il avec ferveur. Quelle chance j'ai eue. Quelle chance. »

Elle le regarda avec gravité et promena lentement ses lèvres sur son visage. Il se laissait faire, les paupières fermées. La bouche d'Ina descendit doucement vers ses poignets encore meurtris par les menottes. Il sentait un frisson de bien-être et de félicité sur tout le parcours des lèvres d'Ina, comme si elles laissaient derrière elles un baume miraculeux.

« De quelle chance veux-tu parler? demanda-t-elle tout bas.

– Tu sais bien », dit-il en souriant.

Elle s'était allongée et semblait absente. Et puis une onde la parcourut, un lent frémissement qui la déploya sur sa couche grise.

« Caresse-moi », dit-elle.

Serge se redressa sur son avant-bras. Le visage d'Ina semblait moins diaphane que tout à l'heure et prenait dans la clarté diffuse un éclat doux, presque enveloppé, à la fois lisse et nacré. Son regard d'ordinaire insondable semblait l'appeler, plus que cela, le requérir. Sous sa blouse vague la dure ligne de son corps se souleva de la paillasse pour se tendre vers lui. D'un seul élan il lui répondit et se serra contre elle avec frénésie, jusqu'à sentir les os de ses hanches le meurtrir comme des poignards. « Je veux m'empaler sur toi », pensa-t-il. Puis, à même la peau il caressa ses seins doucement et longtemps, avec précaution et tendresse. Soudain sa main s'immobilisa.

« Qu'est-ce que c'est que ça ? » demanda-t-il.

Elle eut l'air de sortir d'un rêve.

« C'est la scierie », murmura-t-elle.

Les doigts de Serge palpaient une sorte de cal qui suppurait un peu entre deux côtes, sous le sein gauche. Cela ressemblait à une grosse ecchymose qui ne se serait pas résorbée.

« Quand on ne travaillait pas sur la route à casser les cailloux, reprit-elle lentement en lui caressant la main qui n'avait pas quitté la blessure, on chargeait des traîneaux de billes de bois qui alimentaient une scierie en contrebas, dans la vallée. Il y a une piste spéciale pour cela, praticable toute l'année. Alors on te passait les billes et toi tu étais penchée sur la schlitte pour les arrimer et toujours tu en avais qui te heurtaient au même endroit car tu ne pouvais jamais reculer à temps, tu comprends. Ça m'a fait souffrir, tu ne peux pas savoir... Ça n'avait jamais le temps de se cicatriser. Il y avait toujours du pus... »

La main de Serge massait délicatement la blessure comme si elle voulait l'effacer de la peau de son amie par des passes de magnétiseur. Il faisait effort pour que la fureur qu'il sentait monter en lui ne se manifeste pas par la fébrilité des doigts.

« Les salauds ! » dit-il douloureusement entre ses dents.

Elle n'entendit pas. Elle remuait doucement la tête. Il avait descendu sa main. Elle murmura :

« J'aime ce que tu me fais... j'aime ce que tu me fais... »

Il passa la tête sous la couverture et, avec ses lèvres gonflées, remonta lentement ses longues cuisses maigres. Elle regardait le plafond sans rien dire et lui tenait les cheveux d'une main qui se crispait peu à peu à mesure qu'il approchait de son sexe. Quand, après ses doigts, elle se sentit fouillée par ses lèvres et sa langue sa prise se détendit et elle poussa un soupir heureux. Il s'arracha à elle un instant. Elle vit reparaître sa tête tout ébouriffée.

« Ton goût... j'y pensais souvent... », dit-il.

Elle mit ses deux mains dans ses cheveux.

« Mon ami, Serge. Prends-moi. J'ai envie. Il y a si longtemps. »

Il regarda malgré lui vers la porte.

« Et si on vient ? »

Elle haussa les épaules.

« Tu voudrais peut-être que je leur chante la Mort d'Iseut ? »

Il sourit et l'embrassa. Puis il la pénétra lentement. Il y avait longtemps, en effet. Treize, quatorze mois ? Mais elle effaçait le temps. Toutes les fois où il l'avait aimé se reliaient les unes aux autres comme les maillons d'une chaîne éternelle. Oui, c'était l'éternité qu'il étreignait à travers le sexe de son amie, c'était l'éternité qui régnait sans partage sur leurs corps dans la pénombre, qui effaçait les murs qui les entouraient et tout ce qui viendrait après.

Elle avait dit, les âmes se retrouvent si les corps... Corps tranquilles et glorieux voguant au-dessus des toundras glacées, nous ne verrons pas les pauvres traces sanglantes et noirâtres que nous aurons laissées dans la terre souillée et tavelée de sable clair au moment de notre envol. Nous vous aurons quittés, ensemble, pour un ciel libre, et c'est mieux comme cela.

Il ne savait plus s'il lui parlait ou s'il pensait tout haut.

« Je n'aurais jamais osé te prendre maintenant, souffla-t-il. Mais tu avais raison, mon éternelle Ina... ma beauté... Tu comprends tout, toujours... »

Il s'attacha à jouir en même temps qu'elle. Elle eut un petit cri bref. Puis il y eut un long silence. Elle semblait dormir. Lui cherchait qui était ce « vous » à qui il s'était soudain adressé. Il repensait aussi à ce qu'il voulait avouer à Ina au moment où elle l'avait attiré à elle.

« Tu sais, ce que l'on disait sur la vie qu'on aurait pu avoir.

– Serge... A quoi bon reparler de cela.

– Si... Notre manque de chance, toi tu dirais : notre chance, c'est qu'on ait vécu à une époque où l'attitude de quelques-uns, leur puissance de refus, était si essentielle pour la vie et la volonté de tous les autres... » Il s'interrompit. « Mais moi, murmura-t-il avec hésitation, je dois te dire une chose... je déteste le sacrifice. La notion même de sacrifice. »

Ina se retourna vers lui.

« Oublie le mot, dit-elle doucement. C'est le mot qui est gênant. Si tu l'oublies, il reste simplement ce qu'on a fait. »

Il allait dire « ce que tu as fait » quand elle fut secouée de nouveau par une quinte, la première depuis la piqûre. Il la sentit frémir en lui comme si c'était une partie de son propre corps qui était disloquée et déchirée. Il voulut s'écarter d'elle.

« Je suis lourd pour toi, dit-il. Et tu devrais un peu t'assoupir... »

Elle le retint. Il sentit ses mains s'agripper à lui comme une noyée à son sauveteur. Ils restèrent ainsi de longues minutes, comme suspendus au-dessus du vide dans un ultime refuge. Ils le sentaient, ce vide, à chaque minute plus oppressant. Quand un bruit leur parvenait, il était suivi d'une onde d'angoisse qui les jetait l'un contre l'autre et ils se serraient si fort qu'ils ne pouvaient plus rien se dire. Puis ils entendirent des pas dans le couloir et ils surent que c'était pour eux. Ils se séparèrent sans hâte et sans cesser de se regarder.

*

La porte s'ouvrit et Starkel entra. Ils se levèrent machinalement. L'Obersturmführer avait le visage impénétrable et ne fit aucune observation à Serge pour avoir quitté la pièce où il l'avait laissé. Pourtant il avait sûrement été prévenu par l'*Aufseherin*. Puis il ressortit, mais Serge l'entendit parler dans le couloir, à voix basse, avec quelqu'un. Son bras était une zone diffuse de souffrance à laquelle il était maintenant habitué. « Cette blessure qui ne se cicatrisera pas », pensa-t-il. Ina s'était appuyée au mur, le regard vide. Un soldat arriva avec deux tasses de café brûlant. Elle refusa d'un geste.

« Bois un peu, dit Serge.

– Je ne peux pas », dit-elle en secouant la tête.

Il but une gorgée et lui prit la main. Starkel était revenu dans l'embrasure et leur fit signe. Derrière lui, il y avait l'Hauptsturmführer entrevu sur la digue. Ils sortirent de la maison. Le profil d'Ina se détacha en pleine lumière et elle inspira longuement l'air frais du matin, ce qui lui donna un peu de rose aux joues. Serge pensait au mot de Danton au moment de son départ pour l'échafaud :

« Allons dormir », murmura-t-il.

Ina le regarda et l'embrassa sur la joue. L'escouade de six hommes attendait en silence le long du mur, chacun avec un fusil à l'épaule. Tous semblaient jeunes et mal à l'aise. En les voyant Ina eut un mouvement de recul, vite réprimé.

Starkel était à l'écart avec le sous-officier qui avait capturé Serge au village et l'Hauptsturmführer. Celui-ci rentra dans la maison. Starkel donna alors un ordre bref et ils se mirent en route. L'escouade partit la première en file indienne, puis venaient Ina et Serge, un soldat qui portait une petite caisse, le sous-officier et Starkel qui fermait la marche. Serge fit passer Ina immédiatement devant lui. Leurs pas crissaient sur le mâchefer. Il allait faire une belle journée. De longs cirrus venus de l'Est découpaient le ciel pâle en plages blafardes et calmes. La lumière était vive et blanche. « Tout cela va s'éteindre, pensa Serge. Comme dans une panne d'électricité. »

Ils sortirent du camp par une porte qu'il ne connaissait pas, sans passer par la place d'appel. Un petit groupe de prisonnières hâves et frissonnantes les regarda partir et l'une d'elles fit un vague geste d'adieu. Devant eux s'étendait une route qui, si on en jugeait par les traces de pas et de véhicules, semblait assez fréquentée. « C'est la direction de la scierie », lui souffla Ina en se retournant à demi. Elle avait un pauvre sourire.

« On ne parle pas », glapit le sous-officier derrière lui.

Serge serra les dents. De loin il sembla voir les monticules de sable d'une carrière et il se dit que c'était sans doute l'endroit où cela allait se passer. Plus il approchait, et plus il avait l'impression de percevoir tout ce qui était autour de lui avec une intensité et une précision qui lui rappelèrent celles des rêves qu'il avait parfois à la fin de la nuit, et dont il gardait toujours la mémoire douloureuse. Sur la droite, à une centaine de mètres en contrebas, la forêt commençait. Elle dégringolait ensuite en vagues molles et successives jusqu'au fond de la vallée. Ils entamaient maintenant une légère montée avant d'atteindre un croisement avec une petite route qui venait en pleine pente de la gauche et qui piquait ensuite vers la lisière. Ina semblait peiner un peu. Serge remonta à sa hauteur et lui prit la main sans la regarder. Ils firent ainsi quelques mètres. Un sous-officier se racla la gorge. Serge entendit au même moment le petit bruit. Il n'avait duré la veille que quelques secondes, mais il le reconnut aussitôt et, inconsciemment, ce fut ce bruit qui l'alerta, une seconde avant le choc. Absorbé par ses pensées il ne la vit pas en effet arriver de l'autre route. Il se dit par la suite que personne, en fait, ne pouvait l'avoir vue car cette route tournait avant le croisement et qu'elle était de plus longée par une haie assez haute. Tout se passa très vite. Pédalant tant qu'elle pouvait malgré la pente, la vieille dame sur sa bicyclette, avec son pédalier grinçant, déboucha sur leur gauche à une vive allure. La bicyclette était lestée d'une multitude de paquets et de bidons. Elle fonçait sur l'escouade. « Elle ne s'arrêtera jamais », pensa Serge. « La schlitte », jeta-t-elle frénétiquement alors qu'elle passait devant eux, juste avant de prendre le premier soldat en enfilade. Elle poussa un grand cri au moment du choc. Il y eut un extravagant désordre. Serge aperçut en un éclair deux soldats perdant leur équilibre avec d'affreux jurons et la vieille dame gisant au milieu du reste des soldats et du lait, à côté de son vélo disloqué dont la roue tournait à vide. Il n'en vit pas davantage. Dans son élan irraisonné, brutal comme une décharge électrique, il avait déjà empoigné Ina et plongé avec elle dans les broussailles, sur la droite, en contrebas. Ils se mirent à courir comme des fous vers les arbres. Derrière ils entendirent : « Tirez ! Mais tirez ! », et puis tout de suite le miaulement des balles à leurs oreilles. Ils fonçaient, se tenant toujours par la main et zigzaguant entre les buissons. Mais la lisière se rapprochait si lentement. Les balles les encadraient avec plus de précision et une branche que Serge touchait au passage fut déchiquetée presque dans sa main. Il pensa : on n'y arrivera jamais. Et soudain, devant eux, une voix cria : « Vite. » Ils virent deux silhouettes courbées qui leur faisaient signe et se dirigèrent vers elles dans la fusillade. La schlitte remplie de billes de bois était là, au départ de sa piste. Quelqu'un alla à la rencontre d'Ina, se saisit d'elle, la souleva et la plaqua littéralement au milieu des troncs pendant qu'un autre, déjà installé à l'avant, se penchait acrobatiquement pour retirer les cales. Serge surgit alors et aborda le traîneau par l'arrière. L'énorme masse commençait déjà à glisser et elle lui sembla haute comme une falaise. Au moment même où il cherchait à se hisser il sentit une explosion dans sa jambe gauche. Il cria : « Ina », elle se retourna, vit qu'il glissait et se pencha en arrière pour le retenir. Le traîneau prenait de la vitesse. Dans un effort surhumain, luttant contre l'évanouissement, s'arc-boutant de sa jambe valide sur le patin du traîneau, il put saisir le bras qu'elle lui tendait et celui de quelqu'un qu'il ne distingua pas et qui lui cria : « Allez, Serge. » Et puis l'autre silhouette revint de l'avant et on put le hisser. Il crut que son épaule allait se détacher sous la souffrance. Le traîneau était lancé. La piste de plus en plus raide pénétrait au noir de la forêt. Les virages étaient relevés et empêchaient désormais qu'on leur tire dessus. Il crut pourtant entendre encore quelques rafales, qui ne pouvaient plus être dangereuses. Arc-bouté sur les billots, rebondissant à chaque cahot, il avait maintenant l'impression de chevaucher sans force aucune un cheval emballé. Il ne pouvait en maîtriser aucun écart. Il sentit que, dans son effort pour le retenir, Ina, agrippée à ces mêmes troncs qui l'avaient si souvent meurtrie, perdait l'équilibre à son tour. Il essaya de se replacer un peu dans l'axe du traîneau, mais sa jambe ne répondait plus. Il s'entendait gémir, à bout de forces, dans le tintamarre. La folle descente durait toujours. S'aplatissant autant qu'il pouvait pour éviter les branches, la mâchoire crispée, il pensa vaguement qu'il ne pourrait plus tenir longtemps. Puis la schlitte amorça un large virage et il vit, dans un brouillard, à droite et à gauche de la piste, des sortes de palans avec des cordes qui devaient agir comme des ralentisseurs. Dans l'axe de la piste, à contre-jour il crut deviner une porte de hangar ouverte. La vitesse diminuait maintenant et le traîneau s'arrêtait dans d'affreux grincements. Tout tournait autour de lui. Il allait se laisser tomber du tas de bois quand il sentit des mains se saisir de lui et l'emporter comme un paquet de linge sale.

II

... qui ?
qui va venir ?
la fumée ?

Pablo Neruda

4

Cette charrette à contre-jour au-dessus de moi, c'est étrange, ressemble à l'armoire dans laquelle enfant j'entassais toutes sortes d'objets hétéroclites ramassés au hasard des chemins. Elle avait comme cette charrette un aspect grêle et pansu à la fois avec des pieds très hauts et très fins et une grosse serrure. Je discerne la serrure parce qu'elle brille faiblement dans l'ombre. Beaucoup de monde s'agite autour de cette charrette. C'est sûrement quelque chose d'important pour eux. Ils semblent lui rendre visite, la palper, l'ausculter, dirait-on. Je les vois tous se détacher sur le ciel comme des marionnettes javanaises, et ce contre-jour donne au moindre de leurs gestes une sécheresse un peu agressive : lorsque, tout à l'heure, quelqu'un est arrivé avec un objet long et pointu, j'ai cru qu'ils allaient me tirer dessus. Il me semble que j'ai crié du fond de mon trou faites pas ça cela a causé une espèce de trouble autour de la charrette les marionnettes se sont arrêtées est-ce plus tard – beaucoup plus tard ? – quelqu'un a dit je l'ai entendu distinctement on part cette nuit tu as entendu il déménage de plus en plus on peut pas continuer comme ça à jouer les troglos avec un blessé. Mais moi je préfère rester au fond de cette cave je m'y sens calme ça sent la paille partir! mais t'es dingue je pourrais pas j'arriverais jamais à monter l'échelle je me sens tellement mais enfin tellement *tu vois bien* – Plus de silhouette autour de moi soudain plus personne un silence ils m'ont laissé moi je ne bouge pas je suis à l'aise dans ce refuge ce que je voudrais au fond c'est qu'on m'emmène cette nuit attaché par un lien de soie au trésor de ma vie à travers des forêts obscures et froides et sur un blanc palefroi O Guenièvre. Nous arriverions après une longue traversée dans un jardin clos sur lequel la neige serait tombée pendant la nuit avec art et délicatesse. Nous nous laisserions traîner dans une luge enluminée et sculptée à la main. Celle qui serait assise à côté de moi me montrerait le chemin avec un geste de joyeuse complicité. Je veillerais à ce que le froid et la neige n'empêchent pas sa peau d'être chaude et douce à mon toucher sous la laine tout cela se résume à une chose au fond – j'aimerais bien pouvoir baiser en paix. J'aimerais.

« J'aimerais bien pouvoir baiser en paix », dit Serge, tout haut.

Au-dessus de lui, la lune apparaissait à travers une fantasmagorie de poutres disjointes et de murs éventrés. L'air était doux là où il se trouvait, mais parfois des bouffées glacées venaient du sol en tourbillonnant et s'engouffraient rageusement dans son trou. Pourtant, il ne se sentait pas confiné. Il avait au contraire l'impression de remonter des profondeurs comme un plongeur, par paliers, et de retrouver peu à peu le vent du large. En passant sa main autour de lui, il se rendit compte qu'il était étendu sur un lit de paille et d'herbe. Il releva un peu la tête. Le site avait la magie désolée d'un repaire d'alchimistes et l'herbe, sous la lune, semblait bleue et mousseuse. Il tendit les bras au-dessus de lui, sans savoir pourquoi, pour s'étirer, ou pour ne plus être un objet exclusivement horizontal. Et très vite, comme une fleur née de la chaleur du feu – l'air est doux parce qu'il y a du feu, l'odeur m'en vient maintenant aux narines, peu à peu je me retrouve – un visage a germé au bout de son bras, et ce visage le regarde. S'approche de lui. Lente descente souveraine qu'il cueille à son arrivée. Il caresse ce visage surgi de la nuit. Un plein territoire au vaste front bombé surgit de la nuit pour lui. Il s'offre, vision légèrement tremblée à ses yeux qui se remplissent de larmes. Ils sont seuls tous les deux, à se retrouver face à face de l'autre côté du gouffre. Elle l'embrasse comme un enfant, à petits coups agiles et répétés. Il se sent si bien soudain. Sur le sol durci de terre recuite l'air est paisible et doux parce qu'elle est là.

« Tu as parlé, dit la Voix. C'est formidable. »

Il la regarde, ébahi.

« J'ai parlé ?...

– Je ne t'ai pas quitté depuis trois jours, dit-elle. Je dormais à côté de toi. »

Il s'agite et la serre plus fort. Elle se dégage avec douceur et lui caresse le front.

« J'ai cru que tu ne parlerais plus jamais...

– Trois jours, répète-t-il, hébété.

– Tu nous as fait si peur, dit Ina. La première nuit surtout. Si tu savais. On m'a fait dormir de force.

– De force...

– Ernst m'a donné un cachet. Quand je me suis réveillée, il m'a dit que pour toi c'était moins grave que ce qu'il pensait. Cela m'a davantage calmée que le cachet.

– Ernst ? » murmura-t-il faiblement.
Qui c'est celui-là qui vient s'immiscer ? Mais enfin, Ina, je te sauve, tu me sauves, c'est normal ! Entre nous c'est le grand jeu et rien que ça. On n'a besoin de personne.
« Une recrue de Jürgen. Cinquième année de médecine. Heureusement qu'on l'avait. Il t'a sorti d'affaire. »
Il passa sa main sur l'énorme pansement de sa jambe. Il sentait soudain qu'une vanne s'ouvrait en lui, une certaine reconnaissance de ce qui se passait. Tout redevenait peu à peu cohérent.
« Ma jambe, murmura-t-il.
– Elle n'est pas cassée, dit-elle d'une voix apaisante.
– On m'a pourtant descendu dans la cave... il m'a semblé... avec tant de... précautions... »
L'espace d'un instant le front d'Ina se plissa.
« Oh ! le petit hypocrite, il faisait semblant de dormir. Je ne savais pas que tu t'en étais aperçu... »
Il sourit dans la pénombre. Mais déjà elle se relevait.
« Je vais prévenir Ernst, dit-elle. Il m'avait demandé de le faire dès que tu te réveillerais. »
Il la retint fébrilement par la manche, le visage soudain angoissé. Les cauchemars de son sommeil comateux revinrent en foule et l'accablèrent de nouveau. Il sentait, en porte à faux au-dessus de lui, lourdes et agressives, les marches de l'escalier prêtes à l'ensevelir.
« Ne me laisse pas ! »
Il avait crié.
« Mon Sergio. Je ne t'ai pas laissé une seconde depuis trois jours, dit-elle d'une voix enjouée. Il n'y a pas de raison que je commence...
– Ina.

– Mon chéri... »

Il hésitait. Il essayait de revoir. De se rappeler jusqu'à l'extrême bord. Il y avait toujours une frange qui manquait.

« Tu te rends compte que nous sommes morts. MORTS. »

Elle le regarda fixement.

« Oui », dit-elle.

Il frôla le dos de sa main, dans un geste d'exorcisme.

« Nos corps brimbalent sur une plate-forme de camion. Nos doigts se heurtent au gré des cahots. »

Elle savait qu'il ne cherchait pas à faire de l'emphase, mais elle ne put s'empêcher de rire.

« A l'heure qu'il est... on est plutôt dans la fosse !

– Oui, c'est vrai, trois jours... dit-il, l'air pensif. Ça semble incroyable. J'ai traversé ça comme un rideau de fumée.

– Pas moi, je te promets », dit Ina d'un air grave.

Serge décela dans sa voix la lassitude et l'angoisse de toutes ces heures.

« Ç'a été long, tu sais... Tu m'as fait peur. Toutes ces complications. Tu ne te réveillais pas. Heureusement que... »

Il eut un geste d'agacement.

« Oui, dit-il, je sais. Ernst. »

Il réfléchit, puis reprit.

« Au fait, Jürgen est là ?

– Oui.

– Ah ! »

Sur le moment, il ne sut quoi dire de plus.

« En fait, murmura-t-il après un temps, sur la schlitte j'ai cru en un éclair reconnaître Carl. Alors, je me suis dit, Jürgen est là.

— Forcément », dit Ina.

Il secoua la tête :

« Tu te rappelles : Berlin, tout ça... les inséparables... quand ils partaient tous les deux à bicyclette avec les sacs de tracts... »

Ina sourit.

« Il n'y a pas qu'eux et le toubib... Il y a eu surtout Heinrich qui était sur place... Sergio... Ça a été toute une conjuration, tu sais. Une série de miracles.

— Tu me raconteras ?

— Oh ! oui.

— Heinrich, murmura-t-il. C'est lui qui m'a fait prévenir quand... »

Elle lui caressa les joues.

« Mon Dieu, dit-il. J'ai une barbe de prophète.

— Ça te va bien », dit-elle avec un rire heureux. Il l'attira à lui. Elle se pencha en tournant la tête à gauche et à droite, avec l'air de ne pas y croire. Puis elle se remit à rire, plus nerveusement, et de nouveau l'étreignit.

« Ah ! ça me rend gaie de t'avoir », dit-elle.

Elle s'étendit tout contre lui, comme pour leur dernière nuit.

« Parle-moi de toi, lui dit Serge à l'oreille. Parle-moi beaucoup de toi. Tu ne tousses plus... Je te vois mal...

— La *libertad,* dit Ina. Cette sensation. Si tu savais le bien que ça me fait. Et puis t'avoir à côté de moi... En plus je suis bien soignée. Ernst me donne des calmants. Cela me fait beaucoup dormir. Je mange. Ils sont même arrivés avec du chocolat. Mais il y a eu des moments... si tu savais. »

Elle se tourna sur le côté pour le voir.

« ... L'angoisse que tu ne te réveilles pas... ou

qu'une patrouille nous trouve... on déménageait tout le temps... Mais tous ont été formidables.

– Même Jürgen ? »

Elle eut un geste d'agacement vite réprimé.

« Mais oui ! Qu'as-tu toujours contre lui ? Tous... Heinrich, Carl. Lui comme les autres.

– Pardonne-moi. Je veux dire... pour Jürgen. »

Elle haussa les épaules.

« Tu n'as pas à me demander pardon. Jamais ! Mais moi j'ai quelque chose à te dire, par contre, fit-elle très bas. Tu ne vois pas ?

– Non.

– Un mot que tu n'aimeras pas. »

Il rit et leva la main pour l'arrêter.

« J'ai même pas réfléchi. Une impulsion subite. J'ai d'ailleurs eu l'impression que tu la ressentais en même temps que moi. Quand j'ai plongé sur la droite je n'ai pas eu à te tirer. C'était le même élan. »

Il s'interrompit, songeur.

« Tu sais, s'il y a quelqu'un qu'il faut remercier...

– J'y ai pensé souvent, dit-elle lentement. Dire qu'on ne sait même pas ce qu'elle est devenue.

– Je t'ai dit comment je l'ai connue ?

– Je le sais déjà par Heinrich, dit Ina. Il te racontera, mais je sais qu'il a pu prendre contact avec elle dès qu'elle est sortie du camp après son interrogatoire. »

Il se dressa sur son coude.

« Ils ne l'ont pas brutalisée à ce moment-là au moins ? Tu es au courant ?

– Non, ils étaient habitués à la voir. Elle avait deux vaches et elle leur livrait du lait frais presque tous les jours, avant. Elle a dû dire que tu l'avais menacée. »

Ina s'était levée et, tout en parlant, remplissait

un sac de toile de menus outils qui traînaient ici et là.

« Elle a dit à Heinrich qu'elle avait peur que tu croies que sa maison était un piège et que c'était elle qui avait appelé la patrouille. Elle aura voulu se dédouaner, en quelque sorte. »

Serge s'étendit de nouveau.

« J'étais sûr qu'elle avait pensé cela, dit-il en secouant la tête. Je dirais presque que je l'avais lu dans ses yeux, au moment où on m'a entraîné dans le couloir... Mais il y a une chose que je ne savais pas, c'est qu'Heinrich faisait office de couverture...

– Il avait décidé ça à ton insu, dès que Jürgen l'avait prévenu. Il était déjà sur place ou presque puisqu'il est de Waldkirch et qu'il était venu voir ses frères et sœurs qui vivent avec une tante. Il pensait qu'il y aurait peut-être quelque chose à faire en cas de repli. Les trois autres sont arrivés le lendemain pour organiser la fuite dès qu'Heinrich les a prévenus que quelque chose allait être tenté.

– Quelque chose... La vieille dame a donc tout de suite eu l'idée du vélo ?

– Depuis le début, oui. C'est elle qui a abordé Heinrich. Elle le connaissait tout gosse.

– Mais la schlitte, Ina... Comment ont-ils pu s'en emparer ?

– Ça, c'est du Heinrich tout craché. Il savait qu'elle n'était pas gardée la nuit, la scierie n'étant occupée par les *Kommandos* que pendant la journée... Il avait aussi remarqué, depuis trois jours qu'il était dans le coin, qu'elle restait toujours en haut pendant la nuit avec son chargement, pour qu'elle puisse dès le matin faire sa première descente vers la scierie sans perdre de temps. Et puis, la vieille lui avait dit que les exécutions ont toujours lieu avant le départ des *Kommandos*. La valeur d'exemple, tu comprends. Tout le monde en parle... Si tu savais l'impression que ça fait quand... quand... »

Elle se tut brusquement. Serge lui pressa la main.

« On était donc sûrs de trouver le traîneau prêt à dévaler », pensa-t-il.

« Cette course folle, murmura Ina. J'en voyais plus le bout.

– Dire que je connaissais si peu Heinrich, dit Serge. Il m'aurait bien aidé. Jürgen savait pourtant qu'il était de la région. Au lieu de ça... »

Ina l'entendit s'agiter.

« Il a tout fait pour m'en empêcher, dit-il. C'est un ami suédois qui m'a donné le nom du passeur de Rheinfelden. Et il a fallu que je le supplie pour qu'il me fournisse l'adresse d'un faussaire à Bâle.

– Il me l'a dit. Il m'a dit aussi qu'il t'avait... déconseillé toute l'opération. »

Il la regarda, étonné.

« Ah ! oui, il te l'a dit ?... Il a du culot. Parce que c'est bien vrai.

– Il est venu tout de suite quand Heinrich l'a appelé, dit-elle d'une voix douce. Pense à cela. Si on est tout de même bien aidés, c'est beaucoup à cause de lui.

– Oui, c'est vrai, dit-il. Mais il faut dire qu'on en avait fait un bout, tout de même...

– Ça va continuer, dit Ina.

– Comment ça ? »

Elle ferma le sac qu'elle avait rempli et le déposa au pied de l'échelle.

« On repart cette nuit, tu sais, dit-elle avec lassitude. On quitte Wittlage. »

Il soupira et passa de nouveau sa main sur les pansements qui recouvraient son bras gauche, sa jambe droite, sa pommette. Il avait, pour la première fois depuis son réveil, l'impression qu'il était diminué et qu'il serait désormais une charge pour tous. Ina le regarda à la dérobée.

« Jürgen pense qu'ils doivent davantage nous chercher à Munich et à Hambourg que dans le Hotzenwald. Mais on ne pouvait pas continuer à fuir comme ça, de cave en cave, pour échapper aux patrouilles, avec toi évanoui sur un brancard de fortune et moi en pleureuse antique, derrière. Il a repéré quelque chose où l'on doit pouvoir se retourner. Ta maison de convalescence, en quelque sorte. Une cabane de charbonnier ou quelque chose de ce genre, à plusieurs heures de marche. Solitude et calme garantis. »

Il hocha la tête. Autour d'eux le silence était total.

« La forêt, murmura-t-il. Encore et toujours. Je ne peux plus la voir, tu sais. Je ne peux plus. »

Il essaya de changer de position et ne put réprimer un gémissement. Déjà elle était là, agenouillée près de lui.

« Tu as mal », dit-elle.

Il fit signe que non, que ça allait.

« Tu sais où ils sont ? demanda-t-il d'un air absent.

– Ernst dort. Heinrich est de garde en bas de la ferme. Jürgen et Carl sont allés tâter du pied le sentier. Il faut que j'aille réveiller Ernst », ajouta-t-elle.

Elle se leva.

« Oh ! non », dit-il.

Une fois encore, il l'avait retenue.

« Ina ! »

Elle s'accroupit près de lui, le regarda d'un air interrogateur.

« Ina... »

Le visage penché au-dessus de lui, elle attendait. Il hésitait. Le silence se prolongea.

« On s'était si bien préparés », finit-il par dire.

Il avait l'air rêveur. Elle le regarda, interdite.

« Mais, ma parole, tu regrettes ! »

Il eut un sourire triste.

« Ça t'étonne peut-être que je te dise cela. Mais tu verras que ça restera pour nous... je veux dire, unis comme nous avons été cette nuit-là... »

Elle lui caressa le front.

« Je sais, dit-elle d'une voix sourde.

– Tu crois ? Je me demande si je le sais bien moi-même... Tu crois qu'on retrouvera...

– Oh ! toi, dit-elle d'un ton enjoué. Ce qu'il te faut, et le plus vite possible, c'est retrouver l'usage de ta jambe. Sans ça, tu vas gamberger.

– Eh bien, dis-le à Ernst ! Ce cher Ernst que je ne connais pas. Dis-le, dis-le, dis-le », répéta-t-il comme un enfant buté.

Il toucha le lourd pansement. Elle fit oui de la tête. Il la vit remonter l'échelle et s'enfoncer dans la nuit claire.

« Il y a deux choses qui vous ont sauvés, dit Heinrich. A partir du moment où la vieille avait déclenché son action.

– Deux ! s'exclama Ina. J'en vois mille.

– D'abord il y avait des broussailles sur la droite de la route. Il y aurait eu une prairie devant la forêt, c'était foutu.

– Je crois que j'aurais tenté le coup tout de même, plaisanta Serge. Cela nous aurait de toute façon évité une cérémonie pénible.

– Avec beaucoup de station debout, dit Ina.

– Malgré votre départ jaillissant vous auriez été couchés dans les premiers mètres...

– C'est pas passé loin, tu sais. Ça miaulait ferme.

– Et l'autre chose, demanda Ina. L'autre chose qui nous a sauvés. »

Heinrich regarda Serge, son visage calme et carré penché au-dessus de lui.

« Vous vous teniez la main. Si tu avais dû la chercher...

– On perdait la seconde vitale !

– Quand je pense qu'il t'avait retiré tes menottes le soir même, dit Ina.

– En voilà encore une, de chance ! » dit Carl en riant.

Serge avait quitté son lit de paille. Enroulé dans une couverture, on l'avait étendu sur le brancard confectionné le premier jour par Carl dans une vieille capote de cabriolet et qui avait permis de le transporter, inconscient.

« Je ne peux plus entendre ce mot, dit-il d'un air las. Car enfin, ces voitures officielles, il y en a peu, et neuf fois sur dix elles sont en mission. Cette DKW... ce qu'il fallait c'est que son chauffeur ne soit pas là pour répondre juste à ce moment-là. Il aurait été n'importe où, tu m'entends, *n'importe où* au moment où Starkel a téléphoné...

– Eh bien ?

– On serait en Suisse », dit-il d'un ton funèbre.

Ils se mirent tous à rire.

« Et si tu avais choisi le numéro juste en dessous dans l'annuaire, dit Heinrich, tu y serais sans doute aussi.

– Si ma tante avait des roues ce serait un autobus », dit Ernst.

Il venait d'arriver. Serge le vit mal. Ina était en train de raviver le feu et il était à contre-jour. Il avait des cheveux bouclés, une petite tête triangulaire pleine de fossettes rieuses. Il s'approcha de lui, s'accroupit et palpa sa jambe puis son épaule d'une main agile et douce. On sentait qu'il l'avait fait souvent.

« Dans cinq semaines, tu cavales comme Jessè Owens », dit-il d'un ton encourageant.

Ina se retourna et le regarda bouche bée.

« Cinq semaines ! s'écria-t-elle.

– Je croyais que la jambe n'était pas cassée, ajouta Serge plaintivement.

– Tu as été bien labouré, et il faut que cela se cicatrise. Ton bras c'est tout de même beaucoup moins grave.

– Cinq semaines, répétait Serge abasourdi. Ça change tout.

– Qu'est-ce que tu pensais, dit Ernst avec une pointe d'impatience. Que tu pourrais prendre le premier train pour Munich ? Et crois-moi, tu t'en tires bien. »

Serge fit une pression sur l'épaule de Ernst pour lui dire qu'il comprenait.

« Et Ina, comment la trouves-tu ? » demanda-t-il à voix basse.

Elle était accroupie, songeuse, devant le foyer, et les dernières flammes l'éclairaient par intermittence. Au-delà de la cave, elle avait les yeux fixés sur le sommet des arbres que l'on décelait vaguement à travers l'ouverture.

« Elle n'a plus les yeux cernés, dit-il à voix basse. Et déjà elle tousse beaucoup moins. On la soigne pour sa congestion, on la couche sous quinze couvertures. On la drogue un peu, on la bourre de vitamines. On ne lui fait pas de bains de lait d'ânesse mais c'est tout comme. Résultat, elle se remplume gramme après gramme et avec les formes qu'il faut. Hein, ma petit poule...

— Ma petite poule ! » s'exclama Ina.

Ernst sourit et demeura pensif quelques instants. Puis il sortit sa trousse et approcha une seringue du bras de Serge qui eut un mouvement de recul.

« Pour que tu supportes la traversée, dit Ernst.

— Tu crois vraiment ?

— Tu es encore un objet fragile. Tu risquerais de trouver la nuit longue. Tandis que là tu vas dormir un peu et après tu te sentiras mieux. »

Serge tendit son bras avec réticence. Il revoyait la grosse *Aufseherin* faire irruption dans la cellule, la dernière nuit.

« Je parlais de guérison complète tout à l'heure, dit Ernst à son oreille. Mais tu pourras marcher avec une canne dans quelques jours. »

Il eut un soupir de soulagement.

« Tu as entendu ? » dit-il à Ina.

Puis il revint à Ernst.

« Merci, lui dit-il à voix basse. De ce que tu viens de me dire. De tout ce que tu as fait.

— J'avais un peu besoin de travaux pratiques, dit Ernst. Avec toi, c'était bien, j'ai pu tout réviser à la fois.

— La charrette est prête ? » demanda une voix à l'extérieur.

Une silhouette apparut en haut de l'échelle et commença à la descendre avec précaution. Serge se redressa pour saluer l'arrivant.

« Ho, Jürgen ! dit-il.

— Paré pour l'appareillage », dit Carl.

Jürgen vint s'asseoir près du blessé. Ses petites lunettes de fer brillaient dans la pénombre. Sans mot dire, Ina s'accroupit à côté du nouvel arrivant.

« Serge, dit-il, salut ! Je crois qu'on va y aller. »

Sa voix était posée et froide comme toujours.

Dans la cave de cette maison abandonnée et à demi détruite, elle avait la matité un peu doctorale et distante qu'il lui connaissait bien. Il en avait toujours été ainsi. Il revit cet immeuble moderne de la Kreuzbergstrasse à Berlin où il l'avait entendue pour la première fois. C'était au dernier étage. Il était arrivé en avance. « Tu ressembles à Bakounine », lui avait dit Serge. « Je ne l'aime pas, lui avait rétorqué Jürgen. Trop de romantisme. Trop d'impulsions. Et à la fin, trop de compromissions. » Bien des mois après. Décor, une petite *Weinstube* de Munich. La lumière des vitraux tombait sur son visage long et pâle. Il s'était dit que c'était la première fois qu'il voyait la face de Jürgen avec quelques couleurs. C'était il y a trois semaines, peu après qu'il eut débarqué. Il lui avait parlé de son projet. Le verdict était tombé : « Ce n'est pas possible, Serge. Ce n'est même pas envisageable. Il n'y a qu'une seule chose qui soit sûre dans tout cela, c'est que tu la condamnes à mort. » Serge avait cru rêver. « Mais où crois-tu qu'elle se trouve ? avait-il répondu; en villégiature ? Tu ne vois pas, tu ne sens pas que chaque minute qui passe la détruit davantage ? C'est *cela* qui est sûr... Dix ans ! Mais dix ans, Jürgen, quand on a vingt-deux ans, dix ans de froid, de coups, de travail épuisant, de manque de sommeil, de faim, de promiscuité, est-ce que tu peux l'imaginer seulement une seconde ? » Jürgen l'avait regardé. « Je te répète, ce n'est pas faisable, Serge. Elle vit dans des conditions affreuses, mais elle vit, et toi tu la condamnes à mort. » Il y avait eu un silence terrible entre eux. « Et pourtant, avait-il ajouté comme s'il voulait se rattraper, tu les prendrais par là où ils sont les plus vulnérables : une initiative solitaire et imprévue. »

« Tu es venu, dit Serge avec effort. Je te fais faire des heures supplémentaires... »

Jürgen hocha la tête, silencieux. Il regarda attentivement le blessé hâve et barbu et tâta son pouls. Ernst lui fit signe que tout était normal. Puis il passa lentement sa main sur le brancard en le soupesant du regard comme s'il s'agissait d'un colis. « C'est bien lui, pensa Serge. C'est bien sa façon de prendre les choses, et les êtres comme les choses, en compte. » Jürgen se pencha sur la paillasse.

« On ne te refera pas », laissa-t-il tomber avec un mince sourire.

Puis il remonta. Au-dessus de lui, Serge entrevit la silhouette de Carl qui avait terminé l'inventaire de la charrette et qui, avec de petits gestes précis, disposait la bâche. Puis Ernst et Heinrich s'emparèrent chacun d'un des brancards de la civière, et il se sentit soulevé de terre.

« Paré pour la Nuit de la Grande Fuite », dit Ina.

Il lui sourit, puis s'agrippa aux montants du brancard pour compenser l'inclinaison et inspira très fort quand il émergea. Les puissantes épaules de Heinrich se découpèrent sur le ciel puis se confondirent, à mesure qu'il hissait le brancard sur les dernières marches, avec la paroi noire de la forêt toute proche. Il sentit qu'on le reposait doucement. Il faisait froid. Il regarda autour de lui la petite cour déserte sous la lune, et les bâtiments qui les protégeaient encore. Une douce luminosité les baignait tous. Jürgen se retourna et fit des yeux un rapide inventaire. Il prit la charrette et la tira sur quelques mètres.

« Elle est bien lourde, Carl, dit-il. On va pas au Karakoram... »

Entourée par tous, constamment surveillée, la

charrette ressemblait à ces cargaisons précieuses qui ne peuvent se déplacer, du fait de leur importance et de leur protection, qu'en cortège ou en caravane. Il pensa à l'Arche d'Alliance. Ernst s'en approcha et passa sa main sur la serrure d'un geste presque rituel.

« On va peut-être bien plus loin, dit-il à mi-voix.

– Moi je l'aime cette charrette, lui dit Ina. J'aime bien savoir que tout ce qu'on possède, tout le fruit de nos larcins est là-dedans. Sans elle on serait si... si démunis.

– Oui... elle donne... comment dire... de la pesanteur, du sérieux à notre... avancée... On n'est pas sans biscuits. »

Serge approuva. En voyant ces visages rassemblés sous la lune, attentifs, avares de paroles, ces gestes lents et rares, il revit les grandes marches d'approche dans les Alpes, avant la guerre, où de petites équipes parties très tôt atteignaient dès la fin de la nuit, à travers les moraines, la base de parois gigantesques.

« Si tu as une crampe, tu lèves le bras, lui dit Ernst. Ça risque d'arriver. Ce n'est pas un attelage très confortable. Mais tu vas t'endormir.

– Ce sera toujours mieux que la schlitte », dit Serge.

De nouveau on le soulevait. Heinrich, qui avait cette fois le brancard arrière, se pencha sur lui.

« *En voiture, Simone* », fit-il avec un mauvais accent, en clignant de l'œil.

Serge le regarda, ahuri.

Les yeux clairs dans le petit couloir. La bousculade, dehors. C'est vrai qu'elle était là quand ils l'avaient emmené. Elle avait entendu. Et elle s'était montrée plus bavarde avec Heinrich qu'avec lui.

Ce n'était pas difficile.

Ce n'était pas dif –
Il n'alla pas plus loin dans ses pensées. La chape d'humidité le fit pourtant frissonner quand ils pénétrèrent sous les arbres.

De nouveau la forêt, pensa Serge. De nouveau la nuit dans la forêt. Il y a des heures que je la traverse, ou plutôt qu'on me la fait traverser. Je touche au passage des écorces froides et piquantes. C'est devenu une sensation familière. La résine gelée est à peine poisseuse et a la consistance pétrifiée de l'ambre. J'ai les yeux ouverts sur le ciel. Ciel pâle, immuable, retrouvé à la sortie de ma grotte, après avoir cru le quitter, aussi pâle et immuable qu'*avant*. Je vois le sommet des arbres se perdre dans une réverbération diffuse et brumeuse. De temps en temps, la main de mon amie se pose sur mon front. Elle ne sait pas que je me suis réveillé. Je vois mal ton visage, Ina de Thannenkirch, infatigable marcheuse des forêts des Vosges, heureuse des fleurs, des ruines, des croix dans les bois, de la plaine d'Alsace entrevue au loin. Mais je sais que tu es là je t'ai retrouvée je renais en toi.
Au rythme lent de son palanquin il sombrait quelquefois dans une vague somnolence. Il avait alors l'impression que d'obscures galeries se creusaient à travers les arbres entre le monde extérieur et son monde à lui, qu'il n'existait plus de frontière entre ce qu'il avait rêvé et ce qu'il avait vécu et que des pulsions de vie et de mort le ballottaient en vagues successives qui le submergeaient et dont il n'était que le témoin passif et désarmé. Avait-il rêvé ce tapis d'aiguilles de pin qui devait sentir si bon en été et où il laissait pendre sa main. Mon doigt laisse une trace dans

les aiguilles humides. Cette trace existe, comme un dessin d'enfant sur une plage à marée basse – et elle sera peut-être moins éphémère. Que marque-t-elle ? Que marque-t-elle, Ina ? Il sentit sa main : « Ne t'agite pas », murmura-t-elle. Elle marque le passage de quelques êtres qui se sont groupés pour nous emmener toi et moi en cortège à travers le Reich en guerre, au plus profond de son vaste territoire enténébré, parmi les champignonnières, les maisons en ruine et les huttes d'affût, vers notre... destin ? INA !

« Je suis là », dit-elle de sa voix apaisante.

Dans un demi-sommeil il sentit à la faveur d'un ralentissement un baiser sur ses cheveux et sans se retourner effleura du bout des doigts le visage qui s'était penché sur lui. Ses lèvres murmurèrent « je t'aime » et les mots informulés s'envolèrent vers le ciel.

Il était surpris de ne pas souffrir davantage. Peut-être était-ce la piqûre, mais sa jambe et son épaule étaient comme annihilées. Il avait l'impression de se dissoudre peu à peu dans la nuit, membre par membre. Il ne resterait bientôt plus de lui que ce qu'il avait de plus enfoui et de plus secret – une flammèche intangible, un ludion gracile et vivace qui danserait dans la lumière triste de l'aube au-dessus de la vase des tourbières.

Ils suivaient le sentier, longuement, pesamment. En tête se trouvait Jürgen avec la carte, suivi de Carl tirant la charrette dont il entendait le roulement étouffé. Puis Ernst et Heinrich, qui portaient la civière. Ina fermait la marche. Il avait l'impression que le sentier se refermait derrière elle sur un rideau impénétrable de fougères humides et un silence éternel. Peut-être, bien des années après, un pauvre hère, un colporteur, passerait-il à son tour sur ce chemin en chantant ou en criant quelque chose de dérisoire, *arrière les loups,* par exemple, pour se réchauffer ou se réconforter. A cette époque, ils seraient enfin, eux, arrivés au terme de leur course.

De temps en temps, Jürgen en tête ralentissait pour consulter sa carte. Ils se retrouvaient tous les uns sur les autres en retenant leur respiration. Puis ça repartait. Serge reprenait le cours de sa rêverie.

« Qu'est-ce qui se passe encore ? » dit soudain Heinrich.

Ernst s'était immobilisé net. Plus rien ne bougeait sur le sentier. Serge releva légèrement la tête et ne vit qu'un conciliabule entre Jürgen et Carl, éclairés de temps à autre lors d'un geste plus brusque par le faisceau de la lampe.

« Va lui dire que la lampe se voit trop », murmura-t-il à Ina.

Elle les rejoignit. Heinrich et Ernst la suivirent et s'éloignèrent. Un silence primordial s'abattit sur Serge. Il passa et repassa la main sur l'écorce pâle et grenue du tronc au pied duquel on l'avait déposé.

« Débarqué, pensa-t-il. Comme en pleine mer. »

Encore sous l'emprise de la drogue il se sentait en dehors du coup. C'était eux qui discutaient sur la carte, et on ne lui demandait pas son avis. Il ne prenait plus de décision. Il était celui qu'on emmenait. C'était reposant, dans un sens.

Il observa Ina. Elle parlait de façon véhémente à Jürgen en montrant quelque chose du doigt sur la carte. Il l'écoutait attentivement. Son long visage sérieux, sa courte barbe blonde, ses lunettes cerclées de fer le faisaient ressembler de façon presque caricaturale à ce qu'il avait toujours voulu être : l'étudiant socialiste féru de théorie et chef de cellule (ou de réseau). Bien que le regard prolongé et attentif qu'il posait sur Ina eût pu l'irriter, Serge se surprit pour la première fois à le regarder sans hostilité. Ina avait trouvé à Wittlage un gros cardigan de laine qu'elle avait passé sur sa blouse grise et qui lui donnait une silhouette résolue d'aventurière vagabonde. Elle regarda Jürgen replier sa carte d'un air pensif.

« Nous sommes sur un chemin qui ne semble mener nulle part. »

Serge tressaillit. Il n'avait ni vu ni entendu Heinrich revenir. Il se redressa sur son avant-bras.

« La maison devrait être ici, expliqua-t-il. Or, manifestement, elle n'y est pas.

– Une maison de charbonnier en bon état, ça devrait tout de même se voir...

– Je suis bien de ton avis, dit-il d'un ton préoccupé. Il a eu le tuyau à Oberfurt. Ça semblait sérieux. Et puis elle est sur la carte. »

Ina déboucha à son tour de l'ombre et s'approcha de Serge. Elle lui mit la main sur la joue. Elle était glacée.

« Il croit qu'il s'est trompé et qu'il a confondu la vraie lisière de la forêt avec celle du premier bois qu'on a traversé. Ça reculerait de deux ou trois kilomètres. On verra bien.

– Comment te sens-tu ? dit Ernst en se penchant sur lui. On va arriver plus tard que je ne le croyais et je ne t'ai peut-être pas donné une dose assez forte.

– Tu sais, je ne sens pas la douleur, et je ne sentirais pas les cahots s'il y en avait... Je suis sur une espèce de matelas d'air... »

Ernst sourit et fit un petit han ! pour soulever le brancard en s'y prenant à deux fois.

Le groupe se remit en marche. Le sentier était

désormais traversé par des plaques de terreau noirâtre qui ralentissaient leur progression et obligeaient Heinrich et Ernst à faire chaque fois un détour à l'aveuglette pour éviter de s'y enfoncer. Devant eux, la silhouette de Jürgen avait pris un peu d'avance. Serge voyait le frêle dos de Ernst s'arc-bouter davantage pour ne pas prendre trop de retard et suivre la charrette, dont les roues accrochaient les ronces et les bruyères avec un bruit de soie qui se déchire. « Jürgen prend trop d'avance, dit Ina; il faudrait le charger un peu. » A ce moment-là, Serge essaya de situer la silhouette de Jürgen par rapport à eux et il eut l'impression étrange qu'elle s'était dédoublée. Il regarda avec plus d'attention. Il y avait bien deux silhouettes qui se succédaient. Jürgen était suivi. Il pensa d'abord qu'il était le jouet d'une hallucination due à la drogue, puis que Carl avait laissé un instant son fardeau pour rejoindre Jürgen plus facilement. Mais il entendit bientôt sur la droite le léger bruit des roues de la charrette et devina la silhouette de Carl légèrement penchée en avant dans sa progression régulière. Le sentier avait tourné. Dès que cela fut de nouveau possible il se redressa pour discerner si Jürgen, tellement reconnaissable à sa démarche, était toujours accompagné. Dans le lointain, se détachant sur la brume du sentier, il n'y avait cette fois plus aucun doute : il n'y avait qu'une seule silhouette et c'était la sienne.

Il se rejeta en arrière.

« Qu'est-ce qui se passe? dit Heinrich.

– Il m'a semblé... Non, rien, dit-il. C'est cette drogue.

– Tu veux être brave? Ne te fais pas trop lourd. »

Jürgen avait de nouveau pris de l'avance. La

charrette et la civière suivaient à leur rythme. Ernst, Heinrich et Carl marchaient lourdement et, parfois, s'arrêtaient presque afin d'éviter les fondrières. Seul le cri d'un grand-duc, blême et grinçant, perçait de temps à autre le silence opaque. Puis ce fut un nouvel arrêt, brutal celui-là. Ernst faillit percuter la face arrière de la charrette et Serge dut s'agripper au brancard pour ne pas rouler au-dehors comme un colis mal arrimé.

« Troisième station », dit Ernst, facétieux.

Le sentier s'arrêtait tout net. Il venait buter sur un grand rideau de conifères. A quelques pas sur la droite s'ouvrait une petite clairière.

Au milieu de la clairière se tenait Jürgen, immobile. Carl poussa un juron entre ses dents. Ernst et Heinrich déposèrent Serge et vinrent de nouveau se pencher sur la carte. Ils firent cercle à une dizaine de mètres. Seule Ina, accroupie au pied d'un arbre, l'air maussade, resta cette fois à côté de Serge.

« J'en ai marre », dit-elle.

Serge ne répondit pas. Il scrutait les alentours de la clairière. Au-delà du petit cercle chuchotant et des tréfonds obscurs contre lesquels ils butaient, il devina en contre-jour la masse plus claire d'un énorme rocher.

« Quelle heure as-tu ? demanda-t-il.

– Deux heures moins le quart. Quatre heures qu'on marche ! Pour rien ! Il aurait tout de même pu... »

Elle s'interrompit. La lumière de la lune accusait ses traits et lui donnait un profil volontaire, poli et froid comme un marbre tombé là par hasard dans la clarté laiteuse. Serge se sentit étrangement conforté par la mauvaise humeur d'Ina mais s'en voulut tout aussitôt. Dans la clairière on discutait ferme et on faisait beaucoup de gestes. Les bras de Carl semblaient longs et noirs comme les sapins environnants. Il désignait par moments certains points de la forêt où il devait déceler on ne sait quelles échappées ou itinéraires. « Viens contre moi, dit Serge à Ina, à voix basse. J'aime ton cardigan. J'aime tout ce que tu es, tout ce que tu as. J'aime être là, sous le même ciel que toi, sous le même sapin que toi. Je me fous du reste. »

Jürgen avait déplié la carte à terre et la considérait d'un air hostile à la lumière de la torche. Devant les visages attentifs de Heinrich, Ernst et Carl, il suivait du doigt le mince filet noir du sentier.

« Si le chemin s'arrête c'est simplement que nous devrions être arrivés, dit-il enfin. Il ne peut y avoir aucun doute. La cabane était ici. »

Ils regardèrent autour d'eux. La nuit était silencieuse et froide. Devant eux, le mur de sapins, mystérieux et dense comme une falaise de marbre noir, ne paraissait celer aucune cachette. « Une maison tout de même ça se retrouve », murmura Carl.

Sur leur gauche, plus accessible semblait-il, commençait une savane imprécise et pentue. Heinrich se leva et se dirigea vers elle en traînant les pieds dans les feuilles mortes.

« Regarde, disait Jürgen à Ernst, en lui montrant la carte. Voilà la ferme où nous étions. Voilà le premier bois avant la forêt avec la fausse lisière qui a été la cause de notre arrêt de tout à l'heure. Voilà la vraie lisière. Puis le sentier, tout au long, et au bout, le minuscule cube noir. Plus de sentier après, tu vois bien. »

Il se leva à son tour et fit le tour de la clairière,

les yeux à terre, comme s'il voulait arracher son secret à cet espace clos perdu au milieu des bois.

« Et plus de sentier ici non plus. La distance concorde exactement avec celle de la carte. Il y a eu une maison, autrefois, ici même, répéta-t-il.

– Ça nous fait une belle jambe, dit Heinrich qui revenait.

– Montre », dit soudain Ernst en lui prenant la carte des mains.

Il regarda l'inscription dans la marge, et lut tout haut : « Haefliger, Leipzig. 1/50000, 1926, 4e éd. 1937. »

« Rééditée, mais non revue, constata-t-il.

– Mais enfin on t'avait parlé d'une maison par ici ? demanda Carl.

– Un vieil homme, à Oberfurt. Un vieux socialiste de la bonne époque. Ça semblait sûr. Mais je n'ai pas passé de petites annonces, figure-toi. »

Il marchait de long en large, écartant les feuilles du pied d'un geste brusque et mécanique. Il poussa soudain une exclamation.

« Regardez ! »

Il avait dégagé deux ou trois mètres carrés de sol sur lesquels, à peine visibles, on pouvait déceler deux lignes plus claires qui se rejoignaient à angle presque droit. Jürgen, de la main, continuait à retirer des feuilles. La ligne plus claire se prolongeait, malgré les interruptions, jusqu'à un autre angle. Cela ressemblait à l'une de ces fouilles vues d'avion où l'on découvre parfois, fantomatiques et obsédantes, fossilisées dans la débâcle de leur vie enfuie, des villes entières sous le voile triste et blafard des champs de betteraves.

« Avec un peu d'imagination ça peut passer pour d'anciennes traces, dit Carl d'un ton circonspect.

– Oui, regarde, dit Jürgen accroupi. Le sol est moins meuble sur la ligne elle-même que tout autour. Et elle a à peu près la largeur d'un mur. Il y a bien eu une maison ici autrefois... je ne m'étais pas trompé...

– Elle s'est peut-être envasée, dit Ernst, sarcastique. On pourrait creuser. »

Jürgen haussa les épaules et du pied étala les feuilles mortes sur les traces un instant dévoilées.

« Bon, dit Heinrich. Il y a eu une maison. Elle devait même être confortable et c'est sûrement ce qu'il nous aurait fallu. Mais en attendant, ce 30 octobre 1942 à trois heures du matin, ton palais s'est évanoui et tu me permettras de te dire qu'on se les gèle. »

Jürgen fit la moue.

« On n'a plus le temps de revenir à Wittlage avant l'aube, et de toute façon ce serait trop risqué.

– Le mieux serait à mon avis de dormir sur place dans des couvertures, dit Carl. Et demain on se mettrait à bâtir n'importe quoi, un abri, une cabane...

– On ne peut justement pas bâtir n'importe quoi, dit Ernst. Il faut que Serge et Ina s'enterrent pendant au moins trois semaines pour récupérer. Pour cela, il faut qu'ils aient chaud et qu'ils aient un minimum de confort.

– Alors, autant regarder vers le nord, proposa Heinrich. Dans les pentes il doit y avoir des bungalows d'été ou des bergeries. Personne n'y passe jamais. Mais on a perdu beaucoup de temps.

– Et le passage de la Schwarza risque d'être dangereux, dit Ernst. C'est un axe nord-sud.

– Non. L'axe nord-sud le plus fréquenté c'est la route entre Schluchsee et Waldshut, dit Jürgen. La vallée doit être assez déserte. Encore que...

— De toute façon, la Schwarza on est dessus, maintenant, dit Heinrich en montrant la descente qui commençait sur leur gauche.

— Tu es sûr qu'il n'y a pas de route qui suit la rivière ? demanda Ernst.

— Non, dit Jürgen après la lecture. Pas apparemment. A moins qu'ils aient créé une piste militaire. Tu n'as entendu parler de rien, Heinrich ? »

Heinrich eut un geste d'ignorance. Ina, à quelques mètres à l'écart, s'était encapuchonnée dans son cardigan. Elle se recroquevilla au pied de l'arbre.

« Moi je dors, dit-elle à Serge d'une voix recrue de fatigue. Tu me diras quand ils se seront décidés. »

Il lui fit un clin d'œil qu'elle ne vit pas, et passa sa main lentement sur la laine écrue. Elle eut un soupir quand il la toucha et presque aussitôt il entendit sa respiration régulière. Elle s'était endormie avec la soudaineté d'un enfant. Sa silhouette faisait une tache à peine plus claire au pied de l'arbre. Il la veillait. Tout était simple. Il eut l'impression d'un de ces moments de grâce où le voile d'angoisse s'écarte un peu et permet d'envisager pour l'avenir autre chose que des désastres.

Il observa Jürgen debout à quelques pas. « Tu savais pourtant bien qu'il ne faut jamais confondre la carte et le territoire », pensa-t-il. Des bouffées de sommeil et de rêves lui venaient encore. Il sentait sa jambe raidie et dure et s'aperçut qu'il avait du mal à bouger son pied. Il essaya de se tourner sur le côté et de sortir sa jambe de la civière pour en raviver la circulation. Au moment même où il détournait ainsi son regard d'Ina et du petit groupe, Jürgen fit un geste bref avec sa main qui tenait la lampe et le faisceau alla s'égarer dans les sapins. « Il va nous faire repérer », pensa Serge. Puis il tressaillit. Au milieu du tissu dense et opaque de la forêt le faisceau avait ricoché sur une présence humaine qui les observait.

Jürgen avait ramené la lampe sur la carte, et le cercle des grands arbres fut rendu à l'obscurité. « Ce n'est pas possible, je vois du monde partout », pensa Serge. Il se releva sur son coude et jeta un regard circulaire sur la clairière. Pas un bruit. Sur sa gauche, la zone de savane se perdait dans une solitude confuse. « Je vais me couvrir de ridicule », se dit-il. Il revint à la futaie sur la droite et fixa avec précision l'endroit où il avait cru repérer quelque chose. On ne pouvait rien distinguer. Pourtant, au bout d'une minute, il entendit nettement un léger craquement.

« Ina », dit-il très bas en mettant sa main sur son épaule.

Elle cligna de l'œil.

« Oui...

– Peux-tu aller chercher Jürgen, discrètement ? Va. »

Elle le regarda sans comprendre, se leva, se dirigea vers le cercle de lumière. Jürgen alla retrouver Serge et s'accroupit près de lui. Ses lunettes brillèrent doucement comme il se penchait.

« Je ne le jurerais pas, dit Serge, mais je crois qu'il y a quelqu'un qui nous observe. »

Il lui montra, à trente mètres, une sorte de buisson gris, à peine moins sombre que le sous-bois.

« Il se tenait là, derrière, absolument immobile, il n'y a pas deux minutes. »

Jürgen se grattait le nez d'un air perplexe. Carl et Heinrich les avaient rejoints.

« A vrai dire, il m'avait déjà semblé tout à l'heure, l'espace d'un instant, que tu étais suivi. J'ai même cru que c'était Carl qui avait laissé la charrette pour chercher à te rejoindre.

– Je ne laisse jamais la charrette toute seule, dit Carl. C'est un accord que j'ai passé avec elle.

– Et je n'ai senti personne derrière moi », ajouta Jürgen.

Heinrich murmura ce qu'ils pensaient tous.

« Dire qu'on n'a pas d'arme.

– S'il y a quelqu'un, dit Ernst, on peut dire qu'il n'a pas profité de la situation. Il nous avait pourtant à sa merci.

– Mieux vaut en avoir le cœur net », dit Jürgen.

Il se releva et pénétra dans les bois, torche en avant, toujours suivi de Heinrich et de Carl qui avait pris au passage un gourdin dans la charrette. Ernst se leva à son tour.

« Reste avec Serge et Ina, lui dit Heinrich. C'est mieux. »

Ils les entendirent chercher, s'appeler de façon étouffée, fouiller les sous-bois. A l'endroit où Serge avait cru voir quelque chose, Heinrich l'appela sans hausser la voix.

« C'était là ?

– Oui... »

Serge vit qu'ils s'accroupissaient, cherchaient des traces, apparaissaient et disparaissaient au hasard du faisceau de la torche.

« C'est la nuit des faux-semblants, dit Ernst.

– Tu en parles comme d'un animal étrange, dit Ina en riant. Une sorte de loup-garou... SERGE !

– Tu as vu ce que j'ai vu ? » dit Serge.

Il montrait la direction de la savane.

Ernst siffla doucement. Les autres refluèrent.

« Allez voir dans la pente, dit Ina. C'est l'Alexanderplatz, là-bas.

– Eh ! dit Jürgen avec irritation. On a vingt kilomètres dans les pattes. On se passe de petits suppléments.

– Encore », dirent d'une même voix Serge et Ina en pointant leurs index parallèlement.

Jürgen, la démarche rageuse, se dirigea vers la savane.

« Vous avez de la chance d'être des nyctalopes, commenta Ernst. Moi, je pourrais camper tout seul au milieu de la VIe Panzer, je me dirais encore, mon Dieu, comme la nuit est calme.

– La vue et l'ouïe... mais qu'est-ce que tu veux faire sans cela sur un réseau ? demanda Ina.

– Tu oublies l'essentiel, dit Ernst. Le pif. Savoir toujours où on met les pieds. »

Les trois revenaient à contre-pente. Bredouilles.

« On ne va quand même pas prendre un haut-parleur pour lui dire de revenir, dit Heinrich dépité.

– Ce n'est pas la peine », fit une voix derrière eux.

Ils se retournèrent tous. Un homme les regardait. Jürgen braqua la torche sur lui. Même brutalement éclairé, il se distinguait mal des troncs qui l'entouraient. Il était entièrement habillé de vert feldgrau, des guêtres au passe-montagne. Il avait une silhouette haute, presque dégingandée. Pour se faire reconnaître, il s'avança et retira sa cagoule de laine. Une touffe de cheveux blonds s'en échappa. Il semblait très jeune. Il les regarda tous pendant un instant encore, puis il se mit à rire.

« Vous en faites un de ces raffuts », dit-il.

Il abandonna son immobilité et s'approcha avec naturel.

« Je vous suis depuis Wittlage, dit-il. J'ai toujours été derrière vous cette nuit.

– Et même, à un moment donné, devant, dit Serge.

– Derrière lui, dit-il en montrant Jürgen.

– Heinrich, dit Jürgen d'une voix irritée, fouille-le.

– J'ai apporté une arme », dit le nouvel arrivant.

Il fouilla dans sa poche et en sortit un revolver qu'il tendit à Jürgen, qui le passa à Heinrich.

« Lüger P 08, type Parabellum, annonça Heinrich. Bon état.

– Je comprends, dit-il. Je l'ai volé à l'armurerie. Malheureusement je n'ai qu'un chargeur.

– Cela veut dire que tu as déserté ? » demanda Jürgen.

Heinrich lui palpait ses nombreuses poches et en sortait par moments un objet.

« Deux tablettes de chocolat. Un rasoir portatif. Cinq marks. Un mouchoir...

– Cassette commune, dit Carl en louchant vers la charrette.

– Hein ? Tu as déserté ? » répéta Jürgen, d'un air dur.

Il ne répondait pas. Il avait soudain l'air pétrifié, comme s'il ne comprenait pas. Serge prit le relais de Jürgen d'une voix plus douce :

« Tu as déserté... du camp ? demanda-t-il.

– Oui..., finit-il par dire. Il y a deux nuits. Ce n'était pas difficile. J'étais auxiliaire. »

Heinrich, qui avait presque achevé sa fouille, s'arrêta.

« L'arme volée, ça aggravera... tu as réfléchi ? »

Le jeune homme haussa les épaules et se tourna vers lui.

« Il ne s'agit plus de réfléchir, dit-il. Il ne s'agit plus de ça du tout. Il s'agit de survivre.

– Je ne te le fais pas dire, dit Jürgen. Tu ne comprends pas que ça va grenouiller deux fois plus maintenant, s'ils cherchent aussi un déserteur ? Comme si on n'avait pas assez de monde autour de nous ! Tu t'imagines peut-être que ça m'amuse d'être en pleine forêt avec un blessé grave...

– N'exagérons pas, dit Ernst en lorgnant sur Serge.

– ... pour tenter d'échapper aux patrouilles qui ratissent le Hotzenwald pour nous retrouver ! Et tu nous tombes dessus comme cela ! Qu'est-ce que je sais de toi ? Qu'est-ce que tu veux que je *fasse* de toi ?

– Je peux vous aider, dit le jeune homme, timidement. Je ne me serais pas mis sur votre route si...

– Il nous donne une arme », fit remarquer Heinrich.

Jürgen l'interrompit brutalement.

« On se fiche de ton aide, dit-il avec violence. On n'en veut pas. On ne sait pas qui tu es. Tu tombes du ciel et tu crois qu'on va se laisser guider comme cela dans une souricière que tu aurais choisie ? Qu'est-ce qui me prouve ta bonne foi ? »

Il y eut un silence. Le nouveau venu poussa un soupir.

« Je peux repartir, dit-il avec calme. Rendez-moi mon pétard. »

Jürgen le regarda comme s'il avait dit une grossièreté.

« Trop facile, dit-il. Maintenant qu'on est bien

repérés. Et pourquoi tu n'es pas venu avec nous plus tôt d'abord ?

– Du calme », dit soudain Serge.

Depuis quelques instants, il regardait le nouveau venu avec attention.

« Baisse-toi, dit-il. Approche-toi de moi. Comment t'appelles-tu ?

– Kurt. »

Il s'accroupit pour être au niveau de Serge. Il avait les cheveux en désordre et les oreilles roses de froid. Serge prit la torche et l'éclaira. Ce visage. Ces yeux enfoncés.

« J'ai déjà vu cette tête-là quelque part, dit-il à Jürgen en baissant la lampe. Mais où...

– Au camp, tiens, dit Jürgen amèrement. Du côté des bourreaux. Il en arrive directement.

– Je vous interdis, dit le jeune homme en faisant un pas vers lui.

– Jürgen, ça va bien, dit Serge d'une voix sèche. Je ne l'ai pas vu au camp. »

Il réfléchissait, revoyait tous ces derniers jours, les quelques visages qu'il avait croisés au hasard de son équipée et qui étaient sortis de l'anonymat. Il revit les plantons de la herse, ceux du bureau du *Lagerführer*. Ce n'était pas cela.

– Ça y est », dit-il soudain.

Il regarda Kurt et répéta : « Ça y est ! » Il se pencha vers lui.

« La cheminée, dit-il.

– Pardon ? fit Carl.

– La cheminée, dit Kurt. Vous voulez dire...

– Les cadres de cuivre. Celui de gauche. Le petit *Hitlerjugend*. C'était toi.

– Oui », dit-il.

Après un silence, il reprit d'une voix sourde.

« Ils l'ont tuée. Ils l'ont tuée ma petite *Grossmutter*.

– Je revois la photo, murmurait Serge. Je la revois comme si je l'avais devant les yeux. »

Kurt eut un sanglot.

« D'une rafale, sur place. D'une rafale...

– Mon Dieu ! » dit Serge, qui réalisa un peu avant les autres.

La voix du jeune homme lui revint détimbrée, éteinte, et les phrases se bousculèrent.

« Je l'ai tout de suite su. Il paraît que le sang et le lait se mélangeaient sur le sable. Elle est morte au milieu de ça. Puis ils sont allés à la maison et ils lui ont mis le feu. Et maintenant. Plus rien d'elle. Plus rien. »

Il se tut brusquement et demeura prostré. Serge revit le petit salon ensoleillé et surchargé d'objets. Il vit Hansel et Gretel et les chevreuils de la Hardt regardant de leurs yeux peints et sans défense la lumière de l'après-midi d'automne devenir soudain blanche, trop blanche.

« Elle n'aura pas vu cela, dit le jeune homme, comme s'il lisait dans ses pensées. Elle ne l'aura pas vu. Elle avait toujours vécu là, vous comprenez. Où est-ce qu'elle aurait été ? Où est-ce qu'elle aurait été, je vous le demande ? »

Jürgen, soudain, se voûta davantage en se tournant vers lui.

« Je suis désolé, dit-il. Vraiment. J'ai... j'ai été surpris et inquiet... Je...

– Vous ne pouviez pas savoir », dit Kurt.

Le silence tomba.

« Et toi, ce que tu ne peux pas savoir, c'est ce qu'elle a été pour nous, dit soudain Heinrich d'une voix douce. C'est elle qui nous a proposé tout le plan... toute l'histoire du vélo... Bien avant l'aube, elle l'avait déjà testé. Je me rappellerai toujours le sourire qu'elle a eu au dernier moment, quand on l'a poussée. Elle m'a dit, tâchez de récupérer les vaches. »

Kurt hocha la tête.

« Dès que j'ai su, j'ai voulu vous rejoindre, reprit-il. Et il y a une raison, en dehors du fait que c'était ma grand-mère. »

Il s'interrompit et regarda vers le sol en joignant les mains, comme pour se concentrer sur la force qu'elle lui avait transmise.

« Si elle a fait ça, c'est peut-être à cause de moi, dit-il. Je vais vous expliquer. Quand papa est parti, je suis venu habiter avec elle. On n'avait pas d'argent. Il y a deux mois, pour en gagner un peu, j'ai été pris comme auxiliaire au camp. J'avais pas le choix. J'étais trop jeune pour m'engager. Je ne savais pas ce qu'il y avait derrière les murs. Bien sûr, je me doutais que ce serait pas beau. Mais à ce point... Ça m'oppressait, je n'ai pas pu le garder pour moi. Je lui ai tout raconté. D'abord elle ne m'a pas cru... »

Il remit son passe-montagne d'un geste lent.

« Vous comprenez, elle avait été si contente que je sois *Hitlerjugend,* quand j'avais eu mon uniforme, ma première distinction. Alors vous pensez, quand j'ai commencé à lui dire ce que je voyais, elle se bouchait presque les oreilles. Et puis... et puis un jour je l'ai bien vu, qu'elle me croyait. Elle n'était plus la même. Elle avait des cauchemars, elle restait des minutes entières immobile à regarder à la fenêtre dans la direction du camp. Elle avait l'habitude d'aller livrer son lait là-bas, à la grille d'entrée. Un beau jour, elle n'y est plus allée. C'est comme ça que j'ai vu que... que... »

Ina se leva et fit quelques pas à l'écart. Puis elle revint près d'eux et prit cette posture qu'elle avait souvent dans l'obscurité, accroupie en tailleur au pied d'un arbre, le buste droit, le visage grave et fermé, comme si elle était à l'écoute d'une réalité plus profonde qui échappait à leurs pauvres phrases écrasées par la nuit.

« Si ça se trouve, ils ne s'en sont même pas aperçus que je suis parti, murmura Kurt. Les auxiliaires, on n'avait pas d'appel. Je dis ça pour vous », dit-il en s'adressant à Jürgen.

Jürgen, l'air contrit, secoua la tête sans mot dire.

« Quel âge as-tu ? dit Serge.

– Dix-sept ans. Je viens de les avoir. »

Serge le regarda de nouveau.

« Alors tu nous suivais depuis Wittlage ? »

Pour la première fois, le jeune homme esquissa un vague sourire.

« A vrai dire, je me demandais où vous alliez », dit-il.

Jürgen brandit la carte :

« Mais ici ! Tout bêtement. C'est ce qu'on avait trouvé de plus isolé...

– Ah ! pour ça... dit Kurt.

– Tu ne savais pas, dit Ernst ironiquement. Du temps de Frédéric Barberousse il y avait une cabane dans cette clairière. »

Kurt se mit à rire. Un rire clair et juvénile qui les détendit tous. Ils se serrèrent les uns contre les autres avec une sorte de complicité. C'était le moment de la nuit où on a l'impression qu'elle est opaque, étale, dure à traverser, et que le matin est inaccessible. Ina se rapprocha du cercle de la lampe. On ne pouvait voir d'elle que le haut de son front et le dos de ses mains croisées sur ses genoux.

« Et tu ne vois pas un endroit où on pourrait arriver avant l'aube, demanda-t-elle. Tu dois connaître la région ? »

Il y avait plus que de la lassitude dans sa voix.

« Tâche de trouver, insista Ernst. Il faut en sortir. On ne peut plus se fier à cette carte pourrie. »

Kurt réfléchissait.

« J'ai bien une idée, dit-il soudain. Ça fait même quelque temps que j'y pense : une maisonnette. On allait y pêcher avec mon père. Mais c'est loin. Il faudrait traverser la rivière. Et après il n'y a plus de forêt pour nous protéger.

– La forêt, j'en ai jusque-là, dit Serge.

– On n'a plus tellement le choix, ajouta Heinrich.

– Il y a des années que je n'y suis pas allé, reprit Kurt. Mais je m'en rappelle bien. Elle était isolée au bord d'un étang, à quatre heures de marche d'Oberfurt. Elle existe sûrement toujours. C'était confortable. Enfin je veux dire, c'était au sec. Et puis il n'y passait vraiment personne. »

Jürgen était resté silencieux. Kurt montra la direction de la pente sur la gauche du sentier.

« Il faudrait descendre sur la Schwarza, dit-il.

– On peut tenter le coup, dit brusquement Jürgen en scrutant la savane. De toute façon, on s'y retrouvera mieux en bas. »

Il rencontra le regard de Carl qui paraissait inquiet. Il le prit à l'écart.

« Tu crois que tout ça c'est bien prudent ? Moi je resterais où on est. On est crevés, tu sais.

– Je prends la charrette, dit-il.

– C'est pas ça », dit Carl.

Il eut un geste vers la grande silhouette dégingandée qui disparaissait dans la pente.

« Qu'est-ce qu'on sait de lui ? Je te le demande, qu'est-ce qu'on sait ?

– Qu'il nous a passé une arme chargée, dit

Jürgen. Voilà ce qu'on sait de lui. Heinrich a raison.

– Et alors ? C'est peut-être un piège ! »

Jürgen avait la main dans sa poche. Il regarda son ami.

« Tu penses bien que la première balle serait pour lui, et qu'il s'en doute », dit-il d'un ton froid.

Carl soupira. Ils se dirigèrent tous les deux vers la charrette.

D'abord ce fut facile. Le sol très clair entre les arbres rabougris leur permettait de se voir et de se suivre les uns les autres sans trop de problèmes. Heinrich et Ernst tenaient solidement les brancards de la civière et avaient les yeux fixés sur l'attelage de Jürgen et Carl. Puis la pente devint plus forte et ces derniers eurent de plus en plus de mal, malgré leur adresse, à éviter les fondrières et les grosses souches qui pourrissaient là depuis des années, à moitié enfouies dans les fougères. Kurt dut plusieurs fois venir à la rescousse pour s'arc-bouter à l'arrière de la charrette afin de l'empêcher de dévaler la pente et de s'écraser contre un arbre. Ernst et Heinrich renoncèrent rapidement à la suivre. Pour éviter des détours, ils choisirent la ligne de plus grande pente, et, bien vite, l'itinéraire se révéla si raide que Serge dut se cramponner au bois de la civière pour ne pas glisser en avant.

« Si je te lâche, c'est mieux que la schlitte », lui dit Ernst d'un ton suave.

Il avait à peine terminé sa phrase qu'il glissa sur le dos. Le brancard heurta le sol et Serge tomba lourdement sur le côté. Il sentit sa main racler un rocher hérissé de plantes piquantes. Des pierres furent projetées en avant et on les entendit rebondir avec un bruit de grêle. Ernst se releva aussitôt et se pencha sur lui, alors qu'Heinrich le prenait déjà par les épaules.

« Ça va ?

– Oui, dit Serge en tâtant ses pansements. Tu as raison, dans un sens. Je préfère être tombé de là plutôt que de la schlitte.

– Quel terrain ! dit Ernst. J'ai pas vu où je foutais les pieds. Je suis désolé.

– Et on a paumé la charrette, avec tout ça. »

Ils s'immobilisèrent un instant avant de repartir. Dans le silence, plus haut, ils l'entendirent qui grinçait en descendant.

« C'est le genre de bruit qui s'entend à des kilomètres », dit Heinrich.

Le grincement sur la droite les dépassa et, peu après, s'interrompit brusquement. Ernst et Heinrich empoignèrent Serge et descendirent précautionneusement vers l'endroit où ils l'avaient entendu en dernier. La charrette était arrêtée sur un petit terre-plein et Carl, la torche d'une main et une burette d'huile de l'autre, s'affairait autour des moyeux.

« Quelle organisation, dit Ernst. Chapeau !

– Je savais que ça se passerait à un moment donné, répondit Carl. Mais impossible de s'arrêter dans la pente !

– Nous on s'est bien arrêtés, pourtant », dit Serge en clignant de l'œil.

Ils se regroupèrent tous autour de la charrette en regardant Carl opérer. Il avait pour elle des gestes d'une précision et d'une douceur maternelles. « Allez, ma vieille, courage », murmura-t-il. Les autres soufflaient dans leurs mains. La haute silhouette de Kurt s'était penchée pour refaire un nœud sur la bâche.

« Et Ina ? » dit Serge tout à coup.

Jürgen se redressa.

« Quoi ?

– Ina. Je ne la vois pas. »

Il sentit une onde de chaleur lui remonter jusqu'au front.

« Elle descendait là, avec nous, il n'y a pas deux minutes, dit Jürgen. Elle me suivait.

– Toi, ricana Ernst, quand tu crois qu'on te suit, on ne te suit pas, mais si on ne te suit pas...

– Oh ! ça va », dit Jürgen.

Heinrich modula un léger sifflement.

« Je n'aurais pas dû la perdre de vue, je n'aurais pas dû, dit Serge en joignant les mains nerveusement. C'est cette chute... »

Kurt s'était levé et observait les alentours.

« Va voir aussi, supplia Serge en s'adressant à Heinrich.

– Ne t'inquiète pas, elle ne peut pas être loin. Elle était vraiment là, avec nous, dit Carl. On se demandait même ce que vous faisiez.

– Elle était inquiète ? demanda Serge.

– Pas vraiment, dit Carl avec une bourrade.

– Elle aura fait un petit pipi, dit Heinrich. Je vais quand même voir. »

Il reprit la direction d'où ils venaient et disparut. Deux minutes n'étaient pas passées qu'il était revenu. Il semblait troublé.

« Venez, dit-il.

– Emmène-moi », dit Serge.

Ils n'eurent pas beaucoup de chemin à faire. Elle était là, immobile, assise sur une pierre dominant la pente. On la voyait, car le sable autour d'elle était plus clair et sa silhouette s'y découpait. A quelques pas, on entendait un petit bruit régulier et plaintif. La tête dans ses mains, elle pleurait.

« Elle ne veut pas bouger », dit Heinrich.

Elle pleurait à ne plus pouvoir s'arrêter, avec des sanglots convulsifs qui secouaient ses épaules comme si elle avait le hoquet. Ils l'entourèrent sans bruit, inquiets et gauches. Serge s'accroupit pour lui caresser le front. Elle retira doucement sa main et eut un geste désolé en les voyant tous refluer.

« Il ne fallait pas venir... Je ne veux... pas que vous me voyiez comme ça...

– Mais enfin, dit Jürgen, tu penses comme on va t'abandonner !

– Tu es fatiguée, dit Serge. Tu sais ce que tu vas faire ? Tu vas aller sur le brancard. Je suis sûr que je peux marcher un peu, avec le bâton.

– Toi ? dit Ernst derrière lui. Tu plaisantes ?

– Repose-toi, Ina, dit Jürgen. Le temps qu'il faudra. »

Carl retourna à la charrette et revint avec une couverture.

« Le mieux serait que tu montes dans la charrette, dit-il. Jürgen et Kurt m'aideront.

– Cette forêt, murmurait-elle. Cette forêt glacée on n'en voit plus le bout... »

Des paroles sans suite, hachées de sanglots, se pressaient à ses lèvres. Elle essayait bien de les canaliser, de se ressaisir, les yeux fixés sur le sous-bois vague et silencieux, mais presque aussitôt elle se sentait submergée de nouveau par des vagues de brume, de nuit et d'angoisse.

« ... Tout ce sang derrière nous, tout ce sang... le petit type... sa tête... sa tête éclatée... Oh ! Kurt, ta grand-mère !... cette... cette vieille dame, faire ce qu'elle a fait... toujours obliger les gens... à aller au bout d'eux-mêmes... moi je ne peux plus... je ne peux plus... je sais qu'ils nous cherchent... je ne veux pas revenir... j'en ai trop vu... je... je... »

Devant elle, leurs têtes rapprochées, silencieuses et consternées. Réagir. Se raisonner.

« Je suis désolée... ça me reprend... j'avais ça au camp... dans les moments où je n'en pouvais plus... mais là, au milieu de vous... pourquoi... pourquoi... »

Une quinte de toux l'arrêta. Serge ne l'avait pas entendue tousser depuis son réveil. Cela lui fit un effet affreux. Il la revit mourante, l'autre nuit. Il la voulait déjà préservée, par sa fuite elle-même, par ces arbres qu'elle semblait repousser du bras comme s'ils l'étouffaient, alors qu'ils la protégeaient, par sa liberté reconquise de si haute lutte. Par sa présence à lui. Préservée! Pourquoi rêves-tu toujours?

« Fais quelque chose, murmura-t-il à Ernst.

– C'est normal, était en train de dire Jürgen. Ça ne fait que quatre jours. On n'efface pas comme ça six mois d'horreur.

– Tu étais prêt à la laisser dix ans », faillit dire Serge. Il se contint.

« Il y a un peu d'eau, Carl? demanda Ernst.

– Oui », dit-il.

Il retourna à la charrette et en sortit, comme d'un coffre de prestidigitation, une gourde et un gobelet. Ernst versa l'eau et prit un cachet dans sa poche.

« Bois ça.

– Oh! non, dit Ina. On peut en avoir besoin. Ça va mieux, déjà. »

Son regard cherchait quelqu'un dans la pénombre. Elle le trouva.

« Kurt... ta grand-mère..., redit-elle en secouant la tête. Ta petite *Grossmutter*...

– Bois », dit Ernst avec fermeté.

Elle se laissa faire. Kurt ne savait quelle attitude adopter.

« On la vengera, murmura-t-il en regardant par terre.

– Ecoute, dit Jürgen. Tache de tenir encore deux heures. Dans deux heures on ne devrait pas être loin de l'arrivée, n'est-ce pas, Kurt ?

– Oui », dit le jeune homme avec l'air de ne pas trop y croire.

Le visage d'Ina avait la fixité grise d'une statue de basalte. Les larmes ne coulaient plus.

« Je me croyais à l'abri de ça, dit-elle en secouant la tête. Je me croyais un peu armée, avec vous tous...

– Là-bas, tu seras en sécurité, ajouta Jürgen. En sécurité, tu m'entends... Tu auras tout le temps de reprendre des kilos et de te refaire une beauté. Bien que ça ne soit vraiment pas nécessaire », ajouta-t-il précipitamment.

Le compliment fut assené d'un air si emprunté, mais partait si visiblement du désir de Jürgen de lui faire plaisir et de lui redonner courage qu'elle se mit à rire un peu nerveusement et lui fit un petit baiser sur la joue. Serge détourna son regard, presque par réflexe. Surpris, Jürgen piqua du nez, puis leva son visage et la regarda.

« Il ne faudrait peut-être pas trop tarder, tu sais, lui dit-il avec douceur. C'est le passage de cette rivière qui m'inquiète. »

Elle se leva sans mot dire.

« Je t'admire, lui dit Ernst tout bas en passant à côté d'elle. Tu es... tu es forte.

– Carl, ton carrosse ? » demandait Jürgen.

Carl leva son pouce.

« Alors on y va. »

La charrette les attendait, les brancards en l'air, surannée, tranquillisante. Il sembla à Serge, au moment où il se sentit de nouveau soulevé en l'air, que la nuit s'éclaircissait légèrement. Mais ce ne fut d'aucun réconfort. Alors que l'on commençait à voir les arbres jusqu'à mi-hauteur et que quelques échappées fugitives apparaissaient de-ci de-là au hasard du parcours, entre les bancs de brume, mystérieuses comme des entrées de labyrinthe, il se sentit soudain fatigué et troublé. Il ne pouvait s'empêcher d'en vouloir à Ina de cette défaillance devant tout le monde et surtout de ce baiser qu'elle avait donné à Jürgen. Il ne la regarda plus une seule fois et ce fut elle qui vint à un moment donné à sa hauteur avec des yeux interrogateurs auxquels il ne put opposer, de son petit radeau ballotté, qu'un visage vide aux traits tirés. Et puis il sentait avec la fatigue des débuts de crampe sourdre dans son mollet et s'y nouer de brèves morsures, profondes comme des coups de dague. Crispé sur la douleur qui pointait, le visage en sueur, il essayait alors de bouger un peu la jambe. Deux fois la crampe avait régressé et, à mesure que la douleur l'abandonnait, il attendait, les yeux fermés, la brève rémission et la sensation de bien-être qu'elle apportait avec elle, mêlée à l'angoisse sournoise de la voir revenir.

« Essaie de ne pas trop gigoter », lui dit Heinrich.

Serge lui montra son mollet avec un geste navré. « Quelle nuit ! » murmura Heinrich. Le terrain était toujours difficile et ressemblait maintenant à celui qu'il avait trouvé le premier jour lors de sa progression vers le camp, avec de grandes roches grises émergeant toutes humides de la nuit. Elles obligeaient les porteurs à de fatigants détours et plusieurs fois Kurt dut grimper sur l'une d'elles pour tenter de s'orienter. A sa dernière ascension, il trouva une large trouée d'arbres qui lui permit, précautionneusement camouflé au sommet, de voir un peu au-delà des alentours immédiats qui les écrasaient depuis si longtemps. Il descendit d'un air satisfait et fit un signe qui voulait dire : on avance. L'aube se levait sur ces rochers avec autant d'art que sur le deuxième acte de *Tristan*. Les filaments de brume isolaient chaque caillou, chaque levée de terre, chaque grand pin solitaire, comme si, de chacun des éléments de cette vallée isolée, dépendait une certaine idée de l'harmonie universelle. « Cocasse », pensa Serge. Puis, d'un seul coup, Kurt, qui marchait en tête, s'arrêta et s'accroupit en levant le bras. Ils stoppèrent comme un seul homme et n'en crurent pas leurs yeux : cette jolie mise en scène brumeuse encadrait d'un écran duveteux la scène (avec figuration) qu'ils redoutaient le plus au monde : une patrouille immobile, deux cents mètres en contrebas, avait barré le vallon et regardait vers eux.

Heinrich serra dans sa poche le Parabellum.

« Cinq balles, pensa-t-il amèrement. Il faudrait vraiment que je tienne la forme. »

Apparemment les SS ne les avaient pas vus, et pourtant ils restaient immobiles comme si quelque chose les avait alertés. La petite troupe était momentanément sauvée par le brouillard et la différence de niveau. Une minutes plus tard, ils seraient tombés droit dessus. Ils se pétrifièrent dans une immobilité absolue. Carl bloqua la charrette contre un tronc et déplaça lentement la bâche pour éviter les reflets sur les ferrures. Jürgen et Kurt s'incrustèrent dans le sol sans perdre de vue les huit silhouettes mortelles qui fermaient la trouée. Deux ou trois d'entre elles s'étaient accroupies comme si elles étaient particulièrement à l'écoute. On voyait leurs mains crispées sur la détente. Avec d'infinies précautions, aidé de Ernst et de Heinrich, Serge était descendu de la civière et s'était allongé. Ernst disposa lentement quelques fougères devant lui pour le camoufler. Serge entendit à son oreille la voix d'Ina.

« On ne se quitte pas... »

Elle tressaillit en le voyant. Il avait le visage convulsé.

« J'ai une crampe, murmura-t-il. C'est à hurler... »

Du menton, il lui montra sa jambe et se renversa en arrière, les dents serrées, le front plein de sueur. Des deux mains elle le massa frénétiquement. Elle sentait le nœud de muscles noués et durcis au bas du mollet et elle mit toute son ardeur et sa finesse tactile à tenter de le détendre, puis de l'éliminer. Petit à petit la pince de douleur se desserra. Il ferma les yeux et sentit la crispation décroître et la souplesse revenir. Il s'aperçut que ses mains étaient moites et tremblaient. Il eut un mouvement brusque en réaction à la peur et à la douleur et une pierre, sous lui, bougea avec un petit claquement sec.

« Doucement », dit-elle très bas.

Il mit sa main dans la sienne. La patrouille était toujours immobile. Puis, d'un seul coup, sur un ordre qui leur parvint lointain et étouffé, les huit silhouettes reprirent d'un même mouvement leur marche vers le soleil levant. Eux ne bougèrent pas. Collés au sol comme sous une chape de plomb, ils restèrent figés face à la vallée désertée, accrochés au terrain comme s'ils ne parvenaient pas à s'en extraire. Non, la voie ne pouvait être libre. Chaque arbre cachait un tireur. Toute une division SS avait pris position dans ces rochers pour leur interdire l'approche de la Schwarza. La route de la liberté avait été coupée, brutalement. Saccagée. Cela dura longtemps. Aucun d'eux, par la suite, quand ils en parlèrent, n'accepta de mettre cette longue immobilité tendue sur le compte de la peur ou de la prudence. Peut-être la conscience soudaine de l'inégalité de la partie, avec la matérialisation aveuglante des risques encourus, les avait-elle paralysés sans qu'ils s'en rendent compte. Peut-être était-ce ce site lui-même, pensa Serge – une sorte de défilé qui nous tenait sous une emprise où la fatigue et les phantasmes de l'aube avaient aussi leur part...

Puis Jürgen réagit. Près de trois quarts d'heure avaient passé depuis le départ de la patrouille quand il se décida à bouger. Il se leva lentement en faisant signe aux autres de demeurer à leur place. Le jour était maintenant levé. Ils le suivirent des yeux alors qu'il descendait la pente, flottant comme un mirage dans le brouillard. Il dépassa l'endroit où se trouvait la patrouille et ils le perdirent de vue. Ils s'ébrouèrent, changèrent de position. Serge ressentait maintenant une sorte de bien-être à être étendu à demi assis, loin de la position inconfortable de la civière. Il avait le visage d'Ina juste au-dessus de lui, qui se détachait sur le ciel clair de l'aube. Pauvre visage d'Ina, si tiré de fatigue. Beau visage d'Ina, penché au-dessus de moi avec ses yeux gris et pâles comme un lac de Finlande, encore gonflés des larmes de la nuit. Il toucha sa joue froide. Elle sourit.

« Je me sens comme après une longue bataille, dit-elle en s'étirant. Rompue. Flapie.

– L'eau va te faire du bien, dit Serge.

– J'ai surtout envie de café, dit Ina. Carl!

– Après la Schwarza, dit Carl. Si on doit passer à gué, on aura besoin de ça pour faire la réaction. »

Ina le regarda.

« Ta burette. Elle nous a sauvés. Avec ce bruit, ils nous repéraient, c'est sûr.

– La chance, » dit-il avec un grand rire muet.

Ernst s'approchait. Engoncé dans une vieille capote, la barbe agressive, il ressemblait à une vieille créature de la forêt dont on vient de surprendre l'hibernation.

« Tu n'as pas trop d'ampoules aux mains? demanda Serge.

– Non, ça va.

– Tu sais, j'ai eu une crampe terrible tout à l'heure. Tu imagines ce que je pouvais ressentir avec les huit spectateurs en dessous. Heureusement j'avais Ina.

– Heureusement j'avais Ina », répéta Ernst en imitant Serge et en la regardant. Elle rit. Elle avait l'air délivrée.

Un léger sifflement leur parvint. Heinrich se retourna vers eux, l'air moqueur.

« Il se sent plus. Pour un peu on avait droit au cri de la chouette. »

La silhouette de Jürgen apparut à contre-pente. Kurt se leva et alla au-devant de lui. Il y eut un conciliabule, puis ils remontèrent tous les deux.

« La rivière est là, dit Jürgen en reprenant sa respiration. Derrière le rideau d'arbres. Tout ce qu'on pouvait espérer dans le genre Berezina.

– On aura tout eu, soupira Serge.

– *Tout eu, tout vu, tout cru,* psalmodia Ina en français en esquissant un pas de danse.

– Quel tonus, dit Jürgen en regardant Ina avec admiration. Quand je pense qu'elle a marché tout la nuit.

– En selle, Bartali, dit Heinrich en apportant la civière. La victoire est au bout du chemin. »

Ils franchirent les dernières barres de rochers sur une herbe glissante et rosée.

« Si on te lâche c'est mieux que la schlitte, dit Heinrich.

– Tu l'as déjà dit, grogna Serge. J'avais à peine fini de rire que j'étais déjà par terre.

– Je peux pas m'empêcher. Je te verrai toute ma vie sur ce tas de bois. Tu me rappelais... un jour, à Berlin, sur le grand Huit...

– Parlez moins fort, bon sang, dit Jürgen en se retournant. Il y avait là une patrouille il y a pas une heure. Elle peut revenir... souvent ils font des volte-face.

– C'est Clausewitz, ce type », murmura Ernst.

La rivière apparut en contrebas des derniers arbres. Ils la regardèrent, comme fascinés par une langoureuse apparition. Elle avait une quinzaine de mètres de large. L'eau, à peine visible sous la nappe de brouillard, semblait rapide, traîtresse, pleine de remous silencieux. Au-delà s'étendait une petite prairie blanche de givre qui butait sur l'autre versant de la vallée.

« Elle est moins profonde qu'elle n'en a l'air, dit Kurt. Il me semble que mon père la traversait en bottes de pêche. »

Il marchait le long de l'eau, enjambant les pierres, cherchant un passage plus étroit. Les autres s'étaient immobilisés en grappes, accroupis sous les aulnes.

« Tu sais à quoi je pense? demanda Serge à Ina. A la berge, le premier soir, quand on pris le bateau. Quand j'ai tellement cru que c'était gagné.

– Cette flotte ne me dit rien qui vaille, l'interrompit Ernst. J'ai toujours détesté me baigner. J'avais de l'acné juvénile, expliqua-t-il à Ina.

– Ah oui ? » fit-elle, intéressée.

Un peu plus haut, Kurt avait cassé un petit peuplier mort et émondait méthodiquement ses quelques branches. Se penchant en avant, il fit un premier sondage à un endroit où une pierre plate offrait une plate-forme de départ. La perche s'enfonça modérément.

« Ça devrait aller », dit-il.

Il retira ses chaussures et ses chaussettes, son bourgeron et son pantalon molletonné qu'il alla plier soigneusement sur la charrette. Il retira son slip avec le même naturel. Il semblait n'avoir fait que ça toute sa vie : franchir des torrents à l'aube. Peut-être ses courses d'enfant derrière son père le prédisposaient-elles à cette sorte d'allégresse tranquille dans son face à face avec la rivière. Penché au-dessus d'elle, avec ses longues jambes maigres sortant d'un énorme pull-over, il ressemblait à un échassier frileux scrutant le fond avant sa pêche quotidienne. D'un pied précautionneux, il descendit de la pierre.

« Hou ! là ! là ! C'est... c'est plus que froid, c'est...

– Tais-toi et nage », dit Ernst.

Tous le regardaient progresser. Plantant la perche devant lui, il avançait lentement en claquant des dents. L'eau monta d'abord aux genoux puis le long des cuisses. On entendait des pierres rouler au fond de la rivière à chaque fois qu'il faisait un pas.

« Restez pas en groupe, bon sang, glapit Jürgen.

– Ah ! fit Kurt tout à coup. Ah ! ah ! Ça y est. Immersion totale.

– Courage, frère, ça régénère », dit Ernst.

Ils le virent remonter son pull-over pour que l'eau ne le mouillât pas, mais elle n'alla pas au-delà du nombril. Puis il remonta lentement sur la rive. Il planta une autre branche pour l'alignement et repassa en sens inverse plus rapidement pour revenir vers eux, les jambes bleues de froid, ourlées de vase, le sexe plissé et recroquevillé et le visage hilare. Heinrich ne put s'empêcher de lui adresser une grande tape sur le derrière qui résonna comme un battoir de lavandière. Kurt sursauta, et Jürgen se retourna, l'air furieux.

« Mais enfin, bon Dieu ! je...

– Ça va, ça va, dit Heinrich. On le sait qu'on est dans le champ de tir. »

Ernst s'approcha de Kurt, d'un air faussement inquiet.

« T'as rien perdu ? demanda-t-il. Avec un courant pareil... »

Jürgen lui fit signe de se taire.

« Ecoutez ce qu'on va faire, dit-il. Je passe la charrette droit sur le repère, avec Kurt, Heinrich et Carl. Puis Ernst traverse avec la civière. Puis Heinrich revient et prend Serge sur son dos.

– Et moi dans tout ça ? dit Ina.

– Tu travailles ton crawl.

– Je chatouillerai vos petits derrières, en plein milieu, voilà ce que je ferai, dit-elle avec un rire clair.

– Réserve tes talents à Kurt, dit Ernst. Je le trouve bien petit et ridé depuis sa traversée. Il faudrait penser à me redresser tout ça. »

Ina leva les yeux au ciel.

« Tu sais bien qu'Ina déteste la vulgarité, dit Heinrich d'un ton sévère.

– Pardon, ma petite Ina », dit Ernst humblement.

Serge mis à part, ils commencèrent tous à se déshabiller. Tous les vêtements furent empilés sur la charrette. Ina se mit demi-nue avec simplicité et s'approcha de la charrette pour mettre ses vêtements dans un tas à part. « Je me sens deux fois plus nue que si j'étais nue », pensa-t-elle.

« Tu as de belles jambes, Ina, dit Heinrich quand il la vit approcher.

– Pas aujourd'hui, dit-elle en riant. Elles ont trop servi ! »

Carl fit un clin d'œil à Ina et s'approcha de Ernst avec l'air libidineux d'un adjudant de la Coloniale se choisissant une ordonnance.

« Tu as de jolies fesses, Ernst, dit-il avec un rire gras. Plutôt moins poilues que le reste. »

L'air outragé, Ernst se retourna en faisant mine de se draper dans la fougère qu'il mâchonnait l'instant d'avant.

« Pas aujourd'hui, elles ont trop servi, dit-il en montrant l'énorme bleu qui couronnait le haut de sa cuisse depuis sa chute.

– Il faudrait exiger un minimum d'âge mental, sur ce réseau », soupira Jürgen.

Il se dirigea vers la charrette.

« On y va », dit-il.

Ils la hissèrent sur leurs épaules, descendirent dans la rivière en tâtonnant du pied et commencèrent avec lenteur leur progression vacillante. L'eau du matin se recouvrait d'une légère écume transparente, fugace comme de la buée. Les roues frôlaient l'eau et laissaient un sillage comme si la charrette roulait délicatement sur la surface moirée. Les remous de la rivière semblaient s'apaiser autour d'elle. « L'Arche passe la mer Rouge », pensa Serge. Ina, en attendant de traverser, s'était recouvert les jambes d'une couverture que lui avait donnée Carl avant de partir. Serge, à côté d'elle, surveillait la rivière et ses abords avec inquiétude, car les interjections que s'adressaient les deux tandems de l'attelage lui semblaient destinées à s'attirer toutes les patrouilles du Reich.

« Heureusement, il y a du brouillard », se dit-il. Il y eut surtout à ce moment-là un grand bruit d'eau au milieu de la rivière. La charrette tangua, puis s'immobilisa. On distinguait mal ce qui se passait.

« On a crevé de l'arrière », annonça Heinrich.

Carl était tombé dans un trou d'eau. La charrette, qui ne reposait plus de ce côté que sur l'épaule de Heinrich, penchait d'une façon inquiétante. Carl parvint à se remettre debout, trempé, tremblant de froid.

« Nom de Dieu ! s'exclama-t-il. Kurt, tu ne l'avais pas repéré, ce trou, avec ta perche ? »

Kurt et Jürgen s'étaient arrêtés. Kurt se retourna.

« J'ai balisé un gué, pas une autoroute, répliqua-t-il avec sérénité.

– Ça va, Carl ? demanda Jürgen. On peut avancer ?

– On peut toujours, bougonna Carl, l'air grognon.

– Carl trouve que ce passage de véhicule manque de rigueur stratégique et tactique », épilogua la voix nasale de Ernst, depuis la rive.

Ina pouffa. Serge se retourna vers elle.

« Toi aussi tu es inconsciente, dit-il d'un air de reproche.

– Qu'est-ce que tu veux, dit-elle en écartant les mains avec un petit sourire. On ne se refait pas.

– Avancez, bon Dieu, dit Jürgen. Même Ernst serait capable de ne pas vous rater !

– Ça, c'est bien vrai, dit Heinrich. Allez, on repart.

– On te demande pas ton avis, vitupéra Ernst. Je tire aussi bien que n'importe qui !

– Enfin faites moins de bruit, cria Serge avec inquiétude.

– Serge ! C'est toi qu'on entend le plus ! »

Dans la rivière, mètre par mètre, ça bougeait de nouveau. Jürgen et Kurt sortirent péniblement de l'eau.

« Poussez... mais poussez ! » dit Jürgen à Heinrich et à Carl.

Les roues dérapaient dans la boue au moment de remonter sur la berge. Gelés, trempés, sans points d'appui, Heinrich et Carl ne pouvaient être d'une grande utilité. La charrette sembla suspendue un instant au-dessus de l'eau, oscillant dangereusement. Ina ferma les yeux et attendit le bruit de la chute dans l'eau. Mais Jürgen, du pied, put faire glisser une pierre sous l'une des roues qui s'y cala et cessa de patiner. Au prix d'un dernier effort, la charrette fut hissée sur la berge. De l'autre rive, on vit les quatre silhouettes s'écrouler à terre comme des pantins privés de ficelle. Puis ils se relevèrent lentement. Objet de tant de peine, la charrette gisait abandonnée à quelques pas d'eux, répandant une flaque sous elle comme une bête au repos. Carl s'approcha et la tapota affectueusement.

« Alors on se laisse aller », dit-il.

Il ouvrit la bâche, sortit quelques serviettes, ôta tous ses vêtements mouillés et commença à se changer. Il faisait doux maintenant. Pourtant la silhouette de Carl, nu, sortant du brouillard, réveilla en Ina des souvenirs de baignades glacées dans la mer du Nord, sur des plages de galets, devant des villas obsolètes. « Je suis fatiguée », pensa-t-elle.

Encouragé par la voix sarcastique de Serge, Ernst aborda la rivière avec des grâces frileuses. Maladroitement arrimée sur son dos, la civière ressemblait avec ses brancards aigus à une libellule géante paressant à la surface de l'eau. Serge sourit en le voyant avancer, tout en gardant un œil sur l'enfilade de la vallée. Avec de brefs tourbillons cristallins dévoilant des reflets étincelants, la rivière semblait aspirer peu à peu sa gangue de brouillard protectrice. Dans quelques minutes la visibilité serait excellente. Il avait envie de passer avant. Soudain il crut voir une silhouette au loin et tressaillit. Il se reprit aussitôt : la brume en se levant dégageait une souche qui avait la forme d'un homme accroupi. Tout semblait bouger de minute en minute dans un univers miroitant et lumineux.

Puis Heinrich se trouva devant lui sans qu'il l'ait vu approcher. Il se baissa et Serge grimpa sur ses épaules avec un soupir de soulagement. Heinrich était très sûr de lui à sa deuxième traversée et Serge se sentit en confiance. Ina passa à côté de lui. Elle les dépassa dès que le sol remonta, le front contracté de froid, et il la vit sortir de l'eau dans une impulsion nerveuse et garçonnière, aidée de Jürgen qui lui donna la main.

A l'arrivée sur la berge, il s'aperçut que la prairie était plus encaissée encore que ce qu'il avait observé de l'autre rive, car une haie de saules parallèle à la rivière sortait peu à peu de la brume. Il retrouvait, sous le givre, le petit enclos préservé où il s'était vu en rêve pénétrer en luge avec son aimée. Il la chercha du regard. Elle ne se séchait pas, ne se rhabillait pas, et s'était adossée debout à un arbre, les jambes et le sexe nus, regardant le ciel dans une attitude d'action de grâces. Heinrich s'approcha d'elle et s'accroupit pour que Serge pût descendre; mais alors que Serge, aidé de Ernst, mettait pied à terre et faisait quelques pas à cloche-pied, Heinrich, parvenu devant Ina, ne se redressa pas tout de suite et, avec le naturel d'un baiser sur le front, l'embrassa doucement sur sa toison qui retenait encore toute l'eau de la rivière. Ina ne bougea pas, ne cilla pas. Heinrich se releva alors, fit quelques pas en arrière et commença à se sécher. Serge la regarda; elle avait le visage de somnambule aux yeux insondables dans lesquels, tant de fois, il s'était perdu. Il s'agenouilla près d'elle et, à son tour, embrassa la touffe sombre et hérissée de froid. Elle lui jeta un regard vaste et vide. Tous les regardaient, saisis. L'air grave, Kurt s'approcha à son tour. Il s'inclina de façon presque religieuse, et mit son front, un instant avant le baiser, contre le ventre d'Ina. Et puis Ernst, qui embrassa Ina comme dans un jeu, avec un sourire amusé et un air heureux. Carl, furtivement, comme on baise un fétiche. Jürgen enfin. Il avait d'abord regardé la scène d'un air réprobateur. Il hésita quelques instants, comme si l'on venait de lui transmettre un Graal dont il ne se sentait pas digne. Il fut le seul à tenir les hanches d'Ina entre ses mains un bref instant avant de l'embrasser.

Elle, qui avait gardé pendant les baisers un visage absent, retrouva un sourire gai quand elle les vit tous à quelques pas se sécher et se rhabiller en silence. Dans la lumière claire de la fin de la nuit, elle regarda ceux qui avaient passé la double frontière de la nuit dans la forêt et de la traversée de la Schwarza. Ils n'avaient pas l'air d'avoir froid. Ils semblaient allégés, dénoués, leurs gestes épurés, dignes, pour quelques instants, de l'Age d'Or.

« Les Chinois disent qu'il y a sept manières de traverser la rivière, murmura-t-elle. J'ai été embrassée six fois. »

Serge la regarda avec tendresse.

« Garde une traversée d'avance, dit-il. C'est un capital, par les temps qui courent. »

Elle sourit. Elle entendait vaguement Jürgen faire des recommandations et se préoccuper de l'humidité à l'intérieur de la charrette. Elle se retrouva en pantalon sans le souvenir de s'être rhabillée. Cette fatigue, soudain. Elle se força à faire quelques pas le long de la haie, au milieu de leur léger matériel de romanos en fuite éparpillé dans l'herbe. Devant elle le versant à remonter, parsemé de bouquets d'arbres aimables et sans profusion, lui parut un Everest de difficultés. Elle n'avait plus la notion du temps et se rendit simplement compte un long moment après qu'elle avait franchi la ligne des saules à leur suite et qu'elle attaquait la pente d'un pas mécanique, dans les premiers rayons du soleil.

5

La charrette avait recommencé à gémir mais ils ne s'en préoccupaient plus. Ina, en suivant Carl, pensait pourquoi ne s'arrête-t-il pas pourquoi ne fait-il rien, mais elle n'osait pas le lui dire car il avait depuis quelques kilomètres sa tête des mauvais jours, cernes sous les yeux et lèvres serrées. « On a tous des mines de crevés, se dit-elle. Et moi, je dois être belle. » Depuis la rivière, elle marchait sans penser à sa fatigue, la colonne vertébrale douloureuse, les pieds de plomb, s'acharnant à suivre Kurt qui, penché en avant, la foulée rasante, ouvrait le sentier ou ce qu'il en restait. Serge sommeillait sur la civière et se réveillait parfois avec un mouvement brusque ou un bref gémissement. Cette maison. A un moment donné de la nuit, ils y avaient tous cru. Ils la voyaient. Ils en franchissaient déjà le seuil. L'Arche avait sa Terre promise. Mais maintenant, elle leur échappait comme dans un mirage. « Il n'y aura pas eu de maison, se dit Ina. Il n'y aura eu que la recherche de la maison. »

Personne n'avait dû passer là depuis des années. Ina ressentait tout autour d'eux une impression lourde de terre oubliée, en friche, de savane jamais investie, que les rousseurs de l'automne ne parvenaient pas à égayer. Des taillis confus cachaient des étangs que l'on apercevait dans le lointain, et elle se disait à chaque fois que c'était peut-être celui de Kurt. De temps à autre un lièvre débouchait devant eux, et, foudroyé de surprise en les voyant, restait quelques secondes immobile avant de se perdre dans les buissons d'un bond éperdu. Puis la colonne repartait, un peu plus voûtée, un peu plus silencieuse et lente.

Aussi, quand ils tombèrent littéralement dessus, y eut-il un mouvement général d'incrédulité. Elle se dégageait à peine des taillis qui l'enserraient comme un écheveau. Un peu en retrait miroitait le petit étang. Toute en bois, recouverte de lattes également en bois, elle semblait issue de cet étang comme si elle avait poussé sur ses rives en même temps que les saules et les roseaux qui l'entouraient. Ils se précipitèrent vers elle pour la toucher et en faire le tour. L'excitation et la curiosité effacèrent en un instant leur épuisement. « Laissez-moi là », dit Serge à Heinrich et Ernst.

Ils le déposèrent un peu à l'écart, sur un petit parvis herbeux. Il ne pouvait voir l'étang de là où il était. On entendait la voix de Jürgen :

« On n'arrive pas en groupe dans une maison inconnue, il peut y avoir une embuscade...

– Que crois-tu qu'on pourrait faire avec trente-cinq kilomètres de terrain varié dans les jambes et un seul pistolet... lui demanda Serge ironiquement.

– Rien », dit Jürgen sans trace d'humour.

Ina fut la première à entrer à l'intérieur. La porte n'avait pas de serrure. Elle avait dû battre depuis des mois autour de ses gonds déchaussés car le sol recouvert de branches sèches et de feuilles mortes en gardait la trace circulaire légèrement creusée. Il y avait deux petites pièces en enfilade, dont la première avait une cheminée, une table et quelques sièges, et la seconde trois ou quatre grabats posés l'un sur l'autre et dévastés par les rats. Ina épousseta soigneusement le plus haut et le mit à part dans un coin de la pièce. Alors qu'elle sortait, elle croisa Carl qui apportait du bois.

« Il faudrait mettre des feuilles mortes dans les paillasses, dit-il à Heinrich.

– Il y a beaucoup de choses à faire, tu sais », répondit Heinrich d'un ton las.

Jürgen inspectait les deux pièces. Il passa lentement sa main sur les traces de suint près de la cheminée.

« Ça te va ? demanda Kurt en étendant le bras d'un geste large sur les deux petites pièces.

– Oui, dit Jürgen. Personne ne viendra nous chercher ici. »

Carl et Ernst s'affairaient autour du feu. Il régnait autour de la cheminée une telle odeur d'humidité moisie qu'ils eurent envie, avant tout, de faire jaillir une flamme pour exorciser la solitude tragique de la maison et marquer sa renaissance. Tout de suite, le climat changea et devint plus chaleureux. Effilochées par le vent d'hiver comme de vieilles bannières, les coulées noirâtres du mur prirent sous la lueur du foyer la délicatesse d'une moire ancienne.

Heinrich rentra avec un plein sac de feuilles mortes.

« Tu devrais aller voir ton blessé, dit-il à Ernst. Ça n'a pas l'air de rigoler. »

Ernst se leva et sortit. Ina était déjà à côté de lui. Elle avait son visage tout contre le sien. Ernst entendit qu'elle lui disait : « Je t'ai choisi la moins sale » et vit qu'elle avait les larmes aux yeux. Elle l'entraîna à l'écart.

« Ernst, murmura-t-elle. Regarde la tête qu'il a... Il va mourir, n'est-ce pas... »

Le masque de Serge était creusé et pâle, et son front en sueur.

« On croit ça », dit le toubib en s'agenouillant.

Il lui prit son pouls puis se pencha sur la blessure. Elle avait saigné abondamment depuis la rivière. Le sang avait transpercé le pansement et faisait une tache noire.

« Va me chercher un peu d'eau chaude, dit-il à Ina en défaisant la bande. Et un peu de café aussi. Ça ne devrait pas tarder, on a fait du feu. »

Il retira le pansement, examina la cuisse et le mollet tailladés en profondeur. Serge grimaçait.

« Donne-moi un cachet », souffla-t-il.

Ina revenait avec deux récipients. Serge la vit approcher et se tourna vers Ernst.

« Dis-lui que ça va pour moi. Dis-le-lui.

— T'inquiète pas. »

Il prit l'eau chaude, nettoya la blessure, déposa par-dessus une série de compresses et enserra le tout dans une bande neuve. Serge but avidement le café et le rendit tout aussitôt dans l'herbe.

« Tu vois bien », dit Ina, l'air désespéré.

Ernst eut un léger mouvement d'impatience :

« Tu sais ce qui me ferait plaisir, dit-il à Ina.

— Non... oui... je ne sais plus

— Prends ça, dit-il en lui tendant un cachet. C'est le même que tout à l'heure. Choisis une paillasse et une couverture. Et puis couche-toi et dors.

— Je reste avec lui, dit Ina, fermement. Il fait doux, on sera aussi bien dehors.

— Tu veux me faire plaisir à moi aussi ? dit Serge faiblement.

– Oui...

– Fais ce que dit Ernst. Je t'en prie. Je vais mieux. Je vais mieux, tu sais.

– C'est vrai, dit Ernst. Il a très bien supporté tout ça. »

Il se leva et prit doucement Ina par les épaules.

« Tu sors d'un camp. Tu as passé une nuit... disons fatigante. Tu vas me faire le plaisir...

– Oui, dit Ina. Je comprends. Mais ne le laisse pas seul. Il a de la fièvre.

– Je ne vais pas le quitter. Je vais l'enlacer toute la nuit. Va dormir. »

Elle s'agenouilla près de Serge.

« Sergio, on est arrivés, dit-elle d'une voix éteinte. Ernst me dit qu'il faut que j'aille me reposer. Je peux, maintenant qu'on est arrivés. Je peux, n'est-ce pas ?

– Je devrais déjà t'entendre ronfler », grimaça Serge d'un ton bourru.

Elle rentra vers la maison à pas lents. Ernst la suivit du regard.

« Elle m'inquiète bien plus que toi », dit-il.

L'aube chaleureuse de l'arrivée s'était fondue dans un ciel doux et blanc quand, vers la fin de l'après-midi, Jürgen sortit de la maison en s'étirant. Devant lui, malgré l'atmosphère légèrement voilée, l'étang se détachait au milieu du terrain noirâtre et des feuilles mortes avec la netteté miroitante d'une empreinte gigantesque. Il partit faire quelques pas le long de l'eau, les mains dans les poches et le dos rond, comme s'il remontait le vent. Puis il se retourna. Il lui parut évident, de là où il se trouvait, que la maison basculerait dans l'étang un jour de pluie ou de bourrasque, attaquée par l'humidité comme une paillote par les termites, ne laissant derrière elle que des traces fantômes comme la hutte de la clairière, cette nuit.

« Pas très gai tout ça, murmura-t-il.

– On ne viendra pas nous chercher ici, en tout cas », dit une voix douce derrière lui.

Sans se retourner il lui saisit le bras. Elle avait retiré son cardigan et elle était en blouse grise. Il put sentir la maigreur de son épaule.

« J'espère qu'elle ne s'écroulera pas sur nous », dit-il en montrant la maison.

Ina s'assit au bord de l'eau, étirant ses jambes et écartant ses bras, tendue et oblique, plus longue encore que nature.

« Je ne t'ai pas entendue venir. Tu aurais dû dormir un peu plus. Mais tu as meilleure mine que tout à l'heure.

– Les calmants de Ernst sont formidables, dit-elle. Ils vous détendent sans vous laisser assommée pendant des heures. Il ne faudrait pas que je m'habitue...

– Et Serge ?

– Il dort. Avec Ernst, d'ailleurs. Ils ont dû partager une double dose !

– Vous êtes tous drogués, ma parole », dit Jürgen.

Le front plissé il se massait les ailes du nez entre le pouce et l'index selon un tic familier. Il avait l'air maussade et fatigué. Ina ramena ses jambes et poussa un soupir, comme si elle reprenait contact avec la réalité à travers le visage fripé de Jürgen. Ils étaient arrivés près d'un petit embarcadère qui n'avait pas dû servir depuis des lustres, à demi écroulé dans l'eau parmi des myriades de petites pastilles vertes. Ils s'approchèrent des planches de bois disjointes et montèrent dessus. La passerelle oscilla sous leur poids et ils firent prudemment retraite.

« Il doit y avoir une embarcation quelque part, dit Jürgen en scrutant la surface de l'eau.

– Je la vois sous forme d'épave, émergeant à peine des roseaux, comme dans les estampes japonaises, dit Ina.

– A propos d'estampe, tu as vu sur les murs ?

– Quoi, les graffiti ?

– Il y a une certaine Ilse qui a dû chanter pas mal par ici... dit Jürgen d'un air rêveur.

– Ça a peut-être été ses derniers beaux jours », dit Ina pensivement.

Il la regarda.

« Tu as toujours de ces images, dit-il.

– Comment ça ?

– Je ne sais pas, moi... crépusculaires... »

Il se leva et arpenta la rive boueuse. De l'autre côté de l'étang, il vit Carl et Heinrich sortir de la maison et lui faire un signe auquel il ne répondit pas.

« Tu as l'air préoccupé, dit Ina.

– Oui. Plusieurs choses me tracassent. Ce Kurt, qui nous tombe dessus cette nuit... Ce matin, il ne s'est pas endormi, il est parti faire une ronde.

– S'il avait dû y avoir une embuscade elle aurait déjà eu lieu, dit Ina. Et puis quoi faire d'autre ?

– Il t'inspire confiance ?

– Oui. C'était sa grand-mère, n'oublie pas. Et puis, je ne sais pas... Ça ne s'explique pas. »

Il vint s'asseoir près d'elle, le regard fixé sur l'eau.

« Je ne te cache pas que je ne sais absolument pas quoi en faire. »

Il eut l'air de découvrir la solution et de la réfuter en même temps.

« Evidemment, te laisser avec lui s'il y a le moindre doute... »

Ina secoua la tête.

« Ce serait mieux que tu l'emmènes et que tu l'utilises sur place. Tu comprendras que j'aie envie d'être seule avec Serge.

— Ça, c'est un autre problème, dit Jürgen avec lenteur. Mais réfléchissons, si tu veux, à ce qui nous permet de lui faire confiance, en dehors de ton intuition. » Il compta sur ses doigts. « Il aurait pu nous descendre facilement pendant qu'il nous suivait. Il nous a donné son arme. L'histoire de la grand-mère est vraie puisqu'il a été reconnu par Serge en photo. Et la mort même de sa grand-mère prouve bien qu'elle avait été probablement influencée par lui... Elle ne se serait pas culpabilisée comme cela sur l'arrestation de Serge s'il ne lui avait pas parlé de ce qui se passait à Ohnau.

— Et surtout, il a trouvé cette maison, dit Ina.

— Il t'est sympathique? demanda Jürgen à brûle-pourpoint.

— Oui. Si sympathique que je trouve que tu ne devrais pas t'en priver sur le réseau.

— Trop jeune.

— Il a montré qu'il n'était plus un gosse... Tu ne trouves pas? Tu avais cette maturité, toi, à dix-sept ans?

— C'est autre chose d'être un bon guide dans une forêt qu'on connaît depuis son enfance et de se retrouver, à dix-sept ans justement, dans une grande ville inconnue et immense, avec des missions précises et dangereuses... Je n'ai pas le temps de le former. »

Ina restait pensive.

« De toute façon, il lui faudrait un certain

temps pour se découvrir, si on estime qu'il reste un doute, dit-elle. Attendons quelques jours. »

Elle s'arrêta et secoua la tête.

« Et puis non, ce n'est pas possible. Ses yeux. La façon dont il me regarde. Ça ne trompe pas.

– A croire que tu l'as déjà séduit ! dit Jürgen d'un ton ironique. Malheureusement, cette période dont tu parles, probatoire en quelque sorte... je ne peux pas la lui accorder. »

Sa voix avait changé. Ina le regarda, soudain alarmée.

« Parce que tu repars quand ? demanda-t-elle brusquement.

– Cette nuit », répondit Jürgen après une hésitation.

Elle bondit sur ses pieds.

« Mais comment cela ? Tu ne me l'avais pas dit ! Quand l'as-tu décidé ?

– Tout à l'heure. Je n'arrivais pas à dormir. Je pensais à tout cela. Et puis l'évidence s'est imposée à moi.

– Mais enfin, c'est de la folie douce ! s'écria-t-elle. Vous êtes crevés. Vous êtes à peine reposés. Il vaut mieux que tu restes encore deux ou trois jours... Il y a bien d'autres problèmes que celui de Kurt ! On aurait le temps de parler de tout ce qui va se passer après, pour nous... »

Jürgen était accroupi au bord de l'eau. Tout autour de lui le sable se mêlait au terreau en arabesques molles ponctuées de cloaques remplis d'un liquide glauque où trempaient des feuilles. Machinalement il prit une pincée de sable et le laissa filer entre ses doigts, silencieux. Ina, debout, le regardait faire et son exaspération croissait de minute en minute.

« Dis-le-moi, ce qui t'inquiète ! Comment veux-tu que je le devine ? »

Jürgen regarda autour de lui. Son regard glissa de la maison à l'étang, du bouquet de saules où ils se trouvaient à l'épais taillis où débouchait le sentier.

« Tu n'as pas cette impression, toi ? demanda-t-il.

— Mais quoi ? Quelle impression ? demanda-t-elle. Celle d'être dans une cachette ? »

Il sourit amèrement.

« Une cachette... Si ce n'était que ça... On n'est pas dans une cachette, Ina. On est dans une souricière. Quelque chose me dit que la trappe ne va pas tarder à se fermer et qu'il n'y a pas un instant à perdre.

— Mais qu'est-ce qui te fait penser cela ?

— La situation de cette baraque, d'abord. Tout ce que j'espère c'est qu'ils croiront dans quelques jours qu'on a réussi à franchir le Rhin et que les patrouilles qui nous cherchent ne reflueront pas dans la forêt. Sans cela ils finiront par aboutir un jour ici. Mais il y a surtout autre chose que Kurt m'a dit ce matin et qui n'a rien à voir avec la situation de la maison. Ça me semble plus grave. Starkel, après l'évasion, a été rappelé à Prague.

— Au siège de la Gestapo ?

— Probablement pas au Kursaal. Kurt a appris cela par un copain qui connaissait son ordonnance.

— Eh bien, tant mieux ! Car je doute fort que ce soit pour se faire tresser une couronne de lauriers. »

Jürgen haussa les épaules.

« Tu ne comprends pas. Une punition, ça se transmet par la voie hiérarchique. On ne l'aurait pas fait venir pour cela... Non, dit-il après un silence, si on le convoque c'est que bien des choses ont dû les intéresser dans la déposition de Serge. »

Ina le regarda, interdite.

« Il ne leur a pas donné une seule information exacte !

– Bien sûr. Il m'a d'ailleurs dit très précisément ce qu'il lui avait raconté. Donc je vois à peu près. L'ennui c'est que toutes les informations qu'il lui a données sont parallèles à la vérité, et quelquefois très proches.

– Mais il fallait bien que ça soit plausible ! » s'écria Ina.

Il se passa nerveusement la main dans ses cheveux.

« Oui. Mais était-il vraiment nécessaire qu'ils sachent qu'il y a des filières avec l'étranger ?

– Ils savaient qu'il y avait des contacts avec l'étranger depuis l'affaire Hübener.

– La Gestapo ignorait tout des trafics de faux papiers.

– Comment ! s'exclama Ina. Serge les oriente vers le nord avec une filière suédoise complètement bidon et tu ne trouves pas ça adroit ! Tu t'imagines le temps qu'ils vont perdre à suivre toutes ces fausses pistes... Ils l'auront cru, d'autant plus qu'il habitait Stockholm.

– Que ce soit en réalité une filière suisse ne change rien à l'affaire, dit Jürgen. Il n'y a pas trente-six possibilités. Au contraire, ils vont se piquer au jeu et mener leur affaire sur les deux fronts à la fois. Ils découvriront un jour ou l'autre notre filière comme ils découvriront notre cabane. D'autant plus que Serge, dans son argumentation, s'est servi de quelque chose de parfaitement véridique : la rivalité entre les deux organismes tuteurs de la Gestapo. Cela Starkel l'ignorait, mais il va le leur dire et eux, à Prague, savent que c'est vrai et que nous sommes au courant. Ils vont donc tout faire pour arrêter cette petite guerre et conjurer leurs moyens de répression. Tu imagines le nombre de gens qu'on va avoir sur le dos. »

Ina frissonna et regarda l'étang avec le même état d'esprit qu'elle avait le matin même dans le défilé. Chaque taillis, chaque ARBRE... cachait...

« Ce qui me fait le plus peur ce sont les parallèles, les indics de toute sorte, commençait Jürgen. Ceux qui vous reconnaissent dans le tramway, qui...

– *Arrête* », cria-t-elle en lui mettant l'index sur les lèvres.

Elle était toute pâle.

« Et tu me laisses seule ici à affronter tous ces... oh non... Pourquoi n'attends-tu pas tranquillement ici que ça se tasse un peu... Je t'assure que je me sentirais davantage en sécurité...

– Mais, Ina, tu ne comprends donc pas qu'il faut vous faire sortir d'ici le plus vite possible. Et l'on ne peut sortir d'ici sans des jeux entièrement nouveaux de faux papiers pour vous deux. Ce n'est plus comme en 1941, figure-toi ! Il y a des contrôles à tous les coins de rue maintenant. Trois fois, l'autre jour, entre Munich et Waldshut. Il faut donc que j'aille les commander sans perdre une seconde pendant que j'ai encore sous la main le type de Bâle. Ça ne durera pas toujours. Ça ne durera même sans doute plus très longtemps.

– Dans combien de temps reviens-tu ? » supplia-t-elle, comme un enfant.

Il réfléchit.

« Calme-toi. Pour eux c'est de la routine, tu sais. Et puis ils ont déjà ta photo et la sienne. »

Ina jeta nerveusement une pierre dans l'étang. Un ragondin déboula à ses pieds et elle sursauta.

« Mais encore ? dit-elle.

— Quinze jours, je pense, reprit Jürgen. Ça te donnera le temps de te refaire un peu, toi, et à Serge de cicatriser sa blessure. Ainsi tous les deux vous serez fin prêts pour l'évacuation. C'est pour cela qu'il faut que je reparte cette nuit. On ne doit pas perdre une minute. On reprendra le train à Waldshut demain, en début d'après-midi, et on sera à Munich le soir même. D'ailleurs Carl et Heinrich sont attendus à Stuttgart après-demain pour une réunion de liaison. J'avais dit qu'ils n'iraient pas, mais au fond c'est mieux.

— L'évacuation, répéta Ina d'une voix sans timbre en regardant Jürgen. Je ne comprends pas ce que tu veux dire. »

Jürgen avait coupé une branche et s'exerçait maladroitement à faire des moulinets. Il sembla surpris.

« Qu'est-ce qu'il y a ? dit-il. C'est une mission comme une autre.

— Enfin explique-toi, dit-elle nerveusement. Qu'est-ce que ça veut dire : évacuation ?

— Mais... je mène à bien... ce qu'il voulait faire, lui... »

Après un silence, il reprit :

« Te conduire en Suisse... Te retirer du cirque, quoi... »

Il se tourna vers elle. Il eut l'impression qu'elle avait reçu, physiquement, un choc. Elle semblait effondrée, comme si le tuteur qui la tenait ensemble avait tout à coup cédé. Son visage avait la teinte grise de l'eau qu'elle regardait et qui semblait se refléter en elle.

« C'est donc pour ça, les faux papiers, dit-elle d'une voix sans timbre. Ils serviront à me faire franchir le Rhin... sans espoir de retour, bien entendu... »

Il avait l'air décontenancé, avec sa frêle badine à la main qu'il épluchait machinalement.

« Mais enfin, c'est bien pour ça que Serge était venu te chercher, non ? C'est bien ce qu'il voulait faire ?

— Réponds-moi, dit-elle d'une voix plus aiguë. C'est à ça qu'ils serviront ? A me planquer ? »

Jürgen fronça les sourcils.

« Calme-toi, dit-il. Je t'en prie. Je dois dire que j'ai du mal à te suivre. Ce que je te dis c'est le simple bon sens. Il est évident que tu as trop souffert et que tu dois te reposer, et que Serge doit guérir. Je ne vois pas pourquoi tu fais cette tête-là. »

Elle répondit d'une voix lente et triste, les yeux baissés, comme si elle revivait un cauchemar.

« Oui, Jürgen, j'ai souffert. Je te raconterai un jour ce que ça a été, il faudra bien que ça sorte. Cette lutte passionnée pour survivre au milieu du froid, de la faim, de l'épuisement. Ces coups terribles de désespoir... Et tu crois que tout cela, dit-elle en s'animant, c'est pour ce résultat que je l'ai fait, alors que je veux témoigner, crier ce qui se passe dans les camps, braver le secret insensé qui protège tout cela, oui, tu crois que c'est pour ce résultat, me planquer en Suisse, en Suède, où tu voudras, avec mon petit ami, en obéissant au *bon sens* ? »

Il l'interrompit avec violence.

« Mais enfin, où t'emmenait-il, *lui* ? *Où* allait ce bateau quand ils vous ont coulé ?

— Je ne pouvais pas lui en parler, bien entendu, dans le feu de l'action ! Mais il était évident qu'on aurait repassé le fleuve après quelques jours de repos !

— Je n'en suis pas si sûr », dit Jürgen.

Elle se leva et fit quelques pas le long de l'eau. Il vit se découper sur l'ombre des saules son profil clair. Puis elle se retourna vers lui.

« Ecoute-moi, Jürgen, dit-elle. Ecoute-moi bien. Tu sais — nous en avions suffisamment parlé — qu'il y a une notion que je n'aime pas, car je trouve qu'elle a un sens bourgeois et rétrograde, c'est celle de sacrifice. Eh bien, tant pis, prends-le comme tu veux, mais je suis prête à te l'envoyer à la figure pour que tu comprennes jusqu'où je veux aller, même si ça doit heurter ton BON SENS, JÜRGEN ! Il y a deux choses qui m'appartiennent en propre et dont je peux disposer comme je l'entends : ma vie, et le lien qui me retient à Serge. Et je ne resterais pas une minute, tu entends, pas une seconde avec lui si je savais qu'il était satisfait que nous nous défilions ensemble, que c'était ce qu'il cherchait en m'apportant la délivrance. Tu peux rigoler.

— Je ne ris pas, dit Jürgen d'un air las. Encore une fois, calme-toi, cesse de t'exalter sur des faux problèmes. Tu penses bien qu'il serait ravi, Serge, de te retirer du circuit. Et il a raison. Je suis du même avis que lui. La première chose que tu dois faire, et ce sera long, c'est de récupérer.

— Je me reposerai ici pendant que sa blessure se cicatrisera. De toute façon, en Suisse aussi je me serais arrêtée quelque temps. Rester ici bien cachés, si rien n'arrive, nous économise un double passage du Rhin avec tous ses dangers. Je ne le recherche pas, le danger, vois-tu. Je sais être aussi raisonnable que toi.

— Ecoute, Ina, dit Jürgen d'une voix calme. Imagines-tu sincèrement qu'après quinze jours ici à manger des conserves, même si elles sont agrémentées de temps à autre par la chasse ou la pêche de Kurt, tu vas effacer d'un coup de baguette magique six mois atroces ? Tu as beaucoup souffert. Tu as perdu sept ou huit kilos. Tu es robuste, heureusement, mais ça te prendra des mois pour retrouver tes forces, ton sang-froid, les nerfs d'acier nécessaires pour ce que tu faisais l'année dernière, tout ce qui a été si durement attaqué en toi. Regarde, cette nuit, dans quel état tu t'es mise. Tu vis sous calmant. Je ne te le reproche pas, c'est normal. »

Elle se rassit près de lui, et mit sa main sur son épaule.

« Jürgen, je ne veux plus discuter là-dessus. Plus je me sentirai proche de vous tous, plus vous me tiendrez au courant de votre action, et mieux je me sentirai. Ce sera là ma convalescence. Et déjà je sais qu'en pensant à vous tous, qu'en pensant à mon but, je me referai cette petite santé dont tu as l'air de tant te préoccuper. Tu sais bien que c'est maintenant que tout se joue dans les universités. Enfin les étudiants bougent. Ils ne l'avaient pas fait depuis l'arrivée de Hitler au pouvoir. Ce sont d'eux et d'eux seuls que pourra surgir un mouvement quelconque de protestation et de révolte. Et tu crois que je vais rater ça ? L'enjeu est trop important. Je veux être à la naissance de tout. Je veux y aider, encore plus que l'année dernière, en témoignant de ce que j'ai vu et supporté. Tu m'entends, Jürgen. Je n'irai pas en Suisse. Je repartirai avec toi dans quinze jours. Et il est probable que j'aurai déjà, à ce moment-là, rédigé mes premiers tracts. »

Une petite pluie s'était mise à tomber, pendant qu'au loin, au-dessus d'un bloc de mélèzes, un soleil blanc faisait une apparition discrète et tardive. Un bref moment, tout ne fut que reflets chatoyants et diaprés sur l'étang et dans les bois. Ina se leva dans cet enchantement subit et fit quelques pas au bord de l'eau. L'espace d'un instant, elle parut radieuse et éternelle. Puis, aussi vite qu'il s'était déchiré, le voile de brume retomba. Jürgen soupira.

« Supposons même, dit-il, je ne le crois pas mais enfin supposons : il y a une chose que tu oublies : tu es brûlée, Ina, complètement brûlée. »

Elle pâlit.

« Je comprends maintenant, dit-elle d'une voix sourde. Je comprends tout. C'est là où tu voulais en venir.

— Ina, quitte cet air hostile, je t'en prie. Il faudrait tout de même que tu gardes un minimum de lucidité et moi de vigilance. Tu sais combien j'aimerais que tu retravailles avec nous, surtout avec ce qui se prépare à Munich... Je t'en reparlerai et ça demandera du monde, je te prie de le croire. Mais même si l'on te change tes papiers et si l'on te teint les cheveux, je ne leur donne pas une semaine avant qu'ils te retrouvent. Ce serait une folie, Ina. Je ne veux pas penser à ce qui arriverait si tu étais reprise. Ce serait une folie que tu reviennes, non seulement pour toi, mais pour nous tous. On est déjà assez vulnérables comme ça ! »

Elle accusa le coup. Instinctivement, elle se dit que la seule solution était de tenter de le prendre à revers et lui faire retrouver à toute force les anciens ressorts de complicité et de tendresse acquis au cours de tant de veilles, de séances de ronéo et de distribution de tracts, le soir, au hasard des rues désertes et des trains bondés. Elle se rapprocha de lui.

« Tu sais que je peux être encore opérationnelle, lui dit-elle très bas. Alors tu trouveras le moyen. N'est-ce pas, tu trouveras. »

Jürgen regarda la longue silhouette pâle à côté de lui d'où émanait cette voix si pressante. Il revit la rayonnante créature de l'hiver 41 et sentit soudain sa gorge se nouer.

« Ils sauront que tu es en ville !

– Ils ne penseront jamais que j'ai eu le culot de revenir. Et puis personne ne pourra me reconnaître. Je suis prête à vivre dans une cave. J'écrirai les textes. Ma place est là-bas. Je suis déterminée, tu m'entends, déterminée à la reprendre. Je t'en prie...

– Mais Serge ne sera pas guéri », dit Jürgen brusquement.

Le visage d'Ina se figea.

« Ernst a dit quinze jours, dit-elle.

– Il m'a dit qu'il ne pourrait pas se déplacer à ce moment-là sans pansement et sans canne. Permets-moi d'être franc avec toi, Ina. Je ne veux pas de blessé sur le réseau. Même quelqu'un d'aussi précieux que Carl, je le ferais se reposer ailleurs. Un réseau doit toujours rester très mobile et pouvoir faire retraite à tout moment, et très rapidement. Il y a des moments où il n'y a que la course qui sauve.

– Je sais, merci. »

Elle jeta nerveusement une pierre dans l'eau.

« Et tu ne peux pas abandonner Serge, n'est-ce pas ? » dit-il.

Elle le regarda calmement.

« Tu me dégoûtes », dit-elle.

Il sursauta.

« Je vois clair dans ton jeu, reprit-elle. Au fond, c'était pourtant simple. Si tu ne veux pas de moi, si tu trouves toutes ces raisons pour ne pas me prendre, c'est surtout parce que tu ne veux pas de lui.

– Je ne veux pas d'un homme diminué, dit Jürgen.

– Ce n'est pas d'un homme diminué dont tu ne veux pas, dit-elle d'une voix sourde. C'est d'un homme amoureux. Brûlée ! Tu es un affreux hypocrite. Brûlée pour toi, oui.

– Du calme, Ina.

– Du calme ! Ça ne suffit pas, ce qu'il a fait ! Je comprends encore, à la rigueur, pour Kurt. Mais lui ! Quel luxe, si tu peux te passer de types pareils ! Vive la Résistance intérieure si elle ne doit comporter que des tâcherons !

– Trop aimable pour les copains ! Tu veux le fond de ma pensée ? Pour moi l'opération d'Ohnau n'a rien d'un acte de résistance. Rien, tu m'entends.

– Qu'est-ce qu'il te faut alors ? cria-t-elle. Organiser une évasion en solitaire et la réussir en ridiculisant un colonel SS, ça ne te suffit pas ? Qu'est-ce qu'il te faudrait ? Kidnapper Goering et le présenter empaillé au Führer comme cadeau de Noël ?

– ... Laisse-moi continuer ! C'est l'exploit, miraculeux, je dois le dire, d'un inconscient.

– Plutôt organisée, cette inconscience ! Il n'y a pas dix minutes tu étais inquiet de sa puissance de persuasion sur Starkel au sujet des filières.

– Mais comprends-moi ! Ce n'est pas un acte de résistance, car il n'y a aucun support idéologique derrière tout ça ! L'amour ne peut être considéré comme un support idéologique, Ina. Quant à l'efficacité de son action, tu n'as qu'à voir où nous en sommes, ce soir, au bord de cet étang.

– Et regarde où j'étais ! Alors que tu ne lui donnais aucune chance de réussite. Ce ne serait pas un étang romantique que j'aurais en face de moi s'il ne s'était montré, comme tu le dis, un amoureux inconscient. Ce serait un tas de pierres énormes dant le vent glacé. Et dans mes mains, tu sais ce que j'aurais, tu le sais ? »

Sa voix avait chaviré, pendant qu'un flot de larmes brûlantes lui montait aux yeux.

« Qu'est-ce qui se passe, vous semblez bien agités tous les deux ? » cria soudain Heinrich de l'autre côté de l'étang.

Jürgen lui fit signe de s'en aller. Heinrich s'éloigna.

« Je t'en prie, dit Jürgen à voix basse. Ne te donne pas en spectacle.

– Dans mes mains, tu sais ce que j'aurais ? reprit-elle avec une sorte de ferveur désespérée.

– Oui, dit Jürgen.

– ... Une énorme masse que je pourrais à peine soulever certains jours... Quand je rentrais, je la posais et c'était tout de suite le froid, les coups, le manque de sommeil, le désert moral. C'est de penser à moi dans cet état qui l'a fait agir. Ce n'est pas le genre de type qui se lève le matin en disant : je vais assassiner Goebbels. Il s'est dit simplement : je vais sauver la femme que j'aime. Et moi je l'aime d'avoir fait ça. Mais vous, les socialistes, c'est comme les marxistes, vous avez la hantise d'exprimer des sentiments personnels ! On dirait que le rire, la gaieté, l'amour vous sont suspects ou vous font peur ! »

Jürgen haussa les épaules.

« Tu trouves vraiment, poursuivit Ina, que le romantisme, l'imagination, l'action solitaire, sont contre-révolutionnaires ? Enfin tu ne te rappelles pas, la première fois qu'on s'est vus, en octobre 1940, de quoi m'as-tu parlé ? Des types qui avaient escaladé la Barberina en 1933 pour y inscrire « *Raus* » en lettres immenses ! C'était pas romantique ça ? Eh bien, Serge l'aurait fait. Serge aurait eu cette idée-là.

– Pas par ferveur idéologique ! Pour t'épater ! »

Elle s'éloigna brusquement. Elle avait envie d'être seule soudain. Mais, en deux enjambées, Jürgen l'avait rejointe.

« Et puis, de toute façon, tout ça c'est pas le problème, s'écria-t-il.

– Ah ! oui, dit-elle surprise en se retournant. Qu'est-ce que c'est, alors ?

– Je te le dirai tout à l'heure. Il n'acceptera jamais que tu ailles à Munich. Tu le sais bien. Il t'a sauvée. Ce n'est pas pour te laisser repartir dans la gueule du loup.

– Tu as raison, c'est le problème, répondit-elle avec ironie, mais il se trouve que tu n'as rien à y voir et que c'est *mon* problème. Mais Serge acceptera ce que je veux, parce qu'il m'aime. Et c'est justement ce que tu ne peux pas accepter. »

Jürgen réagit avec violence.

« Le 6 avril, ça ne te rappelle rien ? » dit-il d'une voix âpre.

Elle s'arrêta net.

« Ça n'a rien à voir.

– Si. Pourquoi t'es-tu fait prendre ? Parce que tu avais pris une initiative que je ne t'avais pas prescrite. Parce que tu as été sans m'en parler dans un quartier que tu croyais sûr et qui ne l'était pas. C'est pour cela que, avant tout, je veux de bons exécutants, obéissants, sans initiative personnelle, sans problème et surtout sans génie.

– Carl, par exemple, dit-elle ironiquement.

– Oui, parfaitement, Carl.

– Ne cherche pas d'échappatoire. Je sais pourquoi tu ne veux pas Serge. Ça n'a rien à voir avec ce que tu viens de dire. »

Le visage de Jürgen se contracta.

« Après tout tu as peut-être raison », dit-il. Il s'arrêta un instant, et il ajouta sèchement : « Vous irez vous aimer où vous voudrez. Mais pas sur mes terres.

– Tu n'es pas propriétaire de ce réseau, Jürgen, répliqua Ina sur le même ton.

– Tu oublies ce que je te disais tout à l'heure. Tu es dans une souricière. Je suis le seul à pouvoir vous fournir des faux papiers pour vous en sortir. Quant à l'aide que tu pourrais rencontrer en ville, sans mon aide, je te donne simplement un détail : en six mois, toutes les planques ont changé. Comment pourras-tu les contacter ?

– Le vieux Georg...

– Le vieux Georg ignore tout. Et, à propos de faux, il y a une chose qu'il faut que tu saches, Ina. Serge a lui-même reconnu que la qualité des faux qu'il avait utilisés était extraordinaire. Et qui, crois-tu, lui avait donné l'adresse de Bâle ? »

Ina haussa les épaules.

« C'est bien le moins, dit-elle. Et je le savais, figure-toi. »

Elle se remit à marcher, la mâchoire crispée.

« Cette maison, c'était un piège n'est-ce pas, reprit-elle. C'était bien ça ? Coincée. C'est ça que tu veux que je te dise : je suis coincée et toi seul peux me délivrer. A ton prix, bien entendu, dit-elle d'une voix amère. Sale jaloux ! s'écria-t-elle. Moi je suis brûlée, censément. Lui il a tous les défauts de la terre. Tout cela pour... »

Jürgen s'assit lentement sur une souche. Ses traits étaient creusés et sa taille se voûta davantage.

« C'est vrai, dit-il. Tu as raison. Tu me reprochais de ne jamais parler de choses personnelles, en bon socialiste, eh bien, tu vas être servie ! Je ne peux pas, dit-il en secouant la tête, je ne peux pas vous avoir tous les deux, sous mes yeux, tous les jours... Si vous êtes loin, même réunis, ce n'est pas pareil...

– Tu n'as aucun droit sur moi, dit-elle d'un air de défi.

– Si, j'ai des droits, dit Jürgen.

– Ah ! oui ?

– J'ai couché avec toi. »

Elle le regarda, surprise, comme s'il avait évoqué sans raison un lointain et fugace souvenir d'enfance – une glissade sur la place de l'église, une cueillette de myrtilles dans les rochers par un matin d'automne.

« Oui, et alors ?

– Alors rien. »

Il eut un geste d'impuissance. Ina était assise, recroquevillée sur elle-même. Ils restèrent silencieux une grande minute.

« C'était pourtant une affaire classée, dit-elle soudain d'une voix changée.

– Je le croyais », dit Jürgen.

Au loin, des silhouettes entraient et sortaient de la maisonnette. Ils entrevirent Carl qui apportait un chargement de bois. Un panache de fumée hésitant sortait de la cheminée.

« Ce Carl, il ne pense qu'à bouffer ! » murmura Jürgen. Il lui lança un regard de côté.

« Ina. Que m'a-t-il manqué ? Je veux dire... »

Il n'acheva pas.

« Peut-être un peu de douceur, répondit-elle en hésitant. Peut-être de n'avoir pas tout le temps raison... »

Ernst sortit à ce moment de la maison et les vit côte à côte au loin. Il fit un mouvement pour les rejoindre. Carl d'un geste le dissuada.

« Aide-moi plutôt à rentrer le bois, dit-il.

– Tu as vu cette Ilse, elle s'emmerdait pas !...

– J'ai vu », dit Carl d'un air sombre en jetant un coup d'œil vers l'étang où les deux silhouettes s'éloignaient.

La pluie s'était remise à tomber. Ina lui offrit son visage tendu, les yeux fermés, puis d'un seul coup secoua sa tête et ses cheveux.

« Je n'aurais pas pu supporter quelque chose de riant aujourd'hui, dit-elle. J'y étais si sensible, avant. Jürgen ! s'exclama-t-elle en se rapprochant de lui. Nos beaux automnes... nos beaux vignobles. Nos beaux châteaux... Je les déteste maintenant. Tu sais, il y avait un merveilleux village près de Munich, au pied du château des Wittelsbach, pimpant, chaleureux. On y allait le dimanche avec maman, c'était la douceur de vivre, on se promenait sous les charmilles... on était bien... et puis...

– Tu as raison, dit Jürgen gravement. Personne ne le sait. Personne. »

Ils firent quelques mètres en silence. Puis Ina reprit la parole. Sa voix était sourde et passionnée.

« Si je te dis que je veux témoigner, c'est que ce témoignage je suis la seule à pouvoir l'apporter. Comment veux-tu que quelqu'un d'autre puisse témoigner ? Les évasions ne réussissent jamais... Comme cela ces six mois ne resteront pas inutiles. Je veux aider à ce qui se prépare, susciter de nouvelles révoltes en leur disant que l'horreur existe, là, tout près d'eux, et qu'ils en sont responsables. Il y a un secret insensé autour de ces camps et ce qui s'y commet. Les gens ne savent pas. Je n'ai pas le droit de me taire, Jürgen. Dans quinze jours, je démarre les tracts. J'irai jusqu'à les écrire à la main, un par un, si tu me refuses la ronéo. Tu verras s'ils ne réagiront pas, les gens.

– Tu les surestimes. Ils ne savent pas parce qu'ils ne veulent pas savoir.

— Regarde la vieille dame d'Oberfurt, par exemple. Quand elle a su, quand elle a vu, tout s'est ouvert pour elle. Tout est devenu simple. Elle n'a pas pensé qu'elle se sacrifiait ou qu'elle était héroïque, tu peux être sûr ! Ce fut naturel. »

Ina marchait le regard à terre, à grands pas, de sa démarche un peu saccadée.

« Tu sais, reprit-elle d'un ton serein, comme si elle pensait tout haut au rythme de sa promenade, dans toutes les périodes troublées, l'influence de quelques-uns, leur étincelle, a toujours mis le feu aux poudres. Le tout c'est d'allumer la mèche. Après cela, ils ne pourront plus dire : je ne savais pas. En même temps qu'ils apprendront la vérité ils sauront qu'il y en a qui disent non à cette vérité-là. Et tant pis pour la note à payer. »

Jürgen avait emboîté le pas d'Ina. Il la prit par la taille.

« Toi au moins tu crois à la puissance du refus, murmura-t-il.

— Et toi, non ? Ce serait un comble !

— Je fais comme si. J'agis comme si. Mais je doute terriblement, tu sais. Je doute des gens. Je les crois tous si trouillards, si englués dans leur conservatisme. Conserver ce qui est, c'est pour eux exorciser la période de Weimar, l'inflation, tout cela. Pour ne pas en revenir là ils sont prêts à se boucher les yeux et les oreilles et à marcher au pas de l'oie derrière n'importe quel type qui hurle plus fort qu'eux.

— Pas les étudiants.

— Pas *quelques* étudiants. Fort peu, tu t'en apercevras vite. Et pourtant je te promets qu'on a travaillé pendant que tu n'étais pas là. Un beau terrain bien manipulé : l'université de Munich. Oui, un beau terrain pour... »

Il s'interrompit brusquement et marcha plus vite. Il semblait soudain absent.

« Pour ?... Jürgen ! »

Il s'arrêta et la regarda s'avancer vers lui.

« Le Camélia bleu. C'est le nom du mouvement. »

Il s'arrêta, comme s'il en avait trop dit.

« C'est un secret, souffla-t-il.

— Le Camélia bleu, répéta Ina.

— Tu entends ! insista-t-il. C'est un grave secret que je te confie. »

Elle regarda Jürgen. Elle se sentait légère, soudain, comme délivrée. Elle lui sourit.

« Tu as été long à comprendre... J'ai eu peur.

— C'est de la folie, dit Jürgen en entourant ses épaules. Mais je t'admire. On ne peut pas résister à l'admiration. Je suis comme Serge, au fond. Serge t'admire autant qu'il t'aime, non ? Peut-être ne t'ai-je pas assez admirée autrefois.

— Tu en auras peut-être l'occasion en me voyant dans mon nouveau rôle, dit-elle d'un ton enjoué.

— Tu connais la condition », dit-il d'une voix froide.

Elle mit quelque temps à réagir, en le regardant la bouche ouverte.

« Salaud, dit-elle enfin très bas, salaud ! »

Une goutte de pluie tomba sur le visage de Jürgen. Elle suivit des yeux l'étroit sillon le long de la commissure des lèvres. Il l'écrasa d'un geste brusque. « Et moi qui croyais... » commença-t-elle.

Puis, rageuse, elle revint sur ses pas.

« Tu es ignoble, répéta-t-elle. Je ne me séparerai pas de lui.

— Bien, dit-il en soupirant. Comme cela au

moins la situation est claire et le problème résolu. »

Elle se sentit désemparée, désarmée, soudain vulnérable au vent froid qu'elle sentait autour d'elle.

« Tu n'as pas le droit, dit-elle, le visage fermé. Tu n'as pas le droit de faire cela. Tu te conduis comme un...

– Tu l'as déjà dit, fit-il d'un air agacé. Et pourtant, comme dirait ma mère, je fais ça pour ton bien.

– Sale hypocrite !

– Parfaitement, dit-il avec une véhémence soudaine. Tu ne te rappelles pas Berlin, l'année dernière ?

– Berlin ! »

Il marchait les mains dans les poches, la tête dans le col relevé de son blouson.

« Parfaitement. Tu étais complètement prisonnière de ce sentiment qu'il avait pour toi pendant les trois mois qu'on y a passé. Tu n'étais pas à l'aise, tu n'osais plus, tu ne faisais plus rien de bon, tu ressentais sa crainte à ton égard comme étant la tienne propre. Il t'aurait rendue froussarde, ma parole. C'est toi-même qui me l'as dit.

– Hypocrite ! Jaloux ! Tu peux toujours chercher des raisons vaseuses, chercher à nous salir. On ne se séparera pas. On t'emmerde ! »

Jürgen la saisit par le bras avec violence.

« Tu vas recevoir une gifle si tu continues. Je ne t'ai jamais demandé de te séparer de lui.

– Alors nous viendrons à Munich tous les deux.

– Non », dit Jürgen sèchement.

Ils s'étaient arrêtés et se défièrent du regard. Puis elle se détourna. Elle se demandait si elle ne devait pas s'enfuir, droit devant elle, comme une folle.

« Dans quinze jours, tu me diras ce que tu as choisi, reprit-il d'une voix brève. Ou bien tu pars avec lui en Suisse et je vous fais passer le Rhin. Ou bien tu viens à Munich avec moi, et alors j'ai du travail pour toi. Je m'arrangerai pour que ce soit dans les meilleures conditions de sécurité et tu auras une part exaltante dans tout ce qui se prépare. »

Ina ne bougeait pas.

« Je me fous de ma sécurité, dit-elle avec amertume. Encore plus que de la tienne, et ce n'est pas peu dire.

– Ton choix sera d'autant plus facile, poursuivit Jürgen comme s'il n'avait pas entendu, que je dois de toute façon établir un itinéraire de fuite pour Serge et qu'il pourra servir pour vous deux éventuellement. Comme cela tu pourras choisir au dernier moment. »

Elle secoua les épaules.

« Pauvre mec ! Je refuse. Si tu me fais cet horrible marché, voilà où tu vas me retrouver dans quinze jours. »

D'un geste à peine esquissé elle montra l'étang. Elle avait un visage défait, avec de grands cernes sous les yeux. « Je n'aime pas les étangs, avait-elle dit le matin à Ernst. Quelqu'un finit toujours par tomber dedans. » La nuit qui tombait en avait effacé les pastilles vertes, les joncs et les nénuphars. Il semblait clair et calme.

« Ne dis pas de bêtises, rétorqua Jürgen. Moi je te perdrais, ainsi, mais Serge aussi. De toute façon tu devrais me remercier de te le sauver. De te le garder, en fait. Ce n'est pas particulièrement facile de faire sortir quelqu'un en ce moment.

– Tu es indécent ! De toute façon, ton itinéraire, comme tu l'appelles, me servira à moi aussi. J'espère qu'il sera plus sûr que celui de cette nuit. Moi, si tu veux tout savoir, plus je serai loin de toi, mieux j'irai. »

Il la contempla de ses yeux de myope, sans agressivité.

« Bien, dit-il d'un ton naturel. Je crains que tu aies mal compris ce que j'ai dit et j'en suis désolé. Et puis, après tout, il y a du bon travail à faire à l'étranger, par exemple pour venir en aide à ceux qu'on aura pu faire sortir et qui arrivent souvent complètement démunis. Le Camélia bleu c'est le plus beau fleuron, mais il n'y a pas que cela. »

Il la regarda à la dérobée. Le visage d'Ina s'était crispé.

« Tu essaies de gagner sur les deux tableaux, fit-elle les dents serrées. Car tu sais parfaitement que je résisterais mal à l'inaction et que l'on en arriverait forcément à entrer en conflit, Serge et moi. Et que je reviendrais alors toute seule...

– C'est pour cela que je te proposais de gagner du temps et d'économiser les risques en venant directement sans lui.

– Mais il n'acceptera jamais... », gémit-elle tout haut.

L'idée même d'avoir pu envisager d'accepter ce que lui proposait Jürgen, tout autant que l'évidence du refus de Serge et le pressentiment de son désespoir si elle passait outre, lui firent perdre pied. Elle serra nerveusement ses mains, et sa voix, contenue jusqu'alors, dérapa et devint rauque.

« Tu n'as pas le droit d'agir comme cela. Tu n'as pas le droit de me torturer. Tu en profites parce que c'est mon réseau. J'ai toujours travaillé avec toi, avec Heinrich, avec Carl, tous les autres. Je veux continuer à profiter du travail qu'on a fait tous ensemble. J'ai contribué à la naissance du mouvement dont tu me parles.

— Tu veux que je te dise une chose, dit-il d'une voix douce. Tu y as contribué même quand tu n'étais pas là. J'aime autant te dire que ça a drôlement secoué et durci les types du mouvement quand ils ont su que tu étais à Ohnau — et ce que tu endurais. Ils pensaient qu'ils ne te reverraient plus, et ils voulaient tous te venger. Même le vieux Georg.

— Il a fini par prêter sa cave? demanda Ina brusquement.

— Oui...

— Oh! Jürgen... il a fait cela?

— Ça nous a plutôt dépannés, je te le jure. On y a mis la ronéo. Il l'a fait pour toi.

— Il avait tellement peur... murmura-t-elle. Tu vois bien, c'est ridicule de vouloir que je travaille ailleurs. C'est mon quartier, ma ville... J'ai aidé à cela. J'ai aidé, Jürgen! »...

Elle avait pris un ton suppliant.

« Oui », dit-il.

Ils marchaient en silence.

« Jürgen, dit Ina soudain. Chacun a une place sur la terre, quelque part, pour faire sa trace. Moi c'est là. »

Jürgen ralentit pour demeurer à sa hauteur.

« Embrasse-moi », dit-il brusquement.

Elle s'arrêta et ne bougea pas.

« Tu m'as embrassé, cette nuit, dit-il d'une voix basse et pressante. J'ai été... j'ai été surpris. Il y avait longtemps, Ina. »

Son visage se tourna vers lui. Il était pâle et sans expression. Jürgen la contempla.

« Quelle capacité d'absence tu peux avoir », dit-il.

Elle haussa les épaules.

« Je ne sais pas si j'ai envie de t'embrasser. »

Il sourit.

« Je ne te demande pas si tu en as envie, je te demande de le faire. Mieux que cette nuit...

– C'est bien toi », dit-elle.

Sans transition, elle s'approcha de lui et mit ses lèvres sur les siennes. Jürgen prit instantanément l'expression heureuse qu'elle lui avait souvent vue lorsque l'un de ses plans fonctionnait à merveille, quand il se rendait maître d'une situation locale, qu'il avait repéré un indice ou terminé le quadrillage d'un quartier. Le changement d'attitude d'Ina faisait partie de ces impondérables avec lesquels il avait toujours su composer. Il la serra dans ses bras et la regarda avec une intensité froide.

« Tu n'as pas gagné », dit-elle en se dégageant.

Jürgen se pencha pour ramasser une brindille qu'il mit dans sa bouche.

« Gagné... perdu... c'est un langage de petite fille, dit-il. Tout n'est pas toujours blanc et noir.

– Oh ! non », murmura-t-elle.

Ils crurent entendre au loin la voix de Carl. La lueur d'une bougie illuminait doucement l'une des vitres de la maisonnette et son reflet vacillant dans l'eau ressemblait à ces feux de tourbe tout en flammèches immobiles qui brûlent pendant des semaines au bord des marais.

« Ce matin, à la rivière... », commença Jürgen.

Le visage d'Ina avait disparu dans la nuit et seules les lunettes de Jürgen étaient encore visibles à cause du reflet des verres. Soudain, pressant le pas, elle le quitta et revint seule vers la fenêtre éclairée. Serge était sur le seuil. Très pâle, crispé sur ses béquilles, il la vit arriver. Elle eut un élan vers lui et le regarda de façon intense. Quelque chose dans ce regard l'inquiéta. Il montra du doigt la silhouette de Jürgen qui rentrait lentement.

« Qu'est-ce que tu as, qu'est-ce qu'il y a ? souffla-t-il anxieusement. Qu'est-ce qu'il t'a dit ?

– Mon Sergio, mon petit Sergio, répondit-elle. Quand t'es-tu réveillé ?

– Il y a quelques minutes... je te cherchais... »

Elle se serra contre lui. Jürgen entrait à ce moment-là dans la maison. Il n'eut pas un regard pour eux. Quant à Serge, la fraîcheur des mains de son amie sur ses joues dissipa son inquiétude avant même qu'il s'en fût tout à fait rendu compte.

« J'ai graissé l'Arche, dit Carl.

– Pourquoi ? On la garde ?

– Jürgen a dit " véhicule d'appoint ".

– On allait pas prendre le train avec, de toute façon.

– On pourrait la ramener où on l'a prise, dit Ernst en riant.

– Carl, tu as huilé le Lüger ? Tu le gardes avec toi, Serge, on ne sait jamais.

– Il n'a jamais servi », dit Kurt.

Serge haussa le sourcil.

« J'espère bien que...

– Nous aussi, dit Ernst. Mais viens près du feu. »

Il observa une dernière fois la blessure. Puis il lui fit un bref massage de la cuisse en montrant à Ina comment il s'y prenait.

« De temps en temps, tu retires le pansement et tu m'aères tout ça. Tu peux même laisser sécher un peu devant le feu, si ça suppure. Tu remets du baume après, bien entendu.

– Bien, docteur.

– J'aimerais aussi qu'Ina ne te fasse plus de piqûre, dit-il encore. Je te laisse quatre doses au cas où, mais je veux les retrouver à mon retour. Enfin, si je reviens », dit-il plus bas.

Ernst avait eu un petit sourire fugitif et triste. Serge le regarda. Avec un geste fataliste il redevint lui-même.

« Ina ? dit-il en pinçant ses lèvres minces.

– Oui. Qu'est-ce que tu vas encore me sortir...

– Pas plus de trois fois par semaine. Tu me ferais de la surtension. »

Ina éclata de rire.

« Tu as une drôle de conception de l'état d'une femme après l'amour !

– C'est à Serge qu'il faut dire cela, dit Heinrich. Avec tous les globules qu'il a perdus !

– Et puis moi je m'en fiche, j'ai un homme de rechange, dit Ina en clignant de l'œil.

– Elle se prend pour Ilse », dit Ernst en regardant le mur.

Les moisissures du mur aux graffiti dessinaient vaguement, dans la pénombre, une forme féminine à la posture provocante – une Ilse géante, accueillante et protectrice comme une déesse lare.

« On va y aller », dit Jürgen, en se levant.

« Ils s'embrassèrent tous. Jürgen embrassa Ina sur la joue, puis vint vers Serge et ils se serrèrent la main.

« Empêche Kurt d'aller dans toute maison habitée, dit Jürgen. N'est-ce pas, Kurt, surtout pas ça. Aucune imprudence. Vous avez un mois de vivres, ça permet de voir venir.

– Ça fait deux semaines de trop, dit Ina.

– On finirait pas perdre la main, reprit Serge en riant.

– A ce propos, travaille tes démarrages pendant ta rééducation, conseilla Heinrich. Les premiers mètres, c'est ça qui sauve !

– C'est à moi que tu dis cela !

– On y va, répéta brusquement Jürgen. Si je n'ai pas tout mon monde, je vais faire un appel.

– Pas ce mot... murmura Ina d'un ton douloureux.

« Pardon, Ina », dit Jürgen en lui touchant l'épaule.

Ils se retrouvèrent tous dehors. L'Arche gisait abandonnée, brancards pointés vers la nuit froide et noire. Carl lui donna une petite tape amicale. Le cortège allégé se forma presque naturellement dans l'ordre de l'aller : Jürgen, Carl, puis Ernst, Heinrich fermant la marche.

« Je vais me sentir tout désœuvré, sans toi », dit-il à Serge.

Serge esquissa un geste d'adieu qu'il ne vit pas. Ils s'enfoncèrent dans l'obscurité et disparurent tout de suite hors de leur vue. Serge, Kurt et Ina demeurèrent immobiles devant la porte. L'espace d'un instant, un bref éclair de la torche signala la présence du petit groupe, déjà loin sur le sentier.

« Ce n'était peut-être même pas eux, dit Kurt dans le silence. C'était peut-être un lynx.

– Un lynx ?

– C'est plein d'animaux bizarres par ici depuis quelque temps, dit Kurt mystérieusement. Des lynx, des chats sauvages, des blaireaux. On dirait qu'avec la guerre ils ont abandonné leurs zoos ou leurs tanières pour se réfugier au plus profond des forêts.

– Eh bien, c'est gai ! » soupira Ina.

Elle regardait l'étang.

« Je te protégerai », dit Kurt gentiment.

6

Ina se retrouva dans un paysage marin. Elle marchait sur un môle pavé de façon régulière, jeté entre ciel et terre. Loin derrière se dessinait une sorte d'édifice à toits multiples et relevés qui ressemblait à une pagode et se perdait dans la brume. Elle descendit par un escalier de pierre et se mit à courir sur le sable mouillé. L'air était étouffant et il lui venait de la terre des relents de lagune et de poissons morts. Elle vit soudain venir à elle une silhouette noire enveloppée de voiles et perchée sur des jambes grêles qui avançait lentement, effrangée par la lumière blanche et plate. Quand elle fut tout près d'elle, Ina découvrit avec surprise un visage très jeune sous un lacis de rides. Elle n'avait jamais vu cela auparavant. De plus ses yeux étaient très enfoncés dans les orbites et elle ne put rencontrer son regard.

« Dépêche-toi, lui dit la jeune-vieille. Le fleuve monte et le barrage ne va pas tenir.

– Mais ce n'est pas un fleuve, c'est un bras de mer... s'exclama Ina. L'autre rive semble si loin ! Comment s'appelle-t-il ?

– Il n'a jamais eu de nom, mais ses colères

ont marqué la mémoire des hommes, répondit-elle avec emphase. Crois-moi, dépêche-toi. »

Ina haussa les épaules et passa son chemin. Rêveuse, elle marcha quelque temps, intriguée par l'édifice pointu à l'arrière-plan, au milieu de ses nuées, et vaguement effrayée du vide qui l'entourait par ailleurs. Puis elle entendit, d'abord lointain mais s'enflant peu à peu de façon menaçante, un bruit de ressac. Ses pieds s'enfonçaient dans un sable toujours plus meuble, et sa marche devint dès lors lente et pénible. C'est alors qu'elle vit le petit garçon. Il jouait tranquillement sur le sable et n'avait pas remarqué que la mer déferlante avait creusé derrière lui un long chenal en arc de cercle. Il était occupé à monter comme une poterie — ses mains en épousaient la forme en légères pressions symétriques — un édifice qu'il cachait partiellement et qui reposait sur une petite péninsule rocheuse hérissée de madrépores émergeant du sable comme l'épine dorsale d'un dinosaure échoué là depuis des temps immémoriaux. De là où elle était, Ina distinguait parfaitement sa fine dentelure de coraux. Au loin il lui sembla alors entendre un appel dont elle ne sut d'abord pas s'il était destiné à elle ou à l'enfant — tellement il était étouffé et comme modulé par la distance. Mais elle eut très vite la réponse. Quand l'enfant entendit la voix, il esquissa en effet un mouvement de fuite et Ina eut nettement l'impression, bien qu'elle fût encore à ce moment-là loin de lui, que dans ce mouvement il s'était blessé au bras en se griffant au corail. D'une façon brusque il le ramena contre lui comme s'il était en écharpe.

Elle ne prit pas véritablement la décision d'aller dans sa direction. Simplement elle se rendit compte que la silhouette de tout à l'heure avait disparu, que les appels s'étaient espacés, puis interrompus, qu'ils étaient maintenant seuls tous les deux sur cette immense plage menacée, et elle se retrouva en train de marcher vers lui. La mer montait. Il avait l'air de tourner en rond et, par moments, s'arrêtait pour contempler les énormes vagues vertes gronder sous le ciel d'orage. « Il va se faire emporter », se dit-elle, et elle se mit à courir. Elle le rejoignit bientôt et il la regarda arriver sans surprise, en silence, sans lui poser de questions sur la beauté et la solidité de l'édifice qu'il avait construit ni sur l'état de sa petite blessure. (Ina pouvait maintenant voir un peu de sang séché sur son bras.) Elle lui fit signe de le suivre. Elle avait décidé de lui dire : « Il faut me suivre désormais », mais aucun son ne sortit de sa bouche. Sans véritablement obéir il se laissa cependant conduire par elle à distance, comme s'il voulait donner l'impression que, si leurs routes suivaient en gros la même direction, c'était bien par hasard.

Elle choisit de suivre un chemin abrité du vent et des tornades saumâtres et de passer en contrebas des dunes qui suivaient le bras de mer. Pourtant les vagues faisaient un tel vacarme et semblaient si puissantes qu'elle s'attendait d'un moment à l'autre à ce qu'elles déferlent par-dessus les dunes. Elle voulut monter sur l'une d'elles pour voir si le danger était imminent et y parvint avec difficulté, parmi les tourbillons de sable. De là-haut, elle vit avec surprise malgré le vent chaud qui l'aveuglait que les vagues semblaient fondre sur place dans les derniers mètres et qu'elles n'attaquaient pas véritablement la plage. Mais elle n'eut pas le temps d'être rasséréné car elle comprit dans le même temps ce que la femme avait voulu dire. Sur la gauche, au ras de l'horizon, parfois dissimulée sur toute sa longueur par une vague à son apogée ou par un tourbillon d'écume, une ligne blanche rectiligne était bien visible sous le ciel plombé. Le barrage. Sans doute à cause de son manque d'envolée, il lui sembla très vulnérable. D'énormes vagues déferlantes se ruaient sur lui avec un bruit sourd qui lui parut terrifiant. Une rafale de vent lui envoya du sable dans les yeux et elle dut redescendre en se protégeant le visage, la main en visière et clignant des paupières. L'enfant l'attendait, recroquevillé dans une petite niche qu'il s'était creusée, et la regardait descendre, l'air interrogateur et la bouche ouverte. Il lui fit un sourire triste et, du doigt, lui montra la plage qu'ils venaient de quitter et à laquelle ils tournaient maintenant le dos.

« Regarde! Maintenant il y en a de tous les côtés », dit-il.

Elle sursauta. La péninsule aux madrépores avait disparu, engloutie par un flot d'eaux grises et limoneuses. La plage où elle avait marché n'existait plus. Il n'y avait plus trace de môle. Leur chemin de repli était coupé.

Ina se sentit soudain étrangement lasse. L'enfant, à quelques pas de là, ne bougeait plus. Elle s'approcha de lui avec tendresse et lui dit : « C'est triste pour ta maison. » Il ne répondit pas. Il ne répondit pas davantage à la question qu'elle lui posa : « Qui donc t'appelait tout à l'heure ? » Mais elle désirait vivement qu'il sorte de son mutisme, et c'est alors qu'elle lui dit : « Fais voir ton bras.

– Mon bras, ce n'est rien, répondit-il. Ma maison non plus. D'abord ce n'était pas une maison, c'était une colonne. »

Il s'arrêta et la considéra avec gravité. Le tour de ses lèvres et le bout de sa langue étaient pleins de sable.

« Mais toi, tu devrais faire quelque chose pour toi, reprit-il d'une petite voix calme. Tu as beaucoup vieilli depuis tout à l'heure. »

« Tu as froid, et tu es toute sale », dit Kurt doucement en lui touchant l'épaule.

Elle tressaillit et se tourna brusquement sur le dos. Elle avait les yeux ouverts. Son front était maculé de boue. Il s'entendit lui parler comme à une petite fille.

« Alors, comme cela tu aimes regarder l'eau, la nuit... »

Il s'agenouilla et eut de la peine à la prendre dans ses bras, tant elle était inerte et comme disloquée. Quand il la souleva elle poussa une plainte rauque et inarticulée, et il se dirigea vers la maisonnette en titubant sans qu'elle eût davantage de réaction. La nuit était très noire. Ils rencontrèrent Serge qui revenait en claudiquant du bouquet de saules; il se pencha avidement sur elle.

« Elle était étendue dans la boue, ou plutôt penchée vers l'étang comme si elle se regardait dedans... Elle faisait une tache claire et c'est comme cela que je l'ai vue », dit Kurt.

Avec son aide, Kurt l'enroula dans une couverture et la déposa doucement sur un matelas. Serge l'étreignit et l'embrassa et elle se laissa faire comme une morte. Mais lorsqu'il voulut se lever pour lui donner un des comprimés que lui avait laissés Ernst, elle le retint nerveusement par le bras, le visage crispé d'une panique subite.

« Tout à l'heure, c'était pareil, murmura Kurt. Son visage touchait presque l'eau. Et quand elle s'est retournée, elle avait cette même expression d'effroi.

– Il y a des escaliers, dit Ina d'une voix sourde. Ils descendent dans l'eau. Directement dans l'eau. On peut fuir par là. Il y a sûrement un bateau, un gué, quelque chose...

– Fais un peu de feu », dit Serge à Kurt.

Puis il caressa le front d'Ina et lui donna le cachet.

« Ça fait le troisième en vingt-quatre heures, dit Kurt à mi-voix.

– C'est un somnifère.

– On ne peut pas rester là, reprit Ina. Il faut prendre ces escaliers. Ce sont de beaux escaliers de marbre. La dernière marche est juste sous la surface de l'eau. On la voit, mais elle est glissante et on risque de tomber...

– Dors, ma chérie. »

Elle sembla d'abord céder à sa timide injonction. Puis tout à coup, alors que les flammes illuminaient la petite pièce, elle fut prise d'une agitation frénétique. Le buste dressé, les bras tendus devant elle comme une somnambule, les yeux grands ouverts, elle amorça un mouvement de balancier convulsif d'avant en arrière qu'elle accompagna d'une lente mélopée désaccordée. Serge essaya de s'y opposer, de l'empêcher de sortir de sa couverture, de la ramener sur le matelas, mais elle lui résista avec une énergie désespérée. Il n'insista pas. Dès qu'il l'eut lâchée, elle commença à parler.

« Dormir ! Tu me demandes de dormir ! Mais tu es fou, tu es fou, dit-elle de façon hachée. Il y a des gens à sauver ! C'est la répression, maintenant, pour toutes ces filles ! Et tu sais ce que ça veut dire ? cria-t-elle d'une voix suraiguë qui parfois dérapait vers le grave. Non, n'est-ce pas, tu ne peux pas savoir, pas imaginer... »

La flamme animait son profil tendu vers quelque chose qu'il ne voyait pas.

« Essaie d'être calme », bafouilla Serge.

Elle lui coupa la parole d'une voix sèche et brûlante.

« Il faudrait tout de même que tu comprennes, dit-elle. Je les revois... je les revois avec leurs corps décharnés. C'étaient des corps qui avaient été caressés, c'étaient des corps qui avaient été aimés ! »

Elle s'arrêta, et sur son visage se peignit une sorte de stupeur.

« Je pense à leurs amants qui ne les retrouveront jamais plus telles qu'ils les avaient découvertes... »

Elle se renversa en arrière.

« ... Ou qu'elles ne supporteront plus parce qu'elles ont été si... si souillées... Toutes ces vies... affreusement mutilées, leurs... leurs fibres; oh ! tu sais ce que j'ai vu ?

– Non, mais dors ! Je t'en prie ! Tu n'y peux rien. »

Elle avait le regard fixe et sec. Kurt s'était assis au coin du mur, dans l'ombre. Serge lui fit un geste d'impuissance.

« J'ai vu... une fille de quinze ans, une longue fille déjà développée, une résistante tchèque, je crois, belle, tu sais, mais squelettique... squelettique à ne plus se tenir... c'était... à la scierie... »

Elle toussa. Dehors il s'était remis à pleuvoir.

« Il pleuvait, tout à l'heure ? demanda Serge à mi-voix. Je ne me rappelle même plus. »

Kurt fit signe que non.

« J'ai peur qu'elle ait de nouveau un point de congestion, dit Serge.

– ... Elle était là, à la réception des billes de bois, reprit Ina. Elle s'attendait à en recevoir une... une normale... on ne regardait pas, c'était la chaîne, elles étaient déjà lourdes, tu sais, pour quelqu'un de son âge. Quand tout à coup, je l'ai vue tituber... un énorme bloc de pierre... de *pierre...* sur ses épaules... un de ces salauds lui avait mis cela sur le dos sans qu'elle le voie... pour... pour rigoler... »

Le cachet commençait à produire son effet. Elle secouait la tête de gauche à droite, comme si elle voulait gagner le sommeil de vitesse.

« ... alors j'ai vu tout son corps trembler... Elle s'est agenouillée, la tête en avant... J'ai entendu sa colonne vertébrale craquer... craquer, tu m'entends... Comme une branche qu'on casse ! Et son cri... juste après, son cri... oh ! j'y pense souvent... »

Elle s'endormit d'un coup. Sa longue silhouette se recroquevilla un peu, lutta quelques instants avec la couverture, y trouva finalement sa place, puis s'abandonna avec un lent soupir. Sa respiration redevint régulière, son visage se pencha vers le feu, et la lumière du foyer joua avec ses cheveux et ses pommettes. Serge s'assit au bord du matelas avec d'infinies précautions. La pluie redoublait.

« Sereine... Il faudrait peut-être que je lui dise, sois sereine, dit Serge très bas, en regardant Kurt perdu dans l'ombre. Mais comment veux-tu ? Je ne peux pas. Je ne m'en sens pas le droit. Elle a des fêlures terribles maintenant. Elle qui était si forte. Dans la forêt, la nuit dernière, tu as vu ?... Et puis maintenant. »

Il se rapprocha d'elle, s'agenouilla à son chevet et mit sa tête sur le bord du matelas pour la regarder de tout près.

« Il y a une chose qui me fait peur. J'espère qu'ils ne l'ont pas... profondément touchée. Je ne sais pas comment expliquer... à l'intérieur... une lésion, une déchirure, quelque chose que l'on ne verrait pas, mais qui ferait qu'elle ne serait jamais plus elle-même. Elle retrouverait sa santé, son poids, mais il y aurait ça, en dessous, caché, qui resterait toujours...

– Elle a dû en voir, tu sais, dit Kurt.

– Elle avait le regard si éteint lorsque Jürgen est parti. Je ne lui avais jamais vu cette tristesse dans les yeux. Pourtant, je l'ai plutôt regardée, au cours de ma vie ! Je le connais son visage.

– Elle riait, tout de même, quand Ernst la blaguait.

– Je te parle d'après. Même lorsqu'on est venu nous chercher, l'autre matin, elle avait l'air presque heureuse. Je te promets, pas résignée... heureuse. C'est pour te dire ! »

Kurt se leva. Il s'approcha du matelas et se pencha sur elle. Elle dormait sur le côté, son bras pendant à terre. On y voyait encore la marque de la piqûre de l'*Aufseherin.* Il la ramena doucement sous la couverture et effleura son front.

« Elle s'est dénouée, dit-il à mi-voix. Elle était agitée. Quand je pense à ce qu'elle a dû en voir », répéta-t-il.

Serge soupira, les yeux fixés sur la longue forme enveloppée. Le silence dura longtemps.

« Tu te rappelles, la toute première fois ? lui demanda Kurt brusquement.

– La toute première fois ?

– ... où tu l'as vue. Tu t'en souviens ? Ça me fascine toujours, les premiers moments. Lorsqu'on est en face l'un de l'autre pour la première fois, et qu'il se passe quelque chose... J'ai si peur de passer à côté. »

Il se tut, puis timidement comme s'il évoquait quelque chose de très indiscret, de très fugace :

« Comment ça se passe ? Est-ce qu'on sait tout de suite que c'est important ? Est-ce qu'on est bouleversé ?

– Moi c'était dans un petit village des Vosges suspendu au-dessus de l'Alsace, dit Serge. Il faisait beau. Je me rappelle encore comme il faisait beau. Elle était au milieu de dix filles. Je pourrais pas te dire à quoi ressemblaient les neuf autres.

– Tu n'as vu qu'elle...

– C'est bien la seule fois de ma vie où j'ai eu l'impression de certitude, dit-il, rêveur.

– On la sortira de ce merdier, dit Kurt avec une soudaine véhémence. Moi je crois qu'on la sortira, si tu veux mon avis. »

La respiration d'Ina était régulière et tranquille. Le foyer mourait. L'obscurité revint dans la petite pièce après quelques lueurs sautillantes.

« Pour ne rien te cacher, j'y compte bien », dit Serge en s'étendant.

Elle se réveilla en fin d'après-midi. C'était de nouveau la nuit. Elle entendait depuis longtemps le bruit régulier de l'eau tombant sur les lattes de bois. Menu et obsédant, il l'accompagna dans sa lente remontée des profondeurs. La pluie. Un rideau de plus pour les isoler du monde. Elle vit dans la pénombre la silhouette de Serge se pencher vers elle, et elle se dressa sur son avant-bras. Elle se sentait dans la bouche un goût amer et âcre.

« Tu aurais du café ? » demanda-t-elle.

Il se pencha sur le feu et lui apporta précautionneusement une tasse.

« Il attendait ton réveil », dit-il.

Elle but lentement puis, des yeux, fit le tour de

la pièce. Elle avait la mine défaite. De grands cercles creusaient le haut de ses joues.

« Kurt ?

– On a pensé que tu avais besoin de vitamines. Il est parti à la chasse depuis ce matin. »

Il s'approcha et s'assit à côté d'elle.

« C'est lui qui t'a retrouvée, reprit-il en silence. On s'est réveillés en même temps, avec la sensation physique que tu n'étais plus là. »

Elle l'écoutait distraitement comme si tout cela en concernait une autre.

« Je sors un peu, dit-elle brusquement.

– Mais il pleut des cordes !

– Justement. »

Malgré sa blessure, il se mit debout en travers de la porte.

« Non », dit-il.

Elle l'écarta doucement et lui fit signe de ne pas la suivre. Il la saisit par le bras quand elle l'avança pour tourner la poignée. Elle lui échappa, l'ouvrit et l'appel d'air fut si violent que la flamme de la bougie s'éteignit net. Puis elle se retourna sur lui et mit son front contre le sien.

« Je t'en prie », chuchota-t-elle.

Elle sortit. Il soupira et ferma la porte derrière elle. Le froid et l'humidité la saisirent. Elle fit quelques pas pour ne plus sentir derrière elle la présence rassurante de la maison, se retourna et ne vit plus autour d'elle qu'un lacis scintillant et confus de buissons saturés d'eau. Elle tourna en rond, parmi les fougères glacées qui lui battaient les mollets, jusqu'à en perdre le sens de l'orientation. Maintenant la direction même de la maison lui était devenue inconnue. Seule sous la pluie, elle se sentait désormais inaccessible à quiconque. Elle regarda le ciel plombé, au-dessus de sa tête, zébré d'une branche gracile et luisante, et lui offrit son visage. L'eau glissait autour d'elle, s'immisçait en elle comme un fluide protecteur l'isolant dans un grand oubli spongieux. Elle la sentait ruisseler sur sa nuque et dans son dos, sur ses cheveux renaissants, sur le kyste de ses côtes. Puis elle se renversa en arrière, jambes et bras écartés, doigts eux-mêmes écartés dans la boue comme si elle se trouvait sur des sables mouvants et qu'il fallait que son corps couvre le maximum de surface pour éviter d'être englouti. Elle resta ainsi longtemps, jusqu'à se sentir transie, inhibée, entraînée en un ruissellement doux et entêtant vers un monde de boues pâles et de succions sournoises. Et ce fut peu à peu comme si un étau se desserrait.

Des lambeaux de son rêve lui revenaient. La montée de l'eau. La montée des périls. Eaux étales, eaux mères du grand fleuve limoneux qui irriguaient une nature effervescente tendue de lianes fleuries et piquetée de pivoines sanglantes en pleine terre et se perdaient ensuite dans un camaïeu de sables inféconds et mornes. Il n'y avait entre les deux mondes, entre les eaux parfaites et douces, tièdes, sourdement remuées de sargasses indécises, et les grandes déferlantes vert acide au bruit de cataracte et à l'énergie dévastatrice que cette longue barre livide sous l'horizon sur laquelle se hâtait une femme. Le barrage. Le barrage ne va pas tenir. La ligne de partage des eaux... *Achtung!* Du sol s'exhalait une brume humide qui la fit tousser. Je suis là, étendue moi aussi entre des gouffres. On pourrait m'enjamber comme une légère levée de terre, un accident de parcours sans importance caché par les herbes. Et je crois que je vais céder.

Elle redressa lentement son buste. La boue collante s'attachait à son dos et elle se sentit retenue au sol. Elle examina l'endroit où elle s'était étendue et vit qu'elle y avait laissé une longue empreinte. Elle s'accroupit et creusa avec sa main à cet endroit une petite cavité qui se remplit peu à peu d'eau vaseuse.

Elle regarda lentement le niveau monter. Un trou noir et glacé. La branche luisante de pluie se mirait dedans.

Elle trempa sa main dans l'eau, puis la porta à ses lèvres. Elle avait un goût fade.

Creuser. Creuser.

Elles creusent sous la pluie. Elles creusent sous la pluie le petit tas dérisoire qui va ensevelir à jamais une amie qu'elles ont chérie. Elle n'avait pas de haine. Elle riait, même dans les derniers moments. Elle les entraînait à rire, pour rien, une hirondelle entrevue, une odeur venue de la forêt. Son long corps brisé, sous ce tas. Certaines prenaient cette terre à pleines mains et la portaient à leur visage comme si par ce contact elles pouvaient... bandes d'idiotes !... faire renaître qui ?... exorciser quoi ?...

Elle prit de la terre au bord du trou d'eau et refit pourtant le geste. Lentement sur son visage. Pourquoi ? La pluie redoublait. Elle se sentait peu à peu aspirée par la nappe bourbeuse qui l'entourait, et déjà semblable à elle. Des levées de terre. Des dizaines de levées de terre.

Elle n'avait pas de haine. Mais moi j'en aurai pour elle. Je hurlerai la vérité. Je témoignerai. Je haïrai. Je haïrai.

Jürgen. Ton bon sens de merde. Quand je pense que je t'ai embrassé.

Je serai la messagère de l'infamie. Tu m'entends. Je deviens folle.

Elle se tourna et se retourna jusqu'à n'être plus

qu'une gisante gluante et noirâtre, invisible au sol à moins d'être piétinée.

Pourquoi m'as-tu laissée sortir ? Pourquoi as-tu laissé sortir ton Ina, ami de mon cœur ? Il ne fallait pas la laisser seule en ce moment. Il ne fallait pas.

« Ote tout », dit Serge.

Sans mot dire, soudain soumise, elle retira son gros chandail de laine sans forme et le mit à sécher devant les flammes. Ses yeux avaient une expression lointaine et fixe. Puis elle retira successivement un autre tricot, sa blouse grise, la chemise qu'elle appelait son scapulaire parce que l'étoffe la grattait, son pantalon de toile et une culotte de pyjama sans âge qui lui servait de dessous. Tout était trempé. A mesure qu'elle retirait une épaisseur, il l'essorait méthodiquement et la mettait devant le feu. Quand elle fut nue elle se retourna vers Serge, l'air soudain démuni et vulnérable, et ouvrit les mains avec l'air de dire : « Voilà le résultat. » Ainsi accroupie devant le feu, la peau dorée à la lumière du foyer, sa poitrine un peu basse perdue dans le désert de ses côtes et fortement ciselée par les ombres, elle ressemblait à une grave divinité hindoue isolée dans un rêve intérieur. Serge l'enveloppa dans une serviette et commença à la frictionner, en commençant par son visage et son cou maculés de boue. Il retira minutieusement les plaques de boue et les herbes collées qui se perdaient jusque dans ses cheveux.

« Ma chère mère disait : « Regarde dans quel « état tu t'es mise... »

— Ça se dit comment, en suédois ? »

Il chercha un instant les mots.

« *Nej men titta hur du ser ut* », dit-il.

Elle se mit à rire. Enfin. « *Nej men titta hur du* « *ser ut* », répéta-t-elle. Rien que de dire ça je me sens mieux.

– Je t'ai tellement frictionnée que tu es rouge comme une écrevisse ! »

Il l'embrassa sur la nuque à la racine de ses cheveux, puis sur le côté, à la naissance de ses épaules. Son corps sentait le linge humide. Il passa lentement sa main sur ses cheveux.

« Ils repoussent, tu sais », dit-il.

Elle se regarda dans la glace.

« En plus foncé, il me semble.

– Ils sont encore mouillés. »

Elle eut une moue de petite fille.

« J'aimerais bien rester comme avant... un peu auburn.

– Ecoute, je ne sais pas si c'est à cause de la lumière des flammes, mais, je te promets, tu as les mêmes reflets chauds que j'aimais tant. »

Il la tenait serrée contre lui, sentant son corps se réchauffer à travers la serviette. Elle approcha sa tête de la sienne.

« Oui, je me sens mieux, dit-elle. Tu es si tendre... Mais il le fallait, tu sais. Il fallait que je sorte. »

Il hocha la tête, comme s'il comprenait.

« Merci tout de même d'être revenue !

– Toi aussi, reviens, souffla-t-elle. Reviens en moi. »

Il retira la serviette et se pencha sur le bout de ses seins, tièdes et doux, et les caressa avec le bout de sa langue. Assise très droite, le buste regardant le feu, elle se laissa faire, les yeux fermés, la tête pendant à droite et à gauche, ses mains caressant les cheveux de Serge avec de petits gestes lents. Sa peau avait pris une carnation rose. Puis elle se recula un peu et se tendit en arrière pour laisser plus d'ampleur aux caresses de son ami. Son visage avait regagné la zone d'ombre hors de la cheminée, et seuls son ventre et ses seins surgissaient de l'obscurité, sculptés par les flammes avec une hiératique impudeur. Elle eut soudain l'impression d'avoir décollé de son univers de pluie et de boue vers un ciel plus libre et plus joyeux.

« Tu es bonne, murmura-t-il. Tu es pleine. Tu es longue. Tu es lisse. »

Il mit doucement ses mains en réceptacle sous sa poitrine. Ils se regardèrent sans s'embrasser. Puis ils se prirent avec ferveur, assis, et restèrent longtemps face à face à se regarder, attachés l'un à l'autre comme à une bouée.

« Je suis touchée par ton amour », dit-elle gravement.

Il avait envie de rester en elle jusqu'à la fin de la nuit, et de ne bouger qu'avec des mouvements très doux et de peu d'amplitude, en harmonie avec le rythme lent, suspendu, de la forêt engourdie. Sa main caressa longtemps ses seins puis, descendant encore, s'immobilisa sur la petite surface grumeleuse du kyste. Le visage d'Ina se contracta légèrement.

« Tu vois, je ne suis pas si lisse que cela », dit-elle.

Repoussant légèrement son buste, il examina l'endroit où, jour après jour, elle avait été meurtrie.

« Tu as vu ? demanda-t-il avec inquiétude. C'est devenu très rouge, très irrité. L'autre jour il m'avait semblé que c'était de la couleur de ta peau...

– Il y a peut-être eu un frottement, tu sais. Ce n'est pas grave. Ça me gratte juste un peu. »

Le regard de Serge remonta lentement le corps de son amie.

« Tout ce bois, murmura-t-il d'une voix sourde. Tout ce bois qu'il a fallu pour te faire cela. Que de forêts abattues... pour blesser mon Ina... »

Il passait lentement sa main sur la peau tiédie par la chaleur du foyer, le visage crispé, comme à l'écoute d'une fêlure cachée.

« Ils le paieront, siffla-t-il.

– Mais, Serge... dit Ina interdite.

– Je te le jure, ils le paieront. Ils ont osé apposer sur toi cette... cette marque. Elle figurera pour moi toutes les souffrances que tu as supportées, toutes les larmes que tu as laissé couler, tous les cris que tu as étouffés. Je te vengerai, oui, Ina, je vengerai ce qu'ils t'ont fait », dit-il avec une véhémence passionnée.

L'index de Serge s'était arrêté sur la tache rouge, comme s'il faisait ce serment sur la chair de son amie à l'endroit même où ils l'avaient blessée. Ina tressaillit. Il crut d'abord qu'elle frissonnait et qu'elle avait froid. Mais il se rendit vite compte que ce n'était pas cela. Il sentit jusqu'au bout de son sexe la profonde vibration interne qui venait de la parcourir comme une décharge et avait modifié en un instant le tendre abandon de son corps. Il vit son regard se durcir.

« Arrête ! » dit-elle brusquement.

Tout à coup elle était indifférente à lui, visage fermé, corps crispé, et cherchait à le quitter. La rupture de climat fut si subite et si nette qu'il s'alarma.

« Mais que se passe-t-il ? Qu'as-tu ? Qu'est-ce que j'ai dit ? »

Elle ferma les yeux, soupira. Son visage redevint serein. Seule une légère contraction des sourcils montrait qu'elle venait d'être secouée.

« Je ne sais pas, dit-elle. Je te demande pardon. Je ne me sens pas le droit. Je pense aux autres. Oui, c'est cela. Je ne me sens pas le droit. Je t'expliquerai. »

Elle se souleva et le quitta brusquement. Serge sentit son sexe se rabattre sur son ventre avec un bruit élastique et mat. Incrédule, gauche, il la regarda. Ina s'était inclinée en avant comme une plante à qui on a retiré son tuteur. Et c'était bien cela.

« C'est difficile pour moi, murmura-t-il. Ça fait mal.

– Ça reviendra », dit-elle tendrement.

Il se détourna vers le mur. Il se sentait désarmé devant quelque chose qui lui échappait.

« Je ne comprends pas. Est-ce parce que j'ai dit que je te vengerai ? »

Elle ne répondit pas. Il insista.

« C'est ça ? Dis-le-moi ! »

Le visage d'Ina. Affleuré de grandes ombres. Habité, hanté par une résolution dont il se sentait exclu.

« Ma vengeance, Serge, dit-elle doucement, elle me concerne, moi. Moi seulement. Ce que tu m'as apporté d'immense, toi, c'est justement la possibilité de l'exercer. Tu m'as déjà vengée en me délivrant. »

Il lui prit la main.

« Mais, Ina, je suis à tes côtés ! Ce que tu feras, je le ferai ! C'est mon combat aussi. J'ai senti cela très fort, là, à l'instant, avant que... »

Elle secoua la tête en lui caressant les cheveux. Ce geste où elle pouvait mettre tant de tendresse, il lui sembla pourtant qu'elle le faisait machinalement.

« J'accepterai tout, dit-il avec angoisse. J'accepterai tout, mais je ne te quitterai plus jamais.

– Tu ne sais pas ce que tu dis... » murmura-t-elle.

Sa carnation rose s'était évanouie. Elle avait un air pâle et transparent, et frissonna à nouveau.

« Tu vas reprendre froid, lui dit Serge. Ce serait le bouquet ! »

Il se leva pour chercher une couverture.

Il avait à peine traversé la pièce qu'un formidable choc ébranla la porte. Ils sursautèrent et instinctivement se rapprochèrent du mur du fond. Serge passa la couverture à Ina sans mot dire.

Devant le seuil, dehors, on entendit une sorte de grattement. Puis retentit un deuxième choc, plus violent encore que le premier, et la serrure gémit brutalement.

« Vingt dieux ! » dit Serge.

Il prit la canne, s'approcha de la fenêtre à cloche-pied, et l'ouvrit.

« Fais attention ! » dit Ina.

Un souffle d'air glacé balaya la pièce. Il tendit l'oreille en grelottant. Il ne pleuvait plus. Dans le silence, seules quelques gouttes d'eau tombaient encore des branches sur le terreau avec un bruit mat. Il se pencha. Sur sa gauche, dans l'obscurité, il lui sembla voir au ras du sol une masse plus obscure encore, immobile et soufflant convulsivement.

« Passe-moi une bûche », dit-il tout bas.

Elle choisit dans la réserve une bûche longue et dure, une sorte d'épieu qui la fit ressembler, alors qu'elle revenait vers lui, drapée dans sa couverture, à l'altière déesse Epona dans la forêt gauloise.

« Bien choisi ! s'exclama Serge.

– Ah ! çà, pour ce qui est des bouts de bois, dit-elle sans rire, je me suis entraînée, depuis quelque temps. »

Il se pencha. Une sourde respiration provenait toujours du fourré. Il lui sembla voir deux yeux fixes et laiteux. Il se demanda s'il fallait heurter l'animal ou simplement lui faire peur.

Le silence de nouveau, vola en éclats.

« *Im wald und nacht... bangertag... behst du shon auf?* psalmodia une voix tout près.

– Mon Dieu ! dit Ina.

– Stupide, dit Serge. C'est Kurt.

– Je l'avais oublié, celui-là !

– Tu as pourtant demandé où il était en te réveillant. Kurt ! cria Serge. Il y a un sanglier ou quelque chose de ce genre devant la porte ! »

Serge l'entendit qui coupait une branche d'arbre. Il était à vingt mètres environ. Il continuait à chantonner.

« Hé ! Siegfried ! J'ai une bûche ici, si ça peut t'aider...

– Surtout ne sors pas ! » cria Kurt.

Puis il vociféra : « *Haï, haï, haï!* » et lança un projectile qui manqua son but et atteignit le bas du mur. Il y eut un choc sourd, moins violent que les deux premiers, suivi d'un bruit de retraite précipitée. L'animal regagnait les fourrés dans un tintamarre de branches cassées. Après quelques secondes d'attente silencieuse, Kurt franchit la zone indécise qui le séparait de la maisonnette et ouvrit la porte. Il transportait un gros lièvre qu'il tenait par les pattes de derrière.

« On commençait à se faire du mouron à ton sujet », lui lança Serge.

Kurt les regarda l'un et l'autre en riant. Ses cheveux blonds étaient collés à son front.

« A mon sujet ? Enfin, je vois que vous avez su maîtriser vos inquiétudes ! »

Serge et Ina se regardèrent, de part et d'autre de leurs chastes couvertures.

« Qu'est-ce que tu veux qu'on fasse quand on a faim et qu'on attend ? »

Kurt parut soudain embarrassé et se pencha sur le produit de sa chasse avec une feinte attention. Il souleva le lièvre et le soupesa d'un air pensif. Le ventre de l'animal était rose et duveteux et sentait encore le brouillard.

« J'avais placé des collets, dit-il. Pas facile. Puis l'affût... moi aussi j'ai attendu. »

Ina s'accroupit et mit son bras sur les épaules de Kurt avec gentillesse.

« Vous êtes pardonné, jeune homme. Au bénéfice du dîner qu'on va avoir.

– J'ai une idée, dit Serge. Il y a une boîte de confiture de myrtilles. Ça irait bien avec.

– Excellent, dit Ina. Nous allons en napper cette bestiole.

– Ça va être quelque chose », dit Kurt sobrement, en cherchant un couteau dans la petite boîte à outils.

D'une main précise, il commença à le dépecer. Bientôt le pelage mousseux retomba sur le sol.

« On dirait que tu as fait ça toute ta vie, dit Serge admiratif.

– C'était un sanglier, à ton avis ? demanda Ina.

– Faut croire...

– Ou un blaireau, ajouta Ina. Oui, peut-être bien un blaireau, après tout. »

Kurt en abandonna son air taciturne.

« Un blaireau ! Fonçant sur une porte ! J'aurai tout entendu.

– Mais c'est toi qui as parlé de blaireaux, de lynx, tout ça... Je vois des yeux partout maintenant.

– Je les ai vus ses yeux, dit Serge. Parole d'homme, comme dirait Ernst. »

Kurt s'arrêta soudain, le couteau en l'air.

« Je vais quand même voir où il est allé », dit-il.

Il se leva et ferma la porte derrière lui avec précaution. Tout était silencieux. Il examina le sol labouré devant la porte, puis rentra de nouveau dans la pièce.

« Passe-moi la torche », dit-il à Serge.

Serge le regarda sans bouger.

« Eh bien, mais passe-moi la torche!

— Dans le placard », marmonna-t-il comme à regret.

Kurt lui lança un regard surpris, puis il prit la torche et sortit. Serge haussa les épaules. Kurt examina le sol de nouveau et trouva la trace qu'il cherchait. Elle se prolongeait en plein fourré par un tunnel d'une quarantaine de centimètres de haut. Eclairé par le faisceau, le tunnel après quelques mètres se perdait dans les ronces.

« Rien, dit-il en rentrant. Mais c'était sûrement un sanglier.

— Je préfère que tu ne te serves pas de la torche au-dehors », dit Serge.

Kurt la reposa sans mot dire dans le placard. Puis il se retourna.

« Quoi, tu as peur que je...

— Je n'ai peur de rien du tout, dit Serge avec un geste agacé. Nous n'avons que quatre piles, c'est tout.

— Elles seront bouffées par l'humidité avant une semaine, dit Kurt. Autant savoir s'il y a des sangliers autour de nous, non?

— Ce n'est pas les sangliers, figure-toi, que je voudrais éviter de trouver sur ma route. »

Kurt ne répondit pas et s'absorba de nouveau dans la préparation du lièvre. Il le vida avec des gestes précis et appliqués et l'embrocha sur une longue baguette. Il le mit enfin à rôtir au-dessus des flammes. Puis d'un seul coup il se leva.

« Je vois que la confiance continue à régner, dit-il. Pour toi je m'amuse à faire des signaux à quelqu'un, n'est-ce pas ? Je vous laisse dîner en tête-à-tête. »

Il ouvrit la porte et s'en alla dans la nuit. Serge le regarda partir, sans réaction. Ina se précipita.

« Kurt ! » s'écria-t-elle.

Il était déjà loin sur le chemin, marchant à grandes enjambées. Elle courut à sa poursuite et le prit par la main.

« Viens ! dit-elle d'un ton haletant. Il est énervé. Et c'est de ma faute. C'est à moi de réparer tout ça. »

Il resta un instant contre elle dans l'ombre. Elle haletait un peu après sa course.

« Allez, viens ! Ne joue pas les Chasseurs Maudits. Comment disais-tu ? " *Bangertag, behst du shon auf?...* " C'est pas très gai, dis donc ? »

Il se laissait entraîner à contrecœur.

« C'est comme ça que je me sens, dit-il d'un air buté.

– Tout ça, c'est parce qu'on a faim, si tu veux que je te dise ! »

Ils rentrèrent. Serge alla à la rencontre de Kurt.

« Pardonne-moi. Tu n'as rien à voir là-dedans. J'étais... »

Il regarda Ina.

« Ça sent bon en tout cas ! » interrompit-elle.

Elle s'approcha de la broche et la tourna. Kurt l'observa pensivement.

« J'aurais pu te retrouver noyée, dit-il.

– On ne parle plus de ça non plus, dit Serge hâtivement.

— Place à la fête », dit Ina avec un sourire indéfinissable.

Elle alluma une bougie et passa dans la pièce à côté. Ils l'entendirent fourgonner dans les sacs.

« Il ne fait pas trop froid ? cria Serge.

— A-gla-gla... »

Serge se retourna vers Kurt et le prit par le bras.

« Je me sens nerveux, dit-il à mi-voix. Ça doit être cette blessure. S'il y a un moment dans ma vie où j'aurais voulu ne pas être coincé c'est bien maintenant. Ça m'oppresse de dépendre de tout le monde. Ça m'obsède, en fait.

— Et moi, dit Kurt. Je n'aurais pas dû lui dire ça.

— Quoi ?

— Que j'aurais pu la retrouver noyée.

— Mais non, dit Serge en baissant la voix. C'est la vérité. Il faut bien qu'elle l'entende de temps en temps. Tu sais qu'elle est encore allée se balader tout à l'heure ? »

Une bonne odeur de rôti commençait à emplir la pièce. La porte s'ouvrit et Ina parut, tenant toujours la bougie de la main droite.

Ils la regardèrent bouche bée. Elle se détachait sur le mur du fond, où les traces d'humidité avaient creusé un monde de formes mouvantes, méandres à marée basse, fortifications de villes à demi ensablées — et cela allait bien avec ce qu'elle avait mis sur elle.

« Un rien t'habille, fit Serge en sifflant d'admiration.

— On ne peut pas *vivre* dans une couverture, dit Ina avec simplicité.

— Mais où as-tu trouvé ça, Seigneur ! » souffla Kurt en palpant l'étoffe.

Elle se mit à rire.

« C'est Heinrich. Il l'a dénichée dans le grenier d'une villa isolée entre Oberfurt et Wittlage le premier jour après la scierie. Là où on avait aussi trouvé le jambon, tu te rappelles ? Il avait voulu voir ce que contenaient des grandes malles fermées. Il voulait que la première fois que je la mette ce soit pour lui. Uniquement pour lui.

– Voyez-vous ça, dit Serge. Le petit égoïste ! L'ennui c'est qu'on voit tout de suite, permets-moi de te le dire, qu'il n'y a pas eu d'essayage. Elle ne t'habille pas cette robe, elle te déguise...

– Tu ne comprends rien, c'est ça qui est drôle ! »

C'était une défroque étrange et surannée. Une robe à volants en satin vieux rose dont la passementerie se décousait par endroits. Elle avait dû appartenir à la fin du siècle précédent à la femme d'un notable d'Oberfurt ou de Waldshut fascinée par les Romanov. Sur le corps d'Ina elle ressemblait à l'une de ces plantes grimpantes qui s'attaquent, dans l'ombre de terrasses écartées, à des murailles trop hautes pour elles.

« Ce que j'aime, dit Kurt, c'est qu'elle permet de voir tes épaules.

– Evidemment, elle craque de partout.

– Je vais chercher le pot de myrtilles, dit Kurt en se levant. Il est resté dans la charrette. Il faut que le dîner soit à la hauteur des convives. »

Il sortit.

« Kurt ! cria Serge. Prends la lampe ! »

Ina se mit à rire. Il se rapprocha d'elle dès que Kurt eut fermé la porte. Cette barrière obsolète et fragile qui séparait son corps du sien, les seins de son amie libres derrière les moirures grises et roses, les dessins fanés sortis de l'ombre par les flammes dans un halo de lumière dorée, tout cela le troublait.

« Elle me fait bander, cette robe, dit-il.

– C'était pas prévu ! s'exclama-t-elle. Je me voyais plutôt éthérée, dedans.

– Tu es à la fois habillée et désincarnée... On dirait que tu as franchi une sorte de seuil par rapport à la réalité...

– Et ça t'excite tant que ça ? » dit-elle en riant toujours.

Elle s'était assise au coin du feu. Serge toucha le bas de l'étoffe. La dentelle se défaisait par endroits.

« J'ai l'impression que tu n'appartiens à aucune époque et que je t'aime depuis le commencement des temps. Il n'y a plus d'événements, mon Ina, pour nous agresser. Il n'y a plus de danger. Il y a nous deux ici, depuis toujours, pour toujours. »

Elle ne disait rien, ne riant plus. Elle semblait absente, soudain.

« On peut toujours rêver, soupira-t-il.

– Moi je dirais, répondit-elle comme si elle redescendait soudain sur terre, nous deux ici, depuis deux jours. Et pour deux semaines.

– Tu pourras parler de jours et de semaines quand tu auras remis ta blouse grise. Pour l'instant, tu es hors du temps...

– Hors du temps, répéta-t-elle rêveusement. Je voudrais bien. »

Elle alla s'appuyer contre le mur. Il eut un instant l'impression que la forteresse ensablée allait s'entrouvrir et l'engloutir dans la lumière vacillante d'une fête désertée. Il eut envie de lui tendre la main pour la retenir.

« Je t'aime, dit-il. Je m'inquiète tellement quand tu es comme tout à l'heure. Je me sens si... vulnérable. »

Il se penchait sur elle quand la bougie s'éteignit.

C'était Kurt qui avait ouvert la porte.

« Tu sais à quoi je pense ? hoqueta-t-il. La... La Schwarza ! »

Ils le regardèrent sans comprendre.

« Tu passais nue d'un côté et ton trousseau de l'autre ! dit-il en s'étranglant. L'Arche, si lourde ! Heinrich n'avait pas dû parler à Carl de son petit cadeau... »

Une odeur de brûlé provint de la cheminée. Kurt se précipita et tourna la broche.

« De justesse. Et maintenant... On va l'habiller un peu, pour être à l'unisson. »

Il ouvrit le pot et commença à confectionner des vagues roses et ondulantes de gelée autour du lièvre.

« Moi aussi, ça me fait penser, il faut que je te décore », dit Ina à Serge.

Il tendit la jambe devant le feu en faisant la moue et elle défit le bandage. Il grimaça quand elle retira la gaze.

« Tourne-toi », dit-elle avec douceur.

Le trajet de la balle apparut, tranchée vive tout au long du mollet, tavelée de rouge, entourée de chair boursouflée.

« Ce n'est pas encore très joli, dit-elle.

– Mais, Ina, ça ne fait que cinq jours !...

– Je sais, mon chéri », dit-elle en déposant un baiser près de la blessure.

Ensuite elle la nettoya, y remit du baume et refit le pansement. Il eut une bouffée de chaleur et son visage se crispa.

« Je t'ai fait mal, murmura-t-elle tendrement.

– Dans deux semaines tout ira bien », fit-il très bas.

Elle ne répondit pas.

« C'est Ernst qui l'a dit, reprit-il d'un ton buté. Je te promets, il l'a dit.

– Ça va être prêt », dit Kurt.

Ils n'avaient comme plat qu'une sorte de panier à pain en porcelaine tressée. On pouvait encore y lire sur le côté en lettres écaillées : *Souvenir de Bamberg.* Carl avait pu l'amener sans casse en le bourrant de papier de soie. Kurt y avait disposé le lièvre avec art, entre deux pyramides de purée de myrtilles. Et, avec le reste de myrtilles, sur le râble doré, il avait inscrit en majuscules : INA. L'effet était pour le moins curieux.

« C'est trop mignon, dit-elle, et elle l'embrassa.

– Heureusement tu as un nom court... J'en avais juste assez. »

Il commença à le découper.

« Tu te souviens ? dit soudain Ina en prenant Serge par le bras.

– Si je me souviens », dit Serge pensivement.

Ina. Thannenkirch 1938. Le petit village suspendu au-dessus de la plaine d'Alsace autour de son église blanche. Les folles courses dans le Taenschel agreste et sauvage, parsemé de croix dans les sous-bois.

« Les chevaux... les chevaux en pension à la ferme de la vallée...

– Et la table... tu te rappelles, la grande table de bois !

– Les ruines de Saint-Ulrich, perdues dans le soir. On avait toujours l'impression que Perceval allait apparaître... »

Il secoua la tête.

« Ah ! c'est tout de même dommage ! » dit-il avec mélancolie.

Elle mit sa tête sur son épaule.

« Il ne faut pas dire cela, Sergio. Ça a été autre chose, voilà tout. »

Il ne répondit pas.

« Je ne sais pas à quoi vous fait penser ma décoration, dit Kurt. Je crois bien que je ne le saurai jamais. »

Serge sourit tristement.

« Il y avait eu une fête dans cette ferme. C'était son anniversaire. On lui avait fait un gâteau. Elle était jeune, à l'époque. »

Ina se mit à rire.

« Les mêmes lettres, Kurt! La même confiture! »

Kurt avait fini de découper le lièvre. Ils se rapprochèrent et commencèrent à le manger en silence.

« Vous voulez savoir, dit Kurt, ce que ça me rappelle, moi, *INA,* à part Ina, bien entendu. Vous n'êtes pas près de deviner.

– Non. Oui. »

Kurt avait pris un air mystérieux qui les émoustillait comme une chasse au trésor.

« C'est une rivière du Nord. Elle se jette dans l'Oder. Avec une troupe de *Hitlerjugend,* je l'ai descendue en canoë, en septembre 1940. Pas drôle, le genre glacé. La Schwarza à côté, c'était le Gulf Stream.

– Elle s'appelle comment?

– Mais, je te dis... l'Ina. Elle était grise comme tes yeux.

– Des *Hitlerjugend,* sur l'Ina! s'écria-t-elle avec un air horrifié... Il faut faire quelque chose! De l'eau, Kurt! Il faut laver l'affront.

– De l'eau... Si on avait seulement un peu de pinard. »

Ina regarda Kurt comme si son souhait lui ouvrait un horizon perdu de vue.

« Mais on en a », dit-elle en se frappant le front.

Serge la regarda, stupéfait. Elle s'était déjà levée, et retournait dans la pièce du fond. Sa robe s'accrocha au tas de bûches, et elle la souleva avec grâce comme si elle portait quelque chose devant elle.

« Tu ressembles à Sarah Bernhardt rentrant dans sa loge, dit Serge.

– Toujours aimable ! » cria-t-elle de l'autre côté du mur.

Elle revenait déjà, portant trois gobelets et une bouteille effilée enveloppée dans un morceau de papier. Serge la prit, déplia le papier qu'il jeta devant lui, et se pencha sur l'étiquette.

« Merde ! C'est du Moselle.

– Qu'est-ce que tu as contre ?

– J'espérais un petit rouge bien revigorant... Tu l'as trouvée ici ?

– Oui, hier soir, en cherchant où mettre le matériel dans le placard. Seule et unique de son espèce.

– Survivante de quelles orgies, dit Serge en regardant le mur aux graffiti. Tu as un tire-bouchon, Kurt, sur ton dix-huit lames ?

– Donne », dit Kurt.

Le bruit du bouchon que l'on retire les réconforta. Ina remplit les gobelets cabossés, puis leva religieusement le sien.

« A nous parce que nous sommes les meilleurs », dit-elle.

Ils burent avec lenteur.

« J'en avais bien perdu le goût, dit-elle encore. Merci à Ilse de ses petits restes. »

Kurt approuva d'un air gouailleur.

« Affront lavé, Ina ?

– *Où ira l'Ina ira Ina,* psalmodia Serge.

– J'aime quand il parle français, dit Kurt.

Quand je pense que tu es français et que je l'oublie.

– Je suis le Français qui a envahi l'Allemagne, dit Serge la bouche pleine. Et j'irai jusqu'à l'Ina, Ina.

– Mais moi je n'irai pas sur ta rivière, Kurt. Même si elle a ce joli nom. C'est une petite rivière, tu m'as dit.

– Oui, dit Kurt. Mais tu devrais manger, ça va être froid.

– Dans mon rêve, c'était un grand fleuve. Toute cette eau. Je me promenais là, au bord de cet estuaire, avec un gosse inconnu, dit-elle pensivement.

– Navré d'avoir interrompu ta promenade.

– Ecoutez », dit Serge soudain.

De l'étang parvint, très proche, un cri guttural et rythmé qui s'accéléra puis s'étrangla brusquement. Puis il y eut un bref crissement chuchoté, comme une faux qu'on aiguise, suivi d'un bruyant battement d'aile. Kurt était déjà debout. Il ouvrit la porte avec précaution et sortit. Ils l'entendirent faire quelques pas.

« Je n'ai pas pu le voir, dit-il en revenant.

– Le contraire m'aurait étonné.

– J'aurais pourtant aimé... Il était tout près. C'était un grand tétra. C'est rare, tu sais. Ça niche dans les sous-bois.

– Kurt et son bestiaire, dit Ina. Ça va être l'Arche de Noé, ici, je sens.

– C'est un des plus beaux oiseaux qui soient, dit-il en raclant soigneusement la boue de ses semelles et en nettoyant ses brodequins.

– On voit que tu as été à l'armée », lui dit Serge en lui envoyant une bourrade.

Kurt haussa les épaules et se pencha sur les reliefs du festin.

« Il ne reste plus que les petits os, dit Ina. Et le pelage. Qu'est-ce qu'on va en faire ?

– Une toque pour toi, dit Kurt.

– Tu entends cela, dit Ina attendrie. Il pense toujours à moi.

– Il manque un peu de choix », dit Serge.

Elle sourit et les regarda, Serge à sa droite, Kurt à sa gauche. Elle se sentit soudain submergée de tendresse, les prit par les épaules et les serra contre elle. A eux trois ils avaient la ferveur, la diversité et la multitude d'un rassemblement dans les catacombes. Hors-la-loi. Pourchassés. Seuls.

« C'est bon, dit-elle, d'être comme cela. D'être nous, ici.

– Oui, dit Kurt. Surtout quand on pense à ce qu'il y a autour.

– Si tu chantais quelque chose, dit Serge à Ina. Au moins on n'entendrait pas Kurt débiter ses lieux communs.

– Et puis je ne t'ai jamais entendue chanter », dit Kurt.

Elle le regarda, surprise.

« Mais je sais bien », dit-elle.

Kurt rougit. Ina s'en aperçut et mit sa main sur le dos de la sienne. Puis elle entonna une vieille berceuse bavaroise. Au début, avec sa voix imprécise à la tessiture voilée, ce fut comme si quelque chose cherchait à naître, qui était prisonnier d'une gangue. La maladresse de sa voix donnait au chant le tremblement et la fêlure des choses menacées. Puis elle trouva le ton juste et se lança alors dans une autre mélodie, fraîche et mélancolique. Sa voix était maintenant fluide et sereine. Elle prit possession harmonieusement de leur petit espace, et ils s'y sentirent immergés. Puis ils eurent l'impression qu'elle traversait les murs de la maisonnette et s'élançait à l'extérieur. Elle rôda quelque temps autour du sanglier et du grand tétra cachés quelque part dans les fourrés humides, revint en arrière vers les temps heureux où elle retentissait, joyeuse et libre, sur les sentiers et au bord des sources, et enfin prit son souffle et s'envola d'un bond au-delà des sapins du Hotzenwald, vers les hautes vallées où le vent siffle sur des terres inconnues et glaciales... et dont personne, jamais...

Elle se tut. Ils penchèrent leurs visages vers les flammes et restèrent un long moment perdus dans leurs pensées.

« C'était tiré du *Voyage d'hiver,* dit Ina.

– Il nous mènera bien un jour quelque part, murmura Serge. Enfin... nous sommes en route, mon Ina. »

Il la prit par l'épaule et la garda étroitement serrée contre lui.

« C'est curieux ce contraste d'angoisse et de sérénité qu'il y a dans tous ces *lieder,* dit Kurt. L'étrangeté qui intervient au moment où tout est calme... Tu as bien fait ressortir cela, Ina. On n'était plus là.

– C'est le goût allemand pour les zones crépusculaires, dit-elle. Celles qui s'étendent entre l'imaginaire et le réel, qui les font se confondre. J'avais un professeur qui nous rappelait toujours que l'âme allemande est un mélange de *gemuth* et de *stimmung.* C'était un brave homme, toujours malade. Il n'avait qu'une passion dans la vie : Schubert. Pour lui, l'Allemagne, c'était Schubert. Tu sais, les grandes forêts de Franconie sous la lune, hantées de postillons errants et de belles meunières accueillantes. Il doit être mort maintenant !

– J'espère pour lui, dit Serge sombrement.

– Moi, quand j'entends Ina chanter... », commença Kurt.

Il s'arrêta brusquement. Ina le regarda. Il y eut un bref clapotis dans l'étang.

« Est-ce qu'on peut tomber amoureux d'une voix ? demanda-t-il timidement.

– Ça se faisait beaucoup au XIXe siècle, dit Serge. Les gens tombaient amoureux des cantatrices. Pourtant, la plupart, quand on voit leur portrait...

– Leur silhouette, surtout, dit Ina.

– Quand j'entends Ina chanter je me sens invulnérable, dit Kurt. Inconscient. Il ne peut rien m'arriver. Tu chanteras, Ina, dans les moments difficiles. Je te suivrai.

– Quand j'ai peur, je suis enrouée, dit Ina.

– La catastrophe prévue est arrivée, si je comprends bien. Kurt est tombé amoureux de la voix d'Ina.

– Tu veux dire, Kurt est tombé amoureux d'Ina, dit Kurt.

– Ça passera, dit Ina. C'est le Moselle.

– Tu sais, ce n'est pas original. Tout le monde tombe amoureux d'Ina. Elle a un long sillage de victimes éplorées derrière elle. »

Le silence revint. Ina, assise en tailleur, avait repris son expression marmoréenne et lointaine. Serge regarda Kurt.

« Tu as déjà fait l'amour, dans ta courte vie ? » lui demanda-t-il brusquement.

Il hésita un peu, déplia ses jambes avec maladresse.

« Non..., dit-il.

– Ecoute. C'est un bon climat, ce soir, pour de premières armes. Je te la prête. »

Kurt soupira.

« Pas devant toi...

— Je ne resterai pas à te contempler. Ne sois pas comme Schubert. Il n'a jamais fait l'amour, le pauvre Franz. Il n'a fait que le rêver.

— Pourquoi parles-tu comme cela? dit Ina doucement. Je n'ai pas envie de Kurt. Pas aujourd'hui.

— Alors, un autre soir, dit Kurt soulagé.

— On ne se baigne jamais deux fois dans le même fleuve, dit Serge.

— Toi et tes aphorismes...

— Il aime ça, dit Ina. Parler par paraboles.

— Qu'est-ce que tu veux, dit Serge. J'utilise mes récipients à moi. La source est éternelle, mais le vase est petit.

— N'en jetez plus, je coule », dit Kurt en levant les deux mains.

Ils se mirent à rire.

« J'aimais Ina, ce soir, dit Kurt. Cela se trouvait bien, elle avait chanté d'une façon envoûtante, pour nous, ici, serrés les uns contre les autres. Le temps d'un lied, je me suis senti... »

Il s'arrêta et secoua la tête.

« ... Mais elle est à toi. Il n'y a pas de recours. Tu l'as trop bien méritée. Et moi, demain, je serai où, pour la conquérir? »

Il y eut un voile fugitif de détresse sur son visage.

« Où? s'interrogea Serge. Tu peux imaginer que c'est notre question à tous. »

Ina regardait Kurt.

« Il faudrait un jour se retrouver quelque part, dit-elle. Tous les trois. Quand tout ce merdier sera fini. Dans un endroit calme et beau. »

« Au moins pouvoir se le dire », murmura Kurt pour lui-même.

« Au bord de ton fleuve, Ina, dit Serge en plaisantant. De ton grand fleuve. Puisque tu ne veux pas de notre petite rivière froide.

– Il n'a pas de nom. Pour un lieu de rendez-vous, c'est fâcheux.

– Qu'est-ce que ça peut faire ? On va te le baptiser !

– Mais comment ? dit Kurt. Comment veux-tu qu'on choisisse ? On sera jamais d'accord. Et puis, on n'a pas de carte...

– De toute façon, dit Serge d'un ton sentencieux, il ne faut jamais confondre la carte et le territoire. C'est bien connu. »

Ina posa sa main sur la sienne.

« Et si justement on les confondait, pour une fois », fit-elle.

Serge la regarda. Il y avait de grandes ombres sur son visage. On ne voyait que son front et ses pommettes.

« Imagine, dit-elle. Imagine qu'une carte soit entrée dans cette maison à notre insu. Que nous la découvrions. Et enfin que nous décidions que cette carte désignera ce territoire où nous nous retrouverons après la guerre. Ce ne serait pas vraiment un choix. Ce serait donner au hasard... comment te dire... une part lumineuse de notre avenir qui serait la part même du rêve...

– *Que le rêve hasardeux qui a créé ce fleuve, le baptise,* dit Serge avec gravité.

– Oui, et par là même lui donne son existence », poursuivit Ina.

Kurt se tourna vers elle.

« Si tu dis tout cela c'est que tu as déjà cette carte, dit-il. N'est-ce pas ?

– Oui, dit Ina avec un sourire énigmatique.

– Donc il n'y a ni hasard, ni rêve dans tout cela. Tu sais déjà comment s'appelle ton fleuve !

– Non, fit-elle. Justement. De cette carte je n'ai vu que... le fait que ç'en était une. »

Serge et Kurt se regardèrent.

« Tu découvres une carte et tu ne la regardes pas ? Tu m'inquiètes, dit Serge.

– C'est que je ne pouvais pas, dit Ina mystérieusement.

– Et où est-elle ?

– Ici même. Dans cette pièce. »

Kurt regarda autour de lui.

« J'ai mis de l'ordre ce matin, pendant que tu dormais. Je n'ai rien vu.

– Elle n'y était pas à ce moment-là », dit Ina en riant.

Serge soupira.

« C'est plus compliqué que le mystère de la Chambre Jaune !

– Bon, intervint Kurt. Admettons l'existence de cette carte. Mais suppose qu'on s'aperçoive que c'est une carte de l'Allemagne ? Ou du Hotzenwald ?

– Cela voudrait dire que les dieux ou le hasard sont contre nous, et on annulerait. On annulerait aussi si c'était un endroit sans fleuve. Il s'agit de baptiser un fleuve, n'oublie pas.

– Une carte du désert de Gobi ! dit Kurt. Une feuille blanche...

– ... un fleuve auquel j'ai rêvé, tu n'imagines pas, avec toutes ses odeurs... sa lumière... Au bord duquel je me suis promenée, et que je veux retrouver après... après tout ça...

– Oui, dit Serge. On a compris. Et alors, cette carte ?

– Tu l'as jetée sur le tas de bois, dit Ina.

– Moi ?

– Il y a une demi-heure. J'ai été chercher la

bouteille de vin. Elle était empaquetée dans un papier. Tu l'as arraché et roulé en boule.

– Oui, et alors... ce n'était pas une carte...

– C'était une page d'atlas arrachée, j'ai eu le temps de voir », dit Ina.

Quand elle se redressa, toujours habillée de sa longue robe de parade, elle avait le papier chiffonné à la main. Elle le souleva du bout des doigts et ne l'ouvrit pas. Le visage caché dans la pénombre, elle parut un instant hésiter, puis elle se décida.

« Place à notre futur ensoleillé, murmura-t-elle.

– Oui, fais surgir pour nous ton pays d'espérance, ô magicienne », déclama Serge sur un ton d'incantation.

Elle déplia le papier lentement, le mit sur le sol et le lissa avec précaution. Tous trois se penchèrent. C'était une feuille qui avait été déchirée hâtivement, probablement dans un vieil atlas scolaire. La crasse et la moisissure avaient fait leur œuvre. Les couleurs étaient passées, les caractères à peine visibles.

« La forme du pays ne me dit rien, dit Ina.

– Rien de rien, dit Kurt. Mais en tout cas il y a un fleuve. »

Un trait bleu courait du nord au sud. De temps à autre le fleuve entrait dans un trou de la carte comme dans un lac, puis ressortait pour se perdre dans le haut, là où les déchirures montraient que la page avait été autrefois arrachée.

« En bas, c'est l'océan Indien, dit Ina.

– *B.U.R.,* lut Serge. Puis un trou. Puis *A.*

– Burma. C'est la Birmanie », dit Ina.

Ils levèrent leurs yeux du papier.

« La Birmanie, répéta Kurt, les yeux ronds et

le ton ironique. C'est pas tout près, Ina. Tu risques d'être dépaysée. »

Serge eut un geste désinvolte.

« Va pour la Birmanie, dit-il. Je ne sais pas très bien comment on va y aller, en train, en bateau, à pied, mais on le fera. Au moins là-bas il n'y aura pas de sapins. Je m'y vois déjà, Ina. PAS DE SAPINS. Tu entends ? Mais des palétuviers, des arbres à caoutchouc, des... des hibiscus...

– Des hibiscus, répéta Kurt d'un air entendu. Beaucoup d'hibiscus. »

Ina s'était repenchée sur le fragile torchon de papier et suivait du doigt la trace bleue.

« Je ne vois pas son nom, dit-elle déçue. C'était peut-être marqué à l'endroit où il y a ce trou.

– Fais voir... »

Kurt approcha la carte des flammes pour mieux lire.

« Attention, dit Serge. Tu vas foutre le feu à la Birmanie. Alors là, l'avenir deviendrait sombre.

– Tu as des raccourcis saisissants, dit Ina.

– J'y suis, dit Kurt en immobilisant son index. C'est très peu lisible. J'épelle. *I.N.A...*

– C'est pas vrai ! s'exclamèrent-ils de concert.

– Pardon. *I.R.R.A.* Ça s'arrête là. Après, il y a une déchirure.

– *Où ira l'Irra ira Ina,* psalmodia Serge.

– Donne », dit-elle nerveusement.

Elle se pencha et suivit de nouveau le trait jusqu'à la déchirure.

« Le nom est aussi marqué tout à fait en haut. Attendez. Irrawaddy. Voilà. IRRAWADDY.

– Tout le monde connaît ça », dit Serge après avoir vérifié.

Ina resta songeuse. Elle murmura le nom tout bas, plusieurs fois.

« Eh bien, voilà ton grand fleuve baptisé, dit Serge.

– C'est un joli nom... Tu ne trouves pas ? » demanda-t-elle avec inquiétude.

Kurt restait silencieux.

« Il coule en ce moment, reprit Ina. En ce moment même, il a la même existence que la Schwarza. Son eau est... ah, c'est fou ! Je suis sûre qu'ils ne savent pas qu'il y a quelque part une Allemagne, là-bas. C'est une autre planète. Et voilà, d'un coup, il fait irruption chez nous. Il entoure la maison. Il nous *baigne*.

– Je vous vois déjà, tous les deux, sur votre pirogue », dit Kurt.

Ina se mit à rire.

« Une pirogue, Kurt ! Pourquoi pas une gondole !

– Et n'oublie pas que tu en es, dit Serge.

– On suivra tous les trois les rives de l'Irrawaddy.

– Ça...

– Ina chantera. Ce sera le terminus du Voyage d'hiver.

– C'est curieux, dit Ina. Dans mon rêve, il y avait une espèce de pagode, loin derrière.

– Eh bien, c'est plutôt la région, non ?

– Justement... c'est presque trop beau...

– Et l'enfant ? interrompit Serge. Il avait un visage comment, l'enfant ? Il était de quelle race ?

– Je ne me souviens plus de son visage », répondit Ina.

7

La première neige était tombée vers la mi-novembre, mais elle n'avait pas tenu. Il y avait encore dans les creux, deux jours après, des petites plaques grisâtres, grêlées de pluie et salies par les feuilles. Une lumière grise et plate noyait la forêt d'un voile de mélancolie sereine, dessinant la dentelure des conifères à travers les pans de brume avec une précision d'eau-forte. C'était la fin de la matinée. La petite maison avait perdu le rempart de végétation derrière lequel elle avait si longtemps semblé protégée. Elle était maintenant visible de loin, isolée et vulnérable devant la nappe scintillante de l'étang.

« Un morceau de sucre sur un plateau d'argent », soupira Ina.

Kurt hocha la tête.

« On va finir par avoir de la visite si ça continue. »

Il s'accroupit près d'une plaque de neige et l'examina avec attention.

« Il ne devrait pas être loin », murmura-t-il.

Encapuchonné et courbé comme un pénitent, Kurt gardait les yeux à terre, cherchant un indice parmi le terreau noir et les feuilles. Ina s'arrêta et montra le bouquet de pins.

« C'était là, lui dit-elle. Je suis sûre, c'était le même cri que l'autre jour. J'ai pensé qu'il allait s'envoler. C'était à peu près au moment où Serge est parti de son côté. »

Ils reprirent leur marche côte à côte, en silence.

« C'est vrai au fond, constata Kurt. C'est la première fois que tu ne pars pas avec lui. »

Elle eut un geste de contrariété.

« Je n'avais pas envie de marcher, c'est tout, dit-elle d'un air morose. Ne va pas toujours chercher midi à quatorze heures. »

Il la regarda, ironique.

« Et alors, avec moi, qu'est-ce que tu es en train de faire ?

— Je fais comme toi, justement. Je chasse. »

Il éclata de rire.

« Tu es folle. Nous ne chassons pas. Nous tentons la délicate approche d'un oiseau rare. C'est tout de même autre chose. »

Il semblait heureux et détendu, marchant à grandes enjambées, la dépassant, revenant vers elle en brusques volte-face avec une allégresse de collégien, comme s'il avait à la regarder sans cesse pour se persuader qu'il était bien seul avec elle. Mais Ina semblait indifférente à sa présence et continuait à avancer lentement, les yeux fixés sur le bouquet de pins.

« Je me demande si ça lui fait du bien toutes ces escapades, finit-elle par dire. Il avait un gros œdème à l'aine ce matin.

— Ça veut dire qu'il y a de l'infection ?

— Je ne comprends pas. La plaie a l'air propre.

— Et ça ne t'inquiète pas ? »

Elle eut un geste exaspéré.

« Mais que veux-tu que je fasse ? Je trouve

comme toi qu'il marche beaucoup trop et qu'il se fatigue. Mais je ne peux pas l'attacher à son matelas ! Et puis il dit qu'il suit exactement le programme que lui avait préparé Ernst. En attendant, moi je ne vis plus, tu comprends. Un jour, il va arriver un pépin...

– Je sais qu'il est retourné à Salm-Salm ce matin.

– Oui. Moi je ne voulais pas. Il pourrait être vu à contre-pente depuis la Schwarza... »

Il l'avait de nouveau dépassée, et revint vers elle en sautillant de part et d'autre du sentier.

« Non. Ce n'est pas dangereux par-là, dit-il. Et j'ai assez marché avec lui pour savoir qu'il est aussi silencieux qu'un Sioux sur le sentier de la guerre. »

Ravi de sa comparaison, il eut un grand rire en cascade. Ina haussa les épaules.

« Kurt... Pour toi c'est merveilleux, tout cela, au fond. Tu es insouciant, chaque moment pour toi est un moment d'aventure. Mais moi... si tu savais... ne pas savoir ce qui va se passer... comme c'est...

– Tu t'inquiètes trop, dit-il plus bas. C'est normal qu'il veuille se sentir alerte le plus vite possible. Essaie d'être moins nerveuse... »

Elle eut un geste d'impuissance. Et tout à coup elle sentit la main de Kurt se crisper sur son épaule. C'était un geste qu'il n'avait encore jamais fait. Elle le regarda : il s'était immobilisé, tendu vers quelque chose. Elle le revit le premier soir dans la forêt, immobile parmi les arbres. Puis la pression sur son épaule se détendit.

« J'avais cru entendre un battement », expliqua-t-il.

Ina se tourna vers lui.

« Comment veux-tu entendre quoi que ce soit, avec ce vent. »

L'air était tiède. Il y avait de brefs tourbillons, qui s'apaisaient, puis reprenaient.

« Le foehn, dit-il en se penchant vers le sol. La neige ne va pas y résister. Regarde, c'est déjà de l'eau. »

Il en prit une poignée qu'il haussa à la hauteur de son visage.

« C'est dommage pour nos traces », fit-elle.

Il s'arrêta au-dessus de la flaque miroitante. Le reflet de sa silhouette dégingandée y apparut déformé, ressemblant à celle de quelque rebouteux centenaire.

« Ina, demanda Kurt, tu t'intéresses vraiment à cet oiseau ? »

Elle eut un petit sourire.

« Tu nous en as tellement parlé !

– J'en viens à me demander s'il touche terre parfois, marmonna-t-il. Pourtant il y a ici tout ce qu'ils aiment, du genévrier, de la bruyère... »

Ina s'était assise sur une souche et regardait les sapins.

« Tu m'as dit qu'il avait une tache rouge au-dessus de l'œil, dit-elle. C'est cette tache que j'ai envie de voir. Du rouge ! Quelle fête ! Je ne sais plus ce que c'est qu'une couleur.

– Tu ne pourrais pas la voir. D'abord elle est rouge foncé. Et de toute façon il s'élance bien trop vite... En fait, ajouta-t-il avec une précision de naturaliste, je ne voudrais pas te décevoir, mais il n'y a rien de plus noir que cet oiseau. »

Elle s'allongea de tout son long sur la souche, faisant corps avec elle, et s'étira jusqu'à sentir contre son dos le grain de l'écorce.

« Venez nous visiter, oiseau de bon augure », déclama-t-elle d'un ton cocasse.

Kurt s'assit au bout de la souche avec précaution.

« Pourtant tu sais bien que tu n'auras plus à attendre très longtemps, désormais. »

Elle se redressa légèrement, l'air interrogateur.

« Pour... ?

– Eh bien, pour trouver de la couleur autour de toi ! reprit-il d'une voix désinvolte.

– Qu'est-ce que tu veux dire ?

– Je ne sais pas, moi... Par exemple la pagode de l'Englishe Garten par un matin d'hiver... toute rouge et dorée... c'est d'un joli effet... »

Elle se redressa tout à fait, interdite, et regarda autour d'elle comme si elle craignait soudain de voir surgir une silhouette sur le sentier.

« Qu'est-ce qui te fait dire que je vais à Munich ? » demanda-t-elle d'une voix sourde.

Il se leva. Il avait abandonné son allégresse enfantine, et était redevenu l'adolescent muré et crispé du premier soir.

« C'est bien là où travaille Jürgen, non ? Serge n'est pas là, ajouta-t-il plus bas, et il est sûrement parti pour la matinée s'il est à Salm-Salm. Tu peux bien me le dire.

– Mais, Kurt, je ne suis pas obligatoirement liée à Jürgen. J'ai travaillé à Hambourg, à Berlin, sans lui !

– C'était lui qui tirait les ficelles... Oh ! tu iras à Munich, je le sais bien », dit-il d'un air buté.

Il y eut un silence. Puis il reprit d'une voix timide, comme pour s'excuser :

« Je t'ai entendue l'autre jour, avec Jürgen. J'étais assis au bord de l'eau, au bouquet de saules. Vous ne m'avez pas vu. Je n'ai pas osé bouger ; vous êtes restés longtemps tout près. »

Elle le regarda la bouche ouverte. Il s'accroupit près d'elle, son visage tout contre le sien.

« C'est très dangereux ce que tu vas faire... Et Serge, comment va-t-il le prendre ? »

Il avait un ton de tendresse maladroite qui la surprit.

« Merci tout de même d'avoir attendu ce moment pour m'en parler, dit-elle doucement.

— J'ai toujours pensé que tu ne quitterais pas ce pays, dit-il. Mais j'ai peur de sa réaction. Il s'entraîne tous les jours, tu penses bien qu'il y a une raison. Qu'est-ce qu'il va dire... Il ne voudra jamais te quitter ! Il souffrirait trop. Il t'a sauvée après tout. »

Ina le regarda.

« Tu te préoccupes beaucoup de lui, je trouve, dit-elle.

— Tu l'aimes moins qu'il ne t'aime », murmura-t-il sur un ton de reproche.

Elle secoua la tête.

« Tu as tort de dire ça, Kurt. Si tu savais ce qu'il y a entre nous, tu ne le dirais pas. Mais il sait qu'il m'a sauvée pour que je puisse me venger. Je le lui ai dit.

— Justement, il va vouloir participer à cette vengeance... Quand on t'a retrouvée inanimée, je l'ai bien senti. Il l'a presque juré sur ton corps. »

Elle se leva et reprit sa marche. D'un geste soudain elle prit le bras de Kurt.

« Tu es jeune, dit-elle avec un brin d'ironie. On est un peu mystique, à ton âge. Serge ne jure pas comme ça.

— Ne joue pas les vieilles peaux, je t'en prie !

— Jürgen n'acceptera jamais qu'il vienne, tu ne comprends donc pas ? » lança-t-elle d'une voix changée. Elle heurta une motte de terre et la projeta au-devant d'elle avec violence. « Jamais !

— Il y a de drôles de liens entre toi et Jürgen,

tout de même, dit Kurt. On dirait par moments qu'il a une espèce de pouvoir sur toi.

– Un pouvoir sur moi, répéta-t-elle d'un ton incrédule. Mais non, je t'assure. C'est bien la première fois que j'entends cela. »

Kurt, tout en marchant, la tenait par l'avant-bras et, de temps à autre, exerçait sur elle une légère pression qu'il relâchait aussitôt.

« J'ai une idée », dit-il. Il hésita. « Si tu lui demandais de m'emmener ?

– A Jürgen ?

– Oui. »

Elle faillit s'exclamer : « Mais je... »

« Il croira qu'il y a une aventure amoureuse entre nous, poursuivait Kurt. Sa jalousie vis-à-vis de Serge disparaîtra à partir du moment où il le placera lui aussi dans la catégorie de... de tes victimes, comme dirait Serge. Ça brouillerait toutes les cartes. »

Il s'arrêta et la regarda, suppliant.

« Tu ne trouves pas que c'est une idée ?... Tu lui en parleras ? »

Elle s'arrêta à son tour. Elle semblait troublée.

« Mais... il trouvait... que tu étais un gosse... et pourtant, c'est vrai que tu... tu... »

Elle se rapprocha de lui, mit ses mains sur ses épaules et leva son visage vers lui.

« Oui, c'est une idée, Kurt, dit-elle d'un ton plus calme. Il n'y a pas tellement de moyens de nous sortir de là. Et puis tu as mûri depuis deux semaines et il changera peut-être d'avis. Tu as pris un an ! C'est sans doute ta barbe.

– Ma barbe ! dit-il en riant et en tâtant son minuscule bouc blond.

– Ça t'allonge le visage. Tu fais plus que tes dix-sept ans, je t'assure.

– Alors, tu lui en parleras ? Tu le promets ? »

Elle retrouvait l'adolescent impatient de tout à l'heure. Mais il y avait en lui un fond de gravité et de pudeur qui semblait retenir ses gestes. Il lui caressa les cheveux. Ils étaient plus longs maintenant, et lui retombaient sur l'oreille. Puis il la relâcha avec douceur et ils se remirent en marche. Elle sentait qu'il n'osait pas se tenir trop près d'elle. Il était là à son côté, soudain bridé et maladroit, un peu voûté par sa taille, s'attachant à diminuer ses pas pour marcher à son rythme.

« Ce serait merveilleux pour moi », dit-il. Il reprit, avec un accès soudain de passion : « Oh ! tu sais, oui !

– Ah ! bon ?

– Tu veux que je te dise ? Je crois que je suis un peu amoureux de toi. Mais en même temps je n'ai pas envie que vous vous quittiez. C'est trop beau, ce qu'il a fait.

– Plus c'est beau, moins je veux être liée par cela, dit Ina d'une façon sibylline. Tu ne peux pas comprendre. »

Il parut surpris.

« S'il y a une possibilité pour vous deux de rester ensemble à Munich, tu es prête à la saisir, non ?

– Bien sûr !

– Je pourrais peut-être servir à cela, alors, dit-il d'un ton pensif. A ce que vous ne vous quittiez pas. Mais tu sais, je pense à moi aussi en te disant cela. Car en même temps je te verrais, je te protégerais... J'ai tellement peur qu'il t'arrive quelque chose. Pour toi. Pour Serge. Il n'y survivrait pas. Ça ferait deux victimes. Avec moi ça ferait trois. »

Il s'arrêta. Elle paraissait émue.

« Ina, reprit-il avec ferveur, il faut qu'il m'emmène. Au moment même où je te dis que je ne veux pas te quitter, ça devient évident pour moi. Je ne veux pas rester à errer dans ces bois en sachant que tu es là-bas. Je suis comme Serge au fond. Et je suis comme Jürgen, qui te veut pour lui tout seul... Oui, Serge avait bien raison. Qu'est-ce que tu as donc à nous ensorceler tous ? »

Ina le regarda à la dérobée. Elle se sentait soudain légère, un peu délivrée.

« C'est vrai que ta présence pourrait changer beaucoup de choses », dit-elle.

Elle sentit sa main qui la prenait par la taille. D'un seul coup, sans s'être consultés, ils rebroussèrent chemin et revinrent vers la maisonnette qui réapparut bientôt, nimbée d'un rayon de soleil matinal oblique entre deux nuages.

« Tu te rappelles le soir où tu avais chanté, dit-il brusquement. Ce qu'il avait dit. »

Elle s'immobilisa et se sentit pâlir.

« Oui...

– Il avait permis », dit Kurt à voix basse.

Le visage d'Ina avait pris une fixité de pierre. Son grand front se pencha légèrement vers lui et il le parcourut du doigt. Il se rendit compte que jamais, jamais il n'avait ainsi dérivé sur un visage. Un lac gelé. Il n'y avait plus de brume, plus de cachette dans les bois, plus de guerre. Plus de tétra inaccessible. Il n'y avait plus que le vaste regard gris et clair d'Ina, où il se perdait comme dans une source. Il pensa à la question qu'il avait posée à Serge, sur les premiers moments. Maintenant, il savait. Il caressa lentement la bouche, les joues, les paupières d'Ina qui se fermèrent sous la pression de ses doigts. Puis il l'embrassa, et ces lèvres, ces joues, ces paupières qu'il venait de toucher semblèrent naître de nouveau sous ses baisers. Elle sentit que ses doigts tremblaient. Il avait le regard un peu fixe comme s'il hésitait encore. Puis ses mains descendirent vers sa poitrine. Elle garda ses yeux dans les siens puis se colla à lui et sentit en même temps qu'elle le voyait dans son regard, sa résolution et sa force.

« Tes seins sont beaux, murmura-t-il.

— Tu peux », dit-elle très doucement.

« Il en avait si envie », dit Ina.

Serge se retourna vers elle.

« Mais je t'en prie... ne te justifie pas ! Tu n'as pas à le faire !

— Il m'a semblé que tu soupirais.

— Je l'avais moi-même proposé... Non ? J'ai eu ce que je voulais...

— Tu vois bien que tu es nerveux.

— Je suis fatigué. J'ai déjà fait dix kilomètres à pied ce matin, figure-toi. »

Ils se trouvaient au bord de ce qui avait dû être un petit herbage. Mais le bétail n'y venait plus depuis longtemps. Un fouillis de buissons et d'arbrisseaux s'était peu à peu développé au milieu des herbes folles.

« C'est là qu'il avait pris son lièvre, dit-il. Je pensais à ce moment-là qu'il y en aurait d'autres... »

Il alla se perdre dans les fourrés qui étaient devant eux et soudain elle ne le vit plus. Inexplicablement, car il ne pouvait être en réel danger, elle se sentit le cœur serré. Puis il réapparut, revint vers elle, et elle se détendit. Il boitait un peu.

« Je ne peux pas rester en place. Pourtant ça tire un peu, dit-il en grimaçant. A certains moments, j'ai l'impression de tirer un piège à loup après mon mollet.

– Tu en fais trop... Deux fois Salm-Salm dans la même journée; et ce ganglion m'inquiète un peu, tu le sais. Il faudrait que tu te reposes. »

Il regarda autour de lui.

« Je suis pourtant sûr qu'on est ici plus en sûreté qu'à la maison. S'il ne tenait qu'à moi, comme il fait doux, on passerait nos derniers jours dehors. »

Ina pinça son menton d'un air contrarié.

« Comment faut-il appeler cela ? Un pressentiment ?

– Tu n'as pas un peu cette impression ?

– Peut-être bien », dit-elle en crispant ses lèvres.

Ils grimpèrent encore un peu et se trouvèrent à la naissance d'une trouée béante qui, au-delà du dernier rideau de sapins, s'ouvrait comme un toboggan sur l'immense glacis du Hotzenwald. Au loin le bassin du Rhin était inaccessible et brumeux. Sur leur gauche un éperon rocheux qui s'avançait très en avant leur cachait les premières pentes de la vallée de la Schwarza.

« C'est une échappée un peu comme à Thannenkirch, dit Ina.

– Il s'agit bien de Thannenkirch, bougonna-t-il en fixant le sol. Il s'agit bien de cela vraiment. En ce moment.

– Comme tu es anxieux ! s'exclama Ina. Moi je vois les choses d'une façon bien moins sombre que toi. »

Elle tendit les bras derrière elle.

« Il suffit que je regarde là-bas...

– Ohnau ?

– Il suffit que je pense que cela existe et que je suis ici. Que cela existe et que je peux faire quelque chose pour que cela n'existe plus. »

Un rayon de soleil fit jouer l'étendue des nuages sur le Rhin. Sa lumière se perdit dans un labyrinthe cotonneux aux couleurs glauques : un orage rôdait sur Waldshut et au-delà, sur la Suisse. Le paysage se modifiait presque minute par minute, au gré des grandes nuées qui effilochaient des parcelles de forêt ou les isolaient comme des îles. Du doigt Serge lui montra l'itinéraire qu'ils avaient suivi, le soir de l'évasion. Une partie en était cachée par un dôme recouvert de sapins, vers la vallée de l'Alb. Le fleuve restait caché. Seule une petite raie horizontale fut visible au loin, l'espace d'un instant.

« La digue », dit Ina.

Serge secoua la tête.

« On ne peut pas la voir d'ici.

– Moi je la reverrai toujours.

– C'était quand ? » demanda-t-il. Il semblait perdu dans ses souvenirs. « Ça me semble si loin... »

Il soupira.

« On est bien, ici à Salm-Salm. On domine tout. On dirait un escalier géant.

– Les marches du royaume », murmura Ina.

Elle mit sa tête sur l'épaule de Serge. Il caressa ses cheveux.

« Ina...

– Oui.

– C'était un dépucelage, si je ne m'abuse. »

Elle se tourna vers lui sans un mot. Mais tous les traits de son visage disaient : « Je t'en supplie. » Il eut un sourire triste et un geste de la main qui signifiaient : « Bien, bien ! »

« Puisque tu parles de cela, dit Ina avec une indifférence simulée; si on disait à Jürgen, quand il va revenir, d'emmener Kurt avec nous. Il pourrait rendre des services en ville. »

Serge eut un regard vif vers Ina et se reporta aussitôt sur la contemplation de l'orage au loin.

« Parce que Jürgen nous emmène où ? demanda-t-il après un temps. Sur l'Irrawaddy, peut-être... »

Elle haussa les épaules.

« Tu sais bien. »

Serge frappa dans sa main avec violence.

« Ne m'énerve pas avec ça. Tu sais bien, toi, que je ne veux pas que tu reviennes à Munich, de toute façon. »

Elle eut un mouvement de recul.

« Mais tu m'as dit que tu avais abandonné l'idée de me ramener en Suisse ! Tu m'as dit que tu m'aiderais à me venger. Tu as... Tu as juré... »

Il la revit, livide dans la pénombre. Le grain suppurant de son kyste.

« Ina, je sais que tu veux y retourner. C'est une folie. Mais je l'accepte. Je comprends que tu veuilles faire connaître ce qui se passe, et ce vers quoi on va. Mais j'y pose deux conditions. Il faut que je sois à tes côtés. Et ensuite, que ce ne soit pas à Munich. Ohnau dépend de la Gestapo de Munich. Ils ont sûrement sur toi un dossier complet. Ils sont assoiffés de revanche...

— A cause de cela, Munich est justement l'endroit où ils savent que je n'irai pas me fourrer, dit Ina. Ils feront l'impasse dessus. »

Nerveusement Serge croisait et décroisait ses mains.

« Ecoute. Je voulais te ramener en Suisse. J'avais organisé ton évasion uniquement dans cette idée-là. La façon dont les choses ont tourné en a décidé autrement. Et puis je te sens dans un tel état quand je... enfin, bon, on y retourne. Mais, Ina, pas dans la gueule du loup ! Je te reverrai toujours, moi, sur cette place d'appel ! »

Il se leva et fit quelques pas. La brume gagnait les pentes, avec la nuit. Il revint et se pencha sur elle, le dos à l'immense vallée, comme s'il voulait la protéger contre la montée des périls.

« Tu estimes, tout à fait à tort à mon avis, que les risques y sont moindres. J'aimerais que tu t'inscrives dans une université où on ne te connaît pas. Hanovre, par exemple, ou Francfort. Bien transformée, avec un autre nom, un jeu de faux papiers et une autre couleur de cheveux, tu pourrais peut-être y porter la bonne parole. Rosa Luxemburg disait toujours qu'elle avait avant tout besoin de messagers... Dans ces conditions la partie est peut-être jouable... Encore que...

– Jürgen..., interrompit-elle.

– Je me moque de Jürgen, dit-il avec irritation. Je me moque de ce qu'il a organisé. On se passera de lui. Et nous n'avons pas besoin de Kurt non plus. Peut-être Jürgen en aura-t-il besoin, lui. Cela ne nous concerne pas. »

Ina perdit un peu de sa sérénité.

« Serge, je ne vais pas m'enterrer dans un trou où il faudra six mois pour seulement trouver une ronéo ! A Munich, s'il y a des risques, c'est au moins pour une action efficace. A Bamberg, à Cassel, à Hanovre, ce serait des risques pour rien !

– Tu ne comprends donc pas que dans la vie, dit-il avec un geste exaspéré, il faut savoir de temps à autre transiger avec les êtres et les circonstances... Tous les révolutionnaires l'ont fait à un moment donné. Bakounine a écrit au tsar... »

Elle leva son visage vers lui, nu et clair dans la pénombre qui grandissait.

« Qu'est-ce que ça veut dire, « transiger avec « les êtres et les circonstances » ? Qu'est-ce que ça veut dire, ces phrases creuses ? Il y a une chose que tu n'as pas l'air de comprendre, toi, Sergio : c'est que moi j'ai déjà tellement *attendu.* »

Il réagit vivement.

« Et moi, je n'ai pas transigé, dis ? Je voulais te ramener en Suisse ! Je n'ai pas fait suffisamment de chemin vers toi ? C'est une phrase creuse que de te demander de venir un peu, toi, à ma rencontre ? Ne va pas à Munich, Ina, murmura-t-il d'un ton suppliant. Accorde-moi cette concession. Avant que ces fameuses circonstances ne t'obligent à la faire. »

Elle le regarda d'un air surpris.

« Que veux-tu dire ? »

Il eut l'air soudain un peu embarrassé.

« Tu sais que Jürgen ne m'aime pas, dit-il. Il est jaloux de moi. Je t'avais dit qu'il n'avait rien fait pour me faciliter les choses au moment de l'évasion. Il est venu à mon insu et je ne savais même pas qu'Heinrich était né dans la région et la connaissait. Il n'acceptera jamais que je vienne avec lui, Ina. Tu le sais bien. Il ne veut pas qu'on soit réunis tous les deux. C'est aussi simple que ça. Et moi je ne referai jamais l'erreur de l'année dernière.

– Quelle erreur ? demanda Ina.

– Celle de te quitter, tiens », dit-il avec l'air de dévoiler une évidence.

Elle soupira et s'en alla se promener sur le sentier. A mesure qu'elle s'éloignait de lui et s'effaçait lentement, sa longue silhouette diaphane semblait se mettre hors d'atteinte des dangers qui la menaçaient, comme si la sauvagerie du lieu, les lourds nuages et le vent d'automne tourbillonnant la gardaient intacte parmi eux et l'arrachaient aux miasmes d'en bas. Elle semblait cheminer sur une acropole solitaire, et, de là, lancer vers son pays perdu des messages de lumière.

Il la regarda s'éloigner. Son immortelle Ina! Peut-être, après tout, ensorcellerait-elle les dangers comme elle l'avait fait pour les êtres? Peut-être que... Le nœud qu'il sentait en lui se desserra un peu. Il pensa à son vieux professeur. Il vit qu'elle revenait vers lui. Et tout à coup une réverbération venue d'on ne sait quelle nuée soudain entrouverte vint se plaquer comme un phare sur le visage de son amie et le sortit de l'ombre avec brutalité. Il crut entendre une voix sèche et coupante qui l'appelait et l'interrogeait.

« Ne te retourne pas, dit-il en se levant et en allant à sa rencontre.

« Qu'est-ce qu'il y a? Que se passe-t-il? »

Elle était devant lui soudain, le visage revenu à la douce clarté du soir, les mains en avant comme si elle voulait l'exorciser. Il secoua la tête.

« Rien, dit-il en la prenant par l'épaule. Je te disais, ne te retourne pas. Ça m'est venu comme ça, je ne sais pas pourquoi. Ou plutôt je sais. C'était ce que tu murmurais à la fin de ton rêve quand Kurt s'était penché sur toi.

– Je ne parlais pas à Kurt... Mais je crois qu'on pourrait tout de même l'emmener, reprit-elle.

– Toi, quand tu as une idée...

– C'est-à-dire que si on l'emmène, Jürgen acceptera peut-être que tu viennes aussi.

– Pourquoi?

– Il croira que Kurt m'aime et... »

Serge haussa les épaules.

« On se jouait une comédie, dit-il d'un air las, mais au moins elle avait un petit côté héroïque. Maintenant, ce que tu me proposes c'est un vaudeville de troisième ordre. »

Il s'interrompit, regarda longuement la pointe de ses souliers. « Et puis, reprit-il, inutile de mettre tous tes amants sur le même réseau. Il trouvera cela transparent, et de toute façon tu n'iras pas à Munich.

– J'irai. »

Elle avait son visage froid des instants de défi. Il se sentit piégé, désarmé.

« Tu ne vas pas me quitter, tout de même ! »

Sa voix avait dérapé. Il luttait pour garder son calme. Ina, le visage lisse et sans expression, laissa un long silence s'installer. Puis elle dit d'une voix sans timbre :

« Il faudra que tu m'attendes tranquillement quelque part, et moi, après que l'explosion aura eu lieu, vers février-mars, je prendrai du champ et je te rejoindrai. »

D'un seul coup, il perdit patience, et lança un caillou devant lui avec rage.

« " Je prendrai du champ ! " Pauvre idiote ! Tu sais pourtant ce que c'est qu'une ville quadrillée par la Gestapo ! Tu l'as suffisamment pratiquée pour t'en rendre compte ! On ne peut pas en réchapper. »

Il l'avait prise par les épaules et la secouait. En même temps, il se mit à hurler.

« C'est pourtant simple, je t'ai sauvée pour que tu vives ! Tu m'entends ! Pour que tu VIVES ! Je ne suis pas un saint, et je ne veux pas être amoureux d'une martyre ! Je n'ai pas l'intention d'aller prier devant tes reliques ! »

Il en balbutiait de fureur. Les lèvres d'Ina se crispèrent et elle écarquilla les yeux. Il crut même y voir une ombre de crainte. Elle n'avait pas peur de l'autre, mais elle avait peur de lui. C'était le bouquet.

« Ne crie pas, je t'en prie, supplia-t-elle. Il m'a dit qu'il ferait très attention à ma protection. Je changerai de nom, comme tu l'as dit, je me teindrai les cheveux. En plus, je serai prise dans la masse. Il y a dix mille étudiants... Et puis il faut que je te dise quelque chose, dit-elle en se rapprochant tout près.

— Jürgen et toi ? » ricana-t-il.

Elle haussa les épaules.

« Oui. Mais pas comme tu l'entends. On avait commencé à préparer quelque chose, quand j'ai été prise. »

Il se pinça les lèvres. Au loin la plainte d'un animal se maintint quelque temps dans un registre aigu, crispant et désolé.

« Je te le dis ? demanda Ina.

— Au point où l'on en est...

— Si je tiens tant à Munich, Serge, c'est qu'il y a une raison. Il va se passer quelque chose. Une révolte étudiante. Comme tu l'imagines, c'est très secret. On y pensait déjà en mars dernier. Il ne s'agit plus maintenant de prêcher la bonne parole dans les universités. Il faut agir. Il fallait qu'il y ait quelque part une révolte et qu'elle réussisse. C'est à Munich que cela va se passer parce que c'est là que c'est mûr. L'université est noyautée. Jürgen a beaucoup travaillé. Il y croit.

— Tu penses ! Vous aurez droit à une approbation passive, mais les étudiants n'ont jamais bougé depuis 1933. Jamais un mouvement, depuis l'arrivée des nazis au pouvoir. Il faut le faire !

— Bien sûr, ça peut échouer. Mais de toute façon je veux en être. Jürgen m'a expliqué, je crois que je peux vraiment l'aider. Je connais les gens qu'il faut voir, et je peux coordonner beaucoup de choses. Par exemple, il y a une université qui marcherait avec nous, celle de Mayence. Il faudra y aller. Dans n'importe quelle autre ville, je ne servirais à rien, toute seule avec toi. Et contrairement à ce que tu crois, l'organisation étant totalement absente, j'y courrais plus de risques. Tu te fais des idées pour Jürgen. Je t'assure... »

Elle essayait maladroitement de lui expliquer, de lui faire toucher, comme si elle était là, une réalité qui existait à son insu et que tout en lui refusait. Elle agissait comme cela malgré sa volonté à lui, malgré ce qu'il avait *fait*. Il se rendit compte qu'il ne la ferait pas fléchir. Elle n'était plus à Salm-Salm. Elle était déjà là-bas, Maximilianstrasse, dans le vent froid, avec ses tracts.

« Le mouvement a même un nom de code », ajouta-t-elle très bas, comme si une armée de délateurs allait surgir des halliers.

Il ne lui demanda pas lequel. Plus tard, sur la route de Waldshut, et pendant des jours, il ne cessa de se le reprocher.

« Des idées ? dit-il d'une voix âpre. Tu ne saisis peut-être pas qu'il veut m'éliminer parce qu'il te veut pour lui tout seul ! Il s'en fiche bien de t'envoyer à l'abattoir ! C'est une folie ! Tu es brûlée ! C'est un crime, tu m'entends ! Un crime ! »

Elle l'interrompit d'un geste tranquille.

« Il ne s'agit pas de l'amour que peut me porter Jürgen, dit-elle d'une voix grave. C'est toi que j'aime, et ce n'est pas lui. Au moment où je vais peut-être de nouveau te quitter, je veux te le dire d'une façon solennelle. »

Il se rassit d'une pièce, la tête dans ses mains.

« Serge, dit Ina, doucement.

– Regarde ma jambe, dit-il avec effort. Elle est enflée peut-être, mais elle fonctionne. Pourquoi crois-tu que je me suis tant entraîné... Et qu'il ne cherche pas à prendre ce prétexte, reprit-il avec une rage froide. Qu'il ne cherche pas. »

Il semblait accablé. Elle lui prit les mains.

« Tu n'as pas à avoir peur, Sergio. Tu n'as rien à craindre. Ça va être un travail précis et constructif, mais sans réel danger. Je te disais, l'université est déjà noyautée. Avec Jürgen, ce sera surtout un travail de coordination, un travail méthodique. Il déteste l'improvisation. Et si tu crois qu'il m'aime, ajouta-t-elle maladroitement, il voudra d'autant moins que je prenne de risques. C'est une sorte de... de garantie. »

Il bondit sur ses pieds. Il était si agité qu'il faisait de grands moulinets avec sa canne.

« Méthodique. C'est la meilleure. Ce qu'il recherche, oui, c'est le moyen de te baiser. C'est ce qui l'intéresse avant tout. Alors cet homme *méthodique* a trouvé. Pour moi, l'élimination sur blessure. Pour toi, le chantage à l'héroïsme. Et, pour lui, la réalisation du rêve de tout un chacun : se farcir Jeanne d'Arc. Et tu laisses faire cela ! Tu t'aplatis devant lui parce que tu as bien trop peur qu'il t'empêche de jouer ton grand rôle ! Oh ! non, tu sais... »

Il sentit des larmes de rage lui monter aux yeux. Le visage d'Ina parut tout brouillé, déformé comme une chimère.

« Je sais quoi ? demanda-t-elle faiblement.

– Tu sais ce que représenterait un nouvel interrogatoire, après six mois de camp et une évasion ? Tu veux que je te donne des détails ? cria-t-il. Tu sais ce que représente une série de coups de nerfs de bœuf quand on est suspendue nue à un chevalet ? Tu n'as pas assez souffert peut-être ? Tu n'es pas assez faible ? Tu n'en as pas assez *vu* ? »

Il vit qu'elle pleurait, elle aussi. Il essaya de se dominer.

« J'ai bien repris », murmura-t-elle.

Il n'y avait rien à faire. Il la regarda sans mot dire et décida de battre en retraite avec dignité.

« Oh ! et puis, tu sais, personne n'est indispensable, Ina ! Il trouvera toujours quelqu'un pour coller des tracts que tu aurais rédigés dans une cave ou une cachette. Et ce quelqu'un pourrait être moi », ajouta-t-il.

Elle le dévisagea.

« Tu me laisserais aller à Munich, alors ? dit-elle avec précaution.

– Si je suis à tes côtés. Au moins j'aurais toujours un œil sur toi et sur ce qu'on peut te faire faire. »

Elle s'assit à contre-vent, derrière un arbre. Elle avait ramené sa vieille veste devant elle pour se protéger du froid de la nuit. L'espace d'un instant, un sourire la décrispa, et le mot « merci » vint à ses lèvres. Mais, tout de suite après, elle eut un geste d'impuissance.

« Il ne voudra jamais, dit-elle d'un air désespéré. Il ne voudra jamais que tu viennes.

– Alors c'est non, dit-il. Je ne te laisse pas partir. »

Il y eut un long silence. Puis elle leva son visage vers lui. Elle ne pleurait plus.

« Serge. Je voudrais te dire encore une chose, et tu ne vas sans doute pas le comprendre. Mais si tu me laisses, en connaissance de cause, faire ce que je dois faire pendant ces quelques mois, jamais je ne t'aimerai autant que pendant ces mois-là, dit-elle d'une voix sourde. *Jamais,* tu m'entends ? Même si je n'ai aucun contact avec toi.

– Même si tu n'as... »

Sa voix avait chaviré. Il se sentit soudain totalement rejeté, outragé comme quelqu'un que l'on met à l'écart au moment culminant de l'action. Il sentit un brouillard devant ses yeux, et eut du mal à regrouper ses esprits autour des quelques évidences auxquelles il se cramponnait encore, désespérément. Il pensa au Lüger dans sa cachette de la cheminée.

« Et moi je vais te dire deux choses, Ina, reprit-il d'une voix brève. La première, c'est que ce que manigance Jürgen à ton égard est un crime, et, qui plus est, un crime avec préméditation. Je m'y opposerai par la force au besoin.

– Tu n'as pas le droit, l'interrompit-elle d'une voix blanche. Ce n'est pas Jürgen qui décide ce que je dois faire. »

Elle s'éloigna de lui. Il la vit se détacher à quelques pas, en contre-jour sur la vague brumeuse de la vallée. Plus tard, il pensa que tout s'était joué là, à cet instant, près de cette vieille souche, alors que leurs deux silhouettes se voyaient à peine dans la nuit tombante.

« Je t'empêcherai, cria-t-il. En faisant cela, je... je... »

Il chercha désespérément une phrase où il pourrait mettre tout ce qu'il ressentait d'amertume, d'angoisse, mais aussi d'amour. Une phrase qui aurait pu la toucher par son extrême simplicité, comme une flèche au cœur. Il ne trouva que quelques mots ronflants.

« Je te protégerai contre toi-même », dit-il.

Elle le considéra d'une façon détachée, presque sereine, avec son sourire indéfinissable.

« Je vais où mes pas me portent », dit-elle lentement.

Il se leva à son tour et ne chercha pas à la rejoindre.

« La deuxième chose que je voulais te dire, et

qui sera aussi la dernière, Ina. Ton amour. L'amour dont tu viens de me parler, et dont tu me gratifies du haut de ton piédestal. Ton amour chef-d'œuvre... »

Il commençait à descendre et se retourna. Elle était toujours immobile sur le sentier. De là où il était, elle ressemblait à une pathétique petite cariatide de l'ombre.

« Tu peux te le foutre où je pense! » cria-t-il.

Il reprit lentement le chemin de la maison et, tout de suite, sans un regard, Ina le dépassa avant de disparaître entre deux rochers. Il fut presque étonné de ne pas se sentir le cœur serré. La marche lui fit du bien et il se calma peu à peu. Au fil du sentier lui revenaient par bribes des anecdotes qui tant de fois avaient émaillé leurs sorties. Ici, près de ce groupe de noyers, ils avaient baptisé Salm-Salm. C'était le nom d'une petite principauté des Vosges où, au XVIIIe siècle, avait vécu une arrière-grand-mère d'Ina. Il y avait encore chez sa mère, à Iéna, lui avait-elle dit, des gravures de la petite terre ancestrale, et les sites représentés ressemblaient étrangement à ceux qu'ils découvraient tous les jours. « Va pour Salm-Salm », avait dit Serge. Plus loin, sur cette partie dégagée du chemin il avait pour la première fois, quelques jours auparavant, marché sans sa canne. Il la lui avait donnée avec une feinte solennité et elle avait encouragé malicieusement sa lente progression maladroite.

Il arriva sous le premier bosquet après l'herbage en friche et retrouva l'odeur discrète de la pinède. C'était quand? Lundi? Il avait glissé et était tombé lourdement sur le sol. Elle s'était penchée sur lui avec inquiétude; il lui avait dit : tu vois, je n'ai pas encore retrouvé mes vieux réflexes, ou quelque chose comme cela. Elle avait souri et, d'un geste tendre, retiré une fourmi de son front; ému par ce geste, il avait embrassé ses cheveux. Il faisait doux, le foehn avait laissé derrière lui une vibration tiède et parfumée, il l'avait prise, non, mieux que cela, il l'avait carrément sautée. Il s'arrêta, regarda à terre avec attention. C'était près de cette racine noueuse. Il s'en souvenait car, lorsqu'il avait senti qu'elle allait jouir, il y avait pris appui avec ses pieds pour la pénétrer encore plus loin et plus violemment. Elle avait poussé un cri rauque. Il prit dans ses mains quelques-unes des aiguilles de pin qui jonchaient le sol, recouvrant cette petite parcelle qui les avait supportés, contenus. Avec sa canne, il essaya de tracer la forme de leurs corps enlacés. Ici un couple s'était aimé. Plus aucune trace. La nappe des aiguilles était aussi calme et sereine que le sable dans un jardin zen. Plus trace de cet amour, et le cri qu'elle avait poussé face au ciel s'était évanoui à jamais. Il se releva et regarda derrière lui la pente qu'il venait de descendre, déjà perdue dans une brume obscure. Là-haut. Là-haut le même couple s'était dissous, et là encore il n'y avait pas de trace, pas d'écho à leurs plaintes et à leurs larmes. C'était si simple : quelque chose s'était cassé qu'on ne retrouverait plus. Ina, nous nous sommes *dissous* dans la nuit rhénane.

Il essaya de ne pas penser aux jours à venir. Cette cohabitation avec elle, désormais... Que faire? La fuir? Rester le plus possible dans les bois? Elle, elle ferait ce qu'elle voudrait. Comme toujours. Leurs destins n'étaient plus liés. C'est toi qui as voulu cela; c'est toi qui as voulu que ce qui n'était même pas, oui, même pas envisageable, se soit produit. Je te déteste d'avoir fait cela.

Il crut entendre, loin devant, débouler une pierre. Peut-être était-ce son passage. Elle avait l'habitude de donner des coups de pied dans les cailloux quand elle marchait. Kurt lui disait, ne fais pas ça, ça s'entend à des kilomètres, elle ne pouvait pas s'en empêcher. Donne tous les coups de pied que tu veux, maintenant, je m'en balance, si tu savais.

Le silence revint. Salm-Salm s'arrêtait là selon leur topographie, dans une dernière descente légère et sablonneuse à travers hêtres et buissons. Après c'était un nouveau bouquet de conifères, très dense, où le sentier s'enfonçait sous une cathédrale de troncs noirs avant de déboucher sur la zone clairsemée, piquetée de bouleaux et d'aulnes au bout de laquelle se trouvait l'étang. A mesure qu'il s'en approchait, l'atmosphère devenait plus lumineuse et cristalline. Ils avaient souvent remarqué ce changement; cela donnait toujours de la légèreté à leurs retours, une envie de respirer fort, un certain bonheur d'attendre le soir ensemble. Il tressaillit tout à coup. Une plainte étrange et triste — tlep tlep — venait de retentir tout près. Presque sous ses pieds, une grosse boule noire traversa le sentier en sautillant avant de s'envoler sans hâte, zébrant puissamment et bruyamment le sous-bois comme un projectile. Il eut le temps de voir une large queue ronde en éventail et un dessous clair. Serge s'arrêta et suivit longtemps la trajectoire du grand oiseau. Très haut dans le ciel pâle il donna l'impression de planer quelque temps pour sentir le vent ou chercher une orientation, puis, sur une impulsion subite, fila plein sud et disparut. « Dans dix minutes il est en Suisse », pensa Serge en reprenant sa marche. Il raconterait sa rencontre à Kurt, cela lui ferait plaisir. Il lui dirait aussi que l'oiseau avait décollé beaucoup plus lentement que prévu. C'était peut-être une découverte en matière d'ornithologie; il n'avait pas complètement perdu sa journée.

Enveloppée de brume et de pénombre comme quelque manoir de Rosemonde, la maisonnette paraissait de loin plus grande qu'elle n'était réellement. Il fut surpris de voir, de l'autre côté de l'étang, la silhouette d'Ina qui s'en approchait. Il la croyait revenue depuis longtemps. « Elle a dû s'arrêter en route », pensa-t-il. Il arrivait seulement aux roseaux quand il la vit franchir le seuil. Et puis, presque aussitôt, elle ressortit lentement à reculons et, comme dans la féerie imprécise d'un mauvais rêve, il vit qu'elle vacillait et cherchait à se rattraper à quelque chose. Il pressa le pas, puis, s'aidant de sa canne, se força maladroitement à courir. Il accourt, elle est devant la porte, il l'entend dire mon Dieu, mon Dieu, les mains sur sa bouche et le regard agrandi d'horreur.

*

Il avait dû beaucoup se débattre. Tout était sens dessus dessous dans les deux pièces. Les chaises étaient tombées et la perche qui avait servi à rôtir le lièvre était cassée en deux près de la porte. Une bûche enflammée était sortie de la cheminée et avait noirci le sol autour d'elle. Serge la repoussa dans le feu qui mourait et ramassa machinalement une petite statuette de bois qu'avait sculptée Ina cette semaine-là et qui était censée représenter un écureuil (« Ça, un écureuil? » avait-il demandé, l'air moqueur). Le petit animal avait été projeté du bord de la fenêtre et piétiné. Il avait perdu sa queue en panache et s'était fendu en deux. Mais c'était surtout... Il poussa une exclamation. Le matelas. Une longue tache vermeille le recouvrait comme une traînée. Il se précipita et toucha la toile du doigt; elle était encore poisseuse. Il se sentit défaillir. A la façon dont elle regardait sa propre main, il sentit qu'Ina venait de faire le même geste. D'un seul coup il réagit.

« Ils doivent être en embuscade. Va au buisson, cache-toi. Je te rejoins. »

Elle ne bougeait pas. Il alla vers elle et l'empoigna.

« Tu vas faire ce que je te dis », dit-il brutalement.

Avant qu'elle ait pu réaliser, elle se trouva plaquée dans le fourré, le visage dans les branches et le genou à terre.

« Laisse-moi, cria-t-elle d'une voix aiguë. Laisse-moi, c'est tout ce que je te demande! »

Il était déjà reparti. Elle l'entendit ouvrir la porte et le silence retomba. Elle resta prostrée quelques instants puis se releva; comme une somnambule elle revint à la maisonnette. Qu'ils tirent sur moi, après tout. Tout tournait autour d'elle. Elle eut du mal à ouvrir la porte. Serge, de dos, était en train d'entasser des couvertures. Il eut un sursaut et se retourna tout d'une pièce. Sa main braquait le Lüger. Avec un vague geste d'excuse il le remit dans sa poche.

« Ne reste pas là, lui dit-il doucement. Cache-toi. Je t'en prie. »

Elle secoua la tête. Elle semblait abasourdie. Il lui passa les couvertures.

« Il n'est plus question de passer une seule nuit là-dedans », dit-il d'une voix sourde.

Elle fit en vacillant les quelques pas qui la séparaient des arbres.

« Kurt », gémit-elle tout haut en s'affalant sur son paquet.

Serge la rejoignit presque aussitôt. Il avait toujours le pistolet à la main. Il en sortit le chargeur et compta les balles. Il en restait trois. Il les sortit et les garda au creux de sa paume quelque temps avant de les réintroduire une à une.

« Deux coups. Il a tiré deux coups. Je l'ai trouvé sous le sommier », expliqua-t-il.

Ina était immobile, comme en état de choc. Il la distinguait mal.

« Il s'est battu, dit-il comme pour lui-même. Mais je ne comprends pas. Je ne comprends pas... »

Rien ne bougeait. Il se releva doucement et rampa vers la maisonnette.

« Pourquoi Kurt et pas nous ? se dit-il. Pourquoi ne nous ont-ils pas attendus ? C'était si facile, puisqu'on était découverts, de nous prendre comme des rats... ».

La réponse était peut-être inscrite sur ces murs, à quelques mètres de lui. Il entra à nouveau. La torche était restée dans le placard. Il la prit, s'agenouilla, examina minutieusement chaque parcelle du sol des deux petites pièces. Il n'y avait pas de douille à terre, ni de trace d'un impact des balles sur les murs.

Serge revint vers Ina avec des biscuits et le reste des couvertures. L'ovale de son visage formait une tache claire, presque à même le sol. Il vit des larmes briller sur sa joue. Ce sillon brillant sur le visage que Kurt avait aimé, qu'il avait embrassé le matin même, c'était la trace qu'il laisserait sur la terre. La trace claire des larmes d'Ina. Kurt. Il s'aperçut qu'il n'avait pas encore vraiment pensé à lui. Ce n'était que maintenant que l'évidence du meurtre et du vide qu'il entraînait lui apparaissaient d'un seul coup à travers le masque bouleversé d'Ina. Au fond, il avait toujours revu Kurt tel qu'il lui était apparu la première nuit, dans la forêt, avec ses grandes mèches blondes et son regard pâle et enfoncé, pris dans le faisceau de la torche comme dans un filet. Tu ressemblais au prince de Hombourg. C'était un rêve, disait le Prince, un rêve que nous faisions tous.

« Ils ne pouvaient pas ne pas savoir que c'était sa grand-mère qu'ils avaient tuée, murmura-t-il. Donc ils savaient qu'il était avec nous. Donc ils vont revenir. »

Il haussa la voix :

« Il faut quitter les alentours de l'étang, Ina. Aller à deux ou trois cents mètres à l'intérieur des bois et y passer la nuit.

— Je ne fais plus un pas », dit-elle d'une voix éteinte.

Il ne chercha pas à la convaincre. Il savait que c'était inutile. Le froid montait du sol et il était transi malgré les couvertures. Un long moment passa. Il se sentait gagné par une panique sourde et insidieuse.

« Dire que j'avais repéré le grand tétra », dit-il après un moment, pour rompre le silence.

Elle le regarda sans mot dire, avec ses larmes qui coulaient silencieusement.

« Là-bas... dans les genévriers... il est parti presque sous mes pieds.

— Oh ! tais-toi... Tais-toi... »

Il la prit par l'épaule et la sentit instantanément se raidir. Cela lui fit comme une déchirure. La savoir si hostile à son égard lui semblait injuste, le bouleversait plus encore que la disparition de Kurt et lui donnait envie de tout plaquer là. Il irait dormir de l'autre côté de l'étang, et, le matin, il ne reviendrait pas, il errerait jusqu'à la première patrouille qui tomberait sur lui. Il ne savait plus que faire, comment être avec elle. Il lui aurait fallu du temps, du calme, pour se réconcilier, pour la reprendre, et il ne disposait même plus de ce temps. Il l'avait perdue, on a perdu une femme quand elle pleure un jeune amant disparu, et pourtant la seule fonction qui avait encore un peu de sens pour lui, un peu de réalité, c'était celle de la protéger et peut-être de la sauver. Il frôla la crosse du Lüger dans sa poche. S'ils venaient les capturer, il aurait le temps d'abattre Ina et de se tuer avant qu'ils puissent réagir. « Il faudrait faire vite », pensa-t-il. Jürgen, dans peu de jours, trouverait les restes. Peut-être s'attendait-il à cette victoire par forfait. Peut-être cela faisait-il partie du plan de cet homme méthodique? Il se recroquevilla au pied d'un arbre. Le contact rugueux de la couverture le protégeait mal de l'humidité des feuilles mortes. Mais, presque insensibilisé par son désarroi, il perdit la notion du temps et finit par s'assoupir.

Quand il se réveilla, il se sentit si fourbu et courbatu qu'il n'eut pas l'impression d'avoir dormi du tout. Pourtant, le ciel était plus clair. A trois mètres de lui il distingua la forme noire d'Ina immobile au pied de son arbre. L'aube l'avait une fois de plus pris par surprise et rendu, transi de froid, incapable de rassembler ses pensées et d'échapper à son angoisse, à sa solitude nauséeuse. Mais il y avait autre chose, la conscience d'un danger immanent qui l'avait alerté, et c'est cela qui le réveilla tout à fait. Pétrifié dans sa couverture, il tendit l'oreille. Oui. Il y avait des bruits secs, des craquements de branches mortes qui se rapprochaient progressivement. On marchait sur le sentier. Il retint son souffle. Quelques secondes passèrent, pendant lesquelles il n'entendit plus rien, comme si les marcheurs, à l'approche de la maison, se méfiaient et ralentissaient. Deux silhouettes emmitouflées passèrent enfin devant lui. Elles semblaient glisser dans la brume.

Elles s'approchèrent de la maisonnette et en firent le tour avec précaution. Puis l'une d'elles gratta à la porte. Il lui sembla qu'elle faisait le code, cinq brèves rapprochées, puis elle poussa le battant d'un seul coup et entra, suivie de l'autre. Serge se faufila silencieusement à travers le fourré, le pistolet à la main, et, en passant à côté d'Ina, s'aperçut qu'elle avait les yeux ouverts. Les deux ombres ressortaient déjà. Elles durent l'entendre car elles se retournèrent ensemble dans sa direction. Il faisait suffisamment jour pour qu'il puisse les reconnaître malgré leurs bonnets de laine. C'était Jürgen et Carl. Il siffla doucement, fit un signe à Ina et émergea du fourré. Drapée maladroitement dans sa couverture, décoiffée, le teint gris et cireux, elle le rejoignit, puis se dirigea vers Jürgen et l'étreignit.

« Enfin », dit-elle d'une voix blanche.

Puis elle se jeta dans les bras de Carl.

« Kurt », murmura-t-elle.

Les lunettes de Jürgen luisaient dans la lumière de l'aube. Il ne dit ni salut ni rien.

« Ça s'est passé quand? finit-il par demander d'un air las.

– Hier soir, sans doute, répondit Serge. On était à Salm-Salm.

– Salm-Salm?

– Par-là, dit-il en tendant le bras.

– Ne restons pas ici », dit Carl.

Ils refluèrent tous les quatre dans le fourré. De là, on pouvait surveiller la porte et les alentours immédiats. Jürgen s'accroupit et ils l'imitèrent.

« Tu viens plus tôt que prévu, dit Serge. Mais trop tard tout de même. »

Jürgen avait retiré ses verres pour les nettoyer. Il leva sur lui un regard de myope, noyé et sans expression. Serge remarqua ses traits creusés et la fatigue de ses yeux au-dessus de ses joues mangées de barbe blonde. Il avait un aspect solitaire et taciturne.

« Heinrich, qui était à Stuttgart, a eu un contact avec Waldkirch, dit-il avec la voix rauque de quelqu'un qui n'a pas dormi. Il a su que les recherches avaient repris dans tout le Hotzenwald depuis hier. Il nous a prévenus et on a décidé de partir tout de suite sans l'attendre. »

Il souffla dans ses mains pour se réchauffer.

« C'est sans doute une de ces patrouilles qui est tombée sur Kurt, murmura-t-il comme pour lui-même. S'ils n'avaient pas participé aux premiers ratissages, ils ne savaient peut-être pas qu'il y avait un rapport entre Kurt et l'évasion d'Ina...

— Tu plaisantes ? dit Serge.

— De toute façon ils ont vu qu'il y avait d'autres personnes à la maisonnette !...

— Mais non, Carl, comment veux-tu ?

— Eh bien, je ne sais pas, les paillasses...

— Elles pouvaient dater d'avant.

— Tu as les papiers ? demanda Ina soudain.

— Oui, grâce au Ciel tout est allé très vite. Pourtant les nuages s'amoncellent, je te raconterai. Il sera toujours temps. Mais toi, raconte-moi ce qui s'est passé. »

Ina secoua la tête, et regarda par terre.

« Je ne peux pas, dit-elle avec un geste d'accablement.

– J'étais avec Ina au nord-est d'ici, dit Serge. C'est ça qu'on appelle Salm-Salm. On est partis tout l'après-midi et on est revenus à la nuit. C'est tout.

– C'est une escapade qui vous a sauvés, en tout cas », dit Carl.

Serge réprima une moue.

« A mon avis, il n'est pas mort... On aurait trouvé son corps. Ils avaient intérêt à l'avoir vivant. Et puis ce n'est peut-être pas son sang à lui. Il a tiré deux fois.

– Il est peut-être en train d'agoniser dans les bois, dit Carl. Tu n'as pas entendu de gémissement, de plainte ?

– Non. Et je n'ai pas pu le chercher. Il faisait nuit. Et l'important pour moi c'était d'essayer de mettre Ina à l'abri. »

Jürgen lui lança un regard vif.

« Comme indice, il n'y a donc que les traces de sang, dit-il.

– Et le désordre. Tu as pu voir. Il s'est bagarré. Je t'ai dit, il manque deux balles dans le chargeur. Et pas de trace d'impact dans les murs, ni au sol. Il s'en est peut-être offert un ou deux. »

Il s'interrompit. Une pensée le taraudait.

« Je n'arrive pas à comprendre, reprit-il. Je me pose cette question sans cesse. Ils pouvaient nous prendre tous. Même vous deux. C'était facile d'être au courant de votre progression.

– Peut-être, après tout, ne cherchaient-ils que lui, dit Carl. Mais de toute façon il faut filer tout de suite. Ne pas rester une seconde de plus ici. Car si ce n'était pas lui qu'ils cherchaient...

– Je crois que Kurt n'est pas mort », répéta Serge d'un air entêté.

Il se tourna presque timidement vers Ina.

« Il s'en est peut-être sorti, dit-il en essayant de trouver son regard. INA ! Il s'en est peut-être... »

Elle resta immobile et froide comme si tout cela ne la concernait plus. Jürgen se releva pesamment.

« Carl a raison, dit-il. On va filer tout de suite. On discutera de cela dans la forêt. »

Serge se leva aussi. Dans la lumière diffuse, ils se firent face. Il lui montra le pistolet.

« Il s'est battu, reprit-il d'une voix saccadée. Tu te rends compte. Il avait à peine dix-sept ans. »

Jürgen avait retiré une fois de plus ses lunettes embuées. Il regarda Serge de ses yeux myopes et hocha la tête.

« Nous ne pouvons rien faire pour lui, dit-il après un silence. On ne peut prendre aucun risque supplémentaire, avec tout ce beau monde qu'on risque d'avoir à nos trousses. J'ai tous les faux papiers sur moi, alors tu imagines... »

Serge fit quelques mouvements avec ses bras, comme s'il cherchait à se réchauffer.

« C'est sa grand-mère qui nous a sauvés, dit-il. Puis lui on l'a rencontré, et rappelle-toi dans quelle situation on se trouvait quand cela s'est passé. Il nous a amenés ici, dans cette maison, où tu lui as d'ailleurs demandé de rester. Le moins qu'on puisse admettre c'est qu'on a une sacrée dette envers lui. Non ?

— Serge, demanda Jürgen d'une voix sans timbre, combien de balles te reste-t-il ?

— Trois.

— C'est tout ce que je voulais te faire dire. »

Serge haussa les épaules :

« Quand j'ai été chercher Ina, je n'avais aucune munition, Jürgen. »

Puis sa voix devint plus hachée et plus coupante :

« On ne peut pas le laisser tomber complètement. On ne peut pas l'abandonner, à dix-sept ans, à la torture et à la mort. On lui doit nos vies à tous. Et puis il s'est battu, bon Dieu, il s'est battu... Et il se bat peut-être encore pour nous sauver, pour ne pas dire qu'il était avec nous. »

Serge chercha Ina des yeux. Dans sa couverture grise qui se confondait avec l'aube évanescente et mouillée, elle ressemblait à une vierge romane épuisée.

" Mais aide-moi... dis quelque chose, eut-il envie de crier... Ton jeune amant... "

« Nous ne pouvons rien faire, dit encore Jürgen. J'ai les faux sur moi. On ne peut prendre aucun risque. Ce serait six mois de travail foutus, des dizaines de vie en danger.

– Tu ne te promènes pas avec des listes de noms, j'imagine ! »

Jürgen ne répondit pas. Serge sortit du fourré et marcha un peu sur le chemin, d'un air agité. Ils le suivaient des yeux. Puis il revint brusquement sur ses pas.

« Au moins savoir, dit-il. Au moins savoir ce qu'il est devenu. Puisqu'il paraît qu'on ne peut rien faire d'autre. »

Il s'adressa à Carl qui se tenait immobile au côté de Jürgen.

« Je pars pour Ohnau, dit-il brusquement. Dans les parages on trouvera bien un indice, quelque chose. Viens avec moi.

– Serge, répondit Carl sans hostilité, Serge, ça ne tient pas debout ! »

Carl ne disait jamais un mot plus long que l'autre. Il en avait dit assez, et il avait bien raison. Serge eut un geste d'impuissance. Tout cela était parfaitement déraisonnable. Ce qu'il aurait aimé, c'est qu'Ina le lui dise comme elle savait le faire, de sa voix grave et persuasive. Il aurait suffi d'une phrase. Il aurait tout de suite compris, et il serait parti avec eux. Mais c'était cela, sans doute, dont ils ne voulaient à aucun prix. Tous le regardaient. Il avait l'impression qu'on attendait de lui qu'il joue un rôle, et ce rôle, il lui fallait essayer de le jouer le moins mal possible. Pourtant il n'y avait pas de malveillance dans leurs yeux. Surtout de la fatigue. Il y eut un silence prolongé. Jürgen avait l'air absent. Il soupira comme quelqu'un qui s'arrache d'un premier sommeil.

« Je te propose une chose », dit-il.

Son geste familier, avec ses lunettes. Serge inspira largement.

« A dix kilomètres d'ici, vers Höchenschwand – il tendit le bras vers le bouquet de saules –, il y a une ferme, ou plutôt un hangar accolé à un pavillon en ruine. J'ai toujours su par Heinrich que c'était un relais pour les opérations d'entraînement des troupes cantonnées au camp. C'est en général là où elles ont rendez-vous avec les camions avant de rentrer, car la route qui vient d'Ohnau ne va pas plus loin. »

Il eut une sorte de sourire.

« Tu as une chance – minuscule – d'y obtenir un indice, poursuivit-il. Si Kurt a été blessé, comme c'est probable, ils l'auront peut-être laissé là sous escorte avant d'aller chercher un camion pour le ramener et l'interroger. »

Ina ferma les yeux.

« De toute façon, tu verras si les traces de pneus sont fraîches et s'il y a eu des mouvements de camions récents. Mais, tu sais, c'est bien pour... »

Serge crut qu'il allait dire « ta bonne conscience ». Mais il s'arrêta net.

« Je vois l'endroit, dit Carl. C'est à deux heures

d'ici environ. Tu connais l'espèce de combe qui descend vers le marais ?

– Oui. Mais je n'y allais jamais, c'était se rapprocher un peu trop d'Ohnau !

– Tu la suis, puis tu longes le marais sur la droite et tu tombes sur une vallée sans rivière avec une falaise vers le sud. Tu ne peux pas te tromper.

– Viens avec moi, demanda-t-il à Carl d'un ton suppliant. Viens.

– Non », répondit Carl.

C'était joué. Serge évita le regard d'Ina et retomba sur les yeux myopes de Jürgen, à peine visibles derrière les reflets de verre.

« Laisse-moi la matinée, au moins », lui dit-il.

Il n'obtint pas de réponse et se leva.

« Serge, dit Jürgen, sans élever la voix. Pour la dernière fois. Ça ne sert à rien, je te préviens. Nous ne sommes pas un commando. Nous ne pourrons pas intervenir. »

Serge regarda le petit groupe. Ils s'étaient rassis et il les voyait mal. Ina était au milieu des deux garçons. Il se pencha sur sa silhouette fragile comme s'il avait voulu lui transmettre quelque chose. Elle eut un mouvement de recul.

« Je vais où mes pas me portent », lui murmura-t-il.

Elle baissa sa tête vers ses genoux avec un geste enfantin de détresse, comme pour échapper à ce défi désespéré qu'il remettait entre ses mains. Mais, ce défi à la confiance qui avait existé entre eux d'une façon si forte et si limpide, en était-elle seulement consciente... Elle releva son visage presque aussitôt. Il faisait assez jour maintenant pour qu'elle pût le suivre des yeux, et c'est à cela qu'il pensa quand il se retrouva debout et prêt à partir. Mais elle ne lui dit ni au revoir, ni adieu, et il s'en alla calmement, avec un sentiment de libération.

Il progressa pendant une heure le long d'un défilement à contre-pente planté de hêtres et de vieux ormes à l'écorce lisse. Il n'y avait pas de sentier et sa marche était lente et pénible. Puis la combe s'arrondit devant lui et sa progression devint plus facile. De hautes collines austères recouvertes de sapins le dominaient et il se dit qu'en d'autres temps il aurait craint d'être suivi de là-haut à la trace. Il sentait les muscles de sa jambe raides et lourds de toutes les sorties précédentes et le tiraillement de sa blessure lui arracha à plusieurs moments une grimace douloureuse. A deux ou trois reprises il dut s'asseoir. Il ne pensait à rien, si ce n'est à cette force rebelle à toutes les réflexions et tous les arguments qui l'avait poussé en avant pour tenter le destin dans cette escapade illusoire et désespérée. Il parvint bientôt au bord d'un vaste magma d'herbes maladives qui poussaient en vrac au milieu des flaques d'eau maculées de pastilles agglomérées. Les joncs sur son passage formaient des épures fragiles sur lesquelles s'agglutinaient les moucherons. A l'aide de sa canne, il évitait parfois des zones de sable mou et pâle qu'il avait du mal à enjamber.

Le hangar lui apparut bientôt au pied d'une longue pente douce. Il était visible de très loin, incongru et un peu inquiétant dans ce site avec la vaste ouverture qui s'ouvrait en son milieu comme dans une gare de téléphérique désaffectée. Immense et trapu, il était adossé à une carrière de sable qui avait dû cesser d'être exploitée depuis des lustres, car toute sa partie basse était rongée d'herbes et de fondrières. Serge s'approcha lentement tout en restant à couvert et découvrit alors la petite maison en ruine dont Carl lui avait parlé; elle était accolée au hangar et en partie cachée par lui. Il ne semblait avoir aucun lien entre ces deux bâtiments d'une si étrange disparité, si ce n'est une impression commune d'abandon et de tristesse. Aucune trace du passage récent d'un camion n'était visible sur le sable, au milieu des flaques d'eau. Etendu à plat ventre à la lisière des buissons, il attendit quelques minutes, les oreilles aux aguets. Puis il chercha un caillou qu'il eut du mal à trouver et, depuis sa cachette, le lança devant le hangar. La pierre ricocha et vint heurter le mur de bois noir avec un bruit mat. Rien ne bougea. Dans le silence qui suivit, il se glissa dans le hangar, son pistolet à la main.

Il resta quelques instants à la porte pour habituer son regard à la pénombre et entra. Une odeur de sciure moisie le prit à la gorge, sur un fond de résine qui, dans un raccourci qui englobait toute son aventure, lui rappela l'odeur de l'abri du premier jour. Un instrument aratoire, vétuste et griffu comme un énorme insecte, était entreposé au milieu, mal calé sur le sol inégal, et tout grippé de rouille et de poussière dans la pénombre. Il fit quelques pas sur la droite pour l'éviter et s'immobilisa d'un seul coup, le cœur battant la chamade. Dans le coin le plus éloigné de l'entrée, près d'une petite fenêtre, une forme étendue sur de la paille le regardait avancer.

Elle geignait par petites plaintes espacées, comme un enfant qui rêve. « Kurt ! » s'écria-t-il en s'élançant, mais le cri s'étrangla dans sa gorge.

Un visage exsangue, dévoré de deux yeux sombres et fiévreux, était tendu vers lui, et ce n'était pas celui qu'il cherchait. L'homme étendu était habillé d'un uniforme noir retroussé à l'aine. Une énorme tache rouge y apparaissait derrière un pansement de fortune. Il eut un sursaut.

« C'est le camion ? » demanda-t-il faiblement.

Serge s'approcha à pas lents, les doigts crispés sur son arme. Les yeux du blessé étaient immenses et fixes. Les ailes du nez maigre étaient tirées et luisantes et se prolongeaient en deux grands cernes qui l'affinaient encore. Il répéta dans un souffle :

« C'est le camion ? »

Serge s'accroupit près de lui, se pencha sur son visage.

« Pas encore », dit-il.

Le soldat avait les yeux fixés au plafond et ne l'avait même pas regardé. Serge reprit, très bas, d'une voix soudain pressante :

« Où est le gars que vous avez capturé à la maisonnette de l'étang ? Où ? »

L'autre demeura sans réaction. Serge le scrutait et s'aperçut qu'il y avait une sorte de taie sur son regard. Il le secoua à l'épaule. Les mains du blessé, extraordinairement fines et pâles dans la pénombre, étaient contractées sur ses cuisses. Serge vit que son front était couvert de sueur. Il parla plus fort, et sa voix, amplifiée par la charpente de bois, résonna avec une sécheresse désincarnée.

« Le jeune blond ? Mort ? »

Le front du moribond se plissa et il gémit de nouveau. Puis il se tut. Devant ce mutisme Serge sentit venir du plus profond de lui une vague de colère sans nom.

« Le jeune homme ? Grand, blond... Près de l'étang... Mort ? » hurla-t-il.

Il le secoua, sauvagement. « Ah ! tu voulais mourir en paix. Trop facile ! Espèce de tas de merde, tu vas répondre ?

— Inge... », dit le soldat faiblement.

Serge s'arrêta d'un seul coup. A la seule irruption de ce prénom inconnu il sentit que l'affrontement était trop inégal et que sa colère allait lui échapper comme à travers une fissure. Il lui fallait pourtant la retenir en lui; elle lui donnerait la force d'arracher la réponse. Il fallait faire vite. « De deux choses l'une, ou il me claque dans les mains ou je me fais coincer par l'ambulance », pensa-t-il. Il braqua son pistolet sur ce visage qui se défaisait sous ses yeux.

« Tu le dis oui ou merde! Le jeune blond... MORT ? »

Il lui donna un coup de pied dans les côtes. La main du blessé quitta sa cuisse dans un mouvement convulsif et remonta vers sa blessure, comme pour la protéger.

« Salaud, tu vas me le dire! Tu vas répondre! C'est lui qui t'a arrangé comme cela, n'est-ce pas? Je l'espère bien! Au moins ton Inge n'est pas près de te revoir. Tu vas me le dire, oui? cria-t-il comme un forcené.

— Inge... », murmura le soldat.

Il semblait se raccrocher à ce prénom comme à une dernière vision, un dernier recours. Serge revit les yeux clairs de Kurt. Il pensa au bloc de pierre sur le corps juvénile, à jamais disloqué, de l'amie d'Ina. La détonation partit alors qu'il n'était même pas sûr d'avoir décidé de tirer. Dans cet espace confiné et tranquille, elle fit un bruit extravagant, inhumain. Le visage étoilé à la tempe, le corps roula lentement sur le côté. Serge le regarda à ses pieds, puis se dirigea vers la sortie comme un somnambule. Il inspira à pleins poumons en retrouvant l'air libre; il avait l'impression de l'avoir quitté plusieurs heures auparavant.

Il marcha lentement, sans penser à rien, sans sentir sa jambe, en ayant perdu, plus encore qu'à l'aller, toute notion d'effort et de temps passé. Il s'arrêta à peu près dans les mêmes endroits, quelques instants chaque fois, pendant lesquels il massait doucement son mollet blessé. La matinée était fraîche et calme. Les sapins, au-dessus de lui, avaient perdu leur aspect sévère et menaçant. Inconsciemment, il marchait de plus en plus vite à mesure qu'il se rapprochait. Il s'en rendit compte en quittant la hêtraie et en retrouvant le sentier bien connu de l'étang. « Déjà, pensa-t-il. Déjà. » Il se retourna et regarda la combe d'où il venait. Il revit le visage aux grands yeux fixes. Inge. Je ne sais pas si tu es belle, si tu es douce et blonde, et aimante. Mais je sais deux choses de toi : tu as un beau prénom, et tu as perdu quelqu'un.

Bientôt la maisonnette fut visible, et il fut repris aussitôt de l'irrépressible besoin de courir qu'il avait déjà ressenti la veille au soir quand il avait vu Ina sortir à reculons. Arrivé à une trentaine de mètres, essoufflé, il siffla et personne ne lui répondit. Alors, au mépris de toute prudence, il se rua comme il put vers la porte et l'ouvrit. Les deux pièces étaient vides. Il vit tout de suite la lettre en évidence sur la table, et reconnut les jambages aigus de l'écriture de Jürgen. Sur le matelas de Kurt la tache de sang avait viré au noir. Il sentit ses doigts trembler quand il saisit le papier.

« Je l'emmène. Elle m'a dit qu'elle t'avait expliqué, ou du moins essayé. Mais là n'est plus la question. Voilà ce que tu vas faire maintenant. Tu vas à Waldshut par les bois, c'est à trente kilomètres plein sud. Tu vas voir Egon Hönig, 8 Poststrasse. Mot de passe : Schleswig-Holstein. Il te donnera une carte d'identité et un passeport suisse et te fera passer lui-même le fleuve, avec sans doute plus de succès que la dernière fois. Le type est sûr. Après, sauf contrordre de sa part, tu iras à Schaffhouse, chez Hans Jüni, 11 Vorstadt, près de la gare. Même mot de p. C'est là où t'arriveront les messages, s'il y en a. Pars tout de suite. Laisse le Lüger dans l'anfractuosité de la cheminée. Salut. J.

P.-S. Nous ne sommes pas à Munich. »

Il n'y avait pas d'autre papier. Pas de sauf-conduit, *Ausweis* ou carte d'identité. Il chercha si Ina n'avait pas laissé une trace, un indice, quelque chose, même à l'insu de Jürgen. Il chercha aussi dans l'autre pièce. Mais rien, rien. Il prit ses affaires et les mit dans un petit sac avec un peu de nourriture. Il empocha aussi le petit écureuil. Il se sentait dans un état second, complètement abasourdi, et il dut s'asseoir quelques instants. Ce n'est pas possible, on ne quitte pas quelqu'un comme cela. Tu le savais pourtant, ce qui allait arriver, tu le savais. C'est pour rendre cela possible que tu es parti ce matin.

Il apprit par cœur les deux adresses, se les répéta et déposa la lettre dans le feu qui couvait encore. Puis il jeta un dernier coup d'œil sur la petite pièce avant de la quitter. Il la reverrait toujours, éclairée d'une lumière douce et chaleureuse, le soir où Ina avait chanté son lied. Un carton clair oublié au-dessus du lit attira son attention et il le prit dans sa main. C'était la carte de la Birmanie. Il hésita un instant puis la jeta dans le feu et la regarda lentement se consumer.

III

« ... et ils iraient, parmi les oiseaux rieurs, dans la grâce de la matinée. »

MONTHERLANT

8

Ina traversa la Scheinerstrasse balayée par un vent glacial, regarda brièvement en arrière pour vérifier si elle n'était pas suivie, et tourna à gauche dans la Wehrlerstrasse. Elle était étonnée d'avoir retrouvé si vite les vieux automatismes de la clandestinité – trajectoires pleines de repentirs, voltes imprévues, arrêts prolongés devant les devantures des boutiques pour en observer les glaces réfléchissantes. Pourtant cela n'allait pas de soi et elle avait parfois l'impression que le regard de la ville tout entière était fixé sur elle avec insistance. « Sois naturelle, lui disait toujours Jürgen dans les premiers temps. Oublie que tu es *différente*. Ne t'inquiète pas, ajoutait-il avec ironie, ça te reviendra toujours au moment voulu. »

Ce matin, il n'y avait personne dans la petite rue. Elle s'arrêta à la hauteur d'une maison de brique rose à un étage dont la porte d'entrée vernissée était abritée par une véranda, et, après un nouveau et rapide coup d'œil à gauche et à droite, sonna deux coups rapprochés, suivis un instant après de deux autres. Puis elle attendit en se plaquant contre le mur pour se protéger du vent. Un vieux monsieur en tricot de laine et chaussons vint lui ouvrir et resta un instant interdit sur le seuil en la dévisageant.

« Mademoiselle », dit-il.

Ina ne put retenir plus longtemps son envie de rire. Son angoisse évanouie, elle se jeta à son cou.

« Georg ! »

Alors, au seul son de son rire, en dépit de son bonnet enfoncé sur ses cheveux noirs et de ses lunettes, il la retrouva et devint rouge d'émotion.

« Ina ! Ma petite Ina ! Ma petite chérie que je ne reconnaissais pas !... Il faut dire qu'il y a de quoi... Entre vite. Tu es la première. »

Il ferma la porte derrière elle et la guida vers le salon.

Rien n'avait changé. Elle retrouvait le poêle de faïence bleue et blanche ronflant doucement, l'araucaria dans son pot de grès, les odeurs mêlées de genièvre et de cire blonde. Elle s'assit sur le bord du canapé de peluche et retrouva, comme des sensations familières, le degré d'élasticité du coussin et le grincement du ressort. Tout se recomposait si exactement comme avant qu'elle se sentit soudain mal à l'aise. Ce n'était pas possible. Ce n'était pas possible que tout cela eût continué à exister pendant que... Elle dut fermer les yeux, mais les rouvrit aussitôt car elle sentit que Georg la dévisageait avec inquiétude.

« Ote ta cape, disait-il. Mon Dieu, même ta mère aurait pu te croiser dans la rue sans te... »

Elle prit fugitivement une expression de tristesse. Puis elle secoua ses cheveux noirs et lui annonça :

« Je m'appelle Katherine, maintenant, tu sais. Et Katherine a encore moins de famille que n'en avait Ina. Si toutefois c'est possible », ajouta-t-elle.

Il eut un élan vers elle et la prit dans ses bras. Presque confus il s'en sépara doucement.

« Katherine, tu oublies que tu as ton vieux Georg! Si tu savais comme j'ai pensé à toi, reprit-il après un silence. Et comme j'ai pleuré... Allez, je te fais un petit café?

– Oui, si tu veux. Je suis partie tôt de Neuhausen. Il y a de moins en moins de tramways. Ils doivent les envoyer au front comme transports de troupes! »

Il regagna la cuisine par le corridor et elle l'entendit mettre de l'eau sur le feu. Elle regarda autour d'elle et son regard tomba sur une gravure à moitié cachée par les feuilles vernissées de l'arbuste; elle représentait un couple campé avec une ironie grinçante : lui portant monocle et gibus; elle, une cocotte avec de grands yeux absents sous son chapeau-cloche. Il y avait la signature au-dessous : Otto Dix. A côté, un autre cadre; c'était cette fois un effervescent dessin au fusain, une jeune fille riant à la lune, les cheveux en auréole, le visage fébrile et ensorcelé, sa robe prolongée par le paraphe du peintre jeté à la diable : OK.

« Tu vois, dit Georg en revenant avec un pot de café et des galettes. Tout du dégénéré.

– Ecoute, franchement, ce couple, je le trouve laid et mal dessiné, dit Ina. Pas toi?

– C'est à cause de gens comme cela qu'on en est là, en attendant. Mais l'autre, la fille par Kokoshka, je la trouve belle, tu ne trouves pas? Je la regardais souvent en pensant à toi. Elle me donnait courage, certains soirs où je me sentais si perdu...

– Mon petit Georg, dit Ina, émue.

– Mon Ina... ça fait combien de temps? »

Elle eut un geste vague et son visage se crispa.

« Tu sais, moi, le temps, je n'ai plus envie d'y penser. J'ai longtemps cru que c'était mon allié... Plus maintenant.

— Mais tu te rappelles ici, la dernière fois, tout de même ? »

Elle se pencha vers lui.

« J'ai eu une étrange impression en entrant ici tout à l'heure, Georg. Rien n'avait bougé. Comme si on m'obligeait à revenir en arrière, à redevenir telle que j'étais, à réagir comme autrefois, alors que cela m'est devenu impossible, tu comprends. Ah ! si, dit-elle, et son visage s'éclaira, il paraît qu'il y a tout de même un changement. On m'a dit que tu me trompais... »

Il la regarda, un instant surpris, puis se mit à rire.

« Viens voir, dit-il. Mais quelles mauvaises langues, tout de même ! »

Avec une mine de conspirateur, il sortit une clef de sa poche et ouvrit la porte d'un placard au fond de la pièce. Sur l'autre face de la porte, épinglée avec des punaises, il y avait une affiche de cinéma. La lumière du jour vint l'éclairer : elle représentait aussi un couple, mais c'était l'exacte antithèse de celui de la gravure. Ils faisaient des claquettes. L'homme était mince et racé; la jeune femme, blonde, rayonnait d'une beauté joyeuse et son corps sous la robe de mousseline claire semblait encore soumis à un rythme dionysiaque. Ina lut :

Fred Astaire, Eleonor Powell.

Broadway Melody 1940.

« Si tu savais le mal que j'ai eu pour l'avoir, dit Georg. Je crois que ç'aurait été plus simple de voler à Prague les plans du grand Q.G. de la Gestapo. »

Il ouvrit plus largement la porte et une vague de lumière inonda le visage de la ravissante actrice.

« Elle te ressemble, regarde comme elle te ressemble, dit-il, pensif. Enfin, rectifia-t-il en regardant ses cheveux noirs, regarde comme elle te *ressemblait.* »

Ina se mit à rire.

« Quand je pense que je n'ai pas vu de film d'elle depuis... depuis... oh ! je ne sais plus », murmura Georg.

Il referma la porte avec lenteur.

« Et puis qu'importe ! Je t'ai. Je t'ai récupérée, ma petite fille. Ça, dit-il en montrant la direction du placard, c'était simplement pour rêver un peu. »

Il s'arrêta et regarda Ina assise sur le canapé.

« Mais quand je pense qu'elle... qu'elle a ton âge, qu'elle danse, qu'elle boit du champagne et que toi... toi...

– Finis ton café », dit Ina doucement.

Il la considéra gravement.

« On m'a tout raconté, dit-il. La luge, tout. Quelle affaire... comme tu as dû souffrir... tu as tant maigri.

– Et encore, tu me vois maintenant; j'ai eu le temps de me refaire !

– Oh ! c'est un miracle. Tu peux remercier le Ciel.

– En fait de miracle, c'est surtout Serge, tu sais. S'il n'était pas venu...

– Oui... Où est-il celui-là ? demanda Georg en regardant vers la porte comme s'il allait apparaître. Il t'aimait tant. »

Ina inclina sa tête vers le tapis.

« Je ne sais pas. Je ne sais plus. Il ne voulait pas que je revienne. On s'est disputés. C'était il y a deux mois. Je n'ai plus rien de lui. »

Elle regarda Georg.

« Il le fallait. Toi, tu me comprends, n'est-ce pas », ajouta-t-elle un peu nerveusement.

Il hocha la tête d'un air triste.

« Ina... si tu savais comme je tremble. C'est tellement risqué... même avec Jürgen. Enfin. Je pense que c'est inutile de chercher à te convaincre. »

Elle se rapprocha de lui et le prit par ses épaules avec tendresse.

« Il le fallait, Georg. J'ai trop à dire. Ils ne peuvent pas savoir que je suis revenue. Ina Ehnmark a disparu à jamais, quelque part dans le Hotzenwald, ou bien noyée dans le Rhin. C'est Katherine Beckmann qui a pris le relais. C'est Katherine qui prend le café avec toi. Elle n'est même pas née la même année. Je me suis donné un an de moins ! » dit-elle en riant soudain d'un timbre clair et enfantin.

Il la vit se détendre avec joie.

« Si tu commences déjà à te rajeunir, Lorelei ! » fit-il.

Il écarta les rideaux de cretonne et regarda par la fenêtre.

« Ils sont en retard, une fois de plus, constata-t-il. Moi qui voyais Jürgen autrefois avec une montre à la place du cœur, quand ce n'était pas une bombe... »

Ina se leva et fit quelques pas dans la pièce.

« C'est bien, ce que tu as fait », dit-elle à brûle-pourpoint.

Il la regarda d'un air surpris.

« Pourquoi, grands dieux ? Ne renverse pas les rôles, tout de même !

— Prêter ta maison, ta cave, de façon permanente. Avant c'était juste une nuit de temps en temps... Tu risques gros. »

Il la regarda avec une ferveur muette.

« Tu y es pour beaucoup, sais-tu ? dit-il après un silence. J'ai pensé qu'il n'y avait pas de raison qu'un vieux type comme moi se planque comme un cloporte alors qu'une femme jeune et belle... »

Sa voix s'étrangla et il s'interrompit. Elle mit sa main dans la sienne.

« Ma petite fille, dit-il avec ferveur. Ma tendre et jolie petite fille. »

Deux coups de sonnette retentirent, suivis de deux autres. Georg cligna de l'œil vers Ina et alla ouvrir. Il y eut une joyeuse animation dans le corridor. Elle entendit les voix de Jürgen et de Ernst.

« Alors on fait la grasse matinée, sur le réseau, disait Georg en imitant Jürgen.

– Toujours le mot pour rire, grand-père », répondit Ernst.

Ina se leva et vint à leur rencontre. Jürgen avait retiré son écharpe et soufflait sur ses doigts, selon son tic familier. L'œil vif derrière ses lunettes il l'embrassa.

« Ça va, Katherine ?

– Revoir Georg, je dois dire, ça me transforme.

– Et lui ! mais regarde-le ! Il a rajeuni de dix ans.

– Tu as le texte ? demanda Ina plus bas en entraînant Jürgen dans le salon. Il n'y a pas un instant à perdre.

– Oui, dit-il. Lis-le, et si ça te va on s'y met tout de suite. »

Il sortit de la doublure de sa veste un mince papier plié en huit. Elle le déplia avec précaution.

Il était écrit en majuscules, à l'encre noire. Elle lut tout haut.

« 300000 HOMMES SONT ACTUELLEMENT BLOQUÉS DANS STALINGRAD PAR LA FAUTE DU FÜHRER. PAULUS L'AVAIT PRÉVENU QU'IL NE POURRAIT PAS TENIR ET QU'IL SACRIFIAIT AINSI LA VIe ARMÉE. ON NE DIT PAS LA VÉRITÉ AU PEUPLE. QUAND CES 300000 HOMMES – VOS PÈRES, VOS FRÈRES, VOS MARIS, VOS FIANCÉS –, QUAND CES 300000 HOMMES SERONT MORTS DE FAÇON ATROCE, LE BOUCHER ASSOIFFÉ DE SANG QUI NOUS " GUIDE " AURA PEUT-ÊTRE EU SA DOSE. POUR COMBIEN DE TEMPS ? »

Il y eut un petit silence. Ernst se gratta le nez.

« C'est peut-être un peu long, dit Ina. Mais ça devrait porter.

– Tu crois qu'il faut répéter deux fois " Quand ces trois cent mille hommes " ? demanda Ernst.

– C'est mieux balancé, dit Ina.

– Ce n'est pas une œuvre d'art, Ina !

– Faites ce que vous voulez, dit Jürgen. J'avais pensé qu'on pourrait tirer le deuxième chiffre en rouge. »

Ernst secoua la tête.

« Ça pose trop de problèmes si on veut faire vite. Ce qui est possible, c'est de tout tirer en majuscules rouges. Ça éclatera à la gueule des gens. Il y a assez d'encre rouge pour deux mille ou trois mille tracts.

– Pour le Camélia bleu, c'est trouvé !

– On ne va pas le signer, de toute façon, dit Jürgen. C'est une sorte de préparation d'artillerie anonyme.

– Bon, alors on en tire combien ? demanda Ernst en se dirigeant vers la trappe de la cave. Il faut que je sache. Il m'en faut déjà mille pour Munich-Nord.

– Et moi deux mille pour Mayence, dit Jürgen. Après la valise devient trop lourde.

– Bien, je vais tirer les miens en noir », dit Ernst.

Il se tourna vers Jürgen.

« Tu pars quand ?

– Tout de suite après. J'emmène Ina, il faut qu'elle prenne un peu l'air. Tu as les heures des trains ?

– Je te les donne », dit Ernst en soulevant la trappe et en disparaissant dans l'escalier.

Jürgen le suivit. Arrivé en bas, Ernst lui demanda à voix basse :

« Tu crois que c'est bien raisonnable ? »

Jürgen fit la moue.

« Deux mois dans une cave, elle en a marre. Elle dit qu'on ne la fait sortir que pour faire les courses... Elle fait un énorme travail d'organisation et d'écriture, mais je savais que cela lui ferait plaisir et lui donnerait un peu de tonus de faire une vraie mission... Comme l'année dernière. Mais tu penses bien que... »

Ernst lui tapa sur l'épaule d'un air entendu.

En haut de l'escalier, Ina allait les rejoindre quand elle s'aperçut que Georg s'était assis, livide, sur son canapé. Il avait les yeux remplis de larmes.

« Mais qu'est-ce que tu as ? » demanda-t-elle, soudain inquiète.

Il leva vers elle un visage décomposé.

« Ma petite chérie... ma petite chérie... j'ai une petite-fille de ton âge. J'ai... »

Il réprima un vrai sanglot et parut chasser un cauchemar de la main.

« C'est de la dynamite ce tract... je veux dire... Il ne te laisserait pas l'ombre d'une chance... c'est... »

Ina eut pour apaiser le vieil homme le même geste qu'elle avait parfois pour consoler Serge ou le calmer. Elle passa lentement presque rêveusement, sa main sur son front et ses cheveux, et lui parla sereinement, doucement, comme à un enfant qu'il faut raisonner.

« Mais, Georg, ce n'est pas avec des textes anodins qu'on arrivera à quelque chose... Il faut réveiller les gens. Cela fait dix ans qu'ils sont complices des forfaits commis en leur nom. Ce ne sont pas tous des brutes, non... C'est presque pire. Ils agissent comme des moutons irresponsables, aveugles et fascinés à la fois. Il y a des mots que je ne pourrai jamais plus employer, quand je pense à l'usage qu'ils en ont fait : obéissance, fidélité, patrie...

– Je sais bien, dit Georg en hochant la tête.

– Essaie de parler aux gens des conditions qui règnent à Dachau ou à Ravensbrück, tu verras, ils tomberont des nues et te diront que tu mens, et que, de toute façon, ils n'y sont pour rien. Tu as vu le journal racontant ce qui se passe à l'Est. Je te dis, tout le monde se bouche les yeux et les oreilles. Tout le monde.

– Il faut les excuser, dit Georg. Toute leur vie ils n'ont fait qu'une chose : croire celui qui avait un galon de plus qu'eux. Et puis n'oublie pas quand même, ajouta-t-il plus serein, qu'ils n'ont pas de poste à ondes courtes pour s'informer. »

Ina sourit et se dirigea vers la trappe. Au moment de descendre elle se retourna vers Georg.

« Ce tract, tu sais, c'est surtout pour l'université de Mayence, qu'on doit entraîner avec nous. Bien sûr, le vrai travail se fait au niveau des chefs de réseaux; mais un bon arrosage de tracts fait prendre conscience à pas mal de monde qu'on est déterminés à frapper fort sans se découvrir.

– Cela aussi je sais », admit Georg tassé sur lui-même.

Il hésita, et finit par se lever.

« D'ailleurs, pour te montrer que j'y crois, j'ai trouvé moi-même un petit quelque chose, dit-il. Mais toi tu vas penser que c'est de la dentelle. »

Il alla ouvrir le tiroir d'une table, le sortit complètement, glissa la main tout au fond dans l'alvéole et en retira un feuillet. Il était écrit en lettres gothiques soigneusement manuscrites. Elle lut :

L'IVRESSE DEVANT LE CHEF

Là-bas sur le cheval, sous la Porte des Entrées Victorieuses, les traits figés et lançant des éclairs, c'était le pouvoir qui chevauchait ! Le pouvoir qui passe au-dessus de nous et dont nous baisons les sabots ! Qui passe au-dessus de la faim, des bravades et de la dérision et contre lequel nous ne pouvons rien entreprendre parce que nous l'aimons tous ! Le pouvoir que nous avons dans le sang parce qu'en lui nous trouvons la soumission ! Nous sommes un atome, une molécule infime de ce qu'il a craché ! Chacun d'entre nous n'étant qu'un rien, nous gravissons par masses échelonnées de nouveaux Teutons – militaires, fonctionnaires, membres du clergé et de la science, organisations économiques et associations de forces – les degrés menant au sommet du cône où il réside, figé et lançant des éclairs ! Nous vivons en lui, nous y prenons part, inexorables en face de ceux qui en sont éloignés, et triomphants même lorsqu'il nous écrase : car c'est ainsi qu'il justifie notre amour !

« C'est pas beau ? » fit-il.

Ina le regarda d'un air malicieux.

« Je me demande ce qu'Eleonor Powell penserait de la littérature de son admirateur ! dit-elle en riant. Où as-tu trouvé cela ?

— Cet accès d'exaltation est le fait d'un personnage d'Heinrich Mann dans *Der Untertan.* Je trouve qu'il possède un haut pouvoir comique. Non ?

— C'est ce que tu disais tout à l'heure : le besoin de se vautrer devant tous ceux qui ont un galon de plus.

— Et un galon de trop ! Ça finit par faire du monde, dit Georg, en riant aussi. On va finir par dépeupler la planète. »

Une voix surgit de la cave.

« Alors vous faites l'amour ou quoi ? »

Georg se retourna vers Ina.

« Devine qui ça peut être », fit-il avec un air excédé.

Elle vint vers lui et l'embrassa.

« Allez, ne t'inquiète pas, dit-elle avec tendresse. Tu me le promets ? Il a raison, Ernst; tant que je serai aimée par des gens comme toi, je t'assure, tout ira bien. »

Elle lui reprit son texte des mains et s'engagea dans l'escalier.

« Il a de l'humour notre Georg », dit-elle à Ernst en fermant attentivement la porte derrière elle et en lui tendant le papier.

Il s'affairait déjà autour de la ronéo qui prenait une grande place dans la petite cave voûtée, mate et noire sous l'unique ampoule nue. Le reste du sol était encombré de piles de papier, de pots de colle, de pinceaux en vrac.

« On n'a pas assez d'encre rouge pour quatre

mille, dit Jürgen, penché dans un coin sur une boîte de fer.

– On va tirer Munich en noir, je t'ai dit. »

Ernst lut « l'Ivresse devant le chef » puis en passa le texte à Jürgen qui le parcourut rapidement.

« C'est trop long, dit-il. Et je me demande si les gens se rendront même compte qu'on se fiche d'eux.

– Tout de même! s'exclama Ernst. Je pense moi qu'on toucherait davantage les populations si on parvenait à les faire un peu rire. Rire! Tu imagines! Bon Dieu, pourquoi est-ce qu'on a toujours la mine renfrognée et amère! Un révolutionnaire gai, ce serait autrement entraînant, non? Surtout maintenant! Et puis au moins ce serait nouveau. Ça surprendrait.

– Bien, alors tu as raison, ne rions pas, dit Jürgen. Ce serait vraiment trop sacrilège. Contentons-nous de ricaner.

– J'aimerais bien ne pas passer la journée dans cette cave, l'interrompit Ina, à me demander si tu ris ou si tu ricanes.

– On s'y met, fillette, tout est prêt », dit Jürgen.

Il lui transmit les premières feuilles qu'elle plaça sur la ronéo pendant que Ernst actionnait la manivelle. Si les trois mouvements étaient bien coordonnés, cela permettait de sortir une vingtaine de tracts à la minute. Ils travaillèrent en silence pendant près de deux heures. Toutes les demi-heures, suivant un ballet bien réglé, ils intervertissaient leurs rôles en silence. Seul le grincement lancinant de la manivelle et parfois un sourd bourdonnement à l'intérieur de la machine rythmaient la lente montée de la pile de tracts.

« Combien ? » demanda soudain Ernst en s'arrêtant et en s'essuyant le visage de l'avant-bras.
Jürgen embrassa la pile du regard.
« Deux mille à peu près.
– A ce rythme-là il va falloir déjeuner ici, dit Ina. Ernst, tu peux prévenir Georg ?
– Pour moi, ça suffit en tout cas », dit Jürgen.
Ernst remonta et ils l'entendirent soulever la trappe, puis discuter avec Georg qui faisait la vigie derrière ses rideaux.
Jürgen se tourna vers Ina. Elle s'était assise sur une caisse. Elle était pâle et avait de l'encre rouge sur les doigts, comme une écolière.
« Tu es contente d'aller sur le terrain avec moi ? » lui demanda-t-il.
Elle lui prit la main et la serra.
« Jürgen, demanda-t-elle brusquement, aucune nouvelle de Schaffhouse ? »
Il la regarda fixement.
« Non. On a perdu la liaison. Heinrich a appelé mais il paraît qu'Hönig est allé dans la montagne chercher du bois. »
Elle soupira.
« Pas de nouvelles, bonnes nouvelles »..., poursuivit Jürgen. Il s'interrompit. « Pourquoi, tu penses à lui, quelquefois ?
– Ça m'arrive », répondit-elle avec un geste vague.

Jürgen sortit dans le couloir menant à la cave et en revint presque aussitôt avec la valise. Elle semblait neuve. Avec minutie il en vérifia la résistance, s'attacha longuement à la poignée, aux charnières et aux serrures, et fit fonctionner plusieurs fois la clef. Puis il l'ouvrit, sépara la pile de tracts en quatre paquets et en tapissa le fond. Il ajouta un sac de papier contenant deux pots de colle, deux pinceaux queues-de-morue et des punaises. Enfin il referma la valise à clef avec des gestes minutieux et la soupesa. Ina la prit à son tour.

« Ce carton bouilli ne me dit rien qui vaille.

– C'est solide », dit Jürgen.

Il la cacha sous la table et ils remontèrent par le petit escalier. Georg fumait silencieusement dans le salon et Ina vit, à la marque laissée le matin, qu'il n'avait pas touché le livre qui était devant lui. Les bruits de la rue leur parvenaient de façon assourdie derrière les voilages.

« Il y a un train à 13 h 30. Arrivée à Francfort à 21 h 15. Vingt minutes d'arrêt à la correspondance et arrivée à Mayence à 22 h 30.

– Vingt-minutes sur le quai... qu'est-ce qu'on va faire ? demanda Ina soudain alarmée.

– On ira à la salle d'attente, tout bêtement. »

Georg gagna la cuisine et revint aussitôt.

« Les saucisses sont prêtes », dit-il.

Ils se serrèrent autour de la table. Georg retira de l'eau bouillante les francforts, une à une, et coupa des tranches de pain brunes et sucrées. Ils mastiquèrent en silence.

« On aura du brouillard pour travailler, laissa tomber Jürgen.

– Vous revenez quand ? lui demanda Georg avec inquiétude.

– Par le train du matin. Il repart à six heures de Mayence. Ernst, rendez-vous ici demain soir à sept heures avec Carl et Heinrich. »

Il regarda sa montre.

« Allez, on y va. On va rater le tramway. »

Ernst écarta légèrement le voilage.

« Il pleut, dit-il. Pour changer. »

Il ouvrit la trappe et redescendit chercher la

valise. Ina rejoignit Georg dans le corridor et elle s'aperçut qu'il évitait de la regarder. Elle entendit Ernst remonter et lui crier quelque chose auquel elle ne répondit pas, puis elle se risqua dehors. Les gens déjeunaient et la rue était déserte. Jürgen sortit à son tour. Immobile sous la véranda, protégée par son écharpe et son bonnet de laine, Ina le laissa prendre un peu d'avance. Georg se tenait immobile et silencieux à son côté. Elle descendit les marches du perron et se retourna vers lui. La silhouette du vieil homme se détachait derrière le rideau de pluie et il lui fit un petit geste timide de la main, comme pour un baiser.

Parvenus tous les deux à la station tout en s'ignorant, ils n'eurent pas longtemps à attendre sous l'averse. Le tramway débouchait déjà de la Rosenheimerstrasse. Ils montèrent l'un après l'autre et s'installèrent à des places différentes, Ina, de l'arrière, surveillant la valise que Jürgen avait disposée de l'autre côté du couloir dans le porte-bagages. Derrière la vitre passée à la peinture bleue, elle regarda distraitement défiler les réverbères trilobés qui évoquaient une station thermale endormie par l'hiver. Il y avait beaucoup de monde dans le tramway; des vieilles gens avec des cabas, des étudiants, quelques permissionnaires en feldgrau. Personne ne parlait; tous semblaient s'être embarqués contre leur gré dans cette boîte opaque et bringuebalante pour un morne voyage sans but et sans espoir. Ina se sentit tout à coup oppressée et impuissante; il lui semblait que le tramway allait trop vite; elle eut la vision soudaine d'une terre bouleversée où, au milieu des hurlements des passagers, il allait faire irruption comme un véhicule fou au milieu de ruines qui s'écrouleraient sur son passage, tel un décor factice. « Il me faudrait un peu d'air », pensa-t-elle. Elle se haussa légèrement jusqu'à la trappe d'aération, juste au moment où ils franchissaient l'Isar sur le Ludwigbrücke. Elle ne vit de l'eau qu'un reflet glauque à travers le parapet ajouré du pont. Quand elle retomba sur son siège elle surprit le regard de son vis-à-vis et baissa aussitôt les yeux. Puis elle le regarda à la dérobée. C'était un jeune homme aux cheveux courts et bien coupés. Il avait l'air doux et franc; il allait sans doute à l'Université; cet édifice qu'elle s'attachait à miner de l'intérieur, il en était peut-être l'un des fleurons, un de ces bons éléments dont les parents rêvent et dont on se dispute l'amitié et les confidences. Que faire pour te dessiller les yeux, toi dont la route semble si droite? Bien sûr je suis différente, comme disait Jürgen. Rejetée. Mais est-ce une cause perdue que d'essayer de faire de toi un allié, sinon un ami? J'aurais pu t'aider à échapper à l'effroyable fascination collective qui entraîne tout un peuple là où l'emmène ce tramway aveugle. J'aurais pu t'aider pour que ta route droite ne débouche pas sur les fosses communes et les miradors. Elle pensa soudain – était-ce le regard bleu du garçon – à l'après-guerre, et à cette seule pensée respira largement comme si elle débouchait sur un vaste plateau venteux. L'air y sera froid et vif mais peut-être y trouverons-nous une terre où quelque chose pourra pousser. Semer quelque chose. Peut-être même pourrais-je avoir un enfant. Mais est-ce que je trouverai un homme pour m'en faire un. L'homme qui aurait pu, j'ai manqué à sa confiance et je l'ai quitté. Abandonné. Et je ne sais plus où il est, maintenant. De toute façon, il ne voudra plus jamais me revoir. Elle se sentit sombrer dans un gouffre de solitude. La saucisse de Georg, avalée trop vite, lui pesait jusqu'au malaise. Elle eut un coup d'œil pour la valise, bien calée dans son alvéole, revint vers la nuque de Jürgen et s'accrocha à elle comme à un îlot de certitude. Jürgen. Il avait tenu à l'emmener. D'habitude il faisait équipe avec Carl. Il insistait pour qu'Ina reste dans sa cave de Neuhausen, dans la banlieue ouest, avec ses programmes d'action, ses textes à écrire et les nouvelles de la radio anglaise à écouter et à transmettre. Et puis, il y a deux jours, il était venu la voir et avait remarqué son teint blafard et diaphane sous ses cheveux noirs. « Je te fais vivre comme une taupe... C'est très beau de tout organiser, mais il faut que tu prennes un peu l'air du large... il faut que tu ressentes de nouveau cela, au moins une fois, de façon *physique.* » De façon sensuelle avait traduit Ina. Tout le monde voit l'aube de la révolution comme une attente mystique. Maintenant que tout est prêt, que tout va déferler, ça devrait te donner un véritable orgasme — c'est cela qu'avait dû penser Jürgen. Alors Katherine, espèce d'asexuée, qu'as-tu à ruminer ta saucisse. Quand il te l'a proposé, tu as accepté avec enthousiasme de l'accompagner. Alors pourquoi cette pesanteur. Enfin rappelle-toi, l'année dernière à cette époque, comme tu étais sûre de toi. Mais justement. Depuis l'année dernière, il y a eu... il y a eu ce qui devait arriver. Sotte. Secoue-toi. Mais je ne sais plus où il est. Je ne sais plus où il est. Cesse. Cesse de penser à cela. Jürgen, c'est la certitude. Tu as un destin. Avec... — elle ne prononça pas son nom — tu avais simplement une ouverture sur un perpétuel été. Mais enfin, qu'est-ce que tu racontes. C'est toi qui veux un enfant. Lui ne t'en avait jamais parlé. Et tu ne peux tout de même pas penser avoir un enfant si tu ne vois pas dès le départ un peu de soleil au-dessus de son berceau. Elle soupira. A quoi bon, de toute façon. Cet enfant ne sera pas de lui. Il ne te reverra pas, tu penses. Il doit être écœuré, amer. Tu ne le feras plus jamais bander. Plus jamais, Mais d'autres, si. Il se les tapera. Comme en Suède. Sûrement en Suède, avec ces filles si... Il t'oubliera. Des tas de femmes passeront dans sa vie ensoleillée. Ce qui est terrible c'est qu'on est toujours remplacées. Le tramway abordait maintenant la Kaufingerstrasse au centre de la ville. Le jeune homme se leva pour partir en s'excusant vaguement. Et si je lui disais à brûle-pourpoint quitte tout, viens avec nous, suis-moi non parce que tu me trouves belle ou que tu as envie de moi parce que j'ai un poste à ondes courtes et qu'en partie à cause de cela je *sais* ce qui se passe, je détiens la vérité, je me bats pour elle. TU VIENDRAIS ? Elle se demanda quelle expression elle lirait sur son visage. Est-ce qu'il hurlerait avec les loups, est-ce qu'il aiderait les autres à déchirer sa chair fragile avec la bonne conscience du chasseur à l'hallali ? Arrêt. Promenadeplatz. Elle entrevit son visage alors qu'il longeait le tramway avant de traverser, et, certaine de l'impunité due à la peinture des glaces, lui fit un sourire de connivence ou d'appel auquel, et pour cause, il ne répondit pas. Le tramway repartit. De plus en plus secouée, elle sut qu'elle arrivait sur le lacis des rails de la Karlplatz. Elle observa avec inquiétude la valise qui tressautait dans son alvéole. Elle s'aperçut que Jürgen la surveillait également. Sur la droite elle devinait déjà la silhouette massive de la Gare centrale. Le tramway ralentit, puis s'arrêta.

Jürgen prit rapidement la valise, descendit et se dirigea vers l'entrée Grandes Lignes. Il pleuvait toujours. Ina le suivait à quelques mètres, soucieuse de ne pas le perdre parmi les voyageurs qui refluaient de la banlieue après être rentrés déjeuner. Les militaires semblaient avoir un couloir réservé à eux seuls au milieu de la foule qui s'écartait sur leur passage avec une sorte de vénération muette à laquelle ils ne paraissaient guère sensibles. Surtout les officiers, qui passaient hautains et indifférents. Jürgen s'arrêta à l'un des guichets et Ina l'entendit demander deux aller et retour seconde pour Mayence via Francfort. La valise était à ses pieds, petit parallélépipède brunâtre, semblable aux dizaines de bagages qui encombraient le sol tout autour et contrastaient à peine avec sa couleur indéfinissable. Il la reprit et demanda le numéro du quai à un employé.

« Voie L. »

Le train partait dans cinq minutes. Jürgen monta sans hâte dans un wagon de queue pendant qu'Ina restait sur le quai. Par la fenêtre, peinte comme celle du tramway, elle devina qu'il plaçait la valise dans le filet, mais ne put voir s'il y avait du monde dans le compartiment. L'instant d'après il sautait sur le quai. Elle alla à sa rencontre et ils montèrent ensemble dans le wagon précédent.

« Et si quelqu'un te disait à ce moment-là : « Pardon, monsieur, vous oubliez votre valise » ? demanda Ina à voix basse.

— Je le remercierais et je la reprendrais. Mais je penserais que le voyage se présente mal. »

Brulôt anonyme et solitaire, la valise devait en effet voyager seule. C'était la règle absolue. Ina pensait souvent qu'une irradiation sourde et maléfique, indécelable pour de simples mortels, devait la désigner infailliblement à la perspicacité des agents de la force publique et autres gestapistes en civil qui proliféraient dans les trains depuis quelque temps, et dont elle croisait avec malaise le regard fureteur et méfiant. Dans le compartiment où ils étaient entrés il n'y avait qu'un vieux couple. Ina s'assit à côté d'eux dans le coin fenêtre et Jürgen s'installa en face d'elle, à l'autre bout. Il sortit de sa poche le *Volkischer Beobachter* et le déplia devant lui. Elle en parcourut les gros titres. La tête de pont italo-allemande se maintenait en Tunisie. Sur la Volga, après le refus de l'ultimatum, la VIe Armée opposait une résistance héroïque à l'avance russe. Le Dr Goebbels appelait à la guerre totale. Le Führer avait quitté son Q.G. de Prusse-Orientale pour visiter deux crèches modèles à Kœnigsberg et Interburg. Elle l'imagina, debout au milieu de vingt moutards endimanchés balbutiant *O Tannenbaum.* « C'est une scène pour Otto Dix », pensa-t-elle.

Le train partait. Il lui sembla que l'immense verrière résonnait d'un bruit de grêle. Un voile de brume était tombé sur la ville, et, tout de suite, une odeur humide et âcre émanant des rails s'immisça dans le wagon. Ina garda l'immobilité, suivant à travers un écaillage de la peinture le chapelet morne des petites gares de banlieue et des pavillons en bordure de voie; elle pouvait voir les gens boire leur ersatz de café derrière les fenêtres. Georg, en ce moment, devait avoir la même position, les yeux noyés dans la fumée de sa pipe en porcelaine. Georg. Si elle avait pris pour argent comptant tous les reproches muets qu'il lui adressait, il est certain qu'elle ne serait jamais partie. Elle pensa à la jeune actrice blonde. Comment s'appelait-elle ? Eleonor Powell ? Elle n'avait jamais entendu ce nom avant. Ce n'était pas Greta Garbo, quand même. Qu'aurais-tu pensé, Eleonor P, de te savoir punaisée dans un cagibi obscur en pays ennemi, illuminant ainsi la vie d'un vieil homme ? Rien, sûrement rien. On ne pense à rien quand on danse. A trente mètres derrière eux, cahotant aux mêmes aiguillages, la valise les suivait et Ina se sentit enchaînée à elle par un lien invisible et obsédant. Elle se demanda si Jürgen ressentait la même chose. Elle eut tout de suite la réponse, à la façon dont le journal s'était rabattu sur son visage. Derrière le papier imprimé au service du régime, elle sut qu'il s'était assoupi et envia sa décontraction. Ce n'était plus le même homme que dans la forêt du Hotzenwald, ou même que l'année précédente à Munich. Serge absent, il était devenu plus détendu, moins doctrinaire, plus accessible. Presque gai à certains moments. Oui, gai. Parfaitement. A sa façon, évidemment.

Après une heure de voyage, Ina savait déjà que le vieux couple s'arrêtait à Stuttgart pour aller au chevet de leur belle-mère qui avait une hernie. Ils se racontaient l'un à l'autre les détails de son hospitalisation, sans souci de ceux qui pouvaient les écouter, d'une voix lasse entrecoupée de raclements de gorge. La pluie s'était interrompue. Tandis qu'elle s'assoupissait à son tour, elle vit les énormes lettres d'une pancarte ULM se refléter dans les flaques d'un quai de gare sinistre et désert. Tout ce qui aurait pu chanter à son âme, l'immense flèche de la cathédrale, le cours argenté du Danube disparaissaient sous la gangue de brouillard. Elle y vit un symbole. Jürgen dormait toujours et le journal était tombé à terre. Ina le ramassa et se pelotonna contre la fenêtre. Elle entendit vaguement à un moment donné partir le vieux couple. « Déjà Stuttgart », pensa-t-elle, et elle eut la vision cauchemardesque d'une vieille dame nue sur un grabat, exhibant sa hernie à une famille attentive. « C'est comme une balle de ping-pong, *grossmutter* », disait l'un des enfants. Le train, sans doute pour éviter le voisinage de la France (Ina en chercha vainement la raison), ne prenait plus l'itinéraire qu'elle connaissait autrefois par Karlsruhe et Mannheim, mais remontait plein nord vers Schwäbisch Hall et Wurtzbourg. Finalement, couchée complètement sur le côté, elle s'endormit.

Aux approches de Francfort ce fut Jürgen qui, mû par un de ses automatismes ferroviaires auxquels il faisait toujours confiance, se réveilla d'un seul coup. Il était neuf heures du soir. En face de lui Ina dormait encore, cassée en deux sur la molesquine verdâtre. La lumière sale du compartiment durcissait son profil pur, et il se dit qu'elle n'avait pas bonne mine. L'autre coin de la banquette était maintenant occupé par un nouveau venu auquel Jürgen jeta un coup d'œil. Il semblait être un commerçant approchant de la soixantaine, avec des sourcils fournis et des cheveux tirés en arrière. Beaucoup de monde était d'ailleurs monté à Aschaffenburg, station habituellement très calme, et il se demanda bien pourquoi. Peut-être une usine d'armement s'était-elle ouverte dans la région. Ces usines pratiquaient l'action continue en trois équipes et cela pouvait expliquer ces mouvements tardifs. Bien qu'ils n'en fussent pas encore – et loin de là – aux opérations de sabotage, il se promit d'y réfléchir. De toute façon, il n'était pas mécontent de faire le changement de train au milieu d'une certaine animation. L'arrêt fut brusque. Une odeur de suie et de grésil envahit le compartiment, pendant qu'une voix brève et rauque s'élevait sous la verrière : « Frankfurt, Frankfurt. Mainz, Bad Kreuznach, quai B. » Il toucha légèrement l'épaule d'Ina. Le visage creusé elle soupira, puis déplia lentement ses jambes et se leva sans mot dire.

Ils sortirent dans le couloir et Jürgen fut l'un des premiers à sauter sur le quai plein de monde.

« Attends-moi à la sortie principale », souffla-t-il.

Il remonta le long du wagon, à contre-foule, et elle le vit regarder en passant s'il y avait du monde dans le compartiment, puis grimper à l'intérieur. Il restait deux ou trois personnes. La valise était là, toujours à l'écart. Il la saisit avec naturel et redescendit sur le quai à la recherche d'Ina.

Elle surveillait avec attention la foule qui s'écoulait et s'étonna de ne pas le voir en profiter : il s'y sentait toujours en sécurité pour passer les contrôles. Et celle-ci s'éclaircissait de plus en plus. On en était aux vieilles dames traînant des colis trop lourds pour elles. Enfin elle l'aperçut. Il passa à côté d'elle sans s'arrêter ni la regarder. Elle vit avec surprise qu'il était en conversation avec quelqu'un de plus âgé que lui – trente, trente-deux ans – qu'il avait l'air de connaître. Jamais, au cours d'une mission, Jürgen n'adressait la parole à quiconque et il évitait avec soin toute éventuelle connaissance. Ina l'avait même vu, l'année précédente, changer de trottoir pour ne pas rencontrer l'un de ses frères qu'il avait repéré bien avant que l'autre ne pût le voir. Il avait donc manifestement été abordé. Les deux hommes franchirent le contrôle et elle leur emboîta le pas. Ils se dirigèrent vers la salle d'attente et, peu avant d'y pénétrer, l'interlocuteur de Jürgen – grand, bien découplé, la nuque rasée – ralentit et elle put entendre des bribes de la conversation.

« Mais viens, puisque je vois que tu as ton bagage. C'est quand même idiot que tu couches à l'hôtel, alors que je suis justement en permission et que je tombe sur toi... On a trop de bons souvenirs ensemble, Jürgen. Je te conduirai à Mayence demain. »

Il lui mit la main sur l'épaule.

« Allez, c'est d'accord ? lui entendit-elle demander.

— Tu es gentil mais je ne peux pas, répondit Jürgen. Je suis pressé, j'ai des dossiers à étudier et je dois justement repartir demain matin.

— Laisse-moi au moins te conduire.

— Tu risquerais de mettre un temps fou avec ce brouillard. Alors que moi j'ai déjà mon billet avec un train dans quelques minutes. Mais je suis touché de l'intention, Otto. »

Ils n'entrèrent pas dans la salle d'attente et se remirent en marche dans l'immense hall devenu presque désert. La lumière que laissaient tomber les globes était froide et rare. Ina s'apprêta à suivre les deux hommes de loin. Ils avaient pris un peu d'avance et elle remarqua que Jürgen semblait maintenant parler à l'inconnu avec plus de chaleur, en faisant quelques gestes. Toute à l'idée de ne pas le perdre de vue, préoccupée de savoir si elle devait prendre la correspondance au cas où il ne pourrait la rejoindre, elle ne vit le petit homme en gabardine qu'au dernier moment. Il l'observait depuis quelques instants et l'aborda avec une politesse affectée.

« Contrôle, dit-il en sortant de sa poche une carte officielle. Vos papiers, mademoiselle, je vous prie. »

Pendant une seconde — le temps, par réflexe, d'ouvrir son sac — elle ne réalisa pas exactement ce qui lui arrivait. Elle se rendit compte que Jürgen et son compagnon s'éloignaient sans s'être aperçus de rien. Elle eut un instant la tentation de crier pour appeler à l'aide.

« Voici », dit-elle en maîtrisant sa panique.

Il se pencha sur la carte d'identité, l'observa avec attention et lut tout haut :

« Katherine Strettemann, née à Iéna le 11 septembre 1923. Bien. »

Il l'entraîna près d'un guichet et sortit de sous sa gabardine un registre qui contenait des photos et des fiches, qu'il feuilleta d'un doigt alerte. Puis il l'examina comme il l'eût fait d'une statue, de bas en haut et de haut en bas.

« Voulez-vous me suivre ? dit-il.

– Mais j'ai une correspondance dans quelques minutes !

– Vous allez où ? » demanda-t-il avec une insistance soudaine.

Elle ne pouvait pas mentir, avec son billet sur elle.

« Mayence, dit-elle.

– Ne craignez rien, reprit-il d'un ton redevenu neutre. Si tout va bien, vous l'aurez. »

Il l'avait prise par le bras, sans brutalité mais fermement, et la guidait dans la direction où était parti Jürgen. Tout en marchant elle cherchait à garder son calme et se demandait si elle avait été contrôlée par hasard ou si, au contraire, elle avait été suivie depuis quelque temps. L'homme longea la salle des consignes et ouvrit une porte. C'était une petite salle qui servait vraisemblablement de vestiaire au personnel car il y avait de nombreuses patères au mur. Cela sentait la sueur et le tabac froid. Ina, sur le seuil, s'arrêta net et se retourna brusquement.

« Mais qu'est-ce que ça veut dire ? » dit-elle d'une voix alarmée.

Il ne répondit pas et la poussa doucement dans le réduit. Il appela : « Martha ! » Une autre porte, au fond, s'ouvrit et une femme entra, épaisse et rougeaude. « La race des *Aufseherinnen* », pensa Ina avec un haut-le-cœur. Il tendit le registre à la grosse femme qui la dévisagea à son tour.

« Je ne pense pas, dit-elle au petit homme, mais on ne sait jamais.

– Je vais rater ma correspondance, cria Ina.

– Qu'allez-vous faire à Mayence ? reprit l'homme d'un ton inquisiteur. Si tard dans la nuit.

– Ça ne vous regarde pas. Il n'y a pas de couvre-feu, que je sache.

– Comme vous voudrez », dit-il avec un geste vers la grosse femme, et il s'éclipsa.

Elle observa alors Ina avec attention. Elle ne s'attachait pas à son visage, mais à son corps. Elle ne disait mot, et avec ces yeux petits et fureteurs fixés sur elle, Ina se sentit dévoilée et traquée comme un animal dans sa tanière.

« Voulez-vous vous déshabiller ? » dit-elle d'un ton impérieux.

Ina tomba des nues. Son cœur battit à tout rompre, tandis qu'elle cherchait désespérément une diversion.

« Me déshabiller ! Mais pourquoi ? Je vais rater mon train ! Et c'est le dernier... »

Elle s'efforça de fixer sur « Martha » un regard à la fois innocent et courroucé. Mais la grosse femme n'apparaissait pas vraiment menaçante; plutôt bougonne. Elle attendait simplement qu'Ina s'exécutât, et c'était le genre à attendre des heures. Oui, simplement pour voir son corps. Pour la voir nue. C'était la raison pour laquelle l'autre s'était éclipsé. Et pour y trouver quoi ? QUOI ? Elle n'avait pas de numéro tatoué... Dans un éclair elle comprit et revit l'infirmière d'Ohnau lors de la dernière visite médicale. « Signes particuliers », avait écrit l'infirmière en détaillant son corps squelettique. Elle se revoyait, frissonnante, tremblante, branche fourbue dont le gel a fait éclater l'écorce, attendant que l'infirmière ait fini d'écrire. Les mots dansèrent devant ses yeux. Elle en revoyait encore l'écriture aux jambages appuyés : *Signes particuliers, signes parti...*

Elle se rua vers la porte. Elle n'était pas fermée à clef, et derrière, le petit homme qui attendait fut bousculé et faillit tomber.

« C'est invraisemblable ! Je n'ai plus de train ! Il part dans cinq minutes ! Qui est cette grosse femme qui prétend... »

Elle hurlait. Sa voix aiguë résonna dans l'immense salle presque déserte. Le policier voulut l'entraîner et elle le repoussa furieusement. Il fallait durer, résister, peut-être lui échapper et prendre ce train en marche. Que faire ? Elle sentit qu'elle cédait cette fois à la panique. Mais enfin que fait-il ? Il me protège ou quoi ? Qui m'a répété cent fois qu'une équipe ne doit jamais se dissocier ?

Enfin elle le vit. Il était encore loin. Il revenait avec son interlocuteur, qu'il semblait entraîner rapidement vers elle.

« Katherine ! dit Jürgen, dès qu'il put. Quelle surprise ! Il m'avait bien semblé aussi, de loin ! »

Il s'approcha hâtivement, l'embrassa, puis sembla découvrir l'homme et la femme à ses côtés.

« Mais qu'est-ce qui se passe ? demanda-t-il d'un air surpris.

— Oh ! Jürgen, tu ne pouvais pas tomber mieux ! Je n'y comprends rien. Je vais à Mayence chez une amie, je suis en retard, c'est mon dernier train, et cette dame veut que je me déshabille, comme cela, sans motif, en pleine gare, tu imagines... »

Le Revier. Je me rhabille comme je peux, car je n'ai plus de boutons à ma blouse. Je cherche aussi à profiter un peu de la tiédeur de l'infirmerie. Comme la prochaine visite trimestrielle semble loin. L'infirmière est douce, presque fraternelle. C'est si étrange que je ne peux m'empêcher de regarder ce qu'elle inscrit sur ma fiche sous cette rubrique « signes particuliers ». C'est en principe secret et avec toute autre j'aurais reçu une gifle. Mais elle me laisse faire et je lis : « sous le sein gauche, kyste suintant à origine lésionnelle ».

« Te déshabiller ? » dit Jürgen les yeux ronds.

Il se retourna vers son interlocuteur.

« Otto, je ne sais pas si tu te souviens d'elle, je te présente Katherine Strettemann. Elle était en troisième année. Nous étions allés tous ensemble à Nymphenbourg, en juin 1939, pour la grande sortie... Katherine, Otto était mon maître de conférence de doctorat à Heidelberg. Nous étions très liés.

– Je crois que je me souviens, dit Otto en la regardant. Et si je ne me souvenais pas ce serait vraiment impardonnable. »

Ina mit toute sa volonté à lui faire un sourire.

« Et alors, qu'est-ce qui se passe? dit-il en se tournant d'un air sévère vers le petit homme. Etant en permission je ne suis pas en uniforme; voici donc ma carte. »

L'autre la regarda et se redressa au maximum de sa taille.

« Mes respects, Herr Hauptsturmführer. Il s'agit d'un contrôle de routine.

– Alors, pourquoi elle ? intervint Jürgen. Elle vous a dit qu'elle était pressée. »

Le petit homme chercha le regard de « Martha ». Elle avait disparu sans bruit par la porte. Ina pensa qu'elle devait écouter juste derrière.

« Nous avons reçu l'ordre, dit-il à regret, de contrôler toutes les femmes de vingt à vingt-cinq ans, mesurant de 1,70 m à 1,75 m, et de vérifier si elles n'ont pas sur le corps... »

Il se tourna vers la porte.

« Enfin ce n'est pas moi qui... assiste...

– Bon, je vois, interrompit Otto avec un rire épais. Même pas les bons côtés du métier. Vous, tout ce que vous risquez, c'est le torticolis. 1,75 m ! C'est pas votre pointure, mon vieux ! »

Le policier rougit et regarda la carte d'Ina sans trop savoir qu'en faire.

« Serait-il possible, demanda Jürgen avec froideur, d'avoir sur sa carte un tampon, quelque chose, pour que désormais elle ne soit plus inquiétée ?

– Mais... il faudrait d'abord... qu'elle satisfasse à...

– Ecoutez, je vous en prie, dit Otto d'un ton sec.

– Oh ! dit alors le petit homme, après tout si j'ai votre caution, Herr Hauptsturmführer, oui, c'est possible. »

Il sortit de sa poche un tampon et chercha des yeux quelque chose pour lui permettre de l'apposer.

« Ta valise, suggéra Otto.

– Ah ! oui », dit Jürgen.

Il la tint à hauteur et l'autre tamponna la carte; Ina lut :

RSHA. AMT IV. GEHEIME POLIZEI.
GROUPE A
= KONTROLLE =
FRANKFURT. 14.1.43

« Avec cela vous êtes tranquille, marmonna-t-il.

– Merci, Jürgen, dit Ina. Et merci, Otto. Permettez-moi de vous appeler ainsi...

– Mais, Katherine, c'est un plaisir. Me permettrez-vous de vous inviter à dîner lors de ma prochaine permission? Là, malheureusement, c'est trop tard. Je dois prendre un avion mardi pour Palerme. Ça ne sera pas le même climat qu'ici.

– Oh! tant que ce n'est pas... » commença Ina.

Jürgen la regarda d'un air inquiet. Le petit policier attendait.

« Bon, eh bien, vous pouvez disposer, cher ami! lui dit Otto. A l'occasion je saurai m'en souvenir, soyez-en certain. »

L'autre claqua les talons et fit un geste du bras.

« Mes respects, Herr Hauptsturmführer! Heil Hitler! »

Au moment où il partait, Jürgen demanda :

« C'est un contrôle qui dure depuis longtemps?

– Deux mois. Ça n'a rien donné, je crois. Vous savez... les Allemandes sont grandes... »

Il s'éloigna sans perdre un pouce de sa taille. Jürgen eut un petit sourire et consulta sa montre.

« Bien, dit-il, il faudrait peut-être y aller... la correspondance est dans trois minutes.

– J'ai bien cru que je ne le prendrais jamais ce train », dit Ina.

Elle regardait la porte du vestiaire.

« Vous savez que c'est un petit veinard? dit Otto à Ina en montrant Jürgen. Il va se retrouver seul avec vous dans un wagon désert. »

Comme Jürgen ne semblait pas submergé de bonheur, Otto lui fit un clin d'œil.

« Tu n'étais pas très porté là-dessus, si je m'en souviens, lui dit-il avec une bourrade.

– Ça n'a guère changé, rétorqua Jürgen de son air le plus myope. Enfin, encore merci pour tout, Otto. Je ne te dis rien de plus, fit-il en croisant ses doigts. Si ce n'est que je viendrai peut-être te rejoindre à la fin de l'année. L'uniforme m'attire.

– Il nous faut aussi des savants, tu le sais bien, dit l'officier d'un ton convaincu. Tu peux beaucoup apporter là où tu es. »

Jürgen prit une mine modeste.

« On essaie.

– Au revoir, Otto ! merci encore, dit Ina.

– Au revoir, Katherine ! »

Il lui saisit la main, et, au moment où elle pensait qu'il allait la lâcher, la garda un peu en la serrant.

« Donnez-moi votre adresse », murmura-t-il.

Elle hésita un instant. Jürgen avait déjà franchi le contrôle.

« 16, Wehrlerstrasse. J'habite chez un vieil oncle.

– Je vous téléphonerai... si je reviens... vous savez, tout à l'heure votre allusion... J'ai bien compris... moi aussi je préfère être au soleil... Ça n'a pas eu l'air de lui plaire ! Mais, vous savez, ne vous en faites pas, dit-il en se rapprochant comme s'il voulait lui parler à l'oreille. Il avait la réputation d'être très nationaliste... et un peu ours... »

Il lui fit un geste d'adieu et elle lui sourit. Il s'éloigna alors à grands pas vers la sortie. Quand il eut disparu, elle se précipita dans le train à la suite de Jürgen. Une fois dans le wagon le sol lui manqua et elle dut s'appuyer sur son bras avant de trouver un siège.

Le train partit presque tout de suite. Il n'y avait pas de compartiments mais des rangées de sièges. Jürgen hésita à isoler la valise à l'autre bout du wagon, où il y avait très peu de monde, et la plaça dans le filet d'une travée voisine où bavardaient cinq ou six vieilles dames qui avaient l'air de voyager ensemble. Il pouvait la surveiller de là où il était.

« Il faut bien l'admettre, dit-il à Ina, entre ses dents. J'ai fait une folie.

– En quoi faisant ?

– En te sortant de ta cave, tiens ! Ça m'apprendra à vouloir te faire prendre l'air. Au fond, c'était très égoïste. Je voulais ressentir de nouveau avec toi ce moment privilégié de la fin de la nuit, où le sommeil gagne mais où l'on est heureux parce que la mission est remplie... oui, avec toi, dit-il lentement. Et je m'en veux, tu ne peux pas savoir comme je m'en veux. C'était contraire à tous mes principes. On aurait pu crever d'avoir voulu se faire plaisir. De toute façon, il n'est plus question d'aller coller des tracts à Mayence, tu penses bien.

– Et pourquoi ça ? demanda-t-elle vivement.

– Mais, dès qu'il l'apprendra, il comprendra tout de suite !

– Tu es fou, il ne pensera jamais à nous ! Il ne l'apprendra d'ailleurs pas. Il sera en Sicile. Il s'en fout bien, de Mayence. »

Le wagon bougeait énormément. Les petites vieilles avaient fini de parler et s'étaient assoupies au-dessus de leurs cols empesés, deux par deux, comme des corneilles. Ina regarda Jürgen.

« Il m'a demandé mon adresse. Je ne savais pas quoi faire; j'ai donné celle de Georg en disant que j'étais sa nièce.

– Il ne reviendra pas avant un an. Et d'ici là... » Jürgen passa nerveusement la main dans ses cheveux. « Quand je pense. Ce type... officier de char dans la VIe Panzer. Je tombe sur lui. A Heidelberg il m'aimait bien. Il n'a pas dû me trouver agréable au début... le temps de le maudire, puis de m'y faire et il te sauve la vie, sans même s'en rendre compte, Ina! Remarque, sa morgue aurait pu tout foutre en l'air. Quelle folie. Quelle folie de ma part, répéta-t-il, les lèvres serrées.

– Au début tu n'as pas songé à t'en débarrasser en me présentant?

– Si, mais je savais qu'il était officier et j'ignorais comment cela allait tourner. Je préférais te garder hors du coup. »

Ina sourit.

« Ecoute, ce n'est pas la première fois que l'on sent le vent du boulet... En attendant, dit-elle en regardant sa carte d'identité, je suis dédouanée. Et ça n'a pas de prix. »

Jürgen ne répondit pas. Il semblait soucieux.

« Ça va, dit-elle, maintenant c'est passé... On n'a pas fait tout ce voyage pour se dégonfler, tout de même.

– Ce que je ne comprends pas, c'est pourquoi ils voulaient te déshabiller.

– L'important c'est que moi je le sache, dit-elle en se crispant soudainement. Nous sommes bien d'accord? »

Elle le sentit tendu et nerveux.

« Si j'étais ton amant je le saurais », se dit-il amèrement.

De rares lumières défilaient, irréelles et pâles

comme des étoiles filantes derrière le bleu des vitres. La valise tanguait au-dessus des vieilles endormies. Aucun contrôleur n'était venu. Le train ralentit, puis accéléra à nouveau.

« Enfin, me voilà étudiante en troisième année à Heidelberg, dit-elle pour le dérider. Il faudra que tu me dises en quelles matières. »

Il hocha la tête et resta silencieux pendant un moment.

« Je te propose la chose suivante, dit-il soudain d'un ton plus calme. C'est très joli ce cachet sur ta carte, mais on ne va quand même pas tenter le diable. Donc on fait l'impasse sur la ville elle-même et on se contente d'une centaine de tracts sur les murs de l'université, comme carte de visite. D'accord ?

– Et toute cette matinée de travail ? On va pas s'amuser à ramener la valise, tout de même...

– Non. On la jettera dans le Rhin.

– C'est un peu triste, dit Ina. C'était si bien parti. »

Jürgen mit son bras autour de ses épaules.

« J'avais oublié que tu mesurais 1,74 m et qu'on n'avait pas pu rogner dessus.

– Après tout, comme disait Georg, c'est toi le chef, et je ne suis qu'une femme soumise... »

D'un air las elle se pencha vers la fenêtre. Le train arrivait en gare de Mayence.

Place de la Gare on n'y voyait pas à dix mètres. Seule l'unique ampoule du buffet encore ouvert apportait une vague lueur entre deux rideaux. Tout était noir, désert, luisant de pluie. De nouveau elle se sentit oppressée jusqu'à la faiblesse.

« Tu es livide, dit Jürgen, comme ils quittaient la gare. Veux-tu manger quelque chose ?

– Non, je ne pourrais rien avaler. Je me sens fatiguée, ça doit être le contrecoup de tout à l'heure. Marcher va me faire du bien, je le sens. »

Les vieilles dames s'éparpillèrent dans la nuit sur de plaintives paroles d'adieu. Jürgen prit Ina par les épaules et la serra contre lui dans un geste d'appropriation fervent et fugitif. Elle se laissa faire. Elle savait qu'il considérait son sentiment pour elle comme une faiblesse de son tempérament et qu'il s'en défendait presque à son insu. Quant à elle, elle aimait comme une obscure vengeance cette fissure qu'elle savait ouvrir en lui, la déroute dans laquelle elle pouvait le plonger avec une simple intonation ou un jeu de physionomie différents de ce qu'il attendait, toute cette vulnérabilité à son égard qu'il acceptait mal. Pourtant, dans l'instant présent, il avait une position de force parce qu'il la protégeait contre la nuit hostile et qu'elle avait besoin de lui. Et lui, il l'avait à sa portée pour lui tout seul, et cela suffisait. Ils avaient maintenant traversé la place et se trouvaient dans l'enfilade de la Bahnhofstrasse déserte. Les rails du tramway luisaient faiblement. Jürgen regarda tout autour de lui.

« Va de l'autre côté de la rue et suis-moi à vue, dit-il. Si par hasard on se perdait, rendez-vous au train de six heures demain matin, sans se connaître bien entendu. »

Il marchait vite et elle eut du mal à le suivre. Sa silhouette longeait silencieusement les murs de la large rue, prête à laisser la valise dans une encoignure et à s'évanouir dans le dédale des ruelles qui s'ouvraient constamment sur leur gauche. Ina se sentait plus rassurée maintenant qu'elle avait le cachet de la Gestapo sur sa carte. Au fur et à mesure qu'elle marchait sa fatigue disparaissait dans le frais de la nuit et elle se sentait plus légère. Bientôt Jürgen prit à gauche, dans une petite rue semblable aux autres. Ils longèrent une église, prirent une autre rue pavée et glissante et tombèrent enfin sur des murs vénérables dont les pignons dormants avaient le charme vernissé et nostalgique d'une ville hanséatique. Jürgen s'était arrêté. Elle le rejoignit sous la porte d'une échoppe. Il ne pleuvait plus mais elle frissonna. Ils examinèrent les abords immédiats du vieux bâtiment.

« O munificence des princes électeurs... souffla-t-il d'un air méprisant.

– Pas de références historiques, je t'en supplie, dit Ina. J'ai trop froid. »

Il sortit la clef de la valise et l'ouvrit, prit une centaine de tracts, un pinceau et un pot de colle.

« Et moi ? demanda-t-elle.

– Je préfère pas, murmura-t-il avec hésitation. Puisqu'on n'en met que là et que ça ne va pas durer très longtemps, je préfère que tu te contentes de me couvrir en restant au ras des murs.

– Mais...

– Je t'en prie », dit-il, presque suppliant.

Il traversa la rue avec son matériel et se mit à l'ouvrage. D'un rapide mouvement du poignet il passa le pinceau sur la pierre et fixa le tract qui apparut, de là où se tenait Ina, comme un vague signe de reconnaissance pour initiés. Jürgen s'était déjà déplacé de quelques mètres et en avait collé un autre. Il progressa lentement laissant derrière lui un chapelet de taches pâles qui enserrèrent peu à peu d'un anneau fragile les hautes murailles obscures.

« Vraiment, c'est trop inégal », murmura-t-elle.

Après avoir plusieurs fois tourné à gauche, suivi par Ina, Jürgen retrouva le premier de ses tracts. Il ferma le pot de colle et vint la rejoindre.

« Fin du premier tour. Plus que six et les murailles s'écroulent.

– Qu'est-ce qui va se passer demain, à ton avis ? souffla-t-elle. Ils vont arriver au cours, lire, discuter ? La plupart vont les déchirer...

– Tant mieux. Un tract déchiré a encore plus de valeur ! c'est le signe à demi effacé dans le désert... on s'attache à lui, à retrouver sa signification, et elle s'ancre ainsi plus profondément dans l'esprit... »

Ina se rapprocha du mur. Elle ne pouvait lire, et pourtant des mots dansèrent devant ses yeux, comme tout à l'heure quand elle avait *relu* sa fiche de santé.

Etait-ce un signe de grande fatigue ? Certains de ces mots restaient incomplets et ils s'incrustaient sous ses paupières avec une sensation de brûlure, vibrant légèrement comme s'ils venaient d'échapper à un naufrage général ou d'interrompre une sarabande éperdue.

000 HO
PAULUS NU
IL SACRI
VOS P VOS
ATROCE

Elle revint vers Jürgen.

« Le signe dans le désert... plutôt la main du noyé, murmura-t-elle.

– Ça en remuera toujours quelques-uns, dit Jürgen. Ceux-là savent qu'on est là. Quand ça éclatera, ils nous soutiendront, tu verras. »

Il lui tendit le pinceau.

« Allez, à toi, au moins un. Pour l'odeur de la colle. »

Elle se choisit un réverbère, fit un grand geste avec le pinceau, et colla le tract.

« *Fiat lux* », dit Jürgen en reculant pour juger de l'effet.

Il vit qu'elle tenait le fût à bras-le-corps, comme pour s'empêcher de tomber.

« Tu ressembles à l'allumeur de réverbères d'Andersen », dit-il en riant.

Elle ne répondit pas.

« Un jour nous nous promènerons enlacés dans ces mêmes rues en mangeant des glaces, lui lança-t-il, avec la voix têtue d'un enfant poursuivant un rêve.

– Un jour...

– En attendant, il faut fuir les lieux du crime et en jeter l'instrument à l'eau. Tu me suis comme à l'aller, à quelques mètres. »

Jürgen semblait hésiter pour trouver la direction du fleuve et ils marchèrent un peu au hasard. Ina se sentait fatiguée, avec de nouveau ce poids sur l'estomac qu'elle avait à son arrivée, une ou deux heures plus tôt. Ce n'était pas de l'appréhension car elle n'aurait jamais pensé à ce moment-là qu'elle pouvait être en danger. Jürgen devait ressentir la même chose car il eut un mouvement de surprise quand il vit les deux phares de bicyclette, et ne réagit, lui d'habitude si rapide, que quand il était trop tard. Les deux cyclistes avaient tourné à trente mètres et il n'y avait autour d'eux que des murs aveugles, sans porte cochère pour se réfugier. Après un temps de retard, il l'entraîna dans une fuite éperdue, espérant que la nuit allait leur permettre de s'évanouir dans le lacis de la vieille ville.

« Halt! » criait-on derrière eux. Ina eut l'impression que les cris allaient réveiller toute la ville endormie.

« Halt ! Polizei ! »

Une venelle s'ouvrit sur la droite et un réverbère lointain permettait de voir que ce n'était pas un cul-de-sac. Ils s'y engouffrèrent. Les deux cyclistes s'étaient rués à leurs trousses. Ils les entendirent armer leurs pistolets tout en pédalant.

« Halt ! »

L'ordre renouvelé résonna de façon plus brutale encore sur les pavés mouillés. Une nouvelle fois ils tournèrent à droite. Multiplier les virages à angle droit était leur seule chance de pouvoir gagner du terrain. Ils se trouvèrent dans une ruelle moyenâgeuse, aussi sinueuse et mal pavée que les précédentes. Ils avaient à peine fait quelques mètres qu'ils virent un filet de lumière provenant d'une porte entrouverte. Jürgen jeta un coup d'œil derrière lui et ne vit plus les phares à leur poursuite. De l'épaule, il poussa la porte à peine visible dans le mur, et tira doucement Ina par la main. Ils se trouvèrent dans un vestibule étroit d'où partait, sous une lumière pauvre tamisée d'un rose malsain, un escalier assez raide dont les marches étaient recouvertes d'un tapis usé aux arêtes. Cela sentait le cigare froid et le parfum à bon marché. Ils entendirent soudain, venant d'en haut, une voix étrangement détimbrée. Ils levèrent la tête dans cette direction. En haut des marches, silencieux, visage fermé, les regardant monter, se tenait un personnage en frac. Vu de bas en haut, il semblait très grand et Ina remarqua son nez busqué aux longues narines étroites et aussi ses souliers vernis longs et pointus. Quand ils furent à deux ou trois marches de lui il les toisa :

« Mais vous arrivez par la sortie de secours ! dit-il. L'entrée est de l'autre côté.

– Nous sommes fatigués, expliqua Jürgen. Il est tard. Je ne veux pas faire le détour. Verriez-vous un inconvénient à ce que... »

Il poussa Ina en avant. Encore haletante, elle gratifia le factotum d'un sourire enjôleur.

« Oh! bien, puisque vous êtes arrivés..., dit ce dernier. Passez donc par là. »

Il leur montra un couloir dans lequel ils s'engagèrent. Ils entendirent de maigres applaudissements derrière la cloison.

« Tu as un peu d'argent? souffla Ina.

– Oui... » dit-il en fouillant dans sa poche.

Le corridor aboutissait à une petite pièce, à partir de laquelle on descendait quelques marches et pénétrait dans la salle. Elle était enfumée et Jürgen vit tout de suite qu'elle était bourrée d'officiers, la plupart avec leurs épouses, échangeant de table à table des plaisanteries ponctuées de gros rires. Il essaya de voir s'il n'y avait pas son ami de la veille. Ina le devina et lui souffla :

« Tu n'auras qu'à lui dire que ça été le coup de foudre et que tu as pris goût aux femmes. »

Il s'aperçut qu'il avait toujours la valise à la main et décida de la cacher en haut des marches, dans un coin sombre, sous une console surchargée de dorures. Un maître d'hôtel ventru et débonnaire se dirigeait vers eux. A sa suite, ils s'installèrent dans une petite loge au fond de la salle. Dans une niche contiguë, Ina aperçut de profil un officier qui buvait tristement une bouteille de vin blanc avec une blonde platinée.

« Il me rappelle Starkel, murmura-t-elle. C'est gai pour une nuit de fête.

– Tant que ce n'est pas lui », dit Jürgen, d'un ton détaché.

Le maître d'hôtel se pencha pour la commande.

« Deux verres de vin blanc. Je ne peux guère

t'offrir plus. Ah! si, dit-il en comptant sa monnaie. Une assiette de charcuterie pour deux.

– Je n'ai pas faim, Jürgen. La saucisse de Georg n'est pas passée. Comme vin je voudrais du moselle.

– Bien, alors deux verres seulement. Du vin de Moselle.

– Bien, monsieur! »

Le gros homme s'éloigna. Sur la scène, une chanteuse habillée de noir chantait une triste mélopée. Elle fut applaudie mollement et sortit avec une mine d'oiseau effarouché.

« Tu crois qu'ils ont repéré qu'on est entrés ici? demanda Ina avec inquiétude.

– Je ne pense pas, dit Jürgen. De toute façon, ils ne pourraient pas nous reconnaître. »

Il remarqua combien elle était pâle et lui pressa la main. Le haut-parleur fit alors entendre les premières mesures de *la Chevauchée des Walkyries* et le présentateur s'avança.

« Et maintenant, mesdames, messieurs, dit-il d'un ton solennel, voici Dagar le Noir, le plus grand magicien du Reich. »

C'était l'homme en habit qu'ils avaient vu tout à l'heure. Il avait en plus revêtu un gibus et une cape. Devant lui un jeune commis déposa une petite table sur laquelle il y avait une valise.

« Tiens, on dirait la nôtre », dit Ina.

Jürgen haussa les épaules.

« Elles sont toutes pareilles, tu sais bien. »

Le prestidigitateur commença par quelques tours d'anneaux et de foulards noués. Puis il recula derrière la petite table et ouvrit la valise. Il en sortit un lapin blanc qu'il tenait par les oreilles. L'animal gigota jusque sous les monocles du premier rang et faillit lui échapper. Il le remit derechef dans la valise et, avec l'aide du jeune garçon, la ferma soigneusement. Il s'adressa alors à la salle.

« Quelqu'un me ferait-il le plaisir de monter », dit-il en faisant une courbette.

« Il n'a pas la même voix que tout à l'heure », pensa Ina. Un officier se leva.

« Je vous en prie, Herr Obersturmführer, dit-il en l'aidant à grimper sur scène. La Waffen SS fait des miracles tous les jours, mais connaît-elle celui-là ? »

L'officier eut un geste condescendant à l'égard de l'artiste, et un salut espiègle à l'égard de ses collègues répartis dans la salle. Quelques applaudissements lui répondirent. Il s'approcha de la valise.

« Vous pensez au délicieux civet que pourrait vous mijoter Madame, n'est-ce pas, Herr Obersturmführer? commença Dagar. Eh bien... donnez-vous la peine d'ouvrir. »

L'officier fit jouer les serrures, ouvrit la valise, et en sortit un tract.

« Bon Dieu! dit Jürgen en s'enfonçant dans la niche. Bon Dieu.

– Tu avais refermé à clef? demanda Ina.

– Je ne sais plus », dit-il très pâle.

Le prestidigitateur avait pris sous les projecteurs un teint de cendre. Il regarda la valise d'un air effaré. L'officier lut et fronça le sourcil, puis secoua la tête, abasourdi, avant de relire. On sentait qu'il s'accrochait à chaque ligne avec incrédulité. L'homme en frac s'approcha lentement et lut à son tour par-dessus ses épaules. Ina fut frappée de son profil d'aigle et de sa prestance soudaine. C'était comme s'il avait soudain grandi. La salle ne s'était aperçue de rien et attendait.

« Vous êtes actuellement sous hypnose, dit Dagar d'une voix de basse. C'est votre subconscient qui va donc vous dicter le texte que vous allez nous lire. »

L'officier transpirait à grosses gouttes. Il se tourna vers la salle, très rouge.

« Eh bien, messieurs, dit-il, vous allez être juges. Voici pour votre gouverne le texte que mon subconscient me dicte, puisque tels sont... »

Dagar le regardait fixement. La voix de l'officier devint alors pâteuse, et il sembla à Ina qu'il vacillait.

« 300000 hommes sont actuellement bloqués dans Stalingrad par la faute du Führer, commença-t-il. Paulus l'avait prévenu qu'il ne pourrait pas tenir et qu'il sacrifiait ainsi la VIe Armée. On ne dit pas la vérité au peuple... »

Du fond euphorique et lénifiant de beuverie surgit une onde de stupéfaction, suivie tout de suite après d'une explosion de fureur. A demi endormi, leur voisin eut un sursaut et renversa son long verre de cristal sur la robe de la blonde. Des silhouettes se levèrent dans la pénombre. Ina vit que Jürgen surveillait la sortie. Un homme de haute taille bondit sur la scène.

« Je vous arrête », dit-il à l'Obersturmführer.

L'officier parut sortir de sa torpeur, essayant de réfléchir et de se souvenir. Il secoua plusieurs fois la tête, puis se raidit.

« Vous vous méprenez, monsieur, dit-il d'un ton sec en lui tendant le tract. Lisez vous-même. Et il y en a des centaines, d'après ce que j'ai vu. »

L'autre inspecta des yeux le papier qu'on lui tendait, puis le montra à l'officier qui blêmit.

Le papier était vierge. Il l'agita alors devant la salle grondante, puis s'approcha de la valise et l'ouvrit. Le lapin s'en échappa et, d'un bond, quitta la scène. Dagar le Noir, un peu en retrait, le suivit des yeux avec un air indéchiffrable. Ina le reconnut à peine. Il avait changé de physionomie et rajeuni, et pourtant il semblait exsangue – atteint par un mal secret et indicible. Il lui rappela quelqu'un. Il lui rappela...

« Le lapin ! cria Ina. Le lapin... il vient vers nous.

– Quel lapin ? demanda Jürgen. Comme tu t'agites... »

Il lui posa la main sur l'épaule et rajusta sa cape qui était tombée. Elle grelottait. Elle secoua la tête et regarda autour d'elle. Ils étaient serrés l'un contre l'autre dans le coin de mur d'une petite cour. Jürgen avait le bras autour de son cou. En face elle distingua une porte ogivale, entourée de colonnettes. On entendit quelque part sonner la demie d'une heure.

« Kurt, dit-elle d'une petite voix. C'était Kurt... Je t'assure... »

Elle eut envie de retenir par sa cape Dagar le Noir qui s'en allait, hiératique, vers son destin.

« Calme-toi, dit-il. Mais calme-toi. Que se passe-t-il ?

– Comment a-t-on échappé ? articula-t-elle avec peine.

– Echappé ?

– Mais... à la patrouille ? »

Il lui caressa les cheveux, puis l'embrassa. Sa joue était glacée.

« Réveille-toi. Réveille-toi tranquillement. On a tout le temps. Il reste plus de trois heures avant le train. Il n'y a pas eu de patrouille, grâce au Ciel. Et pas davantage de lapin. Il n'y a jamais eu ici que toi et moi. »

Elle secoua la tête d'un air incrédule.

« Mais alors qu'est-ce qui s'est... qu'est-ce qui s'est passé ?...

– Il y a que tu m'as fait un petit malaise, reprit Jürgen avec douceur. Juste après que tu as collé ton tract. Tu es soudain devenue plus blanche et plus fluide que la colle et tu as glissé le long du réverbère, lentement, comme dans un jeu de petite fille... A partir de ce moment-là je ne sais pas ce que ton esprit fécond a été inventer.

– Ah ! c'est ça »... murmura-t-elle.

Il la sentit trembler et la serra plus fort.

« Quand tu as glissé en bas, avec le tract collé au-dessus de toi, tu m'as fait penser à l'une de ces jeunes sorcières du Moyen Age que l'on attachait au pilori avec un écriteau au-dessus d'elles pour expliquer leur forfait... Alors je t'ai portée jusqu'ici... Tu ne t'es pas réveillée. La seule chose que je pouvais faire, c'était d'attendre. On vient de passer trois heures comme cela. Personne au monde ne pouvait nous trouver. »

Jürgen se pencha sur elle et elle sentit sa main froide sur son visage.

« Et tu sais ce que je me suis dit pendant ces trois heures ? Que personne ne pourra désormais me séparer de toi. Personne. »

Elle revenait tout à fait à elle et s'étira lentement.

« Tu n'as pas froid ? demanda Jürgen.

– Non.

– Tu ne peux pas savoir comme j'étais bien, seul avec toi en train de dormir. Je pensais que tu n'allais pas te réveiller avant l'aube. Jamais je ne me suis senti si proche de toi. »

Il fit quelques pas silencieux dans la cour. Puis il revint et s'agenouilla devant elle. Elle le voyait à peine mais remarqua que sa voix avait un timbre qu'elle ne lui avait jamais entendu.

« Au fond, dit-il en hésitant, c'était peut-être cela que je cherchais en venant ici... les minutes que je viens de vivre.

– Tu étais si proche de moi en effet, dit-elle en souriant, que tu m'as bien tenu chaud. Et tu sais ce que je faisais pendant ce temps-là ? Je rêvais à Kurt ! Enfin, quelqu'un qui est devenu Kurt tout à la fin, une espèce de fantôme de Kurt... un magicien qui...

– Je ne sais pas si Kurt était un magicien, murmura Jürgen. Mais je me demande si on saura un jour ce qui s'est passé. »

Il se tourna vers elle.

« Tu n'étais pas amoureuse de lui, tout de même ? »

Elle tressaillit.

« Mais non », dit-elle très vite.

Jürgen se leva à nouveau.

« Le fleuve est à deux cents mètres. Maintenant que tu es réveillée je vais aller jeter le matériel. Tu vas m'attendre ici sans bouger.

– Je vais avec toi, dit-elle. Ça me dégourdira. Et puis je ne peux pas rester seule. Je ne peux pas. »

Il lui tendit les mains et elle se leva péniblement. Toujours ce poids sur l'estomac. Ils passèrent sous le petit porche et sortirent sur la place.

« Toute cette expédition pour quelques tracts, dit-elle. Ce n'est pas ce qu'on a fait de plus glorieux.

– Ce n'était peut-être qu'un prétexte, dit Jürgen. Cela arrive quelquefois.

– Pas à toi, rétorqua-t-elle vivement. Ou alors, tu aurais bien changé. »

Ils firent quelques pas en silence.

« Oh ! » gémit-elle.

Il se retourna. Elle était courbée en deux contre un mur et Jürgen vit qu'elle vomissait. Quand elle se redressa ce fut pour tousser. Il alla l'attendre à quelques mètres, et elle le rejoignit en chancelant.

« Je me demande ce qu'il peut bien mettre dans ses charcuteries, ce pauvre Georg, dit-il. Du chat, probablement. Je dis cela parce que je sais qu'il les déteste. »

Ils descendirent lentement la Nassengasse.

« En attendant je me sens mieux, dit Ina. Plus légère. Mais pas encore très solide sur mes jambes. C'est terrible, tu sais, j'ai l'impression que toute ma résistance est restée là-bas, au fond des carrières, et que je ne la retrouverai jamais.

– Arrêtons-nous une minute », proposa Jürgen.

Ils étaient arrivés à l'angle de la Liechhof. Au-dessus d'eux l'énorme tour-lanterne semblait tronquée par le brouillard, comme si son austère et tranquille élan avait été arrêté en pleine course par quelque cataclysme.

« Influence lombarde, dit Jürgen en levant le nez.

– Tu te sens l'âme d'un conspirateur sous les Sforza ?

– Je suis contre tout pouvoir en place », dit-il avec emphase.

Ils firent quelques pas en silence.

« Comment te sens-tu ? Tu as moins froid ?

– Dans quelques instants ça va aller. Je te promets que je me sens mieux. »

Il regarda l'énorme masse de la basilique devant lui.

« J'ai une idée, dit-il. Quelques instants, c'est

juste le temps qu'il me faut pour en coller quelques-uns sur cette foutue baraque.

— C'est ça, ton idée ? »

Jürgen avait les yeux fixés sur la tour.

« Ils sont à genoux devant le moustachu comme devant Dieu le Père, dit-il avec une hargne soudaine. Quelques tracts sur ces beaux murs roses pas tellement salis par le sang des martyrs, cela aura au moins une signification précise. »

Il sortit la colle et le pinceau et se leva. Ina le retint par la manche.

« Tu ne peux absolument pas dire une chose pareille, Jürgen, dit-elle d'une voix douce. On voit que tu n'as pas connu les Fêtes-Dieu de mon enfance. La procession et la messe étaient pleines de S.P.D. et de communistes. Ils n'avaient pourtant aucune sympathie particulière pour l'Eglise... Alors pourquoi penses-tu qu'ils étaient là ?

— Si ça te chante de croire ça, bougonna Jürgen.

— Non. Tout le monde sait que c'était le seul lieu où ils pouvaient donner libre cours à leur hostilité aux nazis. Ce n'était pas rien. Et une grande partie du clergé était derrière eux.

— Tu ne parles pas de tous ceux qui...

— Et Ravensbrück ? Tu en as entendu parler comme moi, n'est-ce pas, de ce qui s'y est passé en décembre ? Ça a fini par transpirer... Les quatre-vingts chrétiennes, tu sais, les Sectatrices de la Bible qui ont refusé de travailler pour la guerre. Tu te rappelles comment ça a fini : toutes flagellées, et plus de trente sont mortes. »

Elle se tourna vers lui, le visage douloureux.

« Eh bien, Jürgen, moi je n'aurais pas eu ce courage ! Je t'assure, je ne l'aurais pas eu.

– Je ne voulais pas te blesser », dit-il précipitamment. Après un silence, il ajouta : « Bon, je ne collerai pas ces tracts. »

Trois coups sonnèrent à la cathédrale, paraissant saluer la décision de Jürgen, et, tout de suite après, repris comme un écho assourdi, trois autres coups plus grêles à une petite horloge toute proche. Ina leva les yeux. Cela semblait provenir immédiatement au-dessus d'eux. Elle devina dans l'ombre une sorte de niche qu'un petit personnage à coiffe venait de réintégrer après avoir fait un geste mécanique du bras. Elle se dressa sur la pointe des pieds et examina la figurine, à deux mètres au-dessus d'elle. Elle pouvait distinguer les plis raidis de la robe, bombée au-dessus du ventre comme pour une vierge de la Renaissance.

« Moi aussi j'ai une idée, dit-elle à Jürgen. Fais-moi la courte échelle.

– Qu'est-ce que tu vas encore inventer », demanda-t-il.

Il se leva à son tour, regarda autour de lui, et l'aida à se hisser à la hauteur de l'horloge. De près, dans sa niche, la figurine était plus grande qu'elle ne semblait vue d'en bas. Elle pouvait mesurer 1,50 m. Ina, du bout des doigts, en frôla le visage granuleux comme celui d'une momie et caressa le petit nez finement sculpté.

« Hisse-moi encore un peu, souffla-t-elle. Juste au-dessus il y a un ressaut et je peux me tenir à la barre qui ceinture l'horloge. »

La voix d'Ina semblait provenir de la figurine elle-même. Jürgen s'arc-bouta contre le mur et la soutint du mieux qu'il put.

« Je ne te savais pas ces dons d'acrobate, plaisanta-t-il.

– Quand j'étais petite, à Umt, j'étais la seule à

grimper sur le jaquemart du clocher. Ah! ça y est. »

Arrivée à la hauteur de la figurine, elle en saisit délicatement le bras et vit que son geste mécanique consistait à prendre quelque chose dans un panier vide et à heure fixe de le jeter à la foule. Pour les fêtes, on devait y déposer des fleurs. Ina imagina de là où elle était les gens rassemblés à l'heure dite, attentifs et attendris. Elle se baissa en se tenant fermement à la barre de fer.

« Passe-moi une dizaine de tracts. Juste pour voir. »

Il les lui tendit. Ina les disposa dans le panier et fit agir le bras de la statue. Le petit paquet fut projeté à l'extérieur et se répandit dans la rue comme une coulée de neige. Jürgen les ramassa un à un. La figurine, dans la nuit, semblait avoir un sourire de connivence avec lui.

« Ma petite vierge bolchevique », murmura Ina.

Elle vit le visage de Jürgen levé vers elle.

« Il y a la place pour combien? » demanda-t-il.

De la main, elle jaugea la profondeur du panier.

« Je ne sais pas. Deux ou trois cents.

– Deux ou trois cents!

– C'était des roses qu'elle devait distribuer, figure-toi. Ça tient de la place! »

Jürgen se hissa de nouveau sur la pointe des pieds et lui passa les tracts. Elle en fit une pile bien régulière qui dépassa bientôt le niveau supérieur du panier.

« Aide-moi à descendre », souffla-t-elle.

Il s'arc-bouta de nouveau, guida sur son épaule le pied d'Ina, puis lui saisit les jambes et la conduisit doucement jusqu'à terre.

« Ecoute-moi, dit-elle d'une voix joyeuse. Quatre heures, cinq heures, personne sur la place, mais par séries de dix à chaque coup de cloche les tracts tombent par terre autour de la Vierge. Six heures, il y a déjà du monde. Sept heures, huit heures, la foule. Tout le monde discute. Neuf heures. La police est sur place et le stock est épuisé. Plus de distribution. Mais on en causera dans les chaumières, je te le promets. Il y en aura, tu verras, qui parleront de miracle...

– Le miracle, c'est que tu sembles revivre, dit Jürgen.

– Et que ma nuit est sauvée!

– La mienne l'est depuis longtemps », dit-il sobrement.

Elle mit ses bras autour de son cou. Il regarda son visage, puis la niche obscure. Le paquet des tracts dépassait à peine. Cela faisait une ligne à peine plus blanche au-dessus du panier.

« Tu veux qu'on attende trois heures et demie pour voir si ça fonctionne? »

Ils s'assirent dans le coin de la place. Devant eux, la Liechhof semblait un espace serein et infini. Jürgen caressa les oreilles, les joues et les lèvres d'Ina, puis il embrassa tout son visage. Elle se laissa faire.

« C'est une belle nuit, dit-il. En fait, c'est peut-être la plus belle nuit de ma vie. »

La demie de trois heures sonna à la cathédrale. Ils fixèrent aussitôt la petite horloge. La Vierge se mit en mouvement, son bras se retira en arrière avec une coquetterie minutieuse et saccadée, puis revint en avant et, dans un large mouvement de distribution généreuse, projeta une dizaine de tracts à l'extérieur du panier tandis que l'on entendait le coup grêle de l'horloge. Jürgen et Ina regardèrent les tracts voleter avec grâce dans l'obscurité, puis ils se levèrent. On ne pouvait pas bien voir l'effet que cela faisait au sol. Jürgen saisit d'une main la valise allégée et de l'autre prit Ina par la taille. Ils s'en allèrent lentement vers le fleuve, par les petites rues.

9

La petite ville lui apparut avec le soir, dans un dernier rayon de soleil. Il la regarda longtemps sans se décider à s'en approcher. Dans la cascade des toits bruns dévalant sur le fleuve il distinguait chaque détail, jusqu'aux taches vives des volets et aux formes contournées des enseignes des auberges. Au-delà du Rhin calme et figé comme un fjord, le plateau suisse, strié de lignes de peupliers grêles et déjà noyé de pénombre, semblait isolé dans un autre monde.

« Waldshut, murmura-t-il. Tout le monde descend. »

D'un chemin en contrebas, non loin de lui, déboucha un cheval tirant une sarcleuse. Un homme suivait l'attelage, sans même chercher à le guider. Le bruit des sabots sur la pierraille monta vers lui comme un écho de la vie qui l'attendait. Il regarda la silhouette qui se découpait dans le couchant. « Moi. Moi dans quelques jours, sans doute derrière un cheval semblable. Il va bien falloir vivre, là-bas, trouver une ferme qui m'emploie. Là-bas. » Sa main se crispa sur sa canne. Il ne parvenait pas à détacher son regard du fleuve, ni à se faire à l'idée qu'il allait devoir le traverser. « Il y a des tas d'idées, comme celle-là, auxquelles il va bien falloir que tu te fasses, pensa-t-il. Et d'abord, celle de t'accoutumer à vivre sans elle. »

Sans elle. Le Rhin, blanc dans le soir qui tombe. Ça sera peut-être plus facile quand j'aurai traversé. Dire que j'ai tant voulu le faire et que maintenant... Forcé à cela comme à un acte de désespoir. J'essaie de m'y habituer, pourtant, depuis deux jours que je marche. Vivre sans elle. Répète ces mots, répète-les avec précaution. Il y a des moments où je les accepte, où je me dis même que ce sera mieux. Ça dure trois, quatre kilomètres. Et puis je reprends conscience de cette absence terrible à côté de moi, comme après notre tentative de traversée quand je ne savais pas si elle était encore vivante. Dix fois je me suis arrêté en pensant, ce n'est pas possible, ce n'est pas elle qui a choisi cela, elle été manipulée... On l'a prise... enlevée... enlevée *à moi*. L'horrible sensation d'être rejeté. Alors, pourquoi franchir le Rhin, et créer l'irrémédiable. Tu ne pourras plus rien faire quand tu seras là-bas. Tu ne pourras plus retrouver ton bien. La trappe se sera refermée à jamais sur elle. Ici tu n'es qu'un vagabond sans papiers, sans espoir, recherché par toutes les polices, mais au moins tu peux fouler le même sol qu'elle et tu as une arme. Ou alors... Demander les papiers à Hönig et filer avec, avant qu'il m'ait fait traverser ? Et puis non. Où aller, d'abord ? S'il a dit vrai et qu'elle n'est pas à Munich ? Et même si elle y est, elle refusera de me revoir. Il n'y a aucune raison qu'elle ait changé depuis deux jours. Et moi je ne supporterais pas de la retrouver comme à Salm-Salm.

La Suisse. Devant moi. Il eut la vision fugitive de filles blondes à gros seins, étendues dans de fraîches prairies tranquilles. Vous serez bientôt rejointes, petites, sur les hauteurs d'Appenzell ou de Glaris, par un homme sans passé. Vous vous poserez sur ma vie comme des abeilles, vos cuisses jeunes et dures marbrées par la paille des meules. Il y aura entre nous de féconds échanges de sucs et de miels.

Il sortit de sa cachette et fit un pas vers la ville. Allez. Je traverse. Je vais naviguer vers le pays de l'Absence de Toi. Ma trajectoire y est prête, il y a là-bas des maisons amies dont j'ai le mot de passe. Je vais suivre cette trace en pointillé qui m'attend. Je vais le créer, l'irréparable. Je vais quitter le territoire où j'étais venu te chercher. Je ne sais plus si je souffre, je suis comme anesthésié. Je ne sais même plus si je t'en veux. Après tout c'est moi qui ai voulu cela. Il ne fallait pas que je parte, hier matin. Je n'étais pas Lancelot et Kurt n'était pas Perceval, que je sache.

O Frères en qui j'ai cru dans la solitude des forêts. Vous me l'avez arrachée.

Mon amour vous a semblé une chose extravagante et folle. Un germe de toutes les discordes.

Je vais donc traverser et me mettre Hors Jeu puisque c'est vers vous qu'elle est allée, et que c'est votre sol qu'elle veut délivrer, dans son inconscience. Derrière moi je laisserai cette terre, où j'ai tant marché, s'enfoncer sous ses pas — même si c'est l'asphalte des rues — jusqu'à l'engloutir dans l'abîme tragique d'un oubli déraisonnable. Mais qui a voulu cela. Qui.

« Ça va pas, gars ? » demanda l'homme que coiffait un petit feutre vert.

Serge était assis sur une borne et, le dos voûté, les coudes sur ses genoux écartés, regardait à ses pieds. Il n'avait pas bougé depuis de longues minutes. Il sursauta et dévisagea un instant celui qui l'interrogeait avant de trouver quelque chose à dire.

« Poststrasse », finit-il par demander d'une voix éteinte.

L'autre fit un geste étonné en lui montrant l'enfilade de la petite rue.

« Mais... vous y êtes », dit-il.

Il s'éloigna avec un haussement d'épaules. Serge se leva lourdement et fit quelques pas en regardant les numéros des maisons. Les façades ouvragées étaient pourvues de pignons à auvents qui montraient de pimpantes inscriptions de bienvenue en lettres gothiques. Il n'y avait pas d'inscription au numéro 8, mais il y entendit le bruit d'une scie mécanique. Il attendit, derrière la porte, que s'interrompît le bruit et il entra. C'était un atelier de menuiserie. Il n'y avait aucun client, sinon un grand homme massif qui se penchait sur le plateau de la scie circulaire et que Serge vit de dos. Il se redressa, se tourna lentement et vint vers lui en claudiquant légèrement.

« Je voudrais parler à Egon Hönig, demanda Serge.

— C'est moi. »

Il fit quelques pas entre deux établis. Une bonne odeur de bois parfumé régnait partout, et une poussière de sciure semblait suspendue dans la lumière rasante et dorée des derniers rayons.

« Bonjour, dit-il en s'inclinant légèrement. Vous m'attendiez peut-être. Je viens du Schleswig-Holstein », dit-il avec naturel.

L'autre lui jeta un regard vif.

« Ah ! »

Il ne dit rien de plus, mais se tourna vers la

porte d'entrée et la ferma d'un coup de clef. Puis, le dos à la fenêtre, il l'observa posément.

« Vous avez été prévenu ? demanda Serge.

– De votre arrivée ? Oui, par Munich, la semaine dernière. Mais on m'avait dit que vous seriez sans doute deux... »

Serge fronça le sourcil, les mains crispées sur l'établi.

« Deux..., dit-il vivement. On... on vous avait dit ça ? Eh bien, il y a eu du changement. »

Hönig soupira et fit le geste de chasser quelque chose de la surface du bois.

« Rien de grave ? demanda-t-il.

– Non... non. Enfin ça dépend de quel point de vue on se place. »

Le menuisier retira sa blouse grise et la suspendit à une patère. Il avait l'air contrarié.

« Je n'aime pas les changements de dernière minute, dit-il.

– Qu'est-ce que ça fait, puisque le passage a lieu », dit Serge.

L'autre fit la moue.

« C'est pas si facile que ça en a l'air. Qu'est-ce que vous croyez ? Le fleuve a ses manies, vous savez ! Faut connaître. Alors il faut un minimum d'organisation. Ainsi, pour deux passagers, il faut deux rameurs.

– Oui, dit Serge. Et vous êtes seul. Donc ça tombe bien.

– Et je ne parle pas des rondes en vedette, bougonna l'autre sans l'écouter.

– Et des chiens, dit Serge.

– Et des chiens. Mais eux, on arrive à savoir quand ils sortent. »

Derrière Serge la rue était maintenant plongée dans la pénombre. Sans se soucier de lui le menuisier avait commencé à graisser méticuleusement la lame de la scie. De temps à autre un cheval passait, traînant une carriole bruyante. La petite ville se pelotonnait pour la nuit. Serge se sentait à la frontière indécise de deux mondes, comme assis entre deux chaises. Il se décida à presser les événements.

« Je vais vous demander de me donner dès maintenant mes papiers, dit-il. Il faut que je puisse voir s'ils ont travaillé convenablement. »

L'autre ne répondit pas et vérifia du bout du doigt le fil de la lame. Après un moment de silence, il se tourna vers lui.

« A l'arrivée seulement », dit-il.

Serge crut qu'il avait mal entendu. Il réitéra sa demande.

« Il faut que je puisse vérifier la qualité des faux avant de partir, au cas où il faudrait que je revienne, dit-il doucement.

– A l'arrivée seulement, répéta Hönig plus fermement. J'ai des instructions. »

Il tomba des nues.

« Comment ça, à l'arrivée ? A l'arrivée où ? A l'embarcadère ?

– A l'arrivée en face, tiens ! »

Il se sentit pétrifié. Hönig s'était maintenant détourné de lui et rangeait ses outils à la verticale, le long d'une rainure.

« Je vois que la confiance règne », murmura Serge.

L'autre hocha la tête d'un air peiné.

« Je ne vous le fais pas dire...

– Mais enfin je ne comprends pas, répliqua-t-il en s'énervant soudain. J'ai travaillé avec Jürgen. Je viens ici avec son appui. »

Le menuisier haussa les épaules imperceptiblement.

« Evidemment. Sans cela je ne vous passerais

pas de l'autre côté. Mais moi j'ai des instructions, répéta-t-il obstinément. Je ne peux pas me permettre de ne pas en tenir compte. »

Il avait fini de ranger ses outils et passait une main distraite sur la rangée de manches polis.

« Quand voulez-vous partir ? » demanda-t-il.

Serge marchait nerveusement de long en large dans l'atelier.

« Ce n'est pas possible, dit-il en frappant du poing sur la table. Je déteste qu'on me force la main. Je suis quand même libre de décider si je passe ou non.

– Vous l'êtes ! répondit Hönig sans perdre un pouce de son calme.

– Pas dans la mesure où je n'ai pas mes papiers. Jürgen ne m'avait absolument pas présenté les choses comme cela. Il ne m'avait jamais dit : C'est la Suisse ou bien le vagabondage.

– Cela c'est sûr, il vous oblige en fait à gagner la Suisse. Ceci dit, il y a sûrement des choses que j'ignore mais c'est bien la première fois que j'ai un gars qui arrive ici sans savoir s'il doit passer ou non. Si pourtant vous voulez partir, dit-il en montrant la rue, je vous le redis, vous êtes libre. Vous devez avoir suffisamment d'ennuis comme ça sans que j'en rajoute. Mais je vous préviens tout de suite que vous n'irez pas loin.

– C'est une menace ?

– Il y a des contrôles partout. Vous venez d'où, juste maintenant ?

– De là-haut, dit Serge en balayant d'un geste large la direction du Nord.

– Vous avez eu de la chance de ne pas être inquiété en venant ici. Si vous voulez mon avis... le plus tôt sera le mieux. »

Serge s'assit sur un tabouret. Il se sentait tellement dupé qu'il ne cherchait même plus à réagir.

L'amertume le disputait en lui à l'écœurement. Et pourtant, une petite lueur d'espoir lui vint, de l'absurdité même de la situation. Ina ne pouvait pas avoir été mêlée à cela. Elle ne supportait pas les manigances.

« Eh bien, allons-y pour cette nuit », murmura-t-il.

Il lui sembla que l'autre laissait échapper un soupir de soulagement.

« On pourrait partir vers onze heures, dit-il. C'est la nouvelle lune, il fera nuit noire. Et puis il faut le temps que mon frère arrive. Vous allez dîner avec moi en attendant.»

Serge releva vivement la tête.

« Votre frère? dit-il d'une voix contrariée. Parce que vous serez deux? »

L'autre le regarda.

« J'avais prévu que c'était vous qui seriez deux. Mais de toute façon je préfère. Il y aura du courant, cette nuit.

— Je vous aiderai. Je sais ramer. »

Le menuisier eut une sorte de grimace.

« Vous n'êtes pas habitué, dit-il. Il faut se connaître l'un l'autre. La force de l'autre, sa cadence, son endurance. »

Serge hocha la tête. Une question continuait à flotter dans son esprit.

« Vous estimez qu'un débutant ne peut pas traverser seul à la rame? demanda-t-il. Je veux dire qu'à votre avis c'est vraiment impossible?

— Tout est toujours possible, vous savez, dit le menuisier avec un geste vague. Ça dépend des circonstances...

— Supposez un type qui veut emmener quelque chose de lourd et qui a les chiens à ses trousses... un jour où l'eau est calme...

— Lourd de combien?

– Je ne sais pas moi... dans les cinquante kilos... »

L'autre lui lança un regard vif.

« Vous savez, quand vous avez un bateau et un type dessus décidé à se... se défoncer, mais vraiment se défoncer, cinquante kilos de plus ou de moins.. ou bien ils s'en sortent tous les deux, ou bien c'est qu'il y a des trous dans la coque, vous voyez ce que je veux dire ?

– Oui, je vois », murmura Serge.

Ils furent servis par une fille du pays qui regardait Serge avec curiosité. Elle en fut pour ses frais car il ne dit pas un mot pendant tout le repas. « Vous m'excuserez, avait-il prévenu Hönig dès le début, je suis fatigué. » Le menuisier avait hoché la tête d'un air entendu et, depuis, en face de lui, il l'observait de temps à autre d'un regard pénétrant en lui versant du vin blanc dans un pichet de grès. A un moment, Serge le vit lever son verre et crut avec inquiétude qu'il allait boire à la réussite de leur entreprise. Il se contenta de le mirer à la lumière du lustre et, d'un geste agile du petit doigt, d'en retirer soigneusement une impureté. Ce fut au tour de Serge de l'observer. Ainsi, non seulement on ne lui donnait pas le choix, mais on faisait de cet homme son ennemi. Une bouffée de fureur l'envahit et qu'il réprima difficilement en serrant son poing sous la table. Puis il entendit une clef tourner dans la porte d'entrée. C'était le frère. Sans doute avait-il été prévenu par la jeune fille puisque l'autre ne l'avait quasiment pas quitté. Il fit irruption dans la salle à manger avec un petit signe de tête. Il était plus âgé, plus nerveux, et semblait moins puissant qu'Hönig, avec une bizarre calotte de cheveux hirsutes en haut du crâne. Serge remarqua qu'il avait une petite sacoche de cuir autour de la taille. Son frère se leva et l'attira à l'écart. Leur conversation dura quelques secondes. Enfin l'aîné se retourna vers Serge.

« Le plus tôt ce sera fait, le mieux ce sera », dit-il en le regardant.

La bouche encore pleine de compote de pommes, Serge se leva en s'essuyant les lèvres avec le dos de la main. Au moment où ils sortirent, il remarqua que les deux frères ne fermaient pas la maison à clef. La jeune fille devait y être encore, mais elle n'était pas venue leur dire au revoir. Il n'y avait aucune raison, d'ailleurs. Tout cela semblait de la routine. « Il ne doit pourtant pas y avoir un passage toutes les nuits », se dit-il.

« Où as-tu laissé le bateau, murmura Egon.

— En contrebas de la route de Koblenz. »

Il faisait froid et très noir. Ils descendirent silencieusement les petites rues en file indienne; les deux frères encadraient Serge, le plus jeune ouvrant la marche.

« Vous traînez la jambe, on dirait », entendit-il murmurer dans son dos.

Serge se retourna. Les cheveux noirs de l'aîné ayant disparu dans l'obscurité, il ne distingua qu'un visage oblong et lunaire.

« Je ne vois pas comment vous pouvez vous en rendre compte dans la nuit noire, souffla-t-il.

— Ça se sent dans un attelage, quand les deux chevaux boitent », répondit l'autre avec un rire étouffé.

Bientôt ils tournèrent sur leur gauche. Serge sentit la présence du fleuve à l'air soudain plus frais et plus venteux et à l'odeur fade de vase qui venait du contrebas de la route. Au loin, très loin, on voyait trembloter quelques lumières sur la rive suisse. Ils marchèrent quelques minutes. De temps à autre un bruit de clapot rompait le silence total de la nuit. A un moment donné, Egon Hönig s'arrêta net et ouvrit sur la droite une petite porte à claire-voie prolongée de part et d'autre par une grille. Serge entrevit la première marche d'un escalier qui descendait vers l'eau. Egon s'était déjà engagé et il l'entendit descendre avec précaution. Il s'adossa alors à la grille.

« Allons-y, dépêchons, dit l'aîné en lui faisant signe de passer.

– Donnez-moi votre sacoche », dit Serge très bas mais d'un ton pressant.

Surpris, le vieux se retourna.

« J'ai un revolver dans la main, prévint le jeune homme, d'une voix calme. Donnez-moi vite la sacoche et tout se passera bien.

– Egon, dit l'aîné, à voix haute, en faisant un pas de côté. Il est armé. Il veut les papiers.

– Et je vais tirer ! » hurla Serge.

L'aîné des frères s'était évanoui subitement dans l'obscurité. Le doigt de Serge se crispa et il dirigea brusquement le Lüger vers une ombre qui bougeait. A ce moment, il sentit la nuit exploser en gerbe tandis que ses jambes se dérobaient sous lui. Dans un geste de réflexe il s'agrippa à la grille mais, dans le même mouvement, une claque sèche sur le poignet lui fit lâcher l'arme.

« Je n'aime pas beaucoup ce genre de jeu, mon petit gars », dit la voix du frère aîné.

Il se débattit, alors que deux poignes puissantes l'entraînaient de force dans l'escalier. Au moment où il posait un pied chancelant sur la petite jetée, il distingua l'embarcation qui y était arrimée. Dans un ultime réflexe, il essaya de pousser Egon dans l'eau et tenta de leur échapper. Au milieu de jurons étouffés ils le ceinturèrent sans ménagement.

« Je ne veux pas ! Je ne veux pas ! hurla-t-il en se débattant. Je veux rester ! Même sans les... »

Il ne put aller plus loin; ils le bâillonnèrent avec une écharpe et le poussèrent violemment dans le bateau. Il tomba au fond et le genou de sa jambe blessée heurta l'aviron. Il étouffa un gémissement.

« Fallait te décider avant, camarade ! lui lança-t-on d'une voix ironique.

— Quelqu'un qui soit pas content de passer, marmonna Egon; j'aurai même vu ça. »

Malgré ses efforts pour se dégager ils le ligotèrent soigneusement puis s'installèrent aux avirons en silence. Le bateau déhala doucement. Il n'y avait sur le fleuve aucune lumière, aucun reflet. Il distingua vaguement la rive qui s'éloignait. Un désespoir indicible l'envahit. Il se démena comme un furieux avec l'espoir de tomber à l'eau, mais il se rendit compte que les deux frères l'avaient bel et bien attaché au bateau lui-même et que, de toute façon, ils ne se préoccupaient pas de lui le moins du monde. Ils se contentaient de ramer avec force et régularité en conjuguant parfaitement leur cadence et en échangeant parfois quelques mots. Lui, dans le courant d'air noir, vaste et vide qui le baignait, voguant sur un abîme de néant, n'était plus qu'un colis encombrant et agité dont il convenait de se débarrasser au plus vite. Les bancs de brume dans lesquels il avait glissé trois semaines plus tôt étaient absents cette nuit-là, mais les vibrations de la coque, les craquements des membrures et le bruit des avirons dans l'eau étaient les mêmes et il lui sembla retrouver soudain autour de ses jambes le poids du corps aimé serré contre lui. De nouveau une longue plainte étouffée lui monta au fond de la gorge. L'un des rameurs fit un plat avec sa pelle et il reçut en plein visage une giclée d'eau qui lui fit l'effet d'une brûlure. Les lointaines et rares lueurs de la rive suisse se rapprochaient peu à peu. Bientôt ils commencèrent à louvoyer en diversifiant leur cadence, comme s'ils suivaient un chenal invisible. A gauche et à droite il entrevit des îlots de roseaux que le bateau longea avec un bruit de soie. Sans s'être consultés, les Hönig remirent ensemble leurs rames dans le bateau et celui-ci continua quelques instants sur son erre. Puis il y eut un bref raclement et un petit choc. Egon se leva, vint vers Serge, le débâillonna et retira la corde qui le garrottait. Il inspira à coups haletants l'air glacé de la nuit.

« Où... Où me déposez-vous ?

— Ici, dans les roseaux, entendit-il.

— Je ne suis pas Moïse ! s'écria-t-il rageusement.

— Il y a une levée de terre, et la berge est à vingt mètres, dit une voix ferme. Après tu te démerdes. On en a soupé de toi ! »

L'autre frère s'était levé lui aussi et frottait ses mains l'une contre l'autre en les massant avec ses pouces.

« Je comprends qu'il ait voulu se débarrasser d'un cinglé pareil », l'entendit-il dire.

Il les avait là tous les deux comme un rideau massif entre le fleuve et lui. Il se leva à son tour. Il avait des fourmis dans les jambes et tenait à peine debout. Le frère aîné fourragea dans sa sacoche et lui tendit un étui.

« Tiens, voici tes papiers. Tu ne les mérites pas. Enfin, on m'a dit de te les donner, je te les donne. Il y a même de l'argent. Et maintenant, du balai ! »

Serge tendit la main avec mauvaise grâce.

« J'en ai rien à foutre de vos papiers, maintenant que je suis en Suisse ! C'était tout à l'heure. Ce que je veux, par contre, c'est mon pistolet.

– Regarde ce que j'en fais de ton pétard, dit Egon. Ça t'évitera désormais de jouer les faux durs. »

Il lança un objet à l'eau. On entendit un bruit au milieu des roseaux.

« On aurait pu le garder, tu ne crois pas ? dit l'aîné, plus bas.

– Trop dangereux, Hermann. »

Serge ne parvenait pas à bouger. Quelque chose en lui s'accrochait encore à ce bateau.

« Vous n'allez pas me laisser là, dit-il. Vous n'allez pas faire ça...

– Qu'est-ce que tu crois ?

– Quand je pense à la joie des autres quand ils arrivent ici, s'écria Hermann. Si c'est pas malheureux ! »

Déjà ils plongeaient les rames. Serge sortit en titubant et mit le pied sur le tas de glaise qui émergeait à peine de l'eau noire. Il se retourna et faillit perdre l'équilibre.

« Attendez ! dit-il précipitamment. Hans Jüni... vous connaissez ?

– Ça, mon vieux, c'est plus notre rayon ! »

Il les regarda partir, la main crispée sur l'étui des papiers. Deux ou trois fois il distingua encore, à la légère écume qui naissait à chaque pelle, le mouvement symétrique des deux avirons. Puis, plus de bruit. Plus rien. La silhouette ventrue de l'embarcation s'était dissoute d'un seul coup, comme aspirée par le néant. Il se retrouva tout seul. La rive allemande était entièrement obscure. Il se mit à plat ventre et la fixa pendant de longues minutes, jusqu'à sentir – était-ce le froid ?

– qu'il se dissolvait lui aussi dans le néant. Puis il laissa pendre sa main et se passa un peu d'eau sur le visage, ce qui le sortit de son hébétude. Il se leva avec une lenteur infinie et gravit la berge à tâtons, en direction de la première lumière.

La maison devant laquelle il s'arrêta était si jolie, avec son encorbellement sculpté sur deux étages, qu'il prit un peu de recul pour mieux la voir. Le soleil jouait sur la dominante ocre de la façade peinte et sur les fins piliers ouvragés à la gouge. Il lui sembla qu'une silhouette, qui observait la rue depuis l'une des fenêtres du premier, s'écarta précipitamment quand il leva son visage vers elle. Il traversa la rue, sonna, et entendit que l'on descendait lentement les marches. Une femme vint lui ouvrir. Elle pouvait avoir quarante ans. Elle avait des traits réguliers et lisses sous ses cheveux blonds et bouclés, quelques taches de rousseur sur les pommettes et une silhouette un peu enveloppée sous sa blouse à fleurs. Elle resta interdite, sur le seuil, à le dévisager.

« Je voudrais parler à Hans Jüni », dit Serge.

Il n'osa pas, dans la crainte de trop se découvrir, donner le mot de passe immédiatement. A Waldshut, c'était encore l'Allemagne : venir du nord était du domaine du possible. Mais ici, dans le cas où il se serait trompé de maison, cela aurait paru tellement inimaginable. Pourtant la jeune femme semblait attendre quelque chose, le front légèrement plissé, le regard bleu intense fixé sur lui. Alors il se décida.

« Je viens du Schleswig-Holstein. J'aimerais parler à Hans Jüni, s'il est là.

– C'est moi », dit-elle.

Ce fut à Serge de demeurer interdit. Elle parut hésiter un instant.

« Je veux dire : c'est ici.

– Est-ce... est-ce qu'il est là ?

– Non. »

Elle lui fit signe d'entrer.

« Venez. Sans cela, on va refroidir toute la maison. Ne craignez rien », ajouta-t-elle quand elle vit qu'il ne faisait pas un mouvement et restait sur le seuil.

Il la suivit dans le couloir. Arrivée au bas de l'escalier, elle se retourna, avec un sourire crispé.

« Il n'est pas là parce qu'il est parti. Et il est parti parce qu'il m'a quittée. Maintenant vous savez tout, dit-elle avec un geste de fatalité un peu gauche.

– J'ai aussi des problèmes de ce genre », marmonna Serge.

Elle ne réagit pas et le fit entrer dans le salon. Un rayon de soleil atteignit son visage de porcelaine et elle fit cligner ses yeux de porcelaine. Une petite ride sinueuse descendait le long de son cou et disparaissait derrière son col fermé haut.

« Mais comment est-ce possible, poursuivit-il. Vous avez l'air si... »

Il eut envie de dire « si apaisante ».

« Vous avez l'air si douce », murmura-t-il.

Elle haussa discrètement ses épaules rondes, avec l'air de lui dire : « un peu tôt en besogne, mon ami ».

« Et vous, vous traînez la jambe, à ce que je vois, répliqua-t-elle avec une gentillesse un peu crispée. Asseyez-vous donc.

– J'ai reçu une balle dans le mollet... il y a trois semaines. On a fait ce qu'on a pu. Mais ça n'a jamais vraiment guéri. Et là, ça fait quatre jours que je marche. Ça n'a rien arrangé.

– En fuite ? demanda-t-elle.
– En quelque sorte, oui... »
Il y eut un silence. Mais il avait envie de parler de lui, tout à coup, de se raconter, peut-être de se faire plaindre.
« J'ai une grosseur, poursuivit-il. Ça m'inquiète. Je crois que c'est de l'infection. »
Il lui montra l'endroit, à travers son vieux manteau.
« Il y a un bon médecin, ici, dit-elle. Je vous emmènerai. En attendant je vais vous faire à manger. »
Il fit un geste de dénégation.
« Oh ! attendez... Ça ne presse pas. J'ai pris quelque chose sur la route. J'avais un peu d'argent. »
Pour la première fois elle eut un léger sourire. Elle s'était installée en face de lui avec une grâce plantureuse et sereine. Il ne parvenait pas à la quitter des yeux.
« Vous êtes passé avec les Hönig, dit-elle avec le calme d'une bonne maîtresse de maison cherchant à faire la conversation.
– Oui. Ils vous ont prévenue ? demanda-t-il hâtivement.
– Mais non... »
Sans bien savoir pourquoi, il respira. Il n'aurait pas aimé qu'elle sût qu'il n'avait pas traversé de son plein gré. C'était maintenant comme si sa vie nouvelle, sans attaches, commençait vraiment. La poigne d'angoisse qui l'étreignait depuis quatre jours se desserra.
« Ils pouvaient le faire, remarquez bien, poursuivit-elle. Hans les avait rencontrés il y a six mois exprès pour cela. Ils avaient convenu d'une cachette pour les messages, non loin de l'embarcadère, dans un abri à oiseaux.

– Eh bien, il y est peut-être, le message... Et puis non, que je suis bête, ils n'ont pas quitté le bateau.

– Cela m'aurait étonnée, de toute façon. Cela fait six mois que j'y passe toutes les semaines, il n'y a jamais rien ! Et pourtant ce sont eux qui avaient choisi Hans. Ils sont un peu parents. Et l'une des rares choses qu'ait faite mon mari dont je puisse être fière, a été d'accepter cette tête de pont. Les seules fois où je pense du bien de lui c'est quand j'entends la phrase : « Je viens du « Schleswig-Holstein et je voudrais voir Hans « Jüni. »

– Et vous l'entendez souvent, cette phrase ?

– Jamais. »

Ils rirent tous les deux. Elle avait des petites rides tout autour des yeux quand elle riait.

« J'inaugure, en quelque sorte, si je comprends bien.

– Vous auriez pu me téléphoner, je serais venue vous chercher, dit-elle. Cela vous aurait évité de faire quarante kilomètres. »

Il la regarda, ahuri.

« Vous téléphoner ? Mais où ?...

– Mais ici, à Schaffhouse... »

D'un seul coup il réalisa vraiment qu'il était maintenant dans un autre monde. Où on pouvait téléphoner sans inquiétude, simplement pour s'éviter quelques kilomètres de marche.

« Téléphoner n'aurait pas été très... très... »

Il chercha le mot « prudent » sans le trouver. Il se sentait un peu étourdi. Tout allait trop vite.

« J'ai fait de l'auto-stop après Eglisau, dit-il. Sans cela j'y serais encore. En fait, pour vous dire la vérité, j'étais pressé d'arriver parce que je pensais à ce moment-là qu'il y aurait sans doute un message pour moi. »

Elle eut un comique petit geste d'impuissance.

« Vous allez finir par me donner mauvaise conscience, dit-elle.

– Peut-être en recevrez-vous un jour ou l'autre, tout de même, dit-il en hésitant. Je n'y crois pas trop, mais qui sait? Je passerai de temps en temps pour voir...

– Il n'est pas plus tôt arrivé qu'il songe déjà à repartir! » s'exclama-t-elle.

Elle se leva et se pencha sur son fauteuil avec une mine de soubrette de répertoire :

« Mais n'ayez crainte, je garderai votre courrier, monsieur le Voyageur solitaire. »

Il la regarda, l'air pensif.

« Vous n'avez peut-être pas eu beaucoup de monde jusqu'à maintenant. Mais ça risque de bouger, dans quelque temps. Surtout si ça se passe mal à l'Est. Il y aura de l'agitation, avec le cortège habituel de gens qui auront besoin de changer d'air... »

Il se souvenait des confidences d'Ina dans la forêt. Il regarda son hôtesse à la dérobée.

« Vous n'avez pas entendu parler de quelque chose? Je ne sais pas, moi, un nom de code, pour une opération quelconque? »

Elle fit « non » de la tête.

« J'en ai peut-être trop dit. Peut-être qu'il ne se passera rien. Je me demande même si je ne le souhaite pas, dit-il plus bas.

– Oh! moi aussi, dit-elle avec élan, je vous admire tous, mais je crains tellement la répression... Et puis, de toute façon, à mon avis... »

Elle s'interrompit brusquement.

« Oui? dit Serge.

– Il n'y a pas d'illusion à se faire. C'est la guerre qui décidera, et pas autre chose.

– Comment vous appelez-vous ? demanda-t-il avec douceur.

– Anneliese. Et, vous savez, si j'avais connu un nom de code pour une action à venir, je ne vous l'aurais pas dévoilé. Ce qui est secret est secret. »

Il la regarda fixement. Son honnêteté l'avait fait pâlir.

« Vous avez raison, Anneliese », finit-il par dire.

Il se leva et regarda par la fenêtre. Derrière les petits croisillons d'époque, le paysage apparaissait légèrement déformé. Un calme et lourd donjon en haut de la ville y prenait sous certains angles les contours tourmentés d'un burg rhénan. Il sentit sa présence derrière lui à un léger parfum de jasmin. Il se retourna et lui montra le monument.

« On l'appelle le Munot, dit-elle. Il est du XVIe siècle. J'y ai été tellement souvent, petite fille, pour regarder la vallée, que maintenant... »

Le silence s'installa. Elle avait donc passé toute sa vie à Schaffhouse. Il contempla la ville, ou du moins ce qu'il pouvait en voir. Ce Munot lui rappelait, à lui, les gravures romantiques d'un épais volume sur le compagnonnage – non, sur les années d'apprentissage – qu'il avait possédé autrefois. Les héros de ce livre voyageaient beaucoup. Atmosphère des colportages au matin, grondement des cascades, silence des sentiers dans les défilés, odeur goudronnée des ponts de bois jetés sur les torrents et des auberges inquiétantes aux murs de suie, qui se mêlaient à l'odeur même du livre... Il retrouvait tout, soudain, à sa fenêtre. Schaffhouse.

« A quoi pensez-vous ? demanda-t-elle.

– Rien... cette petite ville tranquille... »

Elle sourit tristement.

« J'aime bien me tenir moi-même là où vous êtes », dit-elle.

Il faillit dire : « Je vous y ai vue tout à l'heure. »

« Maintenant, venez, lui dit-elle. Je vais vous faire couler un bain; ensuite vous dînerez et vous vous reposerez. Demain on s'occupera de la blessure.

– L'eau risque d'être sale. Je n'ai pas regardé mes pieds depuis des jours. »

Elle rit d'une façon cristalline et apaisante. Il regarda autour de lui. Il s'était déjà vu dans une pièce semblable. Plus exactement il s'était déjà senti ainsi... inondé de bienveillance.

« Ne prenez pas ça mal, dit-il. C'est juste une question de climat. Mais vous me rappelez une vieille dame que j'ai rencontrée une fois... non, deux... Elle aussi regardait souvent à la fenêtre. »

Elle parut étonnée de la comparaison.

« Ça arrive à beaucoup de vieilles dames, vous savez.

– C'est vrai », dit-il en hochant la tête.

Elle attendit la suite, une justification quelconque. Il semblait perdu dans ses pensées.

« Mais qu'est-ce qu'elle regardait par cette fenêtre? finit-elle par demander. Qu'est-ce qu'elle voyait?

– Un jour, je vous raconterai », dit Serge.

Il se pencha pour voir si les corbeaux étaient revenus. C'était signe de beau temps quand il pouvait les voir. La main en visière il observa l'arbre qui se dressait sur le rocher comme un petit sémaphore dérisoire. Seul émergeait du fleuve ce rocher noir et luisant, aux formes tourmentées, qui semblait avoir été roulé pendant des siècles par les flots furieux avant de trouver son assise au milieu du rapide, en équilibre miraculeux, au-dessus de la chute de vingt mètres. Il était entouré d'écume et l'eau semblait le submerger totalement par moments, au milieu d'un grondement infernal. Ce n'était certes pas un temps à mettre un corbeau dehors. « Pas étonnant que Goethe ait aimé », pensa-t-il. Il venait souvent, disait la légende, rêver au pied de la tour, devant le spectacle grandiose des chutes du Rhin. Pendant une méditation, que Serge ne pouvait imaginer qu'extatique et métaphysique, il les avait baptisées *Sources de l'Océan.* Un confident – le grand homme ne se déplaçait jamais seul – s'était empressé de colporter à tout un chacun la forte image aquatique. « Ne te moque pas, avait dit Anneliese à Hans qui n'avait pas la fibre romantique, ça fera toujours un joli nom pour l'enseigne. » C'était au moment de leur mariage, peu de temps après qu'ils eurent pris la concession et décidé de transformer le petit chalet en véritable centre de loisirs. Et puis, c'était toujours pareil, l'éternelle excuse qui valait même ici, dans ce monde préservé : la guerre était arrivée. Autant dire que seule la lyrique enseigne était restée pour témoigner de ces grands projets avortés. C'était toujours ça.

Serge ferma la fenêtre et reprit sa position favorite derrière le comptoir, le dos au grand raffut goethéen. Sinon pour consulter l'arbrisseau-baromètre, il ne regardait jamais dans la direction où la Bavière s'enfonçait comme un coin en territoire suisse. Il contempla avec mélancolie le comptoir déserté et retira une page au calendrier accroché au mur de bois. 3 février 1943. Saint-Blaise. Pensivement il fit tourner du doigt la meule d'un petit moulin à eau. C'était le jouet qui avait le plus de succès. Au pied du chalet, un petit canal de dérivation permettait de l'essayer. Souvent les enfants remontaient, trempés de pied en cap, et lui demandaient si on pouvait faire de l'électricité avec. Il répondait que ça n'avait pas été conçu pour cela. Devant leur air dépité, il se lançait dans la même histoire : un jour de tempête où le courant, c'était le cas de le dire, était très violent, un enfant avait essayé de faire de l'électricité avec le moulin; il s'était senti soudain dans un état étrange, si étrange qu'il ne s'était pas rendu compte qu'il s'était mis à rapetisser, rapetisser, rapetisser; il avait alors été entraîné dans la meule et il s'était évanoui. Quand il s'était réveillé, il était enfermé dans une ampoule.

« Une ampoule électrique?

– Parfaitement. Une ampoule électrique. Et allumée, encore. »

Ils riaient un peu faux de cette histoire, ils ne savaient pas trop si Serge était sérieux et s'ils devaient avoir peur ou pas. Il revoyait leurs petits visages humides et inquiets. « Mais riez, riez, vous qui êtes nés du bon côté du fleuve », avait-il envie de leur crier.

Il recommençait à pleuvoir. Serge sortit et rangea soigneusement les cartes postales de l'éventaire dans une grande enveloppe. Puis, traversant la petite terrasse au milieu des tables désertées, il rentra l'enseigne de bois découpé qu'il laissait au bord du chemin. Les *Sources de l'Océan* sous le bras, il se dit qu'il allait baisser le rideau et rentrer à pied un peu plus tôt que d'habitude. Il avait deux kilomètres avant de rejoindre la maison d'Anneliese, bientôt ex-Jüni. Il aimait cette promenade de chaque soir et le moment où le Munot, gardien tutélaire de sa tranquillité reconquise, lui apparaissait de l'autre côté du Rhin, au-dessus de la pyramide de toits bruns qui s'étageaient sur la rive droite. Tant de traversées du fleuve redouté, sans histoire, sur un pont... Chacune annonciatrice d'une nuit semblable à la précédente, et dans laquelle il s'enfonçait sans amertume, avec la même douceur que dans les édredons d'Anneliese... Une vieille chanson, presque une comptine, lui revint en mémoire.

Ma vie se passe à l'ombre du donjon,
Heureuse.
J'ai pourtant peur d'en perdre la raison...
Menteuse !

La Juvaquatre stoppa net en contrebas de l'escalier de la terrasse. Serge se retourna, déposa l'enseigne sous l'auvent et dévala les marches jusqu'à la route. Il se pencha à la portière.

« Personne, dit-il. Il n'est venu personne. »

Il eut un geste désolé qui englobait tout : la pluie, la brume, les nuages bas et l'arbre sans oiseaux.

« Monte vite, au lieu de grincher, dit-elle en ouvrant la portière. Tu as déjà vu du monde, un mercredi ? »

Il l'embrassa sur ses joues et sur ses lèvres. Elles étaient froides et roses. Tout le visage d'Anneliese était d'ailleurs froid et rose. Il lui trouvait toujours cette odeur de jasmin du premier jour.

« On n'y peut rien, dit-elle. N'oublie quand même pas qu'il y a eu une belle période après Noël, quand on avait la banquise et le soleil à la fois. Tu te souviens, on a couvert financièrement la patente en deux dimanches de boissons chaudes !

— A t'écouter, dit-il en l'embrassant de nouveau, j'entends presque le tintement des écus dans les caisses. »

Elle rit. Ils regardèrent le petit chalet déserté, au-dessus d'eux.

« Et... qu'est-ce qui me vaut le plaisir?... demanda-t-il.

– On annonce un gros orage de neige à la radio. Je ne pouvais pas courir le risque de voir mon seul et meilleur vendeur enseveli sous une avalanche. »

Il lui fit un clin d'œil et descendit de la voiture.

« Attends-moi un instant. Je n'ai pas fermé les volets de la vitrine. »

Il grimpa l'escalier quatre à quatre, pour le plaisir de sentir sa jambe retrouvée, et s'arrêta hors d'haleine. Il regarda avec tendresse la petite voiture en contrebas, presque incongrue au milieu du vaste paysage d'eau-forte qu'écrasait maintenant un ciel d'encre. L'orage arrivait de l'ouest avec la majesté d'un croiseur de bataille. Il ressemblait à un rideau de scène gigantesque secoué de tourbillons violacés et confus et d'écumes effervescentes comme des tempêtes d'équinoxe. En un éclair il pensa à la maisonnette du Hotzenwald qui devait déjà être ensevelie sous la bourrasque et la neige, puis, d'un geste, il chassa l'image à peine entrevue. Etait-ce seulement lui qui avait vécu là-bas? Par moments il en doutait presque. Il verrouilla les serrures et les tenons, puis descendit dare-dare vers la voiture et s'assit à côté d'Anneliese qui démarra aussitôt.

« Ça va faire du joli quand ça va arriver sur les chutes, dit-il. Air contre eau, dans un égal état paroxystique. Mon petit arbre ne va pas y résister. Tu ne veux pas qu'on reste pour voir ça? »

Elle se tourna vers lui d'un air plus grave.

« Il y a autre chose que j'ai voulu que tu saches tout de suite, dit-elle. Ce n'est pas une surprise, mais enfin c'est fait. Stalingrad est tombé.

– Stalingrad est tombé, répéta-t-il d'une voix sans timbre.

– Quand j'ai appris cela, reprit Anneliese, je suis allée à tout hasard au colombier voir s'il n'y avait pas un message, quelque chose... »

Il haussa les épaules.

« Comment veux-tu ? » dit-il.

Une sonnerie de cloche assourdie par les nuages se fit tout à coup entendre, dominant le bruit du moteur. Tout autour d'eux la campagne était déserte et grise et les lignes d'arbres se succédaient en longues échappées mornes. Le Munot apparut au loin à travers une déchirure de nuages. Elle lui lança un regard de côté.

« Ça n'a pas l'air de te faire plus plaisir que cela, dit-elle.

– Quoi ? La capitulation de Paulus ? »

Il soupira.

« Deux cent mille morts. Cent mille prisonniers. Tout ça à cause de l'aveuglement d'un seul. C'est plus que tragique, c'est... »

Elle l'interrompit.

« On peut quand même dire que c'est le commencement de la fin, non ? Tu te rappelles ce que je te disais, c'est la guerre qui décidera de tout... Tu ne crois pas que c'est bon pour... pour tes amis ? »

Il fit la moue.

« Je ne sais pas pourquoi, mais c'est le contraire : ça m'angoisse », dit-il.

Elle le regarda d'un air surpris.

« J'ai peur qu'à cause des événements ils soient tentés de précipiter leur action, tu comprends ? qu'ils se heurtent alors à une répression terrible, exacerbée... J'ai l'impression qu'ils seront plus menacés que jamais. »

Elle le regarda et mit sa main sur son genou. La voiture prit un virage complètement à gauche.

« Anneliese! dit-il d'un ton soudain agacé. C'est de la route que j'aimerais que tu t'occupes. »

La tempête les atteignit alors qu'ils arrivaient en ville. On voyait des flocons par milliers tournoyer furieusement sur les pavés. La sonnerie de cloches ne s'entendait plus, happée par les hurlements du vent. Ils stoppèrent contre la façade de la maison et montèrent hâtivement l'escalier jusque dans leur chambre. Elle écarta le rideau et contempla pensivement la neige qui tombait en une folle sarabande. Serge s'était assis sur le lit et regardait à contre-jour sa silhouette calme devant ce déferlement de blancheur.

« Tu te rends compte, si je n'étais pas venue? dit-elle en souriant.

– J'aurais pu prendre froid, n'est-ce pas », marmonna-t-il.

Elle se pencha sur lui. Son corsage était légèrement amidonné au col et aux poignets et sentait le linge empesé. Il fixait tout près de lui la petite ride qui serpentait derrière la carapace de l'amidon, comme une sente à l'ombre d'un rocher, et il eut du mal à défaire le bouton en bas de son cou. Il la sentait respirer plus vite et devenir plus pesante sur lui. Enfin il y parvint, déboutonna son corsage et dégrafa son soutien-gorge baleiné comme une étrave de dreadnought. Ses larges seins ronds se répandirent sur lui, et il vit que le soutien-gorge avait laissé sur leur peau blanche un sillon inscrit en creux comme une frise dans l'argile.

« Serge, murmura-t-elle. Mon Serge. J'aime te recouvrir. J'aime être lourde sur toi. »

Etendu sur le lit, doucement étouffé dans cet univers d'édredons, de chair plantureuse et de rideaux, il retint un sourire dont il n'aurait pas su dire s'il était de béatitude ou d'agacement. La neige qui tombait donnait à tout ce qui l'entourait une plénitude cotonneuse et tranquille. La neige! Elle devait, au même moment, étouffer tous ces hommes en fuite, épuisés, exsangues, aux membres saisis par le gel. « Cette bataille, murmura-t-il. Cette grande bataille...

– Je me souviens d'un livre d'histoire que j'avais au lycée, dit-elle très bas, comme si elle avait deviné ce qu'il pensait. Il y avait une gravure qui représentait Azincourt. Les cavaliers morts, dans cette même neige. Les oiseaux qui rôdaient autour. D'horribles oiseaux, d'ailleurs, que l'on voyait en gros plan et qui m'impressionnaient beaucoup. J'imaginais ce silence au-dessus de tout cela. »

Le visage de Serge se crispa.

« Arrête, dit-il. Tes volatiles me rendent malade. »

D'un geste brusque il la fit pivoter sur le dos, prit ses mains et les mit en croix comme s'il voulait l'écarteler. Les seins trop lourds d'Anneliese parurent se détacher de son buste pour reposer directement sur les draps, de chaque côté, comme s'ils étaient indépendants de lui. Il la contempla. Corps enveloppé, moelleux comme de la glaise et irrigué de frissons lumineux qui a nom Anneliese (osmose des prénoms, harmonieuse détermination des êtres par l'euphonie), je te contemple, neigeux édredon vierge de désastres, mais que peux-tu faire qui ES-TU face au cours pur et glacé de cette rivière immaculée de la Poméranie grise INA. Les mots. Les mots dansent et les peaux vivent; parce que tu es LÀ je te pénètre; tu bénéficies d'une rente de situation extravagante. Il s'attacha, les dents serrées, l'horizon à ras de ses épaules, à faire vibrer ses hanches sereines et moites. Elle poussa une plainte rauque et sourde comme si elle se retrouvait soudain en connexion lointaine avec une sauvagerie dont, femelle assouvie, elle ne ressentait plus d'habitude que des grondements assourdis. Mais lui. Il ne parvint pas à communier. A s'évoquer l'armée en déroute, à confusément ressentir ce qui allait en découler, c'était comme si la vieille poigne d'angoisse l'enserrait de nouveau.

« Ton Azincourt... soupira-t-il en se séparant d'elle. J'ai l'impression d'être en armure dans la neige en train d'agoniser doucement et non dans un lit confortable en train de faire l'amour. »

Elle s'assit brusquement sur les draps, les bras ramenés en arrière. C'était une attitude hiératique qu'elle prenait quelquefois quand elle était mécontente et qui lui allait bien, tendait sa chair et donnait de la noblesse à son port de tête.

« Charmant de ta part ! Tu n'aimes pas que je sorte de mon rôle, n'est-ce pas ? dit-elle d'un ton nerveux. Tu te méfies de mon pouvoir d'évocation, peut-être.

– Peut-être bien, dit-il en s'étendant sur le dos. Il m'en faut peu, en ce moment.

– Evidemment, poursuivit Anneliese, pour toi je suis celle qui s'installe devant sa fenêtre, qui soulève les rideaux et qui attend sans espoir que quelque chose se passe. Et tu as raison, en un sens », ajouta-t-elle d'une voix amère.

D'un air dégoûté elle pinça entre ses doigts un des bourrelets de son ventre.

« D'ailleurs, regarde, j'ai le physique que je mérite. Tu te rends compte, tant de gens souffrent, ne mangent pas à leur faim, dans tous ces camps les os leur sortent du corps et moi... non, mais regarde-moi... c'est dégoûtant. Simplement dégoûtant.

— Plains-toi, dit Serge. Heureusement qu'il y a des oasis et des fontaines dans le plus aride des déserts... des clairières dans la plus étouffante des forêts... des gens comme toi qui donnent envie de les remercier d'être là, et de s'endormir en eux sans se poser de questions. »

Elle se redressa, soudain furieuse.

« ... pour les étreindre comme des vieux édredons, c'est cela? Ecoute, je peux te demander quelque chose? Evite désormais des conneries de ce genre, oasis, fontaine, tout ça. Sinon je te vire! »

Serge se dressa sur son avant-bras.

« C'est toi qui deviens nerveuse, on dirait.

— La fille dont tu étais amoureux elle n'avait pas de bourrelets, non? Elle était maigre, elle. Longue. Tendue. Ce n'est pas étonnant, d'ailleurs. Elle avait un Destin. »

Elle prononça le dernier mot avec une fêlure dans la voix.

« Tu oublies notre pacte, dit Serge. On n'en parle pas. Si je t'ai un peu raconté tout cela, ce n'est pas pour que tu me le ressortes tiède et mal digéré. Et quand tu dis " destin " ce n'est pas la peine d'y mettre un D majuscule. Ce n'était pas Jeanne d'Arc, elle n'entendait pas de voix. » Quoique, je me demande..., dit-il à part lui.

« Et moi je te le dis, elle a eu, elle a un destin! cria-t-elle plus fort. Un destin qui l'a fait aimer, souffrir, choisir, se sacrifier, enfin, tout ce qui compte! Elle s'est peut-être trompée, elle a sans doute eu tort de te laisser, mais je ne peux m'empêcher de l'admirer, et si tu savais comme je l'envie. »

Elle se leva, nue, et traversa la pièce comme une somnambule. Elle heurta un guéridon qui tomba en pulvérisant une tasse de porcelaine.

« Mais on n'a pas de destin quand on est grasse comme une truie », dit-elle d'une voix lasse en ramassant les morceaux.

Il essaya patiemment de la rasséréner.

« Tu as fait beaucoup des choses que tu viens de dire.

– Quoi ? Aimer ? J'étais si seule avant que tu n'arrives... C'est aimer, pour toi, que de souhaiter ne pas être abandonnée ? Choisir ? Que veux-tu que je choisisse derrière ces rideaux, dans cette ville ensevelie, si ce n'est de grossir encore. Souffrir ? Quand je pense à toutes ces femmes, tout ce qu'elles ont supporté pour leur idéal. Moi je ne contrôle rien de mon corps. Je ne sais même pas comment je résisterais à la seule annonce de la torture. Ou plutôt si, je sais bien. Je m'effondrerais en pleurs et en supplications. Ce serait répugnant, si tu veux savoir, à quel point je me répandrais de partout.

– Et moi, qu'est-ce que tu crois ? Moi qui suis douillet comme un chat ! Et tout le monde en est là ! Ce sont les circonstances qui révèlent les gens et leur capacité de courage ou de résistance, figure-toi ! »

Il s'assit sur le lit, irrité.

« Et puis écoute, ce n'est pas bon de ne pas s'accepter, de se détester à ce point. Tu as eu la chance de naître et de vivre du bon côté de la frontière. Alors quel besoin as-tu d'aller renifler ce qu'il y a en face et de quasiment regretter de ne pas avoir un rôle à y jouer ? Mais tu sais ce qui serait arrivé si tu avais vécu à Waldshut, par exemple. Tu aurais fait partie de l'Association des jeunes filles allemandes, comme toutes tes amies.

Plus tard, tu aurais donné tes enfants au Führer, comme tout le monde. »

Elle éteignit la lampe à côté d'elle, et se tint immobile, comme figée. Dans la pénombre, son corps debout avait la présence rassurante, gréseuse, équilibrée d'une tour de guet.

« Bien sûr, tu penses à Ina, continua Serge. Je sais bien. Mais regarde comme elle est isolée. C'est pour cela qu'elle est, qu'ils sont tous, si menacés. Et tu crois que les milliers de femmes qui ont leur fils ou leur mari à Stalingrad en ce moment n'attendent pas elles aussi quelque chose derrière leurs rideaux – quelque chose dont tu pourrais peut-être te passer ? »

Elle tressaillit et s'assit lentement à côté de lui.

« Ah ! je sais bien, dit-elle. C'est ridicule de ma part. »

Il la prit par les épaules et la regarda.

« Tu es belle, Anneliese, dit-il. J'aime que tu aies existé pour moi au cours de cette guerre. J'aime qu'il y ait eu cette maison d'harmonie dans ma vie, au milieu de sa période la plus troublée. »

Elle secoua la tête.

« Mais c'est ça que tu ne veux pas comprendre. Je ne veux plus d'harmonie, ou de quiétude (appelle-la comme tu veux) autour de moi. J'en ai trop eu, je m'en sens prisonnière. Je hais cette tranquillité. Toi tu la conçois par opposition à autre chose, à des périodes d'action ou de passion dont tu veux et dont tu dois t'échapper ! Pour moi elle est un tout incolore dont on ne sort pas – et dont je ne me sors pas. Je veux aller au bout de moi-même, Serge. Je veux me mettre à l'épreuve. Je veux être déchirée. Au physique comme au moral. Mise en pièces, lacérée, saccagée. Si j'ai à lutter, après cela, pour me refaire, pour me remettre ensemble, peut-être alors trouverai-je sur ma route, moi aussi, mon idéal et mon bonheur, et je saurai enfin à quoi ils ressemblent. »

Elle se releva et alla jusqu'à un cagibi qu'elle ouvrit. Quand elle revint vers Serge, elle avait à la main un fouet de cocher avec un manche en corne. Elle le lui présenta, mèche repliée dans ses mains ouvertes et tendues, comme un objet initiatique. Il la fixait, interdit.

« J'ai fait des choses pour toi, n'est-ce pas, dit-elle d'un air grave. Maintenant, tu vas faire ce que je te demande.

– Non, dit Serge.

– Si. Je veux sentir ce qu'elles ont souffert, toutes. Au moins une idée. Comme cela je serai déjà plus proche d'elles. »

Elle lui mit le fouet dans les mains, puis s'étendit sur le ventre, en travers du lit, et ne bougea plus.

« Vas-y, dit-elle d'une voix sourde. Autant de fois que tu le désireras. Je mordrai les draps s'il le faut. »

Serge regarda la croupe trop blanche et trop pleine qui s'offrait à lui. Il eut un instant le désir de la lacérer sauvagement et de lui faire savoir, puisqu'elle désirait s'instruire, ce qu'était vraiment une chair saccagée. Et puis lui revinrent les visions tant de fois imaginées au moment où il savait Ina emprisonnée de corps à vif qui n'avaient pas de graisse pour les protéger des coups ni de draps de lin pour étouffer leurs hurlements. Ce n'était pas à lui de dispenser ce qu'il craignait tant pour le corps qu'il aimait. Anneliese attendait. Serge vit à ses mains crispées sur les montants du lit et à une sourde vibration de ses épaules rondes et moelleuses que tout son corps tendu se préparait à la brûlure. Il reposa lentement la cravache sur les draps.

« Je m'en vais », dit-il doucement.

Après un temps de retard, elle roula sur le dos et le regarda. Puis elle se leva lourdement. Ses cuisses étaient marbrées tellement elle avait dû serrer la couverture pendant la courte attente du claquement de la mèche de cuir. Elle avait un pli de graisse au-dessus de l'aine, qui avait pris lui aussi une couleur plus rouge. Elle ne dit rien et s'habilla sans hâte. Il l'attendait, appuyé sur le chambranle de la fenêtre. Puis elle vint vers lui.

« J'ai été maladroite, n'est-ce pas », dit-elle d'une voix incertaine.

Elle lui mit ses mains dans les siennes. Serge détourna la tête avec un sourire contraint.

« A un autre moment, je t'aurais peut-être fait bondir jusqu'au plafond, dit-il. J'aurais peut-être même aimé cela. »

Anneliese eut un geste pour chasser le souvenir de la scène qui venait de se passer – comme si c'était une autre qui s'était étendue là, l'instant d'avant, nue en travers du lit, et qu'il ne convenait plus d'en parler.

« Tu ne pars pas, n'est-ce pas, demanda-t-elle d'un ton suppliant. Oh ! non, tu ne pars pas ! »

Il ne répondit pas. Elle s'était assise sur une chaise. Son teint clair et rose s'était fripé d'un coup, et il découvrit qu'elle pouvait avoir, dans un moment de grande émotion, de vastes cernes sous les yeux.

« Oh ! mon Dieu, fit-elle.

– Je reviendrai », dit Serge.

Il fit quelques allées et venues dans la chambre, puis s'arrêta devant elle.

« J'ai aimé être ici, Anneliese. A un point dont tu ne peux avoir idée. Tu m'as sauvé, en quelque sorte. C'était peut-être cela le rôle qui t'était imparti dans cette guerre, puisque tu en voulais un : me sauver, tout simplement. Je reviendrai t'aider cet été, ajouta-t-il d'un ton plus détendu. Quand les *Sources* feront le plein. On achètera un appareil à glaces. »

Elle le regarda comme s'il prononçait des mots incompréhensibles.

« Et tu pars où ? » demanda-t-elle d'une voix faible, comme pour conjurer son dernier espoir.

Il jeta un coup d'œil par la fenêtre. Plus que jamais la rue enneigée ressemblait à la carte d'un Noël pacifié.

« J'y retourne, dit Serge.

– Mais comment ? Mon Dieu, tu n'imagines pas... Comment vas-tu faire... Oh ! j'ai été si maladroite... »

Elle pleurait.

Il avait cessé de neiger. Les phares éclairaient d'énormes congères au bord de la route. Anneliese conduisait sur la neige fraîche à petits coups de volant précis et ils mirent à peine une demi-heure pour atteindre le pont de Stein.

« La ville est rive droite, comme Schaffhouse. C'est dommage que tu ne puisses pas la voir, toi qui aimes les façades peintes. C'est le plus joli endroit que tu puisses imaginer », dit-elle d'une seule traite.

Puis elle arrêta le moteur, sur le pont. Le grondement du courant monta vers eux, impressionnant dans la nuit noire.

« J'ai entendu cela tous les jours pendant deux mois, tu sais », dit-il en la regardant.

Elle soupira et démarra aussitôt.

« Je me disais que ça te ferait peut-être changer d'avis, dit-elle à voix basse. La nostalgie, en quelque sorte... »

Il mit sa main dans la sienne.

« La nostalgie, c'est pour plus tard. »

Ils entrèrent dans Stein-am-Rhein. Serge avait à peine distingué, à la lumière des phares, quelques jolies maisons à colombages qu'ils quittaient déjà la petite ville pour une rue montante qui débouchait au milieu de vastes ondulations dont il ne pouvait voir que les abords.

« Dis-moi, c'est la toundra par ici. Je ne vois aucun arbre.

– On a du mal à imaginer qu'on est au milieu des vignes. Mais ça tape plutôt, l'été... Les bois, tu vas les retrouver plus haut, près de la frontière. »

La petite route montait toujours. Un chasse-neige avait dû passer la veille au soir car elle était à peu près dégagée et la Juvaquatre ne peinait pas. A un moment donné, après un faux-plat où ils reprirent de la vitesse, un chemin s'ouvrit brusquement sur la droite. Anneliese freina.

« C'est ici. Descends et aide-moi à manœuvrer. »

Il guida sa marche arrière. Elle put alors faire demi-tour et se retrouva dans la direction de la ville. Il remonta à côté d'elle et elle éteignit les phares.

« J'oubliais. Tu as de l'argent allemand? murmura-t-elle. J'en ai un peu si tu veux. »

Il eut un geste de refus.

« J'ai les deux cents marks qui étaient dans l'enveloppe de Hönig avec les papiers. En plus de quelques pièces de cinquante pfennigs que je traîne depuis Rheinfelden.

– Je me demande d'ailleurs bien pourquoi on t'a donné de l'argent allemand alors qu'on voulait que tu quittes le territoire, dit Anneliese. Ce Jürgen, je renonce à le comprendre.

– Tu oublies que le contenu de l'enveloppe était prévu également pour Ina, et qu'il lui fallait de l'argent au cas où elle aurait voulu rentrer, ce qu'elle n'aurait pas manqué de faire après un moment. De toute façon, ils n'ont sûrement pas pu joindre Hönig au dernier moment pour changer le contenu de l'enveloppe, ajouta-t-il.

– Et tu emmènes ses papiers à elle ? Tu ne crois pas que c'est dangereux ?

– Je les ai brûlés depuis longtemps, dit-il. Le premier jour. Ça m'aura au moins permis de connaître son nouveau nom. »

Il fouilla dans sa poche.

« A propos, je te rends ce qui me reste d'argent suisse, dit-il. Tu n'en as pas trop.

– Non, dit-elle hâtivement, garde-le. On ne sait jamais, tu peux t'égarer, avoir à te nourrir demain, me téléphoner... Mais, dès que tu es passé, n'oublie pas de l'enterrer aussitôt. »

Il sourit de la recommandation mais se sentit touché.

« Bon, tu as bien saisi ? reprit-elle en désignant le chemin. Tu montes par là. Derrière nous la frontière est à 1 500 mètres environ. Dans un kilomètre, tu vas deviner une tour sur ta droite. C'est Hohenklingen. Et c'est là où il ne faut pas que tu te trompes. Juste derrière le château, encore en territoire suisse, il y a cette réserve d'animaux de chasse dont je t'ai parlé, qui longe la frontière sur trois kilomètres. Il paraît qu'il y a tellement de traces et d'odeurs différentes que ça neutralise complètement les chiens policiers qui patrouillent tout au long. Il paraît même, mais c'est juste une rumeur, qu'ils ont cessé de les faire sortir...

Ceci dit, moi, ce qui me fait très peur, je ne te cache pas, c'est les champs de mines. »

Elle parlait calmement, à coups de petites recommandations, comme une mère allant conduire son enfant à un examen. Il la regarda. Sur son profil apparaissait le rejet pâle et bleuté des prairies neigeuses qui les entouraient.

« Tu as tout, dit-elle encore. La boussole ? La lampe ? La pince ?...

– Oui, dit-il en souriant. Mais je ne suis pas encore habitué à marcher avec quatre épaisseurs de laine.

– Il vaut mieux que tu sois protégé. Tu peux t'égarer... errer des heures. »

Sa voix avait faibli.

« Tu sais, l'été, c'est si joli, on voit toute la vallée. Tu... » Elle tourna son visage vers le sien.

« ... Tu viendras, n'est-ce pas, tu trouveras bien un moyen. Tout ça, ce cauchemar, ça va finir sûrement. Même si tu te remets avec... avec elle, tu viendras, n'est-ce pas ? Tu me la montreras ? J'aimerais tellement la voir, et si je l'envie trop je te demanderai d'aller faire un tour tout seul avec moi, je... »

Il l'embrassa. Ses lèvres étaient un peu gercées.

« Cela aurait pu ne jamais finir, dit encore Anneliese.

– Oui, dit Serge après un silence. Cela aurait pu. »

Elle fixait son volant, un peu penchée sur lui. Il sortit de la voiture et fit quelques pas sur le chemin. Elle ne repartait pas. Il revint alors vers elle et se pencha sur la portière. Elle semblait prostrée. Elle tressaillit quand elle le revit, et descendit la vitre.

« J'oubliais, dit-il. J'avais mis des pommes dans le cellier. Il faudrait que tu les remontes.

Elles risquent de geler, ce serait dommage de les laisser perdre...

– Oui », dit-elle d'une voix étranglée.

Puis elle démarra. Il suivit le feu rouge de la petite Renault et le vit disparaître tout de suite dans la pente.

Il grimpa quelque temps, avançant péniblement dans la neige. Malgré le froid il fut tout de suite en sueur. Il avait regardé l'heure au moment où Anneliese l'avait quitté : deux heures et demie. Le chemin quitta très vite la zone des vignes pour entrer sous bois, et la réverbération lui permit de le suivre facilement. Après une vingtaine de minutes, il lui sembla voir sur sa droite, au-delà des quelques mètres de futaie qui l'en séparaient, une longue pente dominée par la masse noire d'une tour. D'après la description d'Anneliese il avait cru cette tour plus proche du sentier et il fut tenté de s'en écarter pour vérifier s'il s'agissait bien d'Hohenklingen; mais il enfonça aussitôt dans la neige et renonça.

Le chemin s'incurvait maintenant vers la droite. C'était tout à fait la direction où il pensait trouver l'entrée de la réserve et il se garda bien de la quitter. Sous la neige il sentait pourtant le sol plus meuble à mesure qu'il avançait et sa progression en devint moins facile. Bientôt il se rendit compte que ce qu'il suivait n'était plus qu'une mince sente blanche entre les arbres. Le donjon avait depuis longtemps disparu sur sa droite. Attentif à une trace quelconque, Serge allumait de temps à autre sa lampe, un bref instant, pour examiner le sol. Il ne sentait pas la fatigue. Au contraire, une sorte d'euphorie l'envahissait d'être parvenu à s'arracher à la douce maison de

Schaffhouse. Il eut la pensée subite du corps endormi contre lequel il se trouvait chaque nuit depuis deux mois, puis l'image se brouilla et fut remplacée par celle, plus lointaine et plus irradiante à la fois, du visage d'Ina le guidant sur la neige comme une apparition. « Attends-moi, j'arrive », dit-il tout haut, et il rit du son de sa propre voix enrouée par l'effort et le froid.

Il s'arrêta dans une petite clairière circulaire. Anneliese lui avait bien dit : tout de suite après le donjon. « Je devrais y être depuis longtemps », pensa-t-il. Il fut tenté de revenir sur ses pas et de reprendre sa tentative à partir du moment où il l'avait aperçu pour la dernière fois. Examinant de nouveau le sol il tomba alors sur une trace de chevreuil, puis très vite sur une autre, parallèle à la première. Cela lui fit une impression réconfortante, et, les deux traces filant plein nord, il décida de les suivre. Peut-être était-ce d'ailleurs plus prudent de s'écarter du sentier. L'air glacé, auquel il n'était pas habitué, l'engourdissait légèrement et il marchait sans trop réfléchir, aidé dans sa progression par la clarté de la couche de neige devenue moins profonde. Deux ou trois fois encore il traversa des pistes d'animaux, ce qui lui fit supposer que la réserve ne pouvait plus être très loin. Aussi, quand il faillit percuter la ligne de barbelés en grillage qui rayait la neige comme un filet funèbre, ne fut-il guère surpris. « Nous y voilà », pensa-t-il.

Le barbelé pouvait avoir deux mètres de haut et semblait infranchissable. « Elles sont bien protégées toutes ces bestioles », se dit-il. Les traces des chevreuils avaient disparu. Il alluma sa torche en veilleuse, en la masquant d'une de ses mains, et tomba sur une autre trace, celle-là plus profonde et rageuse. L'animal n'était pas passé depuis longtemps, semblait-il. Il avança avec curiosité car les marques étaient perpendiculaires au grillage. Il s'aperçut alors que l'animal, profitant d'une légère déclivité enjambée par le barbelé, avait tenté de passer en dessous. Une touffe de poils y était encore accrochée. « Encore un sanglier sur ma route! Il n'y a qu'une seule chose à faire. Pourvu que je n'aie pas trop engraissé. »

Il éteignit sa lampe, se mit sur le dos et se glissa lentement dans le sillon du sanglier téméraire. Ses jambes passèrent mais son ventre était trop haut. Avec des précautions infinies il creusa la neige sous lui pour approfondir le sillon. Plaqué dos au sol, progressant avec de lents déhanchements, il vit à quelques centimètres de ses yeux le barbelé et sa touffe de poils bruns. Ça passait! Ce n'était pas comme pour l'animal, qui avait dû rebrousser chemin. Il se releva et continua. Il n'avait pas fait trente mètres qu'il se heurta à une deuxième ligne de barbelés. L'obstacle, ici, semblait plus facile à franchir car il se présentait cette fois comme une série de réseaux parallèles avec des décrochements successifs à angle droit qui devaient faciliter, pensa-t-il, les opérations de tri, de recensement ou de nourriture des animaux. Il se retrouva dans un de ces sas comme dans un enclos fermé sur trois côtés. Il en fit lentement le tour, sans inquiétude excessive. Il se sentait heureux d'être là, au sein le plus profond de la forêt, dans ce silence immémorial, en proie de nouveau à cet amour qui le projetait en avant quels que soient les obstacles, faisant des animaux ses guides, et de la neige et de la nuit ses alliées indéfectibles. A l'un des coins de l'enclos il s'aperçut que les deux pieux d'angle avaient été simplement plantés l'un contre l'autre, juxtaposés et non attachés. Se servant de la pince comme d'un levier, il s'arc-bouta et parvint à les écarter à la main. Le bois fit entendre un grincement sec tandis qu'il se glissait entre les pieux tout en les maintenant éloignés l'un de l'autre. Il consulta sa montre : il était quatre heures et demie. Il suivit alors pendant quelque temps la trace d'un grand animal qui avait jalonné sa course de crottins tout frais et si odorants qu'il pouvait presque les suivre au flair. Par moments la piste se brouillait devant ses yeux. Le visage de Kurt lui revint alors en mémoire avec une précision douloureuse. Il m'aurait dit ce que c'est, lui : sans doute un élan.

Il continua à progresser à la boussole, attentif aux silhouettes éventuelles des gardes-chasse qu'il craignait plus que tous les élans ou les dix-cors qu'il pourrait trouver sur sa route. Quelle explication devrait-il donner, Seigneur, à part celle de s'être égaré ? Et comment cela serait-il pris ? Les traces d'animaux elles-mêmes devenaient pourtant plus rares, comme si tout se terrait et que la forêt entière finissait la nuit en hibernation. Il sentait le bout de ses doigts se geler sous ses mitaines. Sa main se crispait parfois sur les poignées de la pince, au fond de sa poche, et il se demandait comment il allait trouver la force nécessaire pour s'en servir. Il faudrait se glisser par le bas, comme tout à l'heure, et très certainement sectionner un ou deux fils. Pour cela, il convenait d'arriver avant l'aube. S'il n'y parvenait pas, il devrait rester caché et attendre la nuit prochaine. Cette perspective l'inquiétait beaucoup et il se sentit submergé de nouveau par les vagues de la vieille fatigue qu'il avait oubliée depuis deux mois. Il eut un haut-le-corps en s'apercevant tout à coup qu'il sortait de la forêt et qu'il débouchait sur une sorte de plateau. Pendant quelque temps il longea encore une haie qui le protégeait du vent et permettait une progression sans obstacle. Mais quand il vit une vague, très vague lueur se lever sur une neige complètement désertée par les traces, il dut bien se rendre à l'évidence : il s'était perdu.

« Je ne préviendrai pas Anneliese, se dit-il. Ce n'est pas la peine de l'inquiéter. Je vais essayer de trouver un village et, de là, je me ferai conduire à Stein, et je ferai une reconnaissance vers Hohenklingen à la tombée du jour. » Ce qu'il n'arrivait pas à comprendre c'était la façon dont il avait pu quitter la réserve sans s'en rendre compte. La déception alourdissait ses jambes et il marchait mécaniquement sur un petit chemin détrempé où la terre apparaissait noire et gluante entre les plaques de neige. Il arriva au bout du plateau, devant une vallée évasée où, dans la lumière grisâtre, il vit enfin ce qu'il cherchait : un clocher bulbeux et grêle autour duquel se groupait frileusement un petit village. Le chemin y conduisait tout droit : il passait entre deux fermes où il se transformait en une ruelle boueuse, et Serge se retrouva marchant dans l'unique rue. Il vit que des gens étaient déjà levés et que la rue avait été empruntée, malgré l'heure matinale, par des véhicules qui avaient laissé leurs traces. Une odeur de paille et de fumier s'exhalait de certaines cours. Il vit, à côté de l'église une porte éclairée. Elle portait au-dessus d'elle l'inscription *Bäckerei.* La vue de l'enseigne lui donna faim et il décida d'acheter du pain. Il se dit qu'en même temps la boulangère lui dirait comment se rendre à Stein. Si c'était trop compliqué il téléphonerait à Anneliese, toute honte bue, pour qu'elle vînt le rechercher comme un marmouset égaré. Il entra. La boulangère était accorte et ses cheveux hâtivement tirés en arrière sentaient la tiédeur des draps qu'elle venait de quitter.

« Quel temps ! » lui dit-elle.

Il lui sourit avec peine et, les doigts gourds, se choisit un pain d'épice.

« Combien vous dois-je ? demanda-t-il.

– Quinze pfennigs », dit-elle.

Il crut avoir mal entendu.

« Combien ?

– Quinze pfennigs. Mais vous en avez qui valent moins », dit-elle en montrant un autre casier.

Il revit avec une précision irradiante les barbelés acérés à quelques centimètres de son visage. Il se rendit compte alors de ce qu'il avait fait. D'une main tremblante, il remit dans sa poche la monnaie qu'Anneliese, de l'autre côté de la barrière désormais, lui avait laissée. Il sortit d'une autre poche les vieilles pièces qui y traînaient depuis si longtemps.

« Non, c'est ce que je voulais, dit-il. Exactement ce que je voulais. »

Puis il sortit dans le froid et, mâchonnant son pain d'épice, il remonta la grand-rue.

IV

Alle die Namen, alle die mit-
verbrannten
Namen. Soviel
zu segnende Asche. Soviel
gewonnenes Land
über
den leichten, so leichten
Seelen-
ringen
. . . .
Grosse. Graue. Fährte
lose.
König-
liche[1]

PAUL CELAN

1. Tous les noms avec – elle, consumés, tous les noms. Tant – de cendres à bénir. Tant – de pays conquis – par-dessus – légers, si légers – des anneaux – d'âme.
Grande. Grise. – Sans traces – Royale.

10

Depuis une semaine, il faisait beau. Un vent parfumé venant des Alpes avait chassé les nuages et un ciel limpide éclaboussait de lumière les clochers jumeaux de la Frauenkirche. Serge sortit de la petite chambre qu'il louait sur une cour calme de la Ludwigstrasse et marcha lentement vers la façade ocre de la Résidence. Il y avait dans les rues une précoce odeur de printemps, comme si la ville, ce matin-là, avait essayé de renouer avec la joie de vivre qu'elle connaissait autrefois et qui lui échappait depuis si longtemps. Une jeune vendeuse de primevères en costume bavarois s'était installée derrière son éventaire, au coin de l'Odeonplatz. Au moment où Serge passait, une pièce de cinq pfennigs roula hors de sa caisse et tomba dans le caniveau. Il se baissa pour la ramasser et la lui tendit. Elle lui sourit puis, d'un geste un peu gauche, lui offrit une fleur en remerciement. Il serra la petite tige dans sa main; il l'avait encore quand il entra dans une brasserie au coin de la Feldherrnhalle. La salle était enfumée et il y avait beaucoup de monde. Il trouva une table libre au fond et commanda un café, puis laissa son regard errer sur les murs. Devant lui se trouvait une fresque représentant (la légende était manuscrite) le duc de Saxe faisant démolir un entrepôt de l'évêque de Freising. L'artiste pensait certainement que le duc, campé la mine altière en train de marcher le long du fleuve, emportait son bon droit à la semelle de ses souliers. Puis le café arriva. Serge posa délicatement la primevère dans le cendrier, avala une gorgée du breuvage et fit la grimace : il était encore plus mauvais que d'habitude.

Il sortit son porte-monnaie, mit de côté ce qu'il devait donner à sa logeuse pour les deux semaines à venir et compta ce qui lui restait. Nouvelle grimace : le pécule donné par Hönig touchait à sa fin. Depuis quinze jours qu'il était à Munich il se serrait pourtant la ceinture, Dieu sait ! Le découragement le prit et il se sentit sans force devant une nouvelle journée d'investigations improductives. Il n'avait jamais pensé qu'il pourrait ainsi passer deux semaines en ville sans découvrir un seul indice ni obtenir le moindre résultat. L'endroit où pouvait se tenir Ina restait pour lui aussi mystérieux que le premier jour. N'étant pas au courant des adresses successives où elle avait vécu l'année d'avant, il s'était surtout contenté de la rechercher dans les limites de l'université, profitant des cours magistraux pour se glisser dans la foule des étudiants et essayer de rencontrer quelqu'un du groupe qui aurait pu le renseigner. L'idéal aurait été de retrouver Ernst. Dans ce but, il avait écumé la faculté de médecine qui n'avait plus de secret pour lui. Mais les contrôles de scolarité étaient fréquents et il n'osait pas s'aventurer seul dans les couloirs et les bibliothèques. Il avait parfois vu aux murs des tracts subversifs, souvent d'une violence extrême; ils étaient la plupart du temps déchirés et, de toute façon, n'étaient jamais signés. Et si Jürgen avait dit vrai ? Si elle n'était pas à Munich ? Il ne parvenait pas à le croire. L'université lui avait semblé, dès le premier jour, un véritable creuset où quelque chose se préparait – quelque chose dont il se sentait exclu. Il surprenait souvent des apartés, des conversations qui s'arrêtaient net lorsque, mine de rien, il essayait de les écouter et d'en surprendre un mot. Un jour qu'il regardait les programmes des cours sur le grand panneau du hall central, un jeune laveur de carreaux s'était approché de lui et lui avait tendu sa boîte à outils d'un geste naturel en lui murmurant : « Deuxième étage, amphi 16. On me suit. » Le cœur battant, il s'était exécuté. Il était monté au second, avait traversé une petite salle et avait déposé la boîte à l'entrée de l'amphithéâtre vide. Dans la salle, il y avait des messages épinglés sur un panneau. Il n'avait pas osé les lire car, très vite, des pas s'étaient fait entendre. Plus tard, il était revenu subrepticement pour voir si la boîte avait disparu. Elle n'était plus là et le panneau d'affichage était vide. Non, Ina ne pouvait être loin; sans doute quelque part dans une cave, en train de tirer les ficelles de toute cette organisation, pendant que lui errait à l'air libre, désemparé et démuni.

Deux étudiants s'étaient installés à côté de lui pendant qu'il rêvassait. Serge accorda un coup d'œil discret à leurs visages sérieux de jeunes pasteurs luthériens.

« Je ne suis pas d'accord, dit l'un d'eux, quand on dit que Fichte s'est borné à simplifier le système de Kant. Il l'a aussi unifié, tu ne trouves pas ? Et le mouvement dialectique qu'il utilise...

– Ce n'est un mouvement dialectique que dans la mesure où il engendre simultanément la réalité et la conscience, l'interrompit son interlocuteur. Alors que chez Kant, le sujet donne sa forme à la connaissance, mais en reçoit du dehors la matière; il y a donc une recherche de... »

Le reste se perdit dans le brouhaha. Serge allait payer et se retirer quand ils furent rejoints par un autre étudiant, celui-là d'allure rieuse et dégingandée, qui s'installa malaisément à leur table tout en écoutant la fin de leur conversation.

« Je vous trouve drôlement en forme, si tôt dans la journée, dit-il en riant. Hegel disait pourtant que l'oiseau de Minerve ne prend son vol qu'à la tombée de la nuit !

– Il fait beau, dit le philosophe. Ça doit être ça. »

Serge avait pris sa monnaie et la remettait dans son portefeuille. Le nouvel arrivant se pencha vers les deux autres.

« A propos de Fichte... commença-t-il d'une voix plus basse. Vous venez à la réunion ?

– Je ne vois pas le rapport.

– C'est le moment de donner un peu de réalité à notre conscience. Tu me suis ? »

Les deux étudiants se regardèrent.

« On s'était demandé...

– Ça bouge sérieusement. Il risque d'être mal accueilli. Ça vaut le coup d'être vu.

– Ça m'étonnerait. Ils ne prendront pas de risques, tu penses. Au contraire, ils laisseront croire... »

Serge n'en finissait pas de ramasser sa monnaie.

« Ce n'est pas mon avis, Herbert, dit le nouvel arrivant. L'amphi va être plein, ils se sentiront en force et l'autre va se croire obligé de les provoquer.

– J'ai cet exposé sur Fichte...

– Fichte aurait apprécié que tu t'y rendes. N'oublie pas à quel point il a ranimé l'esprit public dans les *Discours à la nation allemande.*

– Mais c'était au moment de l'invasion des Français en Prusse !

– Evidemment, maintenant que c'est nous les envahisseurs, commenta-t-il ironiquement, ça change tout.

– Fais attention à ce que tu dis, tout de même », chuchota le nommé Herbert en regardant autour de lui d'un air inquiet.

Tous trois se levèrent. Serge les suivit du regard. Ils tournèrent à gauche dans la direction de la Ludwigstrasse. Lui ne bougea pas et ne se leva que lorsqu'ils eurent disparu.

Il prit son tramway habituel à l'angle de la Theresienstrasse. Quand il descendit devant l'université il se rendit compte tout de suite que les abords du bâtiment étaient plus animés que d'habitude. De nombreux groupes s'étaient formés dans le jardin et parlaient entre eux à voix basse. Il fit le tour par l'entrée de l'Amalienstrasse. Là aussi des groupes stationnaient, plus nombreux encore, et il eut l'impression qu'il régnait parmi eux une tension diffuse. Il n'osa pas demander qui était le personnage que l'on attendait car tout le monde avait l'air au courant et ç'aurait été avouer clairement : « je n'appartiens pas à l'université ». Il entendit de nouveau la question posée tout à l'heure dans le café :

« Comment va-t-il être accueilli ?

– Mal », répondit l'interlocuteur à qui la question s'adressait.

Serge l'observa à la dérobée. Grand, bouclé, le visage ténébreux, habillé d'une sorte de houppelande, il l'aurait très bien vu dans le Hotzenwald, une certaine nuit d'automne. Oui, mais malheureusement il n'y était pas. Il y avait pourtant du monde, cette nuit-là, tout autour de lui. Ils ne mettaient donc plus jamais le nez dehors ?

De plus en plus nombreux les étudiants arrivaient. Serge entra dans le hall et se laissa porter par le flot vers le grand amphithéâtre. Il ne semblait pas y avoir de contrôle. Y en aurait-il eu un d'ailleurs qu'il y aurait échappé facilement au milieu de la foule. Au moment de rentrer dans la salle il se retourna et, le dos au mur du palier, vit passer des dizaines et des dizaines de visages. Peu d'entre eux souriaient. La plupart étaient tendus, muets, à tout le moins circonspects. Il compta une fille pour quatre ou cinq garçons environ. Puis, il vit que l'amphithéâtre était déjà aux trois quarts plein et il entra. Il s'installa en haut d'une travée pour pouvoir surveiller l'ensemble de la scène. Très vite les derniers vides se comblèrent et des appariteurs fermèrent les portes. On entendit derrière les panneaux de chêne les murmures de ceux qui piétinaient dehors. La tension, déjà perceptible sur le parvis, était devenue, dans cette caisse de résonance, presque palpable. Un sourd murmure montait des travées, comme si la salle archicomble prenait lentement conscience de sa force rassemblée. Serge observa son voisin. Petit, les lèvres serrées et boudeuses, il avait le regard dans le vague. Il hésita, puis finit par risquer la question.

« Comment va-t-il être accueilli, à ton avis ? » demanda-t-il.

L'autre lui adressa un regard sans aménité.

« Ça va dépendre de ce qu'il va dire... Et ce qu'il va dire, on s'en doute.

– Ah ! fit Serge.

– Il va parler des lettres, tiens. »

Serge se sentit sur une corde raide.

« Des lettres... », répéta-t-il d'un air entendu.

Il se pencha sur son voisin.

« Et... tu les as lues ?

– Les lettres du Camélia ? Qu'est-ce que tu crois..., dit-il d'un ton sibyllin.

– Quelle est... quelle est la différence avec les tracts ? » demanda Serge en s'enhardissant.

L'autre le regarda, un peu surpris devant tant d'ignorance.

« Les lettres sont signées, tiens ! » laissa-t-il tomber.

Serge fit un sourire entendu mais sentit qu'il pâlissait. Signées. Autant dire désignées en caractères de feu à la dénonciation et à la répression. Ina lui sembla tout à coup plus menacée que jamais. Pourtant les choses semblaient se dénouer et sa longue quête arrivait à un tournant. Il avait enfin un embryon de piste. « Camélia ! Je ne sais même pas à quoi ça ressemble, un camélia. Mais je crois que j'arrive à temps. »

La porte du fond s'ouvrit et un vieux monsieur monta à la tribune. Quelques applaudissements indifférents l'accueillirent.

« Vive Monsieur le Doyen », dit quelqu'un au milieu des rires.

« Mesdemoiselles, messieurs, commença le vieillard – et, de là où il était, Serge pouvait voir son col dur se trémousser à chaque mouvement de sa pomme d'Adam –, la situation dans laquelle nous voyons engagées nos armées héroïques sur le front de l'Est, et les épreuves qui en résultent pour tant et tant de familles, jusque dans notre ville, exigent de chacun de nous qu'il opère un retour, dans le cadre de son travail ou de ses activités, vers plus de discipline et de rigueur morale. Or, l'université de Munich est la proie depuis quelque temps de trop de fauteurs de trouble pour que ce qui n'était déjà pas tolérable en temps normal devienne, en ce moment présent, plus répréhensible encore. Préoccupé par cette situation, M. le Gauleiter de Bavière m'a demandé de s'en entretenir avec vous. J'ai accédé bien volontiers à cette demande », conclut-il au milieu de huées ironiques.

« Herr Paul Giesler », annonça-t-il d'une voix plus forte.

Un petit homme sec fit son entrée au milieu d'un groupe de gardes du corps qui s'installèrent au pied de la tribune. Il monta quatre à quatre sur l'estrade et serra la main du doyen qui descendit et s'installa au premier rang. Un petit groupe d'étudiants, près de la porte d'entrée, se leva et applaudit frénétiquement. Mais l'immense majorité de la salle resta de marbre. Le voisin de Serge avait sorti un papier et dessinait machinalement. Serge resta pétrifié. Et lui qui cherchait Ina. Lui qui voulait qu'elle se montre. Alors que le loup était dans la bergerie. Si le Gauleiter venait à l'université, c'est que celle-ci devait fourmiller de vigiles et de policiers. Pourvu qu'elle se tienne en dehors de tout cela. Pourvu qu'elle se...

Il n'eut pas le temps de réfléchir plus au-delà. Giesler avait commencé à parler et, dès le départ, il ne s'embarrassa pas de fioritures. Sa voix était sèche et nasillarde et il martelait ses mots en les accompagnant d'un geste tranchant de la main.

« Les revers que nous venons d'enregistrer sur le front de l'Est, disait-il, sont en effet une leçon pour chacun de nous. La conduite héroïque de nos soldats dans la bataille pour la célèbre ville de la Volga doit représenter pour chaque étudiant un utile motif de réflexion sur l'héroïsme et l'honneur, au moment même où le sacrifice de toute une armée pour la liberté du peuple allemand nous rappelle que ce que nous pouvons offrir de plus pur et de plus beau à l'autel de la patrie c'est notre vie. »

Il y eut un long murmure dans la salle.

« Répugnant », laissa tomber le voisin de Serge, le nez dans son dessin.

« ... Et je m'adresse dès lors à vous, étudiants, continua le Gauleiter d'une voix plus forte et plus hachée, aux intonations métalliques, à vous qui pouvez continuer tranquillement vos études grâce à la protection des soldats du front et grâce aux impôts des ouvriers.

– S.P.D. ! » cria une voix.

Au pied de la tribune, deux hommes se levèrent et scrutèrent la salle pour essayer de trouver le perturbateur. Il sembla à Serge que c'était le grand jeune homme du café. Giesler ne s'était pas interrompu.

« ... Oui, grâce aux impôts des ouvriers ! Et si vous ne voulez pas reconnaître, vous, étudiants, que vous faites vos études non dans votre intérêt personnel, mais dans celui de la nation, alors que les soldats risquent leur vie pour vous et que les ouvriers vous donnent toute leur force de travail, eh bien, je veillerai personnellement à ce que de tels parasites fassent enfin quelque chose dans l'intérêt général ! »

L'ambiance devenait houleuse. On entendit de nouveau des murmures réprobateurs. Des bruits de pied, venant du haut de la salle, descendirent peu à peu en lourdes cascades sur l'orateur. Le vacarme s'amplifia. Giesler dut s'arrêter et, bien qu'il fût loin de lui, Serge vit qu'il était cramoisi. Un personnage filiforme monta à la tribune avec un verre d'eau, lui dit quelques mots et redescendit aussitôt.

« ... Et vous, étudiantes, avait déjà repris le

Gauleiter, que je vois en grand nombre sur ces bancs... J'en viens à me demander ce que vous faites là. Vous devriez avoir honte de profiter des possibilités d'enrichissement qui vous sont offertes avec trop de libéralisme, alors que le Reich n'attend qu'une seule chose de vous – il martela les mots – : que vous donniez des enfants au peuple ! Et non pas que vous fassiez vos études ! Le peuple, qui vous nourrit, se moque bien de ce que vous pouvez apprendre et n'a que faire de votre science ! Au regard des générations futures amoindries par votre faute, que représentent les vestiges dépassés auxquels vous prétendez vous accrocher ? Ecoutez-moi, étudiantes de Munich ! Abandonnez vos études ! Pensez à ce que nous attendons de vous ! Des coupes claires ont eu lieu. Elles vont devoir être regarnies et...

– A qui la faute ? » lancèrent plusieurs voix.

L'atmosphère était devenue lourde. Arc-bouté à la tribune, le Gauleiter crachait maintenant ses paroles avec mépris. Il ne chercha même pas à voir d'où venaient les interrupteurs.

« Le bon rythme, poursuivit-il, serait un enfant par an... Et s'il y a des filles parmi vous qui ne sont pas assez jolies pour trouver un amant, je serai heureux de leur indiquer un de mes adjoints. Je peux vous promettre qu'il fera l'affaire et qu'elles passeront un bon moment ! »

D'un seul coup, ce fut le tumulte. Il sembla à Serge qu'il était parti du haut de l'amphithéâtre, dans le coin opposé à celui où il était, et un ouragan de cris et de protestations fondit sur l'estrade.

« Fornicateur ! » cria une fille à côté de lui, d'une voix stridente.

« Giesler, raus ! » se mit à hurler toute une travée.

« Vive Paulus ! » cria un isolé.

Des projectiles atteignirent la tribune et Serge vit même un exemplaire de *Mein Kampf* décrire une superbe parabole, frôlant le plafond avant de s'écraser au pied des trois ou quatre personnages qui avaient accompagné Giesler à son arrivée. Ils se précipitèrent pour le ramasser et, dans ce mouvement conjugué, deux d'entre eux se heurtèrent le crâne avec un bruit sec sous les ricanements sardoniques de l'assistance. Un troisième personnage monta dans les gradins pour essayer de trouver qui avait envoyé le *Mein Kampf*. Serge put détailler à loisir sa face glabre et coupante aux yeux froids. Dérisoire silhouette dépassée par la salle hors d'elle, Giesler prit alors le parti de quitter la tribune en proférant avec des gestes saccadés des menaces dont Serge ne put saisir le sens. L'orateur quitta l'amphithéâtre au milieu des huées, entouré de son quadrille impassible, et la salle commença aussitôt à se vider.

« Il n'a pas parlé des lettres du Camélia, dit Serge à son voisin. C'est toujours ça !

— Il doit y avoir des raisons », dit l'autre avec un petit sourire, avant de se perdre dans la foule.

Serge n'avait pas osé lui demander ce qu'il avait voulu dire. Il sortit et descendit le grand escalier qui bruissait de rumeurs et de conversations. Malgré le début de piste qu'il avait découvert, il restait sur une impression de déception et d'angoisse. Déception, car il n'avait rencontré personne et continuait à n'avoir aucune nouvelle d'Ina. Angoisse, car il revoyait Giesler en train de sortir, la tête droite, la bouche mauvaise. Sa retraite avait été honteuse. « Il va revenir, et en force », pensa-t-il. Le trottoir de l'Amalienstrasse était inondé de soleil et envahi de nombreux groupes qui parlaient haut et s'excitaient mutuellement. On entendait toujours : « Giesler, raus ! » L'un des groupes, fort d'une centaine d'étudiants, quitta le parvis et se dirigea vers la Ludwigstrasse. Serge se demanda s'il allait les suivre. Après avoir hésité, il préféra rester devant l'université et observer comment la situation allait évoluer. Le gros de l'amphi s'était maintenant déversé sur la rue. Les cris augmentaient. Dans le vacarme un nouveau groupe se forma autour d'une grande bannière rouge sortie là tout à coup au milieu de tous et brandie par un escogriffe dans lequel il reconnut l'étudiant du café. Serge s'aperçut que le premier groupe s'était arrêté au coin de la Schellingstrasse pour les attendre et faire la jonction. Cela tournait à la manifestation et il décida cette fois de suivre le mouvement. La Ludwigstrasse fut tout de suite envahie, de trottoir à trottoir, par la foule hurlant « Giesler, raus ! ». A l'étonnement de Serge, il n'y avait pas de police en vue. La manifestation paraissait avoir été spontanée et les autorités avaient peut-être été prises par surprise. Ou bien au contraire, était-ce délibéré, pensa-t-il, pour mieux leur permettre de localiser les meneurs. Il passa devant la maison où il avait sa chambre et se dit qu'en deux heures sa vie avait sans doute changé. Les étudiants se tenaient maintenant par l'épaule et chantaient, entre deux slogans. On voyait, à la joie qui irradiait leurs visages, qu'ils prenaient conscience de leur force à mesure qu'ils se rapprochaient de la vieille ville.

« Himmler ! cria quelqu'un.

– *Raus !* hurla la foule.

– Himmler ! reprit la voix plus assurée.

– *Raus !* cria la foule, plus fort encore que la première fois.

– Goering !

– *Raus!*
– Kaltenbrunner...
– *Raus!* »

Ils n'allèrent pas plus loin dans leurs slogans, comme s'ils s'étaient momentanément fixé un échelon à ne pas dépasser. Les chants reprirent. Serge se sentit peu à peu entraîné et submergé par cette fraternité, et pourtant, au fond de lui, le nœud d'angoisse ne parvenait pas à se dénouer. Sous le ciel bleu les taches vives des écharpes et des bonnets des étudiants semblèrent former pendant quelque temps, derrière la bannière déployée comme un immense brandon effervescent, un sillage de gaieté et d'insouciance. Puis, alors que la manifestation atteignait l'Odeonplatz, la tension revint. La petite marchande de primevères avait disparu. Sur les trottoirs les gens regardaient, muets de stupeur et d'inquiétude.

« Mon Dieu... mon Dieu » fit une vieille dame sur leur passage, en se signant.

« S.P.D.! S.P.D.! » hurlaient maintenant les étudiants.

Serge se demanda si une telle manifestation avait déjà eu lieu sous le IIIe Reich. Les images tourbillonnaient dans son crâne comme s'il était pris d'une vague ivresse. La tête de la manifestation avait maintenant traversé l'Hofgartenstrasse, et, abordant la vieille ville, l'immense cortège suivait, désordonné, hurlant, heureux de sa force toute neuve. « On est loin de nos bases, maintenant », venait de se dire Serge, quand, à cet endroit précis, en face d'un Delicatessen de la Theatinerstrasse où l'on pouvait lire une pancarte : *Aujourd'hui, vrai café,* le dernier stade fut atteint.

« *Der Führer!* hurla quelqu'un.

– *Raus !* » cria la foule.

Une cliente du Delicatessen en laissa tomber son sac de saisissement. Pourtant, comme effrayés de leur propre hardiesse, les étudiants n'insistèrent pas et le cri séditieux baissa vite d'intensité. Serge, quant à lui, suivait depuis quelque temps son propre itinéraire, zigzaguant dans le cortège avec l'espoir d'y rencontrer un visage ami. Dans cette foule, surexcitée, joyeuse, folle de sa témérité, où il se sentait égoïstement accroché à la recherche d'Ina, il s'en voulut de ne pas se sentir à l'unisson. « Elle qui a tellement œuvré pour cela », pensa-t-il. Une fille, près de lui, prit sa main et la leva en signe de victoire. Il lui sourit. L'air était doux. Ils approchaient de la Frauenkirche. Il se tourna pour parler à la fille mais elle avait disparu. Et puis il eut un choc. Cette silhouette. Mon Dieu. Il se précipita en avant, rompant une chaîne qui s'était formée. Ça y est, je l'ai perdue. Non. A côté du grand en loden, ce chapeau avec une plume. Lui. Heinrich. A vingt mètres de lui. Cent personnes entre eux. Il n'entendit plus les chants. Il fonça dans la masse indistincte et opaque, séparant les groupes, dénouant les chaînes, encore et encore. Un dernier coup de reins. Il était là devant lui. Il lui tapa sur l'épaule. Heinrich se retourna et le regarda avec stupeur. En un éclair Serge pensa à la dernière fois où il l'avait vu : le départ à la nuit sur le chemin, allégé de son brancard, son petit signe amical...

« Serge ! Mais je te croyais... »

Il reprit sa respiration.

« Ça ne pouvait pas durer toujours », souffla-t-il.

On les poussait en avant. Le cortège était agité

de brusques contractions. Serge agrippa Heinrich par la manche pour ne pas le perdre.

« Les autres. Dis-moi vite. Vite!

– Mais... Tu es en ville depuis longtemps? » demanda Heinrich.

C'était visible : il cherchait à gagner du temps. Il semblait embarrassé.

« Peu importe! » répondit Serge avec vivacité.

Un chant, de nouveau, à côté d'eux. Serge se pencha sur Heinrich.

« Ina?

– Je ne peux pas te dire, murmura-t-il. Je ne peux vraiment pas.

– Mais tu sais, n'est-ce pas? Tu *sais.* Tu ne peux pas ne pas savoir. »

Une chaîne se formait autour d'eux. Une main se tendit vers Serge. Il la repoussa avec colère. Heinrich en avait profité pour prendre un peu d'écart. Il le rejoignit d'un nouveau coup de reins, comme un nageur dans l'eau.

« Je veux la voir! Je veux, tu m'entends?

– Tu dois pourtant bien comprendre que...

– S.-P.-D.! criait la foule. S.-P.-D.!

– Heinrich. Je sais qu'elle travaille pour le Camélia. Donc je la trouverai bien tout seul. En me le disant, tu me fais simplement gagner du temps et prendre moins de risques. »

Il lui sembla que le cortège tendait à s'égailler dans les petites rues du centre. On entendait des bruits de cavalcade et il y avait moins de monde autour d'eux. Les gens, sur les trottoirs, regardaient, silencieux, médusés. La bannière rouge avait disparu.

« Où veux-tu aller? demanda Heinrich.

– Tu le sais bien. Là où elle se trouve. C'est tout. C'est simple.

— Elle est très protégée, tu sais. Elle ne quitte pas sa cave.

— Je l'espère bien », dit Serge, vivement.

Heinrich eut un geste vers les étudiants, les cris, le soleil de la victoire au-dessus de tout cela.

« Tu comprends ce que cela veut dire ? Elle ne verra même pas cela, pour lequel elle a tant... »

Serge le reprit par la manche.

« Heinrich ! Pas de phrases. Où est-elle ? »

Il se sentait prêt à tout. Heinrich s'arrêta net et, pour la première fois, n'évita pas son regard.

« Serge ? Tu connais la situation. Qu'est-ce que tu attends de moi ? Une adresse ? Tu crois que tu vas pouvoir y arriver comme cela, la bouche enfarinée ? et demander à la voir ?

— Tu veux dire qu'elle ne me recevrait pas...

— Je veux dire qu'on t'empêchera de la voir. Tu saisis ?

— Demande-lui de me fixer un rendez-vous, alors. En dehors de chez elle. Tu viendras me le dire demain. »

L'autre le regarda avec un air perplexe.

« Heinrich, supplia Serge. Je t'en prie. En souvenir de la traversée du Hotzenwald. Cette nuit-là, tu sais ce que tu représentais pour moi. »

Il parut touché.

« Ecoute, dit-il. Je ne peux pas te donner son adresse. J'ai juré. Je peux pourtant te dire une chose. Il y a une réunion du Camélia bleu à dix-sept heures à l'université, sous couvert d'un cours d'histoire de l'Art. C'est à l'amphi 16 au deuxième. Cela a été décidé tout de suite après le départ de Giesler, pour tirer les leçons de la manifestation. Elle y sera. Profites-en car elle ne sort pas souvent. Je ne te garantis pourtant pas que tu pourras entrer.

– Tu veux dire que la manifestation n'a pas été spontanée ?

– Si. Pour une grande part. Mais tout un noyau était prêt à former le détonateur. C'est-à-dire à répondre à la provocation de Giesler. »

Il s'éloigna. Serge le chercha des yeux et, de nouveau, il le revoyait qui avait fait volte-face et marchait vers lui.

« J'oubliais. Surtout qu'il ne sache pas que tu es là ! Surtout qu'il ne sache pas.

– Tu veux dire... Jürgen ? »

Heinrich haussa les épaules.

« Qui veux-tu ? Ce ne serait bon, ni pour toi, ni pour elle. A l'amphi 16, reste dans la foule. Quant à moi, bien entendu, je ne t'ai pas vu.

– Bien sûr. Merci ! »

Il le perdit de vue, tout de suite. Pour lui, c'était comme si le monde entier avait soudain repris ses couleurs. Il se surprit à chantonner, au milieu de tous ces chants collectifs, l'hymne solitaire de son bonheur retrouvé. Puis il eut envie de fuir la foule. D'être seul pour entendre son cœur qui battait, seul pour repenser au visage qu'il allait revoir et pour s'y préparer. Il sortit de la manifestation et dut traverser, dans un silence réprobateur, le cordon des gens qui regardaient les étudiants passer. Bleu le ciel. Bleu le Camélia. A quoi ressemble un Camélia ?

« Pardon, madame, pourriez-vous me dessiner... »

Quelle belle journée ! Cela aurait dû mettre la puce à l'oreille à Giesler. Au loin, le bruit de la manifestation s'éloignait, à mesure qu'elle s'éparpillait au hasard des petites rues. Il tourna dans le Hofgarten et marcha au hasard des allées. Les enfants jouaient au soleil, frais sortis et épanouis sur les pelouses, comme les primevères de la petite Bavaroise. Trois mois! Cela faisait trois mois! « Comment va-t-elle être avec moi? Comment? J'irai jusqu'au bout, cette fois. Je vais l'arracher à ce type. » Il marchait, le nez au sol, retrouvant la résolution vaguement euphorique qu'il avait ressentie, quinze jours plus tôt, dans la neige. Il suivait machinalement les empreintes d'un cheval, bien visibles le long d'une allée dans la terre meuble. La même euphorie. La même certitude désormais de la retrouver. Il se revit quinze jours plus tôt, après avoir passé le barbelé, marchant dans la neige de crottin en crottin, à la suite d'un animal de légende aux larges sabots. Un élan, sans doute. Il fallait bien que ses traces fussent enchantées puisqu'elles le menaient à son amie. Il eut une illumination soudaine. Elles lui avaient aussi permis d'éviter le champ de mines sans qu'il s'en rende compte. Là où l'animal était passé sans encombre... Pourtant, comment avait-il fait? Avait-il un sixième sens? Etait-ce pour lui que le hasard avait joué d'une façon si providentielle?... Il n'y avait peut-être pas de mines du tout. Il ne saurait jamais. Et cette trace, à peine changée, aboutissait dans ce Hofgarten, presque aux pieds de celle qu'il allait retrouver tout à l'heure. Il se pencha et regarda avec attention l'empreinte du sabot imprimée dans la terre meuble. Comme il se relevait il se trouva nez à nez avec une petite fille de trois ans qui recula, un peu inquiète de voir à son altitude quelqu'un qu'elle ne connaissait pas. Il lui sourit et lui dit : « Je vais bientôt voir quelqu'un que j'aime beaucoup. » La petite fille le regarda bouche bée avant de s'enfuir en courant.

De nombreux petits groupes discutaient sur les marches. Il y avait moins d'effervescence que quelques heures auparavant; plutôt une stupéfaction devant ce qui venait d'être accompli, et même une certaine inquiétude qu'il sentit sourdre de temps à autre. Il traversa rapidement le vestibule, prit le grand escalier et monta directement au second. Il se souvenait de la porte 16 car c'est là où il avait porté le paquet que lui avait confié un jour le jeune laveur de carreaux. Il la poussa et se trouva dans une petite antichambre pleine de monde. Au mur une inscription était affichée : « *Travaux pratiques d'Architecture. Berlin : Aménagement de l'Ile des Musées par...* » La suite était masquée par les étudiants. Quelques visages se retournèrent vers lui. Il ne connaissait personne. Heinrich n'était pas là. La porte du fond était ouverte sur les premiers degrés du petit amphithéâtre. Tout à coup, il réalisa qu'elle ne pouvait guère être loin de lui et, à cette seule pensée, il dut s'appuyer au mur. Dans le mouvement de foule qui suivit il s'approcha de la porte. Un gros garçon qui filtrait les entrées le dévisagea avec insistance.

« Schleswig-Holstein, dit Serge à tout hasard.

– Pardon ? fit l'autre.

– Je veux voir Katherine. Je viens exprès pour cela.

– Passe. »

La salle était déjà pleine. Tout le monde parlait des événements de l'après-midi avec passion. Il monta vers les travées du haut et se cacha à demi derrière un poteau qui supportait un petit balcon. En se haussant sur la pointe des pieds il vit que Heinrich était là, au premier rang. A un moment donné, il se retourna pour examiner l'assistance.

Serge, dans un réflexe, se dissimula complètement derrière le poteau.

« En réalité, il est tout à fait au courant, dit quelqu'un à côté de lui.

– De quoi ? fit un autre.

– Eh bien, de ce que le Camélia est dans cette université comme un poisson dans l'eau...

– Qui est au courant ? demanda Serge.

– Giesler, tiens ! C'est pour cela qu'il a laissé faire... Pour qu'ils se découvrent mieux. C'était plein de gestapistes en civil, t'as pas remarqué ? »

Non, il ne les avait pas remarqués. Mais cela lui fit froid dans le dos.

Elle apparut alors. Elle était arrivée soudainement à la tribune, suivie de Jürgen et d'un autre qu'il ne connaissait pas. Jürgen s'installa au centre avec elle à sa droite et l'inconnu à sa gauche. Serge sentit son cœur s'arrêter et dut s'agripper au poteau qui le dissimulait. Il n'était d'ailleurs pas nécessaire pour lui de se cacher car, perdue dans une sorte de rêve, la tête dans ses mains, elle ne regardait pas le public. Quant à Jürgen, il parlait avec son voisin. Puis elle se redressa et Serge put mesurer combien elle avait changé. Ses cheveux longs et bruns faisaient ressortir sa pâleur. Elle semblait plus mûre qu'autrefois, plus consciente de son influence et de son ascendant sur ceux qui l'écoutaient. Avant même qu'elle ait parlé, il eut l'impression que les étudiants ressentaient déjà l'énergie sombre et fervente qui émanait d'elle, mais il sentit aussi confusément que les derniers mètres qui l'en séparaient seraient peut-être pour lui les plus difficiles à franchir. Ce fut Jürgen qui prit la parole. Le visage énergique, presque farouche, nullement marqué par le triomphe ou par une quelconque euphorie, comme cela aurait pu sembler normal après une telle journée, il parla d'une voix monocorde dans laquelle l'émotion ne se manifestait que par un ton de voix plus bas et plus lent.

« Ce qui s'est passé tout à l'heure, dit-il, a dépassé nos plus vives espérances. La première manifestation publique qui ait jamais eu lieu contre Hitler et sa clique s'est enfin déroulée, et avec le succès que vous avez vu. Ce n'était plus, comme au début, l'action isolée d'un petit groupe faisant office de détonateur, mais l'affaire de toute une université, l'une des plus grandes d'Allemagne, fraternellement unie pour la première fois contre la tyrannie. Un homme détesté a été ignominieusement mis à la porte... »

Quelques applaudissements jaillirent.

« ... d'un lieu où il n'avait rien à faire, poursuivit Jürgen qui leva aussitôt la main. Je vous en prie, dit-il. Nous ne sommes pas là pour nous congratuler. L'ordre nazi a pu être mis en place il y a dix ans avec l'appui des étudiants, mais cette tache est en passe d'être lavée, car ils viennent enfin de prendre conscience de leur force et plus rien ne les arrêtera pour rendre la liberté à leur pays ou à ce qu'il en restera, hélas ! Il est certain que nous entrons dans une autre époque et que des mouvements comme le Camélia bleu vont devoir se multiplier. Nous nous efforçons d'ailleurs nous-mêmes de créer des antennes dans plusieurs villes du Sud, Stuttgart, Karlsruhe, Heidelberg. Il n'est pas jusqu'à Mayence...

– Le Jaquemart ! » cria quelqu'un.

La salle rit, sans que Serge comprît pourquoi. Ce fut la seule fois où il vit l'ombre d'un sourire détendre le visage de Jürgen. Celui-ci se tourna vers Ina qui lui répondit d'un bref sourire. Au fond de la salle, il se sentit devenir livide.

« Notre utilité ne sera donc plus désormais de

créer l'étincelle, ou le premier noyau d'un réseau comme nous l'avons fait jusqu'ici, mais plutôt d'être pour vous, avec les moyens dont nous disposons, une antenne d'observation, d'information, ainsi qu'un centre d'organisation, de relais et de jonction pour les nouveaux réseaux qui se formeront sans nous. Voici un premier exemple de ce que nous pouvons vous apporter dans le domaine de l'information. Il s'agit des radio-téléphones échangés entre Hitler et Paulus quelques jours avant que le quartier général ne soit investi. Nous avons pu les capter aux ondes courtes, malgré le brouillage, auprès d'un bulletin à diffusion interne, vraisemblablement réservé aux archives de l'O.K.W. Je lis, dit-il d'une voix sans timbre :

« " PAULUS : Commandement devenu impossible. Troupes sans munitions ni vivres : 18000 blessés privés de secours médicaux, pansements, médicaments. Insensé continuer résistance. Ecroulement inévitable. Requiers autorisation capituler immédiatement pour épargner destruction troupes survivantes. "

« " HITLER : Vous interdis capituler. La VIe Armée tiendra ses positions jusqu'à son dernier homme et sa dernière cartouche. Son héroïque endurance apportera une inoubliable contribution à l'établissement d'un front défensif et au salut du monde occidental. "

« Voilà ce qui s'est dit, durant cette journée du 25 janvier, alors que la température venait de tomber à −30° et que les derniers rats avaient été dévorés le matin même. »

Jürgen s'arrêta et promena son regard sur l'assistance. Toute la salle avait écouté, pétrifiée, ce dialogue de fin du monde dans lequel une armée entière avait trouvé son tombeau. Le voisin de Serge avait pris les messages en sténo.

« Une lecture comme ça, murmura-t-il, tu te rends compte le monde que ça peut nous apporter ! »

Et puis Ina prit la parole. La tension voilée de sa voix, la gravité de ce qu'elle disait sembla ramener à elle toute l'énergie éparse dans la salle. Toute cette ferveur autour d'elle.

« Nous sommes conduits par un fou dangereux et le pays ne s'en remettra pas, dit-elle. La guerre est déjà perdue et il ne le sait pas, le Reich est au ban des nations et il s'en gausse. L'Allemagne, autrefois, et pour le monde entier, c'était Goethe, Beethoven ou Karl Marx; on nous jettera désormais en pleine face les noms maudits de Dachau, Buchenwald ou Ravensbrück. Nos enfants – et je ne parle pas de ceux dont Giesler a passé commande avec une grossièreté si répugnante –, nos enfants souffriront à jamais de ce travestissement monstrueux de ce qu'était notre pays et ils nous tourneront le dos avec dégoût, sans comprendre, anéantis, abasourdis devant notre aveuglement et notre hystérie. Si nous pouvons, nous, représenter une flamme d'espoir pour quelques-uns parmi ces enfants de l'avenir, pour les empêcher de céder au désespoir, alors cette journée fera doublement date. Oh ! je vous en conjure, le moment est venu, amis, levez-vous ! suivez-nous ! allez partout ! engagez-vous dans la résistance comme plusieurs de nos camarades l'ont déjà fait juste avant cette réunion et comme l'ont fait aussi ceux, trop rares encore, qui ont suivi nos traces et ont pris notre chemin à Berlin ou à Hambourg... Continuez ce que nous avons entrepris, mais en multipliant les points de contact et d'action. Il faut, en face, qu'ils aient l'impression que leurs ennemis sont sans nombre et sans cesse renouvelés. Il faut que chacun d'entre nous qui tombera sous les coups de la Gestapo donne naissance à un groupe nouveau qui contribuera à son tour à ce que je voudrais tellement voir naître autour de nous, une herbe plus verte... sur laquelle ne coulera plus jamais le sang des martyrs... et qui ne connaîtra pas... ce que Rimbaud appelait... »

Elle suspendit sa phrase. A cette minute telle que Serge la vécut, Ina lui sembla, devant la salle suspendue à ses lèvres, submergée et presque tremblante de passion contenue, aussi lumineuse et vibrante que lorsqu'elle avait chanté son lied, un beau soir d'automne.

« ... Le temps des assassins. »

Malgré un nouveau geste de Jürgen, la salle se libéra cette fois de sa tension en applaudissant à tout rompre.

« Oui, Katherine, oui ! » murmura avec ferveur son voisin.

Serge dut s'asseoir par terre. De nouveau le sol lui manquait.

« Je ne mange pas assez, se dit-il. A la moindre émotion, je cale. »

Un étudiant, devant lui, se déplaça un peu et il put voir la tribune sans être vu. Jürgen et Ina se parlaient à voix basse. L'autre garçon avait pris la parole et reprenait d'une voix neutre et d'une façon plus pratique les arguments d'Ina. Il était question de technique pour rédiger les tracts, les transporter et les déposer. Quelqu'un posa la question du sabotage.

« Non, dit Jürgen. C'est trop tôt. Nous ne sommes pas assez structurés. Les cellules ne sont pas assez étanches. Dans un mois ou deux nous en reparlerons. ».

« Tout cela est fou, pensa Serge. S'ils se lancent vraiment là-dedans, ils sont fous. »

Après un dernier conciliabule avec Ina, Jürgen se leva et quitta la salle par une porte derrière la tribune. Serge respira mieux. L'autre garçon avait maintenant fini de parler. La réunion se terminait. Des adresses se transmettaient, des rendez-vous étaient pris. On sentait presque physiquement se créer les mailles de futurs réseaux. Deux filles parlaient avec Ina, et il se demanda s'il allait l'aborder comme cela, au milieu de tout ce monde. Il se sentait étrangement ému et timide. Et puis d'un seul coup elle se leva et disparut par la même porte que Jürgen. Cela se passa si vite que, le temps qu'il eût réalisé, puis franchi la foule des étudiants qui se pressait vers la sortie, il trouva porte close, fermée à clef de l'extérieur. La salle continuait à se vider. Très pâle, il frappa plusieurs fois, discrètement. Il n'y eut pas de réponse. Ce n'était pas possible. Il se sentit en sueur.

« Qu'est-ce qui se passe? dit un grand type qui l'observait depuis quelques instants.

– In... Katherine... Je suis venu pour la voir. Elle a disparu d'un seul coup. Je... »

Il rassembla toute son énergie et regarda le type dans les yeux.

« Je dois la voir, dit-il d'une voix brève. C'est très important.

– Tu as le mot de passe?

– Comment ça, le mot de passe! J'arrive exprès, juste pour la réunion, comment veux-tu qu'on ait eu le temps de me le donner?

– Alors ce n'est pas possible », dit l'autre, fermement.

Il le regarda affolé. Son cerveau ne lui fournissait pas une idée. Il n'y avait plus grand monde dans la salle. Ce type allait s'en aller.

« Mais puisque j'ai pu entrer!

— La voir, c'est pas pareil.

— Pouvez-vous lui transmettre un papier, au moins ? » dit-il hâtivement.

L'étudiant hésita.

« Je ne peux rien lui donner de personnel.

— Ce n'est pas personnel. Je veux dire, c'est juste quelque chose qu'elle comprendra.

— Elle va être partie ! »

Serge s'agita.

« Justement, il faut faire vite. »

Il sortit un papier de sa poche et écrivit quelques mots. L'étudiant lut avec surprise.

« Qu'est-ce que ça veut dire ? demanda-t-il.

— Ça veut dire que je suis là, c'est tout. Moi aussi j'ai le droit de prendre des précautions, non ? Va, va », dit-il en le poussant.

L'autre sortit une clef.

Serge attendit, assis sur une table de bois. La porte s'ouvrit et elle entra, le papier à la main, les traits tendus. Elle resta un court instant à le dévisager.

« Tu te souvenais de cela ? dit-elle d'une voix sourde. Tu t'en souvenais ?... »

Il s'était mis debout. En se tenant aux portants des pupitres il vint vers elle.

« Tu crois qu'on ira ? » dit-il très bas.

Ils étaient face à face, un peu gauches. Elle ne souriait pas.

« J'ai envie de t'embrasser, dit-il. Je rêve de cela depuis tant de semaines. »

Elle secoua la tête.

« Pas ici ! tu es fou...

— Donne-moi un rendez-vous, alors. »

Elle parut réfléchir. Serge se dit qu'elle avait un air traqué.

« Viens demain à dix heures, chuchota-t-elle très vite, 12 Lothstrasse. Tu te rappelleras ? C'est près de Neuhausen. Sonne quatre coups brefs. Et maintenant, pars, pars. »

Elle glissait déjà vers la porte. Mais lui n'eut pas le temps de contourner la tribune et de regagner l'autre sortie. Les messages circulaient trop vite dans l'univers centrifuge du réseau. La porte s'ouvrit avec violence et Jürgen entra. Il ne parut pas voir Ina et se dirigea vers Serge.

« Fous le camp ! lui dit-il sans préambule, d'un air dur. Tu as compris ? Déguerpis ! »

Inconsciemment, Serge avait reculé et s'était replié dans les travées. Il resta quelques secondes avant de répondre :

« Décidément nous ne nous comprendrons jamais, Jürgen. Tu ne sais donc pas que je déteste qu'on m'emmène de force dans des endroits où je ne veux pas aller – à propos, merci pour la petite croisière ! – et pas davantage qu'on me dise de quitter des endroits où, comme par hasard, j'ai décidé de rester. Tout ça, si tu veux mon avis, c'est une question de libre arbitre, ajouta-t-il d'un ton détaché.

– Fous le camp, je te dis ! Dégage ! Si je te revois une fois... une seule fois, tu m'entends, je ne réponds de rien. »

Son poing se serra.

« Pauvre mec ! dit Serge. On remue les foules, n'est-ce pas ? Ce n'est pas moi qui te le reprocherai, d'ailleurs. Mais derrière le beau paravent, on trafique ses petites combines. C'est cela qui ne va plus ! C'est cela qui est terminé à dater d'aujourd'hui. Je suis venu te l'annoncer.

– Terminé quoi, pauvre con ? Annoncer quoi ?

– Cherche pas à comprendre. Tu as assez fait d'efforts aujourd'hui.

— Assez! » cria Ina.

Elle était pâle comme un linge et s'appuyait au mur du fond. Jürgen parut l'apercevoir. Il vint vers elle et d'un geste sec lui arracha le papier qu'elle avait dans les mains. Elle poussa un cri.

« Donne!

— « Les rives de l'Irrawaddy », lut-il en ricanant. Il se tourna vers elle. Les rives de l'Irrawaddy! Qu'est-ce que ça cache, ce sabir?

— Donne cela, Jürgen, ou c'est terminé entre nous, dit Ina d'une voix blanche.

— Hein? tu me le diras? dit Jürgen d'un air mauvais. Tu me le diras ce que ça cache? »

Elle lui arracha le papier des mains. Serge descendit vers la tribune.

« Je vais te le dire, moi, ce que ça cache, dit-il d'un air calme. Tu connais l'histoire du vieux Chinois? »

Ina lui adressa un coup d'œil suppliant qui disait : « Ecoute, ce n'est pas le moment. » Jürgen haussa les épaules d'un air méprisant.

« C'était un vieux Chinois, continua Serge imperturbablement. Figure-toi qu'il attendait, assis impassible sur les rives d'un fleuve tumultueux, que passent les cadavres de ses ennemis. »

Il s'arrêta et le regarda.

« Tu veux la suite? Savoir le temps qu'il a attendu? La patience qu'il lui a... »

Il évita de peu la gifle que lui adressa Jürgen. C'était un coup sec et vif. Seule la lueur soudain dangereuse qu'il vit dans ses yeux l'avait fait reculer juste à temps.

« Vous êtes fous, dit Ina en élevant la voix. C'est un comble! Après une journée comme celle-là! »

Elle se tourna vers Jürgen.

« Il est revenu, dit-elle. Eh bien, quoi ? Il a le droit, non ? Qu'est-ce que ça change ?

– Tout, s'écria Serge.

– Serge ! supplia Ina.

– Fous le camp ! dit Jürgen en détachant ses mots. Je te le conseille. A-mi-ca-le-ment. C'est l'expression qu'on emploie dans ces cas-là, n'est-ce pas ? »

Cette lueur dangereuse dans son regard, à nouveau.

« C'est beau de parler de fraternité, Jürgen, dit Serge. Ce serait tellement mieux si tu balayais d'abord devant ton perron.

– Ina ! dit Jürgen. Je ne supporterai pas cela une seconde de plus. Acceptes-tu de partir avec moi, là, tout de suite ? »

Serge se tourna vers Jürgen. Sa voix était hachée et vibrante :

« Je suis revenu chercher mon bien, Jürgen. Mon bien, tu entends ? Elle ne repartira plus avec toi. Va te tringler toutes les militantes que tu veux, mais elle, pas touche !

– Serge ! cria-t-elle douloureusement. Pas ça...

– Ina, dit Jürgen, comme s'il n'avait pas entendu, je t'ai demandé quelque chose. »

Il y avait une fêlure dans sa voix. Il était très pâle.

« Bon, dit Ina, je viens.

– Ina ! » cria Serge qui s'avança.

Sur un coup d'œil suppliant qu'elle lui adressa, il s'arrêta net.

« Fais attention, lui lança-t-il. Tu n'auras jamais été plus en danger que dans les minutes qui vont suivre. »

Elle se retourna vers lui. Son visage semblait vidé de son sang. Jürgen la poussa dehors. Le claquement de la porte.

11

Elle avait les yeux creusés comme aux premiers jours à la maisonnette, quand elle lui ouvrit.

« Tu n'as pas beaucoup dormi, dit-il. Moi non plus, d'ailleurs.

– Viens, viens vite. »

Elle l'entraîna dans une petite chambre au fond de la maison. Le corridor était laqué de blanc comme dans certaines maisons nordiques de bord de mer. Au fond, par une porte vitrée, on voyait un jardin éclaboussé de soleil. Il s'arrêta sur le seuil de la chambre. C'était une toute petite pièce, monacale, avec une lucarne, et elle paraissait inoccupée. Serge se retourna vers Ina. Sans savoir trop pourquoi, il se sentait gauche et oppressé.

« C'est calme, dit-elle, comme si elle faisait visiter la chambre à un locataire. Mais je préfère dormir en bas. »

Il s'assit sur le lit, paraissant désorienté.

« Je n'arrive pas à réaliser, dit-il. J'ai tellement, mais tellement attendu cet instant. Je devrais être si heureux. »

Elle vint s'asseoir à côté de lui.

« J'ai souvent pensé, dit-elle, que quand on a

trop désiré quelque chose, que ça vous arrive enfin, on se sent vaguement déçu, et après on se dit : je n'ai pas su être à la hauteur de mon bonheur... »

Il se tourna vers elle et lui caressa gravement le visage, les méplats de ses pommettes retrouvées, avec leur tendre modelé si lisse sous la main. Puis il prit entre ses doigts ses longs cheveux bruns.

« Ma vie, dit-il. Ma beauté. Je te retrouve. Tu es ma seule... ma seule certitude. »

Il s'arrêta.

« Au début, quand je suis parti dans la neige, reprit-il, j'avais l'impression que ton visage me guidait. Comme si tu me disais : " viens, je « t'attends ".

— C'est peut-être pour ça que tu m'as reconnue tout de suite!

— Tu crois vraiment que la couleur des cheveux peut changer un visage? lui demanda-t-il en riant.

— Plutôt! Beaucoup ne me reconnaissaient pas, dit-elle. Georg, par exemple, ne m'avait pas reconnue. Il est vrai que tu n'as pas eu droit à mes lunettes.

— Georg? Ah! le vieux type qui était amoureux de toi?

— Tu te rappelles, sa petite maison rose, où je t'avais emmené une fois. La ronéo et le stock de papier sont dans sa cave maintenant. C'est là aussi où ils se réunissent tous. Mais moi je ne bougeais guère d'ici, malheureusement.

— J'aurais pu y penser, dit-il songeur. Ce qui était terrible, c'est que je n'avais justement aucune adresse et aucun recoupement pour me permettre d'en trouver. J'errais dans les rues en attendant que quelque chose arrive, une rencontre, un indice... Cela durait depuis quinze jours.

Hier, à cette heure-ci, j'étais désespéré. Ça s'est produit enfin... Il aura fallu pour cela cette folle journée. »

Il ne l'avait pas encore embrassée. Il fallait qu'il se refasse à cette chose si simplement parfaite et douce : elle est là, devant moi.

« Je n'ai pas dormi de la nuit comme je te disais. Il avait l'air fou. Je me suis dit qu'il pourrait tout aussi bien... »

Ina secoua la tête, comme si elle voulait oublier un cauchemar.

« Il n'avait pas seulement l'air, dit Ina. Il *était* fou. Je ne l'ai jamais vu dans un état pareil !

– J'avais peur qu'il ne te frappe. »

Elle soupira.

« Il a bien failli. J'ai mis des heures avant de le calmer. Mais il y a quelque chose en lui qui ne va pas. Il y a une faille. Quand tu vois quelqu'un comme lui, plein de sa tâche, efficace, cohérent dans ses décisions, possédant une foi qui soulève les montagnes, enfin un bloc de granit, une force, quand tu le vois retourné comme je l'ai vu hier, je t'assure, ça fait... oui, tu as raison, ça fait peur.

– Il ne sait pas que nous nous voyons ce matin ?

– Non, bien sûr, dit-elle avec vivacité. Ce serait le bouquet !

– Mais s'il vient ?

– Il ne vient jamais. Il n'a pas la clef. » Elle réfléchit un instant. « Au cas où on sonnerait, tu monterais au premier. »

Serge s'énerva quelque peu.

« Mais enfin, tu lui as dit que tu n'y étais pour rien ? Que j'étais arrivé sans que tu le saches ?

– Il m'a reproché d'être venue dans l'amphi après que Klaus m'ait donné le papier. »

Il haussa les épaules.

« Ton Klaus a fait du beau travail. C'est lui qui a sûrement été le prévenir. Enfin ! Ce qui est fait est fait. »

Il se leva et regarda machinalement à travers la lucarne. La rue était calme. Un tramway la traversa au loin, avec un bruit de ferraille assourdi. Il se retourna.

« Ina, dit-il en hésitant. Toi, quand tu as lu le papier, qu'est-ce que tu as éprouvé ? De la surprise ? De la crainte ? De... de la joie ?

— Il ne fallait pas que tu viennes », murmura-t-elle.

Il se mit à genoux devant elle, les bras tendus vers ses épaules.

« Tu me dis cela et ton visage est plein de tendresse. Tu savais que j'allais revenir. N'est-ce pas... tu le savais... »

Elle ne répondit pas. « Toujours l'apprivoiser, pensa Serge. Même si on la quitte deux jours, il faut l'apprivoiser. Alors, tout un hiver... »

« Tu as pensé à moi ? demanda-t-il. Tout ce temps ?

— Oh ! oui » dit-elle dans un élan.

Puis elle s'arrêta, presque confuse. Il ferma les yeux pour jouir de son bonheur. Elle reprit d'une voix plus sourde :

« Cela fut étrange, tu sais. Au début, ici, pendant quelque temps, je n'ai plus rien senti pour toi. Rien. Je pensais à Kurt, à la façon dont il avait disparu. Je regardais agir Jürgen avec une certaine fascination. Si tu avais vu la façon méticuleuse et précise avec laquelle il préparait ses actions. Pour moi-même, l'action était un univers dont je ne sortais plus, avec ses lois, ses mécanismes, sa finalité propre, sa...

— Ça se conçoit; d'autant que tu as plutôt réussi, si j'en juge par ce que j'ai vu.

— Oui, mais il est arrivé un moment où je me suis sentie... comment te dire... sèche, dépersonnalisée... exsangue. J'étais comme toi tout à l'heure. J'aurais dû me sentir heureuse et je ne l'étais pas. »

Serge revit la longue silhouette effondrée des dernières heures du Hotzenwald. Il prit son visage dans ses mains.

« Pas à cause de mon absence, Ina; à cause de la mort de Kurt. N'est-ce pas ? » dit-il, pressant.

Elle tressaillit.

« Mort ? dit-elle. Mort ? Pourquoi dis-tu cela ? Il ne faut pas. N'oublie pas qu'il doit venir aussi.

— Où ?

— Là où tu sais », dit-elle très bas.

Elle caressa lentement les cheveux de Serge.

« Non, c'était toi, reprit-elle. C'était toi qui revenais, de plus en plus souvent, me visiter. Pas lui ! »

Pour la première fois, il l'embrassa. Puis, par une sorte de coquetterie, ou pour être sûr qu'elle disait vrai, il voulut exorciser à jamais les ultimes scènes de l'étang.

« Il t'avait quand même tourné les sangs, dit-il. Il était entré dans la vie de mon Ina comme un fantôme, et il en est sorti...

— ... pareil », dit-elle avec un sourire triste.

Ils se turent. Il régnait sur la rue déserte un grand calme orageux, un peu léthargique, comme si toute la ville restait sonnée après la forte poussée de fièvre de la veille.

« On en était au moment où tu ne m'aimais plus », reprit-il.

Elle s'était penchée en avant, et semblait à l'écoute de quelque chose, d'une vibration secrète et lointaine, qu'elle essaya de reconstituer par une lente approche.

« Ça a duré quatre, cinq semaines, dit-elle. Puis l'amour a reflué, lentement, il a immergé à nouveau tout ce que j'avais senti... en moi... s'échouer.

— Si je comprends bien, tu étais devenue une plage à marée basse, dit-il en riant. Pleine de détritus rejetés par la mer!

— Je m'en suis voulu. Tu ne peux pas savoir comme je m'en suis voulu, d'être partie comme cela! J'essayais de ne pas y penser, de m'enfermer dans le travail.

— Enfermée c'est bien le mot, mon Ina. » Puis il ajouta : « J'espérais que tu m'enverrais un message.

— Je le voulais. Mais il paraît que les Hönig ne répondent plus. »

Serge se mit à rire.

« Ça doit être à cause de moi! Ça n'a pas été une petite affaire, mon passage! »

Il hocha la tête.

« C'est cela que je ne lui pardonne pas, dit-il en changeant de ton. Cette petite croisière sans retour sur le Rhin, c'était vraiment trop moche de sa part! Il leur avait interdit de me donner les papiers avant que j'aie un pied en Suisse. Ils ont dû m'attacher, tu sais, sur leur bon Dieu de péniche. Sans cela je me serais jeté à l'eau. J'avais l'impression de franchir un gouffre noir où tu me regardais tout à fait au fond. Je revoyais, je sentais ton corps contre moi, comme le jour où... oh! mon Dieu. »

Elle vint vers lui. C'était elle qui avançait sa main, lentement, comme pour reprendre possession de quelque chose qui lui appartenait. Il sentit ses doigts sur ses lèvres et les embrassa.

« Ce que tu pouvais être belle quand tu leur parlais, hier, dit-il. Si tu les avais vus t'écouter. Si tu savais ce que l'on *ressentait* dans la salle. Ils étaient à la fois subjugués et galvanisés. »

Elle le regarda intensément.

« Il était dit que tu assisterais à mon jour de gloire », dit-elle d'un ton vaguement ironique.

Il se leva et fit quelques pas dans la petite chambre.

« Ina », dit-il.

Quelque chose dans son intonation fit qu'elle releva la tête.

« Tu dis toujours que je parle par aphorismes. Je te promets que ce sera le seul. Mais il n'y aura pas de roche tarpéienne après ton Capitole. Il n'y aura pas le couronnement d'Ina, suivi de sa chute. Je serai venu avant. »

Il la prit et la serra contre lui avec brusquerie.

« Je sais ce que tu vas me dire, murmura-t-elle.

– Tu savais, n'est-ce pas ? Tu savais que je viendrais te chercher. »

Elle baissa la tête, regardant le sol entre ses genoux écartés. Serge se rappela qu'il avait cette position, sur la borne, à son arrivée à Waldshut.

« J'ai vu Giesler quitter l'amphithéâtre, reprit-il. Tu ne peux pas savoir dans quel état il était. Il écumait. Il éructait des menaces. J'ai cru entendre dire : " *Vous me le paierez !* " ou quelque chose comme cela. Il va revenir en force, Ina. J'en suis sûr. Il paraît que c'était plein de gestapistes, hier, pour repérer les meneurs : Giesler sait parfaitement que le Camélia bleu est dans l'université comme un poisson dans l'eau. Ils connaissent ton nom, ton *nouveau* nom, Ina. Ils connaissent celui de Jürgen. Ce n'est pas possible autrement. Même pendant la réunion d'hier à l'amphi 16 je suis sûr qu'il y avait des oreilles ennemies, comme on dit, pour t'écouter.

– Arrête, dit-elle. Arrête ! Ce n'est pas possible ! »

Il s'approcha d'elle et se fit pressant.

« Ina, c'est peut-être une question d'heures. Tu vas mettre tes lunettes et nous allons partir avec beaucoup de naturel, comme de bons petits espions qui s'échappent, pour la gare.

– Et après ?

– Les Hönig. Ils pensaient qu'on serait deux, la dernière fois. Eh bien, on n'aura eu que trois mois de retard au rendez-vous. Je te jure qu'ils n'auront pas à m'attacher cette fois-ci ! »

Elle sourit. A la fenêtre une branche allait et venait, soulevée par un vent léger.

« On peut toujours rêver, dit-elle. C'est vrai qu'à la limite mon rôle pourrait être terminé. Si je disparaissais le mouvement survivrait. Et pourtant il y a encore tant de choses à faire...

– Ce n'est pas que ton rôle pourrait être terminé, mon Ina, dit-il d'un ton ferme. Il *est* terminé. »

Elle secoua la tête et regarda dans la rue.

« On ne peut pas partir sans régler le problème Jürgen, dit-elle.

– Il n'y aura plus de problème Jürgen quand tu ne seras plus là pour lui en créer un !

– Tu crois ça », dit-elle d'une voix changée.

Elle se retourna vers lui.

« Serge, dit-elle en le regardant, je ne t'ai pas tout avoué. Je lui ai dit hier soir que j'allais quitter le réseau. »

Il verrait toute sa vie la branche qu'il regardait au moment où il crut que son cœur, de nouveau, s'arrêtait. Mais tout de suite une sorte d'incrédulité le gagna.

« Mais pourquoi ne me le disais-tu pas ! s'exclama-t-il. Tu étais prête à le faire et tu me laissais te persuader... Tout ce temps perdu ! »

Elle vint vers lui et l'embrassa.

« Parce que je n'étais pas encore sûre, Sergio. Parce que j'avais besoin de te revoir. Que tu me parles. Que je sente ta force. Que je sache que tu m'avais pardonné. »

Il l'étreignit avec passion. Il ne pouvait prononcer un mot.

« Oh ! Serge, murmura-t-elle. La vie... la vie libre... avec toi ! »

Elle se sépara de lui et secoua la tête comme quelqu'un qui voit s'évanouir un mirage.

« Je ne peux pas arriver à y croire, dit-elle. Il va arriver quelque chose, ce n'est pas possible ! »

Il la fixait, toujours incrédule.

« Explique-moi. Explique-moi comment tu es arrivée à cela.

— Quand tu es parti, soupira-t-elle, il m'a fait une scène épouvantable. Et il n'avait pas à me parler comme cela. Il n'avait pas. Il y a eu tant de travail de fait. Je ne vais pas accepter de lui ce que je n'aurais accepté de personne, même de toi : une atteinte permanente à ma liberté, ou de ce qui m'en reste, du fait de sa seule présence ombrageuse et soupçonneuse. Maintenant, de toute façon, je ne veux plus le voir. Je ne veux plus. Je lui laisserai seulement une lettre. »

Elle s'interrompit, la tête dans ses mains. Serge se taisait.

« Quand je lui ai dit que je partais, reprit-elle après un silence, il s'est assis et il est devenu très pâle. Il m'a dit : « Mais non, ce n'est pas possible, « tu ne vas pas faire ça, oublie ce que j'ai dit, tu « ne vas pas me laisser... » Je lui ai répondu que j'étais à bout, que le résultat était obtenu, que j'y avais contribué, mais qu'il fallait absolument que je change d'air, qu'il n'avait fait que précipiter les choses. Il m'a demandé si je partais avec toi. J'ai dit non, non, et qu'au contraire te savoir dans la ville me donnait envie de partir encore plus vite.

– Il n'est pas naïf à ce point-là !

– Il a paru me croire en tout cas. Il était rasséréné à ce moment-là. Il m'a demandé de ne jamais oublier ce que nous avions fait ensemble. Il m'a reparlé de la nuit du Jaquemart.

– Le Jaquemart ? Tout le monde avait l'air au courant, hier.

– Je te raconterai. Il m'a souvent dit après que c'était une des plus belles nuits de sa vie. Il me disait : « Ma plus belle nuit avec une femme, « et pourtant... »

– Et pourtant... rien. C'est cela ?

– Oui, je pense. »

Elle demeura songeuse.

« Après je me suis dit qu'il fallait le comprendre. Lui aussi est épuisé. Son travail a été gigantesque. Tu as vu le résultat, hier. C'est lui tout cela. C'est lui qui l'a voulu depuis le début. Tu sais, il y avait alors entre nous un extrême sentiment de connivence et même de communion... dans l'excitation de ce qu'on arrivait à créer. S'il avait tant de foi et d'opiniâtreté, s'il s'est tellement sorti de lui-même, c'était bien – mais il ne l'avouera jamais – parce qu'il me sentait et me savait à côté de lui. Il faut que tu comprennes cela, Serge, tout de même. A ces moments-là, il n'était plus du tout comme dans le Hotzenwald, ou comme hier soir. Il était, comment te dire..., presque gai...

– Presque gai ! s'exclama Serge. C'est qu'il jouait sur du velours. Il était amoureux de toi et comme il m'avait éliminé il t'avait pour lui tout seul. Et voilà que je rapplique. Mets-toi à sa place.

– N'oublie pas que je suis censée vous fuir tous les deux. »

Serge eut un petit sourire désenchanté.

« Ce n'est pas entièrement faux. Car, au fond, ton départ, ce n'est pas pour moi, Ina. C'est contre lui. »

Elle le regarda.

« Serge, il y a des moments dans la vie où ce que l'on voulait faire est accompli et se détache de vous. A ce moment-là, pour éviter le désenchantement, il vaut mieux fuir, ou prendre du recul, appelle ça comme tu veux. De toute façon, il y a maintenant quelque chose que je sais. Le Camélia bleu existe. Il ira fleurir partout sur cette grande terre brûlée que sera bientôt l'Allemagne. »

Elle se tint face à lui, hiératique et grave. Il la retrouvait comme devant la cheminée, quand on entendait au loin le cri du tétra.

« Mais si je pars, c'est parce que c'est l'homme que j'aime qui m'emmène », ajouta-t-elle.

Il n'arrivait pas à y croire.

« Tu n'es pourtant pas le genre à tout abandonner par amour...

– Je te sentais si démuni et si malheureux, répondit-elle.

– Toujours des échappatoires! Tu ne me réponds pas. »

Elle le regarda avec une pointe d'ironie.

« En fait, l'étais-tu vraiment? » demanda-t-elle plus bas.

Il haussa les épaules.

« Il a bien fallu que je me trouve le vivre et le couvert, dit-il.

– Et... c'était agréable?

— Pardon ?
— Le vivre et le couvert étaient agréables ? »
Il la retrouvait bien là : mutine, un peu sarcastique.
« L'enterrement de première classe, oui !
— Elle a dû te bourrer de crème, ta fermière. Tu as grossi. »
Anneliese. C'était la première fois qu'il pensait à elle depuis son arrivée en ville.
« Ma fermière, comme tu dis, avait très envie de te rencontrer. C'était une femme merveilleuse. Elle m'a sauvé, en quelque sorte. Mais elle se faisait de toi une idée un peu... exacerbée.
— Comment cela ? »
Il se mit à rire, sans répondre. Ina s'était étendue sur le lit et il lui caressa les cheveux.
« Tout ce temps perdu, murmura-t-il. Tout ce temps. »
Elle se redressa sur son coude.
« Parle pour toi, dit-elle.
— C'était bien de moi que je parlais. Enseveli. Enseveli. »
Il demeura songeur, puis de nouveau se mit à rire tout seul.
« On peut participer ? demanda Ina.
— Tu dis que j'ai grossi. Figure-toi qu'à cause de cela j'ai failli rester accroché sous la frontière... enfin sous ce que je ne savais pas être la frontière. Je suivais un sanglier qui a disparu tout de suite. Lui, par contre, devait savoir où il allait. Il n'appréciait sans doute pas les chasses de Goering. »
Ina le regarda, le front plissé.
« Je ne comprends pas un mot à ce que tu racontes, dit-elle.
— Je te le raconterais mieux que tu ne me croirais pas, fit-il avec un geste fataliste.

– Il y a une autre chose que je ne comprends d'ailleurs pas. Comment as-tu su que la réunion avait lieu à cinq heures ?

– J'ai rencontré Heinrich. Ça n'a pas été facile de lui tirer les vers du nez. Ta chère petite sécurité, comme par hasard, lui importait beaucoup. Il m'a bien recommandé que Jürgen ne sache pas que j'étais là, et de ne pas lui dire que le renseignement venait de lui. »

Ina poussa un soupir.

« Pour ce que ça a changé ! dit-elle.

– Si ton Klaus avait été moins stupide... Je t'enlevais sans coup férir.

– Je n'aurais pas fait cela, Serge. Je ne le lui aurais pas fait. Tu vois, c'est peut-être mieux comme cela.

– Tu l'as bien fait...

– A qui ?

– A moi ! »

Elle ne sut que répondre. Elle vint vers lui et l'embrassa.

« On va descendre dans la cave, dit-elle. Il faut que je prépare tout pour Ernst. Je suis allée le voir cette nuit. Je lui ai tout raconté. Il vient à midi et demi pour les consignes. Il a très bien compris.

– Compris quoi ?

– Que j'étais à bout... », lui dit-elle avec un sourire triste.

A ce moment précis, un bruit de clef se fit entendre et Serge sursauta. Ina jeta un regard sur la pendulette.

« C'est la propriétaire de la maison, dit-elle. Elle est professeur de sciences naturelles et elle rentre de son cours du matin. C'est la seule à avoir la clef, avec moi. Je ne la vois pratiquement pas. »

Ils attendirent quelques instants et descendirent l'escalier de la cave. Elle passa devant lui et alluma. La pièce était minuscule et encombrée de casiers contenant des papiers et des cartes. Au mur, un panneau était couvert de notes attachées avec des punaises. Il y avait aussi un matelas roulé dans un coin et surmonté d'une couverture, une table, une chaise et une vieille machine à coudre.

« Trois mois là-dedans, soupira-t-elle. C'est à vous dégoûter à jamais de la spéléo. Quelle envie de grand air, par moments, si tu savais !

– Dire que je n'en pouvais plus, moi, du grand air. Tellement vide. »

Elle regarda tout autour d'elle et lui désigna un coin de la cave.

« Tu vois cette ampoule au-dessus du matelas ? Elle est reliée à un bouton-pressoir que l'on peut appuyer dans l'entrée. C'est Carl qui avait installé ce petit système. Si l'ampoule s'allume je dois filer aussitôt dans le jardin sans demander mon reste, par une porte en bas de l'escalier. C'est bien commode, cette double issue.

– L'ampoule s'est allumée un jour ?

– Oui ! Il pleuvait, bien entendu, et je me suis retrouvée dans la rue en petite chemise. J'ai filé chez Jürgen pour apprendre que c'était un vieux livreur qui avait appuyé par erreur sur le bouton ! »

Elle lui montrait son domaine exigu, sagement, tranquillement, comme une ménagère faisant les honneurs de sa cuisine.

« Et cette machine à coudre ?

– Elle camoufle le poste à ondes courtes. A heures fixes, j'avais des bulletins en anglais à écouter et à traduire. Je dis *j'avais* car il est en panne depuis trois jours et Carl ne parvient pas à trouver quelqu'un pour me le réparer. J'aurais pourtant bien aimé savoir aujourd'hui si l'on faisait allusion aux manifestations. »

Elle parlait d'une voix calme et précise et il se sentit ému. Il la cherchait depuis si longtemps, accumulant les kilomètres au hasard à l'air libre, désemparé, démuni. Et elle était là, claquemurée dans ce trou. Mais maintenant nous sommes deux à chuchoter dans ce petit espace secret. Plus un pas : je t'ai contre moi. Tu m'es revenue. Tu m'es rendue.

« ... Et puis regarde, continuait-elle, le tuyau se démonte et permet de contenir les organigrammes de tout le réseau, ainsi que les grilles pour les messages codés envoyés par téléphone...

– Mon Ina, dit-il. Cette journée d'hier, ça a été la tienne autant que celle de Jürgen. Tu as si bien mené tout cela depuis ta cachette. Quel dommage que tu n'y aies pas participé... »

Elle eut un petit geste mutin de la tête.

« J'y ai été finalement ! Ernst est venu me chercher. Je n'ai pas pu résister. J'étais au milieu d'un groupe, mon bonnet jusqu'aux yeux. J'ai chanté. Je me sentais un peu ivre...

– Mais alors... J'aurais pu te voir ! »

Ils se regardèrent et éclatèrent de rire.

« Tu imagines notre rencontre ? » dit Ina.

Elle s'assit sur le rouleau du matelas et laissa son regard errer sur le désordre de la petite cave.

« Au fond, tu vois, ça a été mieux comme ça, murmura-t-elle. Je ne me serais jamais décidée. Même maintenant je n'arrive pas à y croire. En fait, dit-elle en passant la main sur son front dans un geste de fatigue, je ne sais plus très bien où j'en suis. Il faut que je me raccroche aux détails. Attends. Le code. Il faudra que je pense à dire à Ernst qu'il y a des couleurs différentes. Heidelberg, grille verte. Stuttgart, bleue. Mayence, rouge. Tübingen, orange. Et puis les longueurs d'onde. Tout par cœur. »

Elle comptait sur ses doigts, puis rangeait de nouveau. Elle brûla quelques papiers. Il la regardait faire. La vie. La vie de mon amie.

« Je t'aime, mon Ina fatiguée, dit-il. Quand je pense que c'est toi qui as fait tout cela. »

Elle mit sa tête contre son épaule.

« Je ne suis pas fatiguée, dit-elle. Ce n'est pas le moment. Il y a une trop longue route devant nous.

– Et au bout de cette route, tu sais quoi ? La tranquillité. La bonne vieille tranquillité bourgeoise.

– Si tu me dis ça, je ne pars pas ! »

Ils rirent à nouveau, silencieusement, comme deux enfants.

« Tu pars, sale hypocrite, parce que c'est toi qui l'as décidé et tu ne me le disais même pas. »

Elle le regarda.

« Et tu sais pourquoi ? Tu sais la chose profonde qui m'a fait changer d'avis ? »

« Ah ! pensa-t-il, enfin savoir. »

« Non.

– Eh bien, essaie de deviner.

– Tu avais envie de manger des fraises à la crème de l'autre côté du Rhin ?

– Je n'aime pas les desserts, tu le sais bien.

– Tu voulais faire un peu d'aviron sur le fleuve.

– Non. On sera bien obligés, mais ce n'est pas ça.

– Tu t'es aperçue que le petit Camélia était devenu un gros... »

Il s'interrompit et lui demanda : « Quelle est la plante la plus grosse, déjà ? »

Elle sourit.

« Je vois ce que tu veux dire mais ce n'est toujours pas ça.

– Tu t'es enfin rendue compte de ce qu'était vraiment Jürgen ...

– Serge !

– Alors je ne vois pas, dit-il d'un air détaché. Mon retour, peut-être. L'Amour Renaissant à ma Vue et Vous Immergeant Toute. C'est ce que j'avais cru un peu comprendre. »

Elle rit franchement.

« Tu n'y es pas du tout !

– Salope !

– Tu vas te moquer de moi...

– Mais non ! »

Elle eut une petite moue lointaine.

« Un peu d'herbe verte, murmura-t-elle d'un ton changé.

– Qu'est-ce que tu racontes ?

– Je voudrais un enfant », dit-elle avec une sérénité rêveuse.

Il y eut un silence. Elle lui pressa la main.

« Tu ne dis rien... »

Il restait abasourdi. Elle ne lui en avait jamais parlé.

« Je... je ne sais pas... Je pense qu'il y avait peut-être des motifs plus urgents de s'en aller... »

Elle eut l'air surprise et déçue. Serge eut peur de l'avoir blessée et essaya de plaisanter :

« Attendons la pleine lune, dit-il. Comme cela il aura peut-être des taches de rousseur. Ma nourrice disait toujours cela. Si j'étais né quinze jours plus tard, j'avais des...

– Serge, dit-elle. C'est sérieux. »

C'était donc cela.

« Je voudrais accomplir quelque chose qui soit

étranger à toute la détresse que nous avons connue, tu comprends. Les cris d'un enfant...

— ... Pour effacer tous les autres...? C'est ça que tu veux dire?

— Pas pour les effacer, mais pour les oublier. C'est pour cela que je le voudrais maintenant, là, en terre allemande, avant de partir, justement. Cela *aussi* serait un couronnement. »

Il laissa errer son regard autour de lui, sur les trois mètres carrés encombrés d'instruments et de classeurs.

« Tu appelles ça la terre allemande, ce trou à rats? »

Elle ne répondit pas. Il se recula de quelques centimètres et se drapa dans un geste digne d'une tragédie antique.

« Eh bien, soit! dit-il avec une grandiloquence affectée. Place aux forces de la Vie, face à celles de la Destruction et de la Mort.

— Doucement, fit-elle, soudain ragaillardie. Je ne tiens pas à ce que tout le quartier sache que je vais obéir à Giesler. »

Serge regarda autour de lui.

« Comment veux-tu qu'on se place? » demanda-t-il.

Il s'approcha du matelas en se baissant sous le tuyau.

« On pourrait le déplier. Ou plutôt non. Si on se mettait assis comme dans la maisonnette. Tu te rappelles, devant le feu?

— Debout, plutôt.

— Comme tu voudras.

— Les yeux dans les yeux.

— Les yeux dans les yeux.

— Sans tricher...

— Sans tricher. »

Ils se tenaient face à face.

« J'ai la machine à coudre qui me rentre dans les reins, dit Serge, en faisant une grimace. Je tiens à un minimum de confort.

– Ne bouge pas et laisse-moi faire. »

Elle se baissa et poussa le poste de radio tout contre le mur. Il sentit qu'il la désirait comme jamais. Elle déboutonna son pantalon et il ne vit plus d'elle que son dos courbé devant lui et ses longs cheveux bruns renversés. Ils dégageaient une nuque claire et fragile qu'il caressa doucement. Il sentait sur son sexe la caresse agile et primesautière de ses lèvres et de sa langue.

« Oui..., oui, mon Ina. C'est bon! Je ferme les yeux pendant que j'en ai encore le droit. »

Puis il la prit par les épaules et la redressa toute chancelante contre lui tout en dénudant le bas de son corps. Il sentait la douceur de son buste contre le sien, enveloppé de lainages sous lesquels il passa la main à même la peau, et ses cuisses déliées et nerveuses qui se collaient aux siennes, comme si son corps était formé de deux matières différentes. Il plia les genoux et d'un coup de reins la pénétra. Elle ouvrit la bouche et laissa passer une plainte sourde.

« Les yeux. Tu as promis.

– Oui... »

Elle caressa sa bouche avec ses doigts. Il se crispa sous tant de bonheur et renversa sa tête en arrière.

« C'est toi qui triches. Tu vas avoir une fille, dit-elle.

– Ça tombe bien. Je veux une fille.

– Pense-le-fort.

– Je pense. Je veux une fille. Oh! »

Elle poussa un lent soupir.

« Tu te rappelles, murmura-t-elle, quand on devait nous chercher à l'aube... C'est aussi bon.

– Oh ! oui.
– Et là aussi on a l'immensité devant nous.
– Je préfère celle qui nous attend maintenant, si tu permets. »

Il recula et heurta de nouveau la machine à coudre.

« Bon Dieu ! Quand je lui raconterai sur quoi je l'ai conçue.

– *Contre* quoi, tu veux dire, dit-elle en riant. Ça va lui donner des vertus ménagères, à ta fille. »

Il la serra très fort. Puis ils restèrent l'un dans l'autre, sans plus bouger. Il n'y avait pas un bruit.

« Ce que femme veut, tout de même », dit-il.

Elle sourit et se sépara de lui.

« Ernst ne devrait pas tarder, dit Serge en regardant sa montre pendant qu'il se rhabillait.

– Il est toujours en retard. Tu pourras le faire patienter un peu ? »

Il se retourna vivement.

« Et pourquoi ?

– Je risque de ne pas être rentrée. »

Il tombait des nues.

« Pas rentrée ? Comment ça, pas rentrée ?

– J'ai un type de Stuttgart que j'ai vu hier et à qui je dois transmettre le nouveau code pour le téléphone. Ça ne sera pas long. J'en profiterai pour dire au revoir à Georg dans sa nouvelle planque, la ligne de tramway est directe. Puis un mot à écrire à Jürgen et *finito*.

– Tu n'as qu'à lui téléphoner de venir ici, dit Serge, péremptoire.

– A Georg ?

– Non, à l'autre gars. Toi, je ne veux pas que tu bouges. » Il ajouta : « Tu penses, dans ton état.

– Mon état ?

– Tu oublies que tu es enceinte ! Quant à

Georg, écris-lui un mot d'adieu que tu donneras à Ernst. »

Ina avait fini de se rhabiller. Elle mit son bonnet sur ses cheveux.

« Tu n'as pas à t'inquiéter je te le promets, dit-elle d'une voix apaisante. Il y avait des délégués des villes du Sud de l'Allemagne hier et ils sont venus exprès. Maintenant ils doivent repartir très vite. Il y a pas mal de choses à voir avec eux, mais on préfère qu'ils ne bougent pas des endroits où ils sont. Moi je me suis particulièrement occupée de Stuttgart. Je connais le gars. Jürgen m'a demandé de le voir car il faut changer la grille. C'est tout. Je ne peux pas ne pas le faire. »

Serge finissait de boucler ses lacets. Il resta songeur.

« Il t'a demandé ça quand ? Avant ou après qu'il m'ait vu ?

– Après. Mais c'était le moment où il était tout à fait rasséréné. C'est de la routine, tu sais. D'ailleurs je n'aurai rien sur moi. Tout est là-dedans, dit-elle en se frappant le front en riant.

– Ce n'est pas de la routine, Ina ! Tu m'as dit toi-même qu'il te laissait très rarement sortir toute seule ! » Il s'arrêta. « Ecoute : je préfère aller à ta place. Je vais apprendre cette grille. Pendant ce temps-là tu passes tes consignes à Ernst et tu fais ta valise. »

Il réfléchit un instant.

« Et puis non ! Pas de valise. Tu n'emmènes rien.

– Bien, dit Ina. Mais laisse-moi aller là-bas, je t'en prie. Je connais ce type, je l'ai encore vu hier. Tu n'as rien à craindre, l'adresse est toute nouvelle et ne peut pas être brûlée. Pas plus que celle de la planque de Georg, qui date d'hier. Ernst m'a dit qu'il était cafardeux. Tu penses, on l'a séparé de son Eleonor. Heinrich est avec lui.

– Alors va le consoler pendant que je vais transmettre cette grille. »

Elle réfléchit un instant.

« Tu oublies qu'il faut quelqu'un pour ouvrir à Ernst ! »

Serge soupira.

« Tu penses en avoir pour combien de temps, en tout ?

– Deux heures au plus. C'est au 14, Thurau-strasse. J'ai un tramway direct. Fais patienter Ernst. Vous vous raconterez vos vieux souvenirs.

– J'aime bien Ernst, dit Serge. Ça c'est vrai.

– Tu vois bien », dit-elle en souriant, comme s'il était devenu enfin raisonnable.

Il l'accompagna au bas de la rue. Il n'y avait pas deux cents mètres avant la station. Il faisait froid.

« Prends la clef pour revenir », dit-elle tout en marchant.

Le tramway arriva tout de suite. Elle sauta dedans. Elle resta en équilibre sur la marche, avec son bonnet et sa jupe bleue, et il se dit qu'elle ressemblait à une pensionnaire rieuse, un peu poussée en graine.

« A tout de suite », lui cria-t-elle.

Dans la large rue calme, il y avait peu de monde. Il acheta au passage l'édition du *Volkischer Beobachter* et parcourut la première page : LE GAULEITER DE BAVIÈRE RAPPELLE AUX ÉTUDIANTS LES PRINCIPES SACRÉS DE LA RIGUEUR MORALE ET DE LA FOI EN LA PATRIE. Il s'arrêta et ouvrit le journal. Il n'y avait pas un mot sur la manifestation. Rien. Il n'est pire eau que l'eau qui dort, se dit-il. Il marchait, songeur, quand à l'angle de la Georgenstrasse, il fut hélé fort discrètement. Dans un renfoncement de porte, il vit une silhouette féminine. Il s'approcha car il crut qu'elle voulait un renseignement.

« Tu viens ? » demanda-t-elle.

Une lourde fille, blonde et nattée, était sortie de l'ombre. Ce devait être une occasionnelle car ce n'était vraiment ni le quartier ni l'heure. D'ailleurs, même dans les rues chaudes elles avaient disparu. Il fit un geste de dénégation.

« Merci, dit-il, mais je sors d'en prendre. »

En arrivant devant la maison de la Lothstrasse, il regarda autour de lui, puis ouvrit. Le jardin lumineux, au fond du corridor. Il hésita à redescendre à la cave et finalement entra dans la petite chambre. Rien ne traînait, aucun objet personnel qui laisse supposer qu'elle ait jamais habité là. Il prit sur l'étagère le premier livre venu, un recueil du satiriste Kurt Tucholsky et le feuilleta. C'était assez poignant par endroits. L'auteur avait assisté aux meurtres de Rathenau, de Liebknecht, de Rosa Luxemburg, d'Eisner. Il avait vu l'Europe descendre, marche après marche, vers l'abîme. Il se rendait à la fois compte de son discernement et de son impuissance. « *Le tic-tac de la machine à écrire n'a pas autant de valeur que celui de la mitrailleuse* », lut Serge. Il soupira et abandonna le livre. « Il n'y a rien de pire pour vous saper le moral que les idéalistes blessés », pensa-t-il. Il ne pouvait tenir en place et ne cessait de faire des allées et venues dans le couloir. Il eut ainsi l'impression qu'une heure entière se passait. « Mais qu'est-ce qu'il fout ? » se disait-il. Enfin, quatre coups brefs retentirent. Il alla ouvrir. Ernst n'eut pas l'air surpris de le voir. Ses cheveux étaient plus bouclés que jamais, et son fin visage semblait fripé et comme sali par le manque de sommeil.

« Tu es arrivé à tes fins, je vois ? dit-il en souriant.

– J'ai toujours craint les lendemains de fête, répondit Serge.

– Tu as bien raison. »

Il se dirigeait déjà vers la cave.

« Elle ne devrait pas tarder », dit Serge.

Ernst se retourna, surpris.

« Comment, elle n'est pas là ?

– Jürgen lui a demandé de transmettre un nouveau code à un type qui venait de Stuttgart. »

Ernst fronça les sourcils.

« Je croyais que personne ne devait sortir aujourd'hui, dit-il.

– Et en plus elle a voulu voir Georg dans sa planque, à Schwabing. Je ne te cache pas que j'ai tout fait pour l'en dissuader. »

Le dos à la porte du jardin, Ernst réfléchissait.

« Tu es sûr qu'elle n'a pas vu Jürgen aujourd'hui ? » demanda-t-il.

Serge se sentait de plus en plus comme un lion en cage.

« Elle me l'aurait dit. Elle ne tenait pas à le voir. Ça ne s'est pas très bien passé hier soir, tu le sais. Elle voulait juste lui laisser un mot.

– Plutôt, que ça ne s'est pas bien passé », murmura Ernst.

Il resta quelques secondes, pensif, à contempler le jardin. Puis il releva la tête.

« Je vais chez Jürgen », dit-il brusquement.

Serge se précipita vers lui.

« Ernst, je ne préfère pas. Je ne tiens pas à ce qu'il la revoie. Dès qu'elle sera revenue et qu'elle t'aura passé les consignes, je l'enlève. Et elle va revenir pendant que tu seras parti. Surtout que ça doit être loin...

– C'est de l'autre côté du jardin », lui répondit-il.

Ernst passa par l'issue de la cave et suivit une petite allée. Une maison identique à celle qu'il venait de quitter surgit du jardin broussailleux. Il alla directement à une porte, sur le côté. Elle était fermée. Il prit une clef dans sa poche et ouvrit. Devant lui, semblable à tous ceux qu'il avait connus depuis deux ans, un escalier descendait à la cave. On devinait une autre petite porte en bas des marches. Il descendit et frappa, deux coups brefs suivis de deux autres. Pas de réponse.

« Jürgen », dit Ernst.

Il attendit un instant et cria à nouveau : « Jürgen ! »

Il poussa la porte. Elle s'ouvrit d'elle-même. Jürgen était là, debout dans la pénombre. Ernst crut un instant qu'il avait éteint soudainement, inquiet d'une arrivée inopportune.

« C'est Ernst », annonça-t-il.

Puis il vit la corde, au moment même où il allumait. Il vit aussi tout de suite le petit papier que Jürgen n'avait pas lâché, de sa main crispée. Les grands jambages de son écriture. Deux mots étaient griffonnés : « *Ina, pardon.* »

Ernst traversa le jardin en courant et passant devant Serge interdit. Il se rua sur le téléphone.

« Heinrich ?

– Oui.

– Elle est passée ?

– Oui. Elle avait des sachets de graine pour

moi. Elle est repartie faire une commande. Ah! attends, j'entends du bruit, elle est peut-être encore avec Georg.

— Monte la chercher, et annule la commande.

— Comment ça...

— Monte la chercher!

— Attends une seconde... »

Une éternité. Ernst montra le papier à Serge.

« Pendu », dit-il.

De nouveau, Heinrich. Sa voix avait changé.

« Elle est partie il y a vingt minutes. Je ne l'ai pas entendue.

— Bon Dieu, dit Ernst, attends! »

Il quitta l'écouteur.

« Où était-ce, Serge? »

Serge avait l'impression que ce n'était plus lui qui recherchait l'adresse. Un double, égaré dans un cauchemar.

« 14, Thuraustrasse », parvint-il à articuler.

Ernst réfléchissait rapidement.

« Je vois où c'est. Ça va être plus rapide d'ici, avec les vélos. Je te rappelle.

— C'est grave? » demandait Heinrich.

Il raccrocha, puis regarda sa montre en pinçant ses lèvres. Les vélos étaient au garage. Ils les enfourchèrent. On n'aurait jamais pensé que les jambes grêles d'Ernst puissent tourner aussi vite. Georgenstrasse. A gauche, Isabellastrasse. A droite, Elisabethstrasse. Il fonçait. Serge, dans son sillage, pédalait dans le brouillard. Une phrase lui revenait comme un leitmotiv à chaque tour de roue : « On ne me la laissera jamais. On ne me la laissera jamais. »

A l'angle de l'Elisabethstrasse plantée d'arbres et de la Kürfurstrasse ils durent s'arrêter à un feu rouge. De nouveau Ernst regarda sa montre.

« C'est foutu, n'est-ce pas? » demanda Serge.

Il ne répondit pas, se dressa sur ses pédales en secouant la tête et repartit. La Thuraustrasse s'ouvrit sur leur droite. C'était une petite rue calme bordée de maisons de briques roses. Ernst freina et prit l'attitude d'un paisible promeneur. Serge se força à l'imiter. La maison du n° 14 ressemblait à tous points de vue à toutes les autres maisons de la rue, comme à celles, innombrables, qu'il avait longées depuis quinze jours. Personne ne stationnait aux alentours et, un bref instant, il eut une flambée d'espoir qui lui laissa les paumes moites. Ils s'approchèrent en roulant doucement, le buste droit. Mais en arrivant devant l'entrée Serge sentit que son guidon lui échappait et il crut qu'il n'arriverait jamais au bout de la rue. Sur la petite porte vernie il y avait la tache verdâtre des scellés de la Gestapo.

12

Cette nuit-là, il s'était réveillé souvent. A chaque fois il s'asseyait contre la rampe d'escalier, hagard et tremblant de froid. Le bruit lancinant de l'eau qui tombait de la gouttière n'avait pas cessé depuis la veille. De l'autre côté de l'embrasure il distinguait vaguement le tas de ferrailles dans la cour. Des rats s'en échappaient parfois et il pouvait suivre leurs trajectoires furtives et tendues jusqu'à l'escalier de la cave. Une fois réveillé, il restait prostré pendant de longues minutes et laissait parfois échapper une plainte comme si, quelque part au fond de lui et à son insu, ses dernières forces essayaient de lutter contre la pesanteur de cette chape de plomb qui l'écrasait dans l'obscurité : la présence obsédante, irrémissible, d'un malheur épouvantable. Puis il retombait dans un sommeil nauséeux.

Ce fut enfin la lumière pâle et grise du matin. L'hiver était revenu en force depuis trois jours qu'il se tenait là, en bas de l'escalier de cette maison abandonnée, promise à la démolition, et dont les volets et les ferrailles achevaient de rouiller sous les violentes giboulées froides. Il se leva lentement. Abrité par sa cape, il sortit sous la voûte. Là, appuyé contre la porte, il vit son quatrième jour de veille se lever sur les murailles du palais Wittelsbach. La pluie faisait luire les bossages bruns des soubassements. Les grilles et les grandes fenêtres du premier étage étaient encore closes.

C'était là qu'ils l'avaient enfermée. C'était là qu'elle était.

Il n'arrivait pas à penser à autre chose. Depuis que, par le journal, il savait où elle se trouvait, il ne parvenait pas à s'écarter à plus de quelques mètres de ces hauts murs. Dix fois par jour il les longeait jusqu'à la Marstallplatz. Revenu dans sa soupente sous l'escalier, il gardait quelques secondes l'impression qu'elle savait qu'il était passé près d'elle et qu'elle en tirait peut-être un réconfort. Il relisait alors les titres du journal que Heinrich lui avait apporté l'avant-veille. C'était le premier jour où la presse s'était déchaînée.

« L'Université remise au pas. Les dirigeants du Camélia bleu hors d'état de nuire. Jürgen Sparthösser retrouvé pendu. Katherine Strettemann, prise en flagrant délit de terrorisme, est transférée au palais Wittelsbach pour interrogatoire et sera jugée ultérieurement. Le mouvement semble décimé. »

Il cacha le journal sous l'une des marches, puis ressortit. Il pleuvait toujours. Il fit quelques pas en direction du Hofgarten. Il n'y avait personne dans les rues. Dans toute l'énorme bâtisse une seule fenêtre, au second, était légèrement ouverte. « Qui sait ? », pensa-t-il. « Katherine ! », appela-t-il doucement. Il n'y eut pas de réponse. Mais la silhouette d'un soldat apparut en contre-jour, de l'autre côté de la rue, immobile et comme à l'écoute. Il y avait là une voiture en stationnement, une Opel Olympia, et Serge se cacha derrière. Le soldat disparut. Il fut tenté de crier de nouveau mais ne le fit pas et se dirigea à nouveau vers sa cachette.

Il s'assit au bas de l'escalier, sans bouger, sans penser, et resta ainsi un long moment. Bientôt un petit sifflement modulé lui parvint de la porte sur la rue. C'était Ernst. Il avait un sac à la main. Il en sortit un thermos d'eau chaude, du pâté, du pain d'épice, un nécessaire à raser et un sachet de poudre de café. Avec de petits gestes affectueux, il le força à manger et à boire un peu. Puis il s'accroupit auprès de lui et sortit alors du sac le *Volkischer Beobachter* du matin. Il fallait bien lui dire ce qu'il avait lu. Il fallait bien.

« C'est pour aujourd'hui », dit-il d'une voix sans timbre.

Serge ne réagit pas. Il lut l'article d'un air las, en s'approchant très près du papier car on y voyait peu.

« Qui c'est, Roland Freisler? » demanda-t-il.

Ernst soupira.

« C'est le président de la Cour populaire de justice.

– Tu as lu, ils l'ont fait venir de Berlin.

– Ils ne le font venir que dans les cas graves, dit Ernst. Ça prouve qu'ils prennent très au sérieux tout ce que nous avions fait. »

Et il ajouta d'une voix étranglée :

« Ce n'est pas bon. C'est un féroce. Le genre Heydrich.

– Oh! mon Dieu, murmura Serge, qu'est-ce qu'ils vont lui faire? Qu'est-ce qu'ils vont lui faire? »

Il se recroquevilla encore plus. Ernst détourna la tête.

« Il n'y a plus rien à tenter, tu crois ? Vraiment plus rien ? » demanda Serge.

Comme Ernst ne répondait pas il l'accrocha par la manche et lui dit d'une petite voix enfantine, presque suppliante :

« J'ai toujours pu, Ernst. Et il y a des moments où elle était dans des drôles de situation, tu sais... »

Ernst hocha la tête. Pour changer de sujet, il dit qu'il lui avait apporté de quoi se raser.

« On est arrêté pour moins que ça, en ce moment... »

Serge haussa les épaules et se plongea de nouveau dans le journal.

« Le procès, aujourd'hui à dix heures, murmura-t-il. Et moi qui ai sommeillé. Ce n'est pas le cas pour elle, tu peux être sûr. Tu sais, une fois où je croyais déjà que c'était sa dernière nuit, j'avais su la retrouver, dit-il. J'avais su. J'étais resté avec elle.

– Je sais », dit Ernst.

Il ajouta d'un ton presque tendre :

« Ça ne sert plus à rien d'y penser. Tu as tout fait...

– C'est que je ne peux pas la quitter. Tu ne comprends pas... Je ne *peux* pas...

– Je comprends, dit Ernst gravement. N'importe qui comprendrait. »

Ils se turent.

« Et Jürgen, reprit Serge. Tu penses à lui, quelquefois ? Tu penses à ce qu'il a fait ?

– Il ne faut pas que tu penses à Jürgen, dit Ernst, il ne faut pas. C'est quelque chose qui nous dépasse tous. »

Il demeura silencieux, puis ajouta comme pour lui-même : « ça devait arriver ».

« La fatalité... murmura Serge. Elle a bon dos.

– Et moi, dit Ernst, moi ? Imagines-tu ce que je ressens ? Si j'étais arrivé plus tôt...

– Oui, dit Serge dans un souffle.

– Heinrich t'a dit pour Georg ? » dit encore Ernst.

Il secoua la tête.

« Hier, il est venu avec Carl. Ils se cachaient. Tu sais... Georg... J'aurais bien voulu être comme lui. Un cœur qui vous lâche quand...

– Un cœur qui l'avait tant aimée, lui aussi », murmura Ernst.

Il regarda les hauts murs de l'autre côté de la rue et se leva. Un rat effrayé fila sous les ferrailles.

« Tu crois qu'ils ont découvert son identité ? demanda Serge.

– Je ne sais pas. J'essaierai de savoir ce que je peux par le bulletin et le journal. Je te le dirai ce soir quand je t'apporterai ton dîner. »

Il lui tapota l'épaule.

« Allez... le pire n'est pas toujours sûr. »

Cela sonnait faux et Ernst s'arrêta net.

« Et toi, lui demanda Serge. Tu es en sécurité au moins ?

– Oh ! tu sais... Tant que je pourrai venir te voir », dit-il en s'efforçant de prendre un ton plus enjoué.

Il s'en allait quand Serge le rappela.

« Ernst. Il n'y a pas de nom sur le costume que tu m'as passé, n'est-ce pas ? »

Il se retourna et le regarda fixement.

« Ne fais pas de bêtise, je t'en supplie ! »

Serge haussa les épaules.

« Mais non », dit-il.

Il le regarda disparaître au coin de la voûte.

Un peu avant dix heures, il retira sa grande cape qui, depuis trois jours, l'avait si bien protégé des intempéries. Il la plia soigneusement et la déposa sous l'escalier. Puis il ôta son vieux pantalon et revêtit le costume que lui avait apporté Ernst dès la première nuit afin qu'il ne dormît pas dans des vêtements trempés par la pluie d'orage. Il avait l'impression de faire les gestes d'un ultime rituel qui rejoignait, plusieurs mois après, celui qu'il avait accompli en cachant son bourgeron et ses jumelles lorsqu'il était arrivé en vue du camp d'Ohnau. Il se souvint de son émotion d'alors. « On ne pourra pas dire que je ne t'ai pas cherchée », pensa-t-il.

Il sortit et partit faire le tour des bâtiments. Il se sentait mieux depuis quelques minutes. Devant l'entrée qui donnait sur la Marstallplatz, il y avait déjà un petit groupe de journalistes et de badauds qui stationnaient. Il s'aperçut que la porte était barrée par deux cerbères en uniforme noir qui filtraient attentivement les entrées. Il attendit à l'écart du groupe qui augmentait à chaque minute. Tout à coup les battants de l'énorme porte aux parements de bronze s'ouvrirent et une lourde Horscht noire, avec des rideaux aux fenêtres, traversa lentement la foule avant d'entrer dans la cour intérieure.

« Freisler », chuchota quelqu'un.

Une certaine confusion régna pendant quelques instants qui suivirent l'arrivée de la limousine. Plusieurs personnes voulurent entrer à la fois et les deux SS parurent un instant débordés. Serge se dit que c'était le moment. Il se précipita dans la foule et se mit à la fendre avec une énergie débordante. Devant son air fébrile et pressé les gens le laissèrent passer sans difficulté. Arrivé devant la porte, l'un des soldats lui barra la route.

« Je suis témoin auprès de la Cour populaire de justice. Et je suis en retard, dit-il nerveusement. Vite !

– Vous avez votre convocation ?

– Bien entendu ! »

Il commença à fouiller dans sa poche. La foule poussait derrière et il avança dans la pénombre du porche. Là, il sortit à moitié le vieil *Ausweis* de Hönig. Le soldat se pencha.

« Vite ! Voici également ma carte d'identité, dit Serge.

– Témoin... demanda l'autre, à charge ou à décharge ?

– A charge, évidemment.

– Alors passez, fit-il. Porte C. »

Il franchit un vestibule. Il y avait une pancarte avec une flèche marquée *Cour Populaire de Justice.* Il en suivit la direction et se retrouva dans une galerie. La partie droite était bordée d'arcades qui donnaient sur différentes portes, mais elles n'étaient marquées d'aucune lettre. Ce qu'il vit par contre, en bas de l'une des arcades, c'était la Horscht qui stationnait là, énorme, le long du petit jardin. Il se dit qu'il allait demander d'un ton assuré à quelqu'un où était la porte C quand il aperçut par les fenêtres un petit groupe qui sortait d'une galerie parallèle et se dirigeait vers un grand bâtiment noirâtre sur la droite. Au-dessus de la porte du bâtiment il lut « Instruction Judiciaire ». Il se précipita dans la direction de l'autre galerie. Le groupe était maintenant descendu dans la cour et semblait être composé d'autant de civils que de militaires. Certains portaient des dossiers. Il sortit à son tour par la première porte qu'il trouva et resta là, coincé contre le mur, au moment où ils venaient vers lui.

Alors il la vit. Elle était au milieu d'eux.

Ils l'avaient beaucoup abîmée. Elle avait une narine fendue, avec du sang séché qui avait coulé en une longue ligne noire sur ses lèvres tuméfiées, et une grande ecchymose au bas de la joue comme si elle avait reçu un coup de pied dans la bouche. Elle marchait très difficilement et son bras droit restait collé à sa jambe pour aider chaque pas qu'elle faisait. Il vit tout cela en un seul regard.

Elle n'eut pas l'air surprise de le trouver là et marqua simplement un léger temps d'arrêt comme elle le faisait au cours de leurs promenades d'autrefois, quand elle voulait lui montrer une fleur, une trace, une échappée dans les arbres. Elle essaya même de lui faire un sourire et de balbutier quelque chose, mais on sentait bien qu'elle n'en pouvait plus.

« Rendez-vous... », crut-il comprendre.

Des hurlements retentirent derrière elle. Un Waffen SS surgit et la poussa brutalement en avant d'un coup de pied dans les reins. Son corps eut un douloureux sursaut et elle ne reprit sa marche qu'avec un temps de retard. Elle voulut encore se tourner et on l'en empêcha au milieu de nouveaux cris. Les autres, dans le cortège, n'avaient pas bougé. Il voulut appeler « Ina », mais le nom bien-aimé s'étrangla dans sa gorge. Il eut tout à coup une envie folle de tuer, et en même temps il sentit qu'il pleurait. Puis il ne vit plus rien que la grande porte qui se refermait sur les vociférations.

Il regarda cette porte longtemps sans y croire, puis il repartit tout seul dans la cour, sous la pluie froide.

Deux hommes s'approchèrent alors de lui.

DU MÊME AUTEUR

L'ADIEU À LA FEMME SAUVAGE,
Grand Prix du Roman de l'Académie française, 1979.

Le Livre de Poche historique

Histoire ☆ Biographies
Documents ☆ Témoignages

Alexandre (Philippe).
Le Duel de Gaulle - Pompidou, 3289/3**.

Amouroux (Henri).
Vie des Français sous l'Occupation, t. 1, 3242/2*** ;
t. 2, 3243/0***.

Armand (L.) et Drancourt (M.).
Le Pari européen, 2824/8**.

Arnauld (Roger).
Les Témoins de la nuit, 5331/1****.

Astier de la Vigerie (Emmanuel d').
Sur Staline, 4027/6****.

Azeau (Henri).
Le Piège de Suez, 2245/6***.

Barret (P.) et Gurgand (J.-N.).
Priez pour nous à Compostelle, 5350/1****.

Benoist-Méchin (Jacques).
Ibn-Séoud, 890/1****.

Bergot (Erwan).
Vandenberghe le Seigneur du Delta, 5093/7****.
CORPS D'ELITE :
La Légion, 3980/7****.

Bernadac (Christian).
Les Mannequins nus, 4229/8****.
Le Camp des femmes, 4230/6****.
Kommandos de femmes, 4231/4***.

Blond (Georges).
Le Survivant du Pacifique, 799/4****.
Le Débarquement, 1246/5****.
Les Princes du ciel, 3595/3**.

Bonheur (Gaston).
Henri Quatre, 5257/8**.

Bonnecarrère (Paul).
Par le sang versé, 3178/8****.
Qui ose vaincra, 3527/6****.
La Guerre cruelle, 3884/1****.

Brille (Ady).
Les Techniciens de la mort, 5330/3****.

Chaban-Delmas (Jacques).
L'Ardeur, 4843/6***.

Chastenet (Jacques).
La France de M. Fallières, 2858/6***.

Clavel (Maurice).
Les Paroissiens de Palente, 4802/2****.

Clostermann (Pierre).
Le Grand Cirque, 4767/7****.

Coccioli (Carlo).
Mémoires du roi David, 5263/6*****.

Coignet (Capitaine).
Cahiers, 3364/4**.

Courrière (Yves).
LA GUERRE D'ALGERIE :
1. *Les Fils de la Toussaint*, 3748/8*****.
2. *Le Temps des Léopards*, 3749/6*****.
3. *L'Heure des Colonels*, 3750/4*****.
4. *Les Feux du désespoir*, 3751/2*****.

Daniel (Jean).
L'Erreur, 4891/5*.
L'Ere des ruptures, 5420/2****.

Dayan (Moshé).
Journal de la campagne du Sinaï-1956, 2320/7**.

Debré (Robert).
L'Honneur de vivre, 4890/7*****.

Delarue (Jacques).
Histoire de la Gestapo, 2392/6*****.

Derogy (Jacques).
La Loi du retour, 3495/6***.

Lecœur (Auguste).
Le P.C.F., continuité dans le changement, de M. Thorez à G. Marchais, 5238/8***.

Mabire (Jean).
La Division Charlemagne, 4824/6****.
Mourir à Berlin, 4928/5****.
Les Jeunes fauves du Führer, 5083/8****.
L'Eté rouge de Pékin, 5365/9*****.

Mabire (Jean) et **Bréhèret (Jean).**
CORPS D'ELITE :
Les Samourai, 3983/1****.

Mabire (Jean) et **Demaret (Pierre).**
La Brigade Frankreich, 4778/4****.

Madariaga (Salvador de).
Christophe Colomb, 2451/0***.

Markale (Jean).
Histoire secrète de la Bretagne, 5265/1***.

Massu (Suzanne).
Quand j'étais Rochambelle, 3935/1**.

Mendès France (Pierre).
Choisir, 4872/5****.

Monnet (Jean).
Mémoires, t. 1, 5182/8**** ; t. 2, 5183/6****.

Murray Kendall (Paul).
Louis XI, 5034/1*****.

Newcomb (R. F.).
800 hommes à la mer, 3356/0**.

Noguères (Henri).
Munich ou la drôle de paix, 4879/0*****.

Noli (Jean).
Les Loups de l'Amiral, 3333/9***.
Le Choix, 3900/5****.

Ollivier (Albert).
Saint-Just ou la Force des choses, 2021/1***.

Orcival (François d').
CORPS D'ELITE :
Les Marines, 3978/1****.

Orieux (Jean).
Voltaire, 5377/4 E.

Perrault (Gilles).
L'Orchestre Rouge, 3158/0*****.

Peyrefitte (Alain).
Quand la Chine s'éveillera... le monde tremblera, t. 1, 4247/0*** ; t. 2, 4248/8***.
Décentraliser les responsabilités, 5200/8**.
Le Mal français, t. 1, 5212/3**** ; t. 2, 5213/1****.

Piekalkiewicz (Janusz).
Les Services secrets d'Israël, 5203/2***.

Poniatowski (Michel).
Cartes sur table, 4227/2***.
L'Avenir n'est écrit nulle part, 5329/5*****.

Pottecher (Frédéric).
A voix haute, 5304/8****.

Revel (Jean-François).
La Tentation totalitaire, 4870/9****.
HISTOIRE DE LA PHILOSOPHIE OCCIDENTALE :
t. 1 : *Penseurs grecs et latins*, 4254/6****.
t. 2 : *La Philosophie classique*, 4255/3****.

Rieupeyrout (J.-L.).
Histoire du Far-West, 4048/2****.

Roy (Jules).
LES CHEVAUX DU SOLEIL :
1. *Chronique d'Alger*, 4171/2****.
2. *Une Femme au nom d'étoile*, 4724/8****.
3. *Les Cerises d'Icherridène*, 5038/2****.

Ryan (Cornelius).
Le Jour le plus long, 1074/1****.

Saint-Paulien.
LES MAUDITS :
1. *La Bataille de Berlin*, 3572/2**.
2. *Le Rameau vert*, 3573/0**.

Saint Pierre (Michel de).
Bernadette et Lourdes, 1821/5*.
LE DRAME DES ROMANOV :
La Menace, 3124/2**.
La Chute, 3125/9**.

Schell (Orville).
Les Chinois, 5349/3***.

Schelle (Klaus).
Charles le Téméraire, 5409/5****.

Schuré (Edouard).
Les Grands Initiés, 1613/6****.

Séguy (Georges).
Lutter, 4819/6***.

Sergent (Pierre).
Je ne regrette rien, 3875/9****.

Servan-Schreiber (Jean-Jacques).
Le Manifeste radical, 2892/5**.

Shirer (William).
Le Troisième Reich,
t. 1, 1592/2***** ; t. 2, 1608/6*****.

Smith (Hedrick).
Les Russes, 5012/7*****.

Speer (Albert).
Au cœur du Troisième Reich, 3471/7*****.

Stein (George H.).
Histoire de la Waffen S.S., 5003/6****.

Steiner (Jean-François).
Treblinka. 2448/6***.

Townsend (Peter).
Le Hasard et les Jours, 5303/0****.

Tulard (Jean).
Napoléon, 5390/7*****.

Venner (Dominique).
Les Corps-Francs allemands de la Baltique, 5136/4****.

Viansson-Ponté (Pierre).
Lettre ouverte aux hommes politiques, 4846/9*.

Le roman vrai...

Une **série historique** abondamment illustrée
dirigée par Gilbert Guilleminault

Le roman vrai du demi-siècle.
Du premier Jazz au dernier Tsar, 2351/2.
De Charlot à Hitler, 2352/0.
La Drôle de Paix, 2579/8.

Le roman vrai de la IVe République.
Les lendemains qui ne chantaient pas, 2722/4.
La France de Vincent Auriol, 2758/8.

Humour, Dessins

Allais (Alphonse).
Plaisir d'Humour, 1956/9*.
Biron (F.) et Folgoas (G.).
Alors raconte..., 4934/3**.
Eh bien raconte... 2e recueil, 5069/7**.
Eh bien raconte... 3e recueil, 5114/1**.
Boudard (Alphonse) et Étienne (Luc).
La méthode à Mimile, 3453/5****.
Cami.
Pour lire sous la douche, 4780/0***.
Carelman.
Catalogue d'objets introuvables, t. 1, 4037/5** ; t. 2, 5289/1**.
Castel (Robert).
Robert Castel raconte les meilleures histoires de Kaouito le Pied-noir, 5352/7***.
Chaval.
L'Animalier, 3535/9**.
Les Gros Chiens, 3995/5*.
Dac (Pierre).
L'Os à moelle, 3937/7**.
Devos (Raymond).
Sens dessus dessous, 5102/6**.
Doris (Pierre).
Pierre Doris, raconte..., 5247/9**.
Effel (Jean).
LA CREATION DU MONDE :
Les Plantes et les Animaux, 3304/0**.
L'Homme, 3663/9**.
Faizant (Jacques).
Au Lapin d'Austerlitz, 3341/2**.
Ni d'Eve ni d'Adam, 3424/6*.
Forest (Jean-Claude).
Barbarella, t. 1 : 4055/7**.
Barbarella, t. 2 : 4056/5**.
Guillois (Mina et André).
L'Amour en 1 000 histoires drôles, 4779/2***.
En voiture pour le rire, 4813/9*.
La Politique en 1 000 histoires drôles, 4951/7***.
Malades de rire, 5177/8*.
A l'école du rire, 5407/9*.
Hamelin (Daniel).
Les Nouveaux « Qui-colle-qui ? », 4935/0*.
Henry (Maurice).
Dessins : 1930-1970, 3613/4**.
Isnard (Armand).
Raconte... Popov ! 5201/6*.
Les bonnes blagues des petits Suisses, 5202/4*.
Jarry (Alfred).
Tout Ubu, 838/0****.
Jean-Charles.
Les Perles du Facteur, 2779/4*.
Les Nouvelles Perles du Facteur, 3968/2**.
La Foire aux cancres, 5282/6**.
Nègre (Hervé).
Dictionnaire des histoires drôles, t. 1, 4053/2**** ; t. 2, 4054/0****.
Peter (L. J.) et Hull (R.).
Le Principe de Peter, 3118/4*.
Pierre (Roger).
Roger Pierre raconte, raconte, raconte..., 5246/1**.
Pierre (Roger) et Thibault (J.-Marc).
C'est pour rire, 5115/8**.
Popeck.
Popeck raconte..., 5406/1**.
Ribaud (André).
La Cour, 3102/8**.
Rouland (Jacques).
Les Employés du Gag (La Caméra invisible), 3237/2*.
Samivel.
L'Amateur d'abîmes, 3143/2**.
Simoen (Jean-Claude).
De Gaulle à travers la caricature internationale, 3465/9**.

Jeux et Mots croisés

Arcaini (Daniel).
100 Labyrinthes, 4758/6**.
Asmodée, Hug, Jason, Théophraste et Vega.
Mots croisés du « Figaro », 2216/7*.
Aveline (Claude).
Le Code des jeux, 2645/7*****.
Berloquin (Pierre).
100 Jeux alphabétiques, 3519/3*.
100 Jeux logiques, 3568/0*.
100 Jeux numériques, 3669/6*.
100 Jeux géométriques, 3537/5*.
Testez votre intelligence, 3915/3**.
100 Jeux et casse-tête, 4165/4**.
Testez votre intelligence, 2e recueil, 8109/8**.
Testez votre vraie personnalité, 8100/7**.
100 Jeux pour se perfectionner au scrabble, 8108/0***.
Bloch (Jean-Jacques).
100 Nouveaux Problèmes de scrabble, 8104/9**.
Brouty (Guy).
Mots croisés de « L'Aurore », 3518/5*.
Les Mots fléchés, 8105/6**.
Les Nouveaux mots croisés du « Monde », 8115/5*.
Brouty (Guy) et Roncey (Alain de).
Mots croisés érotiques, 8114/8*.
Cléry (François).
Les Mots croisés du « Matin », 8116/3*.
Diwo (François).
100 Jeux vacances, 3917/9**.
Favalelli (Max).
Mots croisés, 1er recueil, 1054/3* ; 2e recueil, 1223/4* ; 3e recueil, 1463/6* ; 4e recueil, 1622/7* ; 5e recueil, 3722/3* ; 7e recueil, 8103/1* ; 8e recueil, 8106/4*.
Mots croisés de « L'Express », 3334/7*.
Grandjean (Odette-Aimée).
100 Krakmuk et autres Jeux, 3897/3**.
Hachette (Guy).
100 Grilles d'initiation aux mots croisés, 8107/2**.
Hal.
Mots croisés de « Libération », 8111/4*.
La Ferté (R.) et Diwo (F.).
100 Nouveaux Jeux, 3347/9*.
Mots croisés de « France-Soir », 2439/5*.
Mots croisés des champions, 4232/2*.
Mots croisés « à 2 vitesses », 4742/0*.
Le Dentu (José).
Bridge facile, 2837/0***.
Lespagnol (Robert).
Mots croisés du « Monde », 2135/9*.
« L'Express »
Jeux vacances de « L'Express », 8113/0**.
Scipion (Robert).
Mots croisés du « Nouvel Observateur », 3159/8*.
Sémène (Louis-Paul).
Mots croisés du « Provençal », 8102/3*.
Seneca (Camil).
Les Echecs, 3873/4****.
Tristan Bernard.
Mots croisés, 1522/9*.

IMPRIMÉ EN FRANCE PAR BRODARD ET TAUPIN
7, bd Romain-Rolland - Montrouge - Usine de La Flèche.
LIBRAIRIE GÉNÉRALE FRANÇAISE - 14, rue de l'Ancienne-Comédie - Paris.
ISBN : 2 - 253 - 03047 - 3
30/5694/2